AS ÓPERAS DE RICHARD STRAUSS

Supervisão Editorial: J. Guinsburg
Preparação de texto: Iracema A. de Oliveira
Revisão: Raquel F. Abranches
Capa e Diagramação: Adriana Garcia
Produção: Ricardo W. Neves
Adriana Garcia
Raquel F. Abranches
Sergio Kon

HISTÓRIA DA ÓPERA
Lauro Machado Coelho

AS ÓPERAS DE RICHARD STRAUSS

Dados Internacionais de Catalogação na Publicação (CIP)
(Câmara Brasileira do Livro, SP, Brasil)

Coelho, Lauro Machado
   As óperas de Richard Strauss / Lauro Machado Coelho. -- São Paulo : Perspectiva, 2007. --
(História da ópera)

   Bibliografia.
   ISBN 978-85-273-0792-5

   1. Compositores - Alemanha - Biografia
2. Ópera - Alemanha 3. Ópera - História
4. Strauss, Richard, 1864-1949 I. Título.
II. Série.

07-4165   CDD-782.10943

         Índices para catálogo sistemático:
       1. Alemanha : Ópera : Música 782.10943
          2. Ópera alemã : Música 782.10943

Direitos reservados à
EDITORA PERSPECTIVA S.A.
Av. Brigadeiro Luís Antônio, 3025
01401-000 – São Paulo – SP – Brasil
Telefax.: (011) 3885-8388
www.editoraperspectiva.com.br
2007

*Para a Rina, amiga de sempre,
e Adriana, a sua filha,
que viram este livro nascer.*

*"Der Strauss, den ich gepflücket, grüsse dich
vieltausendmal"*

[O ramalhete que colhi para ti te saúda mais de
mil vezes]

Goethe

*Musik ist eine heilige Kunst,
zu versammeln alle Arten von Mut,
wie Cherubim um einen strahlenden Thron,
und darum ist sie die heilig unter den Küsten!
Die heilige Musik!*

[A música é uma arte sagrada, que reúne todos os homens de coragem, como o querubim em torno do trono refulgente, e por essa razão é a mais sagrada das artes! A sagrada música!]

O Compositor no prólogo de Ariadne auf Naxos.

Sumário

Prefácio 13
Introdução 15
Guntram 19
Richard e Pauline 25
Feuersnot 29
Salome 35
Richard e Hugo .49
Elektra 55
Der Rosenkavalier 65
Ariadne auf Naxos 89
Die Frau Ohne Schatten 99
Profissão: Compor 113
Intermezzo 119
Die Aegyptische Helena 133
Arabella 139
Strauss e o Nazismo: O Caso Zweig 149
Die Schweigsame Frau 161
Friedenstag 167
Daphne 175
Die Liebe der Danae 183
Capriccio 191
Finis Coronat Opus 203
Richard Strauss: A Vida, a Obra, o Tempo 209
Bibliografia 227

Prefácio

Este é um projeto muito antigo. Comecei a trabalhar nele em 1987, antes mesmo de conceber a idéia de escrever uma *História da Ópera*. Deveria ser um livro independente, um tributo à obra de um compositor que admiro particularmente. Foi em 1989, em Belo Horizonte, em casa da Rina, minha mulher na época, que ele tomou um súbito impulso, ganhou cara de livro: Adriana, a filha dela, me ensinou generosamente a utilizar o seu computador, ainda pelo antediluviano sistema do DOS. Foi a primeira vez que troquei a máquina de escrever pelo abençoado teclado do micro, sem o qual nunca teria tido coragem de escrever toda esta coleção.

Ao decidir integrar o estudo sobre as óperas de Richard Strauss à série de livros sobre a história do drama lírico, cuja publicação foi iniciada pela editora Perspectiva em maio de 1999, preferi deixá-lo à espera de um momento em que pudesse encaixar-se entre os seus companheiros, como um dos volumes isolados, dedicados à análise detalhada da obra dos maiores autores do gênero. Em seu devido tempo, os estudos sobre Verdi e Puccini, na Itália, e sobre Mozart e Wagner, nos países de língua alemã, lhe farão companhia. Ensaios menores que eu tinha iniciado, entre 1987 e 1988, na mesma época deste livro, sobre Pietro Mascagni e Leoš Janáček, acabaram convertendo-se nos capítulos sobre esses compositores em *A Ópera Italiana Após 1870* e *A Ópera Tcheca*, respectivamente.

Ter ficado mais de quinze anos à espera de ser publicado não significa que *As Óperas de Richard Strauss* dormitou, todo esse tempo, no fundo da gaveta. Foi sendo revisto e atualizado, ao longo desses anos, com o carinho de quem está sempre repensando a escuta de um de seus compositores favoritos. Este é um livro que se centra na produção operística de Richard Strauss. Mas que não se furta a mencionar os demais setores de sua obra, na medida em que eles possam fornecer balizas para entender o desenvolvimento da carreira do operista, ou trazer subsídios significativos para a mais ampla compreensão de sua estética como autor de teatro.

Como nos demais volumes, procurei fazer o levantamento mais amplo possível – pedindo desde já desculpas pelas lacunas inevitáveis – da documentação, comercial ou pirata, existente em som e imagem. Uma Cronologia, no fim do volume, visa a permitir a localização rápida e fácil das diversas etapas da vida e obra de Richard Strauss, associadas a alguns fatos fundamentais da História de seu tempo. E inclui a referência aos músicos nascidos ou falecidos a cada ano, como uma forma de situar o período em que Strauss viveu dentro da História da Música.

Nunca é demais relembrar e agradecer a inspiração e o encorajamento que recebi dos alunos dos diversos cursos que ministrei, todos esses anos – a começar pelos da Oficina

Três Rios (1989-1991), onde nasceu esse projeto de *História da Ópera*. Lamento não ter aqui espaço para citar todos os seus nomes. Mas eles sabem do afeto que tenho por todos eles.

LAURO MACHADO COELHO
1987-2006

Introdução

A respeito de Richard Strauss, é comum encontrar, na História da Música e em determinadas avaliações críticas de sua obra, uma afirmação que funciona como uma *idée reçue* passada de mão em mão e raramente reexaminada: a de que, nas óperas compostas entre 1904 e, no máximo, 1912 – ou seja, da *Salomé* à *Ariadne auf Naxos*, com muito favor –, ele foi original e criativo. Depois, estagnou, refugiou-se no passado, não soube renovar-se, regrediu. Nem é preciso perder tempo com o radicalismo do malhumorado Joseph Kerman que, em *Opera as Drama,* botando no mesmo saco Strauss e Puccini, proclama para muito breve o momento em que suas "vulgares produções" mergulharão no total esquecimento (profecia que, publicada em 1956, parece hoje, para ambos, cada vez mais distante de se concretizar). Mesmo um historiador normalmente equilibrado, como o maestro René Leibowitz, não hesita em fazer coro, em sua *Histoire de l'Opéra,* com os que condenam ao ostracismo toda a obra pós-*Rosenkavalier*: "Que dizer da longa série de óperas que se segue? Parecem tornar-se cada vez mais medíocres e demonstram que Strauss já quase nem consegue mais plagiar a si próprio".

Descontada a tolice de chamar de "cada vez mais medíocres" bem-sucedidas obras cênicas como *A Mulher sem Sombra*, *Arabella* ou *Capriccio*, nada há de mais equivocado do que essa avaliação em termos genéricos.

As quinze óperas que Richard Strauss escreveu entre 1887 e 1941 representam o esforço consciente para ampliar os limites do gênero lírico, vindo de um compositor que, ao mesmo tempo, permanece fiel à sua maneira mais autêntica de ser. E refletem a convicção profunda de que é possível trabalhar, com refinamento e originalidade, dentro dos parâmetros da chamada "ópera de repertório", cujas características lhe permitem conquistar o gosto do público e marcar seu lugar, pela freqüência com que integra os programas das temporadas líricas.

Strauss atingiu esse objetivo. Hoje, é cada vez maior o número de suas óperas a serem regularmente programadas em todo o mundo. Todas elas existem em gravações comerciais – as mais populares, em diversas versões diferentes. Até mesmo do *Amor de Danaé*, da qual, por muito tempo, só existia o registro pirata da estréia, já existe a versão comercial de Leo Botstein. É claro que isso custou ao compositor um alto preço. O *establishment* vanguardista o condenou por não ter, como alguns de seus contemporâneos, virado as costas às formas tradicionais, enveredando por caminhos que, embora inovadores, estabeleceram progressiva distância entre o público e as suas obras (prova disso é a tendência generalizada, hoje em dia, ao retorno a essas antes execradas formas tradicionais, à música tonal, ao cultivo da melodia diatônica).

Para compreender a obra de Richard Strauss, não se pode esquecer que ele foi

– não só na área operística, mas em toda a sua produção – um instintivo homem de teatro. Além de ter sido um dos maiores regentes da virada do século XIX para o XX, seu instinto dramático manifestou-se com segurança desde muito cedo. Primeiro nas canções e poemas sinfônicos; depois, nas obras para o palco. A necessidade de expressar-se teatralmente, através da voz humana, sempre foi natural nele. Embora tenha sido um dos maiores orquestradores da História da Música, não é em suas composições puramente instrumentais – muitas delas de altíssimo nível – que dá o melhor de si mesmo, e sim nas de natureza vocal, as canções e as óperas.

Por outro lado, o argumento de que, na *Salomé* e na *Elektra*, a sua música foi "avançada" para, depois, tornar-se "conservadora", não faz o menor sentido. Quem está familiarizado com o conjunto da obra de Strauss sabe que, para ele, a escrita musical está sempre submetida às necessidades expressivas. É sempre o veículo para a transmissão do que ele quer dizer, nunca um fim em si mesma. A música da *Elektra* é tensa e dissonante porque assim o exige o assunto, que envolve toda sorte de desequilíbrios emocionais: a obsessão de vingança da filha eroticamente fixada na figura do pai assassinado; a tensão em que vive a rainha, atormentada pelo remorso, e aterrorizada com a idéia de que o filho mais velho possa voltar para matá-la. Esse estilo de escrita, é lógico, não teria o menor sentido em delicadas comédias sentimentais como *O Cavaleiro da Rosa* ou *Arabella*.

Na *Elektra*, porém, a "Cena do Reconhecimento", em que a personagem título finalmente reencontra seu irmão Orestes, está construída sobre uma melodia perfeitamente diatônica, e tem um tom intensamente lírico, que contrasta com a violência do resto, pois este é um momento de apaziguamento, de distensão antes da crise final. Pouco importa que, na *Salomé*, o quinteto dos judeus discutindo as suas desavenças teológicas seja politonal *avant la lettre*. Nada é mais indiferente a Strauss do que estar atrasado ou adiantado em relação à sua época. Se utiliza o recurso de superpor, nesse trecho, tonalidades diferentes, não é por experimentalismo formal, e sim para sugerir musicalmente a idéia de que esses judeus não conseguem pôr-se de acordo em suas querelas religiosas. Seus pontos de vista discordantes exprimem-se em tonalidades divergentes que, emparelhadas, produzem efeito deliberadamente cacofônico.

Dissonâncias, acordes irregulares, frases tensas ou fragmentadas e, no outro extremo, melodias construídas segundo as regras da harmonia dita "bem comportada", mas com aquele estilo de cantábile que traz a inconfundível "assinatura" straussiana, são usados na medida em que correspondem ao tipo de emoção que o compositor quer transmitir. É o caso do *Parergon à Sinfonia Doméstica* (1925). Dedicada a Paul Wittgenstein, que perdera o braço direito na I Guerra Mundial, essa peça para mão esquerda e orquestra tem linguagem harmônica quase atonal – não por vanguardismo, mas devido ao sentimento que a inspirara: a angústia com a doença do filho único Franz que, no ano anterior, contraíra tifo durante a lua de mel no Egito, e ficara muito tempo entre a vida e a morte.

Não é, tampouco, por gosto da experimentação que – seguindo pelo caminho antes intuído por Richard Wagner no Prelúdio do *Tristão e Isolda* – Strauss usa, no poema sinfônico *Assim Falava Zaratustra*, de 1896, toda a série cromática no tema que representa a Ciência; é apenas porque, para sugerir o rigor e a erudição dos cientistas, recorre a um processo de escrita intelectualmente elaborado. A idéia do "retrocesso estilístico" continua a ser remoída, hoje, apenas pelos que não se dão ao trabalho de reescutar a obra em perspectiva e, por isso mesmo, não se dão conta de que traços da linguagem de *Salomé*, já implícitos em *Feuersnot*, composta quatro anos antes, fundamentam o universo sonoro da *Mulher sem Sombra*, de 1917, a que muitos torcem o nariz, tachando-a de decadente. E que o estilo de *Dia de Paz*, composta em 1938, aproxima-a muito da avançada *Elektra*, pois seu assunto – o sofrimento de uma cidadela sitiada durante a Guerra dos Trinta Anos – exige aspereza, dissonância, recortes melódicos bruscos. Porém, a cena final dessa ópera, em que os comandantes inimigos se reconciliam e cantam um hino em louvor à paz, é de um diatonicismo beethoveniano, pois este é o momento em que a discórdia e a intolerância cedem lugar à harmonia e à celebração da solidariedade. É deliberada, aqui, a escolha da cena final do *Fidélio* como o modelo para o encerramento, em tom de oratório, dessa ópera antibelicista. Inversamente, a cena final de *Dafne*, escrita na mesma época, tem arcabouço harmônico anticonvencional, não porque Strauss se preocupasse em manter-se em dia com o que faziam os compositores de seu tempo, mas porque a instabilidade tonal frisa a irrealidade da situação descrita: a metamorfose da personagem-título em um loureiro, para não ser violentada por Apolo.

Em Strauss não há, portanto, a bem dizer, *evolução*, e sim *adequação* da linguagem musical à natureza de cada uma de suas obras. Quem o percebeu muito bem foi o compositor Max Reger que, após ouvir a *Salomé*, declarou: "Esta ópera não representa uma virada e nem um ponto de partida em qualquer nova direção. Strauss, aqui, está sendo tão ele mesmo quanto em qualquer outra de suas peças anteriores".

E essa adequação a que me refiro ocorre também fora do campo operístico. As *Metamorfoses*, o "estudo para 23 cordas solistas", de 1945 – conjunto de variações "enigmáticas", pois o tema em que se baseiam, a Marcha Fúnebre do movimento lento da *Eroica*, de Beethoven, só aparece no final da peça – apresentam dissonâncias e indefinição tonal. E isso está de acordo com seu tom angustiado, de elegia à morte de todo um mundo: a Alemanha em que Strauss vivera, e que fora sepultada sob as ruínas da II Guerra Mundial. Na mesma época, entretanto, ele escreve peças de serenidade mozartiana – o *Dueto-Concertino*, o *Concerto para Oboé* –, inversamente correspondentes à sua necessidade de, em meio ao caos, reafirmar os valores sobre os quais construiu-se a grandeza eterna da cultura alemã. O próprio Richard Strauss declarou: "Sempre procurei encontrar um estilo que se adaptasse à maneira de ser mais íntima de cada uma de minhas obras. E estou convencido de que cada uma delas deve ser escrita numa linguagem diferente".

É dentro dessa perspectiva que faremos, a seguir, a análise da produção operística straussiana.

GUNTRAM

Desde muito cedo tornou-se claro que Richard Georg Strauss seria músico profissional. Ele nasceu em Munique, em 11 de junho de 1864, num ambiente impregnado de música: seu pai, Franz Joseph Strauss (1822-1905), era o primeiro trompista da orquestra da corte da Baviera. Profundamente conservador, Franz venerava Haydn, Mozart e Beethoven, e odiava o "Mefisto Richard Wagner" e suas inovações estéticas (embora este sempre exigisse que fosse ele o solista de trompa em suas óperas, pois ninguém na Alemanha tocava melhor). Conta-se que o mal-humorado Franz era uma das raras pessoas que ousavam enfrentar o irascível Wagner. Uma vez, durante um ensaio do *Anel*, o compositor, passando pelo poço da orquestra, rosnou: "Essas trompas, sempre tão sinistras!". Franz não deixou por menos: "E nós dois sabemos por quê!".

O trompista perdera a primeira mulher – Elise Sieff, filha do maestro da banda do Exército – e dois filhos, na epidemia de cólera de 1854. Em agosto de 1863, casou-se pela segunda vez com Josephine Pschorr (1837-1910), filha de uma rica família de cervejeiros bávaros, que lhe deu dois filhos: Richard (1864-1949) e Johanna (1867-1966). Aos quatro anos de idade, o menino começou a receber as primeiras lições de piano de Josephine, que possuía sólida formação musical. Esses estudos foram complementados por outros professores: Carl Niest, August Tombo – harpista da orquestra em que o pai tocava – e Benno Walter, primo do pai, que lhe ensinou a tocar violino.

As primeiras composições de Strauss são de 1870, quando tinha seis anos e ainda nem sabia escrever música: a mãe anotou para ele a *Schneiderpolka* (Polca do Alfaiate) e o *Weihnachtslied* (Canção de Natal). Data de 1876 a primeira composição para orquestra, *Festmarsch* (Marcha Festiva) em mi bemol, cuja publicação foi paga por seu tio, Georg Pschorr. Mas o *Quarteto em Lá Maior* já foi aceito pela editora Josef Aibl, de Munique, em 1880, sem necessidade de subvenção familiar. A audição dessa obra, profundamente inspirada pela música de câmara de Brahms, mas de uma impressionante segurança de escrita, nos convence que não foi necessária a intervenção do prestígio de Franz Strauss para convencer Aibl a imprimir a partitura.

Influenciado pelo pai, Richard a princípio professou militante antiwagnerismo, como o demonstra a carta que escreveu ao compositor Ludwig Thuille, amigo da família, após ter assistido a uma récita do *Siegfried*: "Foi extremamente tedioso. Um aborrecimento tão horrível que nem tenho palavras para descrevê-lo. Realmente horroroso! [...] Tudo soava tão bobo que cheguei a rir alto. Não há um vestígio sequer de melodia consistente".

Esse tom de desprezo em breve iria mudar. E a virada rumo à *Zukunftmusik*, a "música do futuro", estaria ligada à maneira como evoluiu a carreira de Strauss como autor de música instrumental. Ele tinha vinte anos quando regeu, pela primeira vez, uma obra sua, num concerto realizado em Munique, em 18 de novembro de 1884, com a Orquestra de Meiningen. A peça era a *Suíte em Si Bemol Maior*, que lhe tinha sido encomendada pelo titular da orquestra, o famoso maestro Hans von Bülow, amigo de seu pai – com quem tinha discussões acaloradas e freqüentes por causa do mestre de Bayreuth, de quem von Bülow era defensor intransigente, mesmo depois de ter perdido para ele a mulher, Cosima, filha de Liszt. Por sinal, tratava-se do mesmo Bülow que, no final da década de 1870, ao receber de Aibl a partitura das *Cinco Peças para Piano op. 3* do jovem Strauss, respondera: "Não gostei nem um pouco. São imaturas e prematuras. Nenhum gênio, de acordo com a minha convicção profunda; no máximo, um talento como tantos outros".

Bülow mudou logo de idéia. Impressionou-se com o salto qualitativo, em termos de escrita orquestral, representado pela suíte, e com o fato de, naquele mesmo ano, o regente americano Theodore Thomas, que excursionava pela Alemanha, ter-se interessado pela partitura da *Sinfonia em Fá Menor*, que estreou em Nova York em 13 de dezembro. Foi o que bastou para que, em outubro de 1885, convidasse Strauss para tornar-se seu assistente em Meiningen. No mês seguinte, ao transferir-se para novas funções, deixou-o como o titular da orquestra. Dispor, desde tão cedo, de uma orquestra razoável para testar suas composições, explica – em parte, é claro – o supremo domínio da orquestração que o jovem compositor adquiriu tão cedo.

Foi em Meiningen que Richard conheceu Alexander Ritter (1833-1896), *spalla* da orquestra e ex-aluno de Liszt. Com ele, Ritter aprendera a técnica da composição do poema sinfônico, de que deixou alguns exemplos importantes como o elo de ligação entre os de seu mestre e os que Strauss escreveria em seguida. Marcas do estilo desse mentor são perceptíveis em *Aus Italien*, o primeiro poema sinfônico de Richard. Ritter era casado com Franziska Wagner, sobrinha do compositor; e era irmão da cantora Julie Ritter, amiga e protetora de Wagner, que participara das estréias, em Munique, do *Ouro do Reno* e da *Valquíria*. O encontro com Ritter, e a amizade que os ligou, foram fundamentais para o desenvolvimento musical de Strauss. Foi por meio dele que o jovem compositor entrou em contato com a filosofia de Schopenhauer e com as partituras e escritos wagnerianos. Foi vencendo, assim, a resistência antiwagneriana, que lhe tinha sido inculcada pelo pai – que chegara ao extremo de se recusar a levantar-se, para fazer um minuto de silêncio, quando o autor do *Parsifal* morreu, em 1883. Em *The Complete Operas of Richard Strauss*, Charles Osborne conta que

uma noite, Richard levou para casa uma redução para piano do *Tristão e Isolda* e pôs-se a tocá-la. Quando o pai, que estudava trompa no quarto ao lado, ouviu aquela música, entrou furioso no quarto do filho, com quem teve uma violenta discussão, sem que um tivesse conseguido convencer o outro de suas idéias.

Ritter era um profeta fanático da "música do futuro" e investia, nessa missão apologética, toda a força de sua magnética personalidade. Precursor da *Märchenoper* – a ópera baseada no repositório de contos folclóricos, de que o mestre absoluto seria Engelbert Humperdinck com *Hänsel e Gretel* –, ele era também muito hábil no uso da declamação musical, desenvolvida a partir do arioso wagneriano. Foi com ele que Strauss aprendeu a fazer o canto aderir aos ritmos fluentes da fala, princípio de que, no futuro, faria fértil uso. Até o fim da vida, Strauss seria fervoroso defensor das óperas – hoje esquecidas – de seu mentor. Regeu várias vezes *Der faule Hans* (Joãozinho, o Preguiçoso), a mais importante delas, e empenhou todo o seu prestígio para que as suas *Märchenopern* continuassem a ser encenadas nos teatros alemães e austríacos.

Em 1866, por insistência de Ritter, Richard foi a Bayreuth assistir ao *Tristão* e ao *Parsifal*. E, para desespero de seu pai, de tal forma converteu-se ao wagnerismo que, em 1889, o regente Hermann Levi, que dirigira a estréia do *Parsifal*, convidou-o a ser seu assistente no *Festspielhaus* e apresentou-o a Cosima Wagner. A amizade entre os dois consolidou-se tão rapidamente que, em 1891, a viúva de Wagner o convidou a convalescer de uma pneumonia em Wahnfried, a casa da família em Bayreuth. E tentou convencê-lo a casar-se com sua filha Eva, o que Richard, polidamente, recusou. Em 1892, ao assumir a direção do Teatro da Ópera de Weimar, Richard regeu uma apresentação do *Tristão e Isolda* sem os cortes que se costumava fazer naquela época. Nesse ano, Ritter finalmente o persuadiu a tentar uma primeira experiência como compositor de ópera.

O assunto que lhe propôs baseava-se num artigo, publicado pelo jornal *Neue Freie Presse*, de Viena, sobre as sociedades religiosas secretas que tinham existido na Áustria, durante a Idade Média, que se dedicavam à prática das artes e das obras de caridade, em reação aos ideais seculares das corporações de *Minnesänger* (trovadores). Por insistência de Ritter, o próprio Richard escreveu seu libreto, pois o mentor, como wagnerita convicto, estava certo de que o compositor deveria ser o autor de seus próprios textos, como o fizera o Mestre. A inexperiência lhe custou muito trabalho. O libreto só ficou pronto durante a sua viagem ao Cairo.

Em junho de 1892, a pneumonia mal curada transformara-se num ataque de pleurisia, e o próspero tio Georg lhe pagara uma viagem à Grécia e ao Egito, para convalescer dos sucessivos problemas pulmonares que o tinham acometido desde o início de 1881. No Cairo, Richard lera Nietzsche, o que o levara a modificar o ato III. O tempo todo o jovem compositor remara contra a maré. Ao ler a primeira versão do libreto, em outubro de 1890, o pai lhe escrevera dando conselhos previsíveis vindos de um antiwagnerita militante:

> Tome cuidado para que a ambientação não seja a mesma do *Parsifal* ou do *Tannhäuser*. [...] A coisa toda é longa demais, os monólogos são muito compridos e as alusões à igreja e aos padres deveriam ser omitidas, pois são desnecessárias e só servirão para te atrair inimigos.

Mesmo Bülow, a quem falou do projeto, respondeu-lhe propondo que musicasse uma peça de Henryk Ibsen, o que estaria mais de acordo com o interesse do momento por óperas de caráter realista. Nada disso, porém, demoveu Strauss de levar adiante a composição. Nem mesmo a reação horrorizada de Ritter ao ver o rumo que a história tomara sob o influxo das idéias nitzscheanas. Em 1892, Strauss estava com 28 anos, e já era o compositor experiente e respeitado de poemas sinfônicos (*Aus Italien, Macbeth, Don Juan, Morte e Transfiguração*), concertos para violino, trompa e piano (a *Burleske*, de vertiginoso virtuosismo), peças de câmara, obras para piano, coro, conjuntos de sopros, e sete dos seus muitos ciclos de canções. Mas a ópera era, para ele, um gênero inteiramente novo, o que torna compreensível ter sido completa, nessa primeira tentativa, a aderência ao modelo wagneriano – até mesmo em termos de invenção melódica. Isso faz com que, naturalmente, *Guntram*, a sua primeira ópera, perca muito quando comparada às obras instrumentais do mesmo período, cujo tom é muito mais pessoal.

Guntram – cujo nome é um amálgama do Günther do *Crepúsculo dos Deuses* com o Wolfram do *Tannhäuser* – é um cavaleiro educado por uma Liga cristã que cultiva o canto e prega a fraternidade entre os homens. É ela quem o envia em ajuda aos súditos do cruel duque Robert, que sufoca em sangue todas as tentativas de rebelião contra o seu poder totalitário. A primeira pessoa a quem Guntram vem em socorro, assim que chega ao feudo, é Freihild, a mulher do duque. Ele a impede de afogar-se no lago por estar desesperada com a crueldade do marido. Freihild o convida a acompanhá-la ao castelo, onde Guntram canta em louvor da paz e da fraternidade. É escarnecido pelo duque, a quem acaba matando para defender-se. Mas a seu amigo Friedhold, também membro da Liga, que vem visitá-lo no cárcere, diz que terá de ser punido, não pela morte do duque, mas pelo motivo que o levara a matá-lo: a paixão que sente por Freihild e que, de resto, é ardentemente correspondida. Recusa-se a comparecer diante do tribunal da Liga e renuncia ao amor de Freihild, decidindo retirar-se para um lugar onde possa viver em solidão. E diz ao amigo:

> *Mich straft kein Bund,*
> *denn der Bund*
> *straft nur die That!*
> *Mein Wille nur sühnt*
> *meines Herzens Sünde.*
>
> (Liga alguma me punirá, pois a Liga só castiga as ações! Somente a minha vontade poderá expiar o pecado de meu coração.)

São visíveis as semelhanças da história com situações das óperas wagnerianas. Mas essa visão nietzscheana da redenção, que repousa sobre uma noção de individualismo extremado, e prescinde do julgamento dos homens por julgar-se acima de todas as regras, desagradou profundamente não só a Ritter mas também a Siegfried Wagner, filho do compositor. Ambos consideraram "imoral e anticristã" a posição de Guntram quando declara:

> *Mein Leben bestimmt*
> *meines Geistes Gesetz;*
> *mein Gott spricht durch mich,*
> *selbst nur zu mir!*

(Minha vida é determinada pela lei de meu espírito; meu Deus fala através de mim mesmo, somente através de mim!)

Ritter estava visivelmente perturbado quando lhe escreveu:

> Ao ler o novo ato III de sua ópera, experimentei as emoções mais dolorosas dos últimos dez anos de minha vida. Este novo formato do ato III destruiu fundamentalmente a obra inteira pois: 1) ela está agora inteiramente desprovida de tragédia; 2) rouba-lhe o menor vestígio de unidade artística, que é tão essencial; 3) a personagem do herói torna-se psicologicamente impossível, como se fosse uma colcha de retalhos descaracterizada; 4) a tendência da obra, agora, é à zombaria imoral de qualquer credo ético... Caro amigo! Recupere o bom-senso! Não arruíne os dois primeiros atos de obra tão bela! Pegue esse novo ato III – mesmo que já o tenha musicado – e atire-o no fogo! Depois, para a sua iluminação interior, vá ler uma página dos Evangelhos, ou dos escritos éticos de Schopenhauer, ou então de *Kunst und Religion* (Arte e Religião), de Wagner. E reescreva o ato III de acordo com o plano original, restabelecendo a passagem em que Guntram completa a sua heróica missão de sacrifício de si mesmo, colocando-se humildemente sob o julgamento da Liga.

Mas Richard, embebido na leitura não só de Nietzsche, mas também de *Der Einzige und sein Eigentum* (O Único e Sua Propriedade), o manifesto de Max Stirner em favor da liberdade de ação, do individualismo e da auto-responsabilidade, respondeu-lhe: "Ao familiarizar-me com essas obras [...], reforçou-se a minha antipatia, latente desde os quinze anos de idade, contra uma religião que, através da confissão, exime os seus fiéis da própria responsabilidade ante as ações e as omissões".

É o mesmo estado de espírito que, muito mais tarde, em 1914, o levará a pensar em dar à *Sinfonia Alpina* o título de *Anticristo*. Para ele, a descrição musical de uma penosa escalada da montanha tinha o significado simbólico da "purificação moral através das próprias forças, libertação pelo trabalho, adoração panteísta da Natureza, eterna e magnífica". Além disso, esse egocentrismo do jovem cavaleiro está muito relacionado com o do próprio Strauss, o músico que mais se tomou como personagem de sua própria obra, em peças como *Vida de Herói*, a *Sinfonia Doméstica* ou a ópera *Intermezzo*. A referência autobiográfica é, a partir do Romantismo, uma constante na literatura e na música. Mas em Strauss, como veremos, transforma-se em uma componente fundamental, um traço definidor do perfil temático e estilístico.

Não recebendo o apoio do *establishment* wagneriano e denotando imperfeições inevitáveis em um primeiro trabalho do gênero, a ópera teve acolhida muito fria, ao ser estreada em Weimar, em 12 de maio de 1894, sob a regência do autor. Os intérpretes eram Heinrich Zeller, Pauline de Ahna e Franz Schwarz. Ferdinand Wieder, que criou Friedhold, responsabilizou-se pela direção cênica não só na estréia como na apresentação de 16 de novembro do ano seguinte em Munique – onde a ópera foi um absoluto fracasso, o que deixou Strauss muito magoado com a sua cidade natal. Em sua cabeça, aliás, ele associava esse revés ao desinteresse que o conservador público bávaro sempre manifestara pela "música do futuro" do próprio Wagner que, em Munique, fora também recebida com desdém.

Apesar desses maus resultados, tão convencido Strauss estava do valor de sua partitura que, em 18 de janeiro de 1895, mandou um exemplar dela a Giuseppe Verdi, com uma carta em que dizia nunca ter encontrado "palavras para descrever a impressão sentida diante da beleza do *Falstaff*" – que sempre foi uma de suas óperas favoritas. O italiano, com 82 anos na época, respondeu-lhe com uma carta muito diplomática, em que se desculpava por ainda não ter tido tempo de ler a partitura com mais cuidado; mas dizia ter podido observar que *Guntram* era "um trabalho desenvolvido por uma mão muito segura". Strauss guardaria essa carta, como uma relíquia, até o fim da vida.

A culpa do fracasso de *Guntram*, entretanto – Strauss no fundo o sabia – não era apenas do gosto reacionário dos cidadãos de Munique pois, apesar das novas tentativas de encenação que fez em Praga (1901) e Frankfurt (1910), nunca conseguiu que ela se impusesse. Em homenagem aos setenta anos do compositor, Hans Rosbaud regeu, em 11 de junho de 1934, uma transmissão radiofônica da ópera drasticamente cortada. Nessa época, Strauss achou que, com algumas revisões, *Guntram* poderia ser salva. Cortou cerca de meia-hora de música, e reorquestrou diversas passagens de modo a torná-las mais leves. Nem assim conseguiu do público mais do que uma atitude de respeito, devida à importância de seu nome, quando a ópera foi re-escutada em Weimar (29/10/1940) e Berlim (15/6/1945). No fim da vida, ele próprio admitiria que o fracasso de *Guntram* tinha sido fruto de sua "descabelada ingenuidade de então". E no jardim de sua casa, em Garmisch-Partenkirchen, mandou colocar uma cruz, semelhante às que ornam os oratórios na beira das estradas bávaras, em memória de pessoas que morreram jovens ou de morte acidental. Nela há a inscrição:

Hier ruht
der ehr-und tugendsame Jüngling
GUNTRAM
Minnesänger
der vom symphonischen
Orchester seines eigenen
Vaters grausam
erschlagen wurde.
Geruhe in Frieden!

(Aqui jaz o honrado e virtuoso jovem GUNTRAM, trovador, que foi cruelmente massacrado pela orquestra sinfônica de seu próprio pai. Repousa em paz!)

Essa brincadeira demonstra a consciência que tinha do desequilíbrio entre a compacta trama orquestral e as vozes, de tessitura muito árdua – o que, de resto, propusera sérios problemas ao tenor Heinrich Zeller, criador do papel título. Há momentos bem escritos, de melodia inegavelmente atraente; mas o excesso de decalque do modelo wagneriano rouba-lhes a originalidade, fazendo com que a audição da ópera se transforme, involuntariamente, num joguinho de "agora é no *Anel* que ele está se inspirando... isso agora soa como o *Tristão*... este trecho lembra o *Lohengrin*...", e assim por diante.

No *Guntram*, Strauss comete erros dramáticos – como o Prelúdio lento ao ato I, visivelmente decalcado no do *Parsifal* e incomodamente desprovido de tensão – que nunca mais repetirá. Mas a audição da ópera demonstra que algumas páginas já possuem, em embrião, a marca do operista maduro. Para conhecê-la, existem as versões pirata de uma transmissão da BBC, em 1981, com William Johns, Carol Farley/John Pritchard, e de uma apresentação de 1988, regida por Gustav Kühn (Hass-König-Rottering), no selo SRO. E a comercial da Hungaroton: gravada no Instituto Italiano de Budapeste em 1994, dela participam Rainer Goldberg, Ilona Tokody e a regente Eve Queller que, em 19 de janeiro do ano anterior, tinham promovido a estréia americana da obra, em versão de concerto, no Carnegie Hall. Nelas, o ouvinte constatará que, a despeito de ainda faltar a *Guntram* o característico tom pessoal do compositor, trechos como o Prelúdio ao ato II, intitulado "Festa do Triunfo na Corte Ducal", ou o Cântico de Paz entoado por Guntram, "Ich schaue ein glanzvoll prunkender Fest" (Vejo uma festa suntuosa e brilhante), já revelam claramente a vocação de Strauss para o palco.

No jardim da casa de Garmisch, o epitáfio para o pobre cavaleiro Guntram.

RICHARD E PAULINE

A primeira Freihild foi Pauline Marie de Ahna. Cantora talentosa e temperamental, ela nasceu em Ingolstadt, em 4 de fevereiro de 1863. Tinha 24 anos quando Richard a conheceu, em agosto de 1887. Naquele ano, o rapaz passara as férias em casa do tio Georg, na aldeia de Feldafing, às margens do lago Starnberg. E ali fora apresentado a um vizinho, o general Adolph de Ahna, grande amante de música, interessado especialmente na obra de Wagner. Richard aceitara substituir, como professor de canto da filha mais velha do general, seu amigo e futuro biógrafo Max Steinitzer, que pretextara falta de tempo – mas, na realidade, não agüentava mais o gênio difícil da aluna.

Richard caiu-se de amores por aquela moça geniosa, de voz bonita. Convenceu-a a tomar aulas de interpretação com Julie Ritter e, em 1889, levou-a para Weimar, onde a fez cantar papéis tão diversos quanto Pamina e a Elisabeth do *Tannhäuser*, Mignon e Isolda, a Leonore do *Fidelio* e o Hänsel da ópera de seu amigo Humperdinck, cuja estréia fez questão de reger. Em *Betrachtungen und Erinnerungen* (Reflexões e Lembranças), de 1949, em que narra o processo de gestação e criação de suas óperas, relata as circunstâncias em que decidiu unir-se àquela mulher pequenina, encantadora, orgulhosa e despótica, que seria a sua companheira pela vida inteira.

Durante o ensaio de uma difícil cena do ato III de *Guntram*, vendo que a todo momento ele interrompia Zeller para corrigi-lo, Pauline perguntou-lhe, irritada, por que não fazia o mesmo com ela. "Porque você sabe o seu papel", foi a resposta. "Mas eu *quero* que me interrompa", disse ela, ofendida e insegura, achando que ele não o estava fazendo por desinteresse. Como Strauss desse de ombros dizendo que aquilo era tolice, ela lhe atirou a partitura que, por sorte, passou por cima de sua cabeça, indo aterrissar na estante do primeiro violino. E retirou-se, furiosa, para seu camarim. Strauss, aos berros, foi atrás dela. Do lado de fora, os músicos ouviram gritos seguidos de um longo silêncio. Minutos depois, meio sem graça, Strauss saiu do camarim e anunciou que acabara de pedir fräulein De Ahna em casamento.

Ficaram noivos em 10 de maio de 1894 e casaram-se em 10 de setembro, em Marquartstein, na casa de verão que o general tinha nas montanhas. Viveram juntos durante 55 anos. O rompante que precedera o pedido de casamento era uma característica típica de Pauline, a vida toda uma mulher imprevisível, de humores incertos, e de uma franqueza que beirava a grosseria. Quando Richard a apresentou a Cosima Wagner, no verão de 1894, a viúva de Bayreuth, diante da qual todo o mundo musical alemão tremia, observou que não devia ser fácil ser a noiva de um artista tão famoso. Pauline que, durante o noivado, manifestara em suas cartas dúvidas quanto à sua capacidade de ser, para Richard, a esposa de que ele precisava, não se deu por achada: "Nós duas já aprendemos a nadar em sopa quente, não é mesmo?".

Era falar de corda em casa de enforcado, pois Cosima, que se separara de Hans von Bülow para viver com Wagner, tivera de enfrentar a desaprovação de meio mundo devido a essa escolha. Mas frau Wagner, ela própria muito franca, achou Pauline encantadora. Opinião, infelizmente, não compartilhada por Franz e Josephine Strauss. Os atritos com a nora tornaram-se tão freqüentes que, em dado momento, Richard chegou a sugerir-lhes suprimirem todo e qualquer contato com ela, em nome de sua paz e tranqüilidade. O clima familiar só se desanuviou depois do nascimento, em 12 de abril de 1897, de um filho a que Pauline queria chamar Richard; mas a quem Strauss, numa demonstração de seu inquebrantável amor filial, fez questão de dar o nome de Franz.

Os amigos mais íntimos tinham dificuldade em entender como duas pessoas tão diferentes podiam viver bem juntas. Richard era fleugmático, bonachão, de humor estável. Pauline era rude e sem tato, ranzinza, agitada, cheia de manias, inclinada a ter inesperados e duradouros acessos de mau humor. Quem convivia com eles intimamente, porém, entendia. Karl Böhm conta que, depois da estréia conjunta de *Daphne-Friedenstag*,

> fui com Strauss fazer uma visita à sua esposa, que teve de ficar em casa pois estava adoentada. Enquanto subíamos lentamente as escadas para o terceiro andar, ele me disse: "Acredite, eu realmente precisava de uma esposa como a minha. Tenho um temperamento letárgico e, se não fosse Pauline, nunca teria feito tudo o que fiz".

As palavras de Böhm são confirmadas pelo que a personagem central de *Intermezzo* – em que Strauss se retrata – diz a respeito de sua esposa (ver o capítulo sobre essa ópera). Böhm continua:

> Isso me lembra uma cena reveladora a que assisti em Garmisch. Strauss disse a Pauline que precisava de determinado livro, ela respondeu: "Vá buscar você mesmo". Fiz menção de me levantar da mesa, mas ela me disse: "Não, fique onde está, ele pode perfeitamente subir na estante e alcançá-lo". E quando ele saiu: "Faz bem a ele se mexer, sabe?". Uma coisa pequena, mas que explica muito a respeito dela.

O soprano Lotte Lehmann, que conviveu muito com o casal, em 1919, quando já estavam casados havia 25 anos, também tem uma resposta à perplexidade dos amigos. Em *Singing with Richard Strauss*, publicado em Londres em 1964, fala do período em que esteve hospedada em Garmisch, trabalhando com o compositor:

> Freqüentemente surpreendia, entre ela e o marido, um olhar ou um sorriso que eram um tocante sinal de felicidade. E comecei a dar-me conta do profundo afeto que unia esses dois seres – um vínculo de força tão elementar que nem a truculência de Pauline conseguia perturbá-lo seriamente. Na verdade, acho que estavam sempre encenando uma espécie de jogo, para eles mesmos e para os outros.

Uma anedota relatada por Kurt Wilhelm em *Richard Strauss: an Intimate Portrait* ilustra bem o que era esse "jogo". O soprano Viorica Ursuleac, mulher do regente Clemens Krauss – ambos personagens fundamentais na fase final da carreira do compositor –, obtivera grande sucesso em Berlim, na década de 1930, como a Crisótemis da *Elektra*, num espetáculo regido por Wilhelm Furtwängler. Satisfeito e agradecido, Strauss convidou-a para ceiar, com Pauline e ele, em seu quarto de hotel. Perturbada, talvez, pela presença daquela bela loura, a quem o marido dava tanta atenção, Pauline pôs-se de repente a fazer elogios rasgados a Furtwängler, tão atraente, com cabelos encaracolados tão bonitos, mãos tão longas e finas, um encanto de pessoa... Quando menos esperavam, Strauss levantou-se furioso, atirou o guardanapo no chão e saiu da sala proferindo pesados xingamentos em dialeto bávaro. Pauline pôs-se a soluçar, dizendo à constrangida Viorica: "Eu só queria que ele ficasse com um pouquinho de ciúmes". Na manhã seguinte, quando a cantora, ainda sem graça, encontrou-se com Strauss no saguão do hotel, este lhe disse, com um sorriso brincalhão: "Ela está sempre representando. E eu caio em todas".

Franz Strauss, o filho do casal, contou a Kurt Wilhelm que um dos aspectos marcantes, na convivência diária de seus pais, era o prazer que sentiam em conversar um com o outro. Todas as noites, depois do jantar, quando estavam em Garmisch, era sagrado sentarem-

Retrato dos anos de Weimar, época em que, sob a regência de Richard Strauss, Pauline de Ahna cantou Isolda, a Leonore do *Fidelio*, a Agathe do *Freischütz*, ou a Elsa do *Lohengrin*.

Richard e Pauline em 1894, o ano de seu casamento.

A difícil amada da vida inteira.

se na saleta contígua ao estúdio do maestro, e passarem horas a fio falando dos mais diversos assuntos. Nunca lhes parecia faltar assunto. Böhm dá também testemunho do carinho que o unia à mulher e ao filho, ao falar das festividades que cercaram a comemoração do 80º aniversário do compositor:

> Fomos para a Musikvereinsaal [...], e ele queria subir direto para o pódio. Mas eu lhe disse: "Sente-se aqui e espere um pouco, pois temos uma surpresinha para o senhor". Eu mesmo regi o prelúdio dos *Mestres Cantores* e as valsas do *Cavaleiro da Rosa*, depois Strauss subiu ao palco, fiz um pequeno discurso pelo seu aniversário, e lhe dei de presente uma batuta de marfim e ouro, enfeitada com um diamante, com a qual ele regeu *Till Eulenspiegel*. Depois, na sala dos artistas, bateu com ela em meu ombro e disse: "Esse troço é danado de pesado. Eu detestaria ter de reger o *Crepúsculo dos Deuses* com ela. Me dê outra batuta para a *Doméstica*". No ponto da *Sinfonia Doméstica* em que descreve as relações familiares e se ouve pela primeira vez o tema do marido e da mulher, ele virou-se para Pauline. E quando há a primeira entrada do oboé *d'amore* anunciando o nascimento de Franz, ele se virou para "Bubi", como chamou o filho a vida inteira.

Testemunho eloqüente da intensa ligação entre eles – conta Alice Grab-Strauss, a esposa de Franz –, foi o que aconteceu a Pauline depois que o marido a deixou: "Nunca pensei que uma pessoa pudesse chorar tanto. Depois que Richard morreu, a vida dela acabou de vez". Aquela mulher apaixonada por passeios ao ar livre que, mesmo depois de muito idosa, sempre arrastava o marido para intermináveis caminhadas pelos arredores da casa de Garmisch, quase já não saía mais. A tristeza fez com que desenvolvesse cegueira psicossomática. Ela, que sempre fora maníaca por limpeza, a ponto de levar um paninho no bolso, quando ia à casa dos outros, para limpar as cadeiras antes de usá-las, era agora encontrada sentada no chão, ou num degrau de escada, em total abandono. Uma noite, foram achá-la inconsciente e com o corpo gelado, no quarto em que o marido morrera. Nunca mais se levantou: 247 dias depois de Richard ter ido embora, ela o acompanhou. Era 13 de maio de 1950.

Mas é na música de Strauss, mais ainda do que nos testemunhos de seus próximos, que encontramos a prova do amor que ele sentia pela esposa. O ciclo de canções op. 27 – *Ruhe meine Seele, Cäcilie, Heimliche Aufforderung* e *Morgen* –, que lhe deu de presente de casamento, está entre os mais belos que compôs. Segundo Lotte Lehmann, "aqueles *lieder* evocavam para eles lembranças que ninguém poderia compartilhar, e que encerravam experiências sagradas para os dois". Lehmann conta como, em Garmisch, Pauline às vezes abraçava o marido com os olhos cheios de lágrimas, quando se comovia com um trecho das canções que ele estava ensaiando com a amiga cantora. E se são tão belos os inúmeros *lieder* que ele compôs, é porque a maior parte deles foi composta para ser cantada por Pauline, nas freqüentes turnês de recitais que fizeram juntos, entre 1894 e 1905. Esse amor está presente, também, na sensualidade com que Strauss descreve a intimidade do casal, no segundo movimento de sua autobiográfica *Sinfonia Doméstica* (1903); no retrato irônico mas afetuoso que faz das agruras de seu casamento em *Intermezzo* (1923); sobretudo na temática, presente em toda a sua obra – *Ariadne, Mulher sem Sombra, Helena Egípcia, Intermezzo, Arabella* –, do casamento como a forma suprema de realização amorosa.

FEUERSNOT

Não é exato dizer que, devido ao insucesso de *Guntram*, Strauss tenha-se mantido totalmente afastado dos projetos operísticos. A motivação nesse sentido não era muito forte; mas ele chegou a esboçar o libreto e algum material melódico para *Das erhabene Leid der Könige* (O Excelso Sofrimento dos Reis), pedindo, para tanto, ajuda ao medievalista Felix Dahn. Esta será, entretanto, uma fase essencialmente dedicada à música orquestral e aos ciclos de canções: uma torrente de cinqüenta delas, produzidas febrilmente ao longo de cinco anos, para serem cantadas por Pauline. Sua facilidade para compor, a essa altura, é enorme: ele mesmo conta que *Traum durch die Dämmerung* (Sonho ao Entardecer), a n. 1 do op. 29, de 1895, foi anotada em poucos minutos, enquanto esperava Pauline acabar de se vestir para irem dar seu tradicional passeio a pé.

É interessante notar, porém, que nos grandes poemas sinfônicos desse período desenvolvem-se as duas tendências que vão convergir em sua segunda ópera:

- a satírica, presente no *Till Eulenspiegels Lustige Streiche op. 28* (As Alegres Travessuras de Till Eulenspiegel, 1895) e no *Don Quixote op. 35* (1897);
- e a autobiográfica, ainda fortemente marcada pela leitura de Nietzsche, que se manifesta em *Also sprach Zaratustra op. 30* (Assim Falava Zaratustra, 1896) e *Ein Heldenleben op. 40* (Vida de Herói, 1898). Esta será, em todo caso, sua última peça puramente orquestral pelos próximos três anos.

A segunda ópera será *Feuersnot* (Necessidade do Fogo), escrita entre 1900/1901, em Berlim. Desde 1898, Richard era, ali, o *Hofkappelmeister* (diretor musical) do kaiser Guilherme II. A motivação para essa nova experiência de palco foi o desejo de vingar-se da insensibilidade dos conterrâneos bávaros em relação à sua música – e também, antes dele, à de seu inspirador, Richard Wagner. O libreto baseia-se em *Das erlöschene Feuer von Oudenaarde* (O Fogo Apagado de Oudenaarde), tradução de um conto popular flamengo publicada, em 1843, por Johann Wilhelm Wolff, em sua coletânea *Lendas dos Países Baixos*. A redação foi confiada a Ernst von Wolzogen, escritor e animador cultural que Richard conhecera na taberna Liebenfrost, da Promenadeplatz, onde tomava seu drinque todo fim de tarde.

Não se deve confundir este Wolzogen – como o faz Alan Jefferson em sua biografia de Strauss – com o seu meio-irmão Hans, que era o editor das *Bayreuther Blätter* e, nas notas de programa que escrevia para o Palácio do Festival, inventou o termo *leitmotiv* para descrever a técnica wagneriana do motivo condutor. Como Richard, o escritor era de Munique, e tinha razões para queixar-se do público de sua cidade natal. Sua atividade como fundador da Sociedade Literária Livre, empenhada em propor uma reforma nos moldes em que se praticava a literatura da época, não fora bem aceita pelos bastiões do conservadorismo local. E ele tivera de mudar-se para Berlim onde, inspirado nos *cabarets littéraires* parisienses, fundara o cabaré Überbrettl, dedicado a criticar a moralidade estreita e hipócrita da classe média, e a pregar o advento de uma nova Humanidade liberada, inspirada nas idéias de Nietzsche. Atraíra vários colaboradores conhecidos, entre eles o autor austríaco de operetas Oskar Straus – com um só "s", e sem parentesco algum com Richard –, que transformou em canções muitos de seus debochados poemetos.

A irreverência do que ficaria sendo conhecido como o "estilo Überbrettl" – presente também nas colaborações de Kurt Weill com Bertolt Brecht, em peças de Hanns Eisler, ou em certas criações dos membros da II Escola de Viena – animaria as virulentas novelas de crítica social escritas por Wolzogen: *Die tolle Komtesse* (A Condessa Louca) e *Kraft-Mayr*. Com sua intensa vitalidade, Wolzogen parecia ser o colaborador ideal para Richard, que estava numa fase esfuziante de sua vida. Era capaz, em um só dia, de ensaiar o *Don Giovanni* das onze da manhã à uma da tarde, e a *Sinfonia n. 3* de Bruckner das três às seis da tarde; e de quebra, ainda reger, à noite, uma récita do *Tristão e Isolda*. Além disso, a informalidade dos textos de Wolzogen, seu tom popularesco, combinavam com os pontos de vista do jovem regente que, em carta a um amigo, afirmava:

> A grande música e o *kitsch* sempre andaram de mãos dadas. Mestres do segundo time também precisam ser promovidos. O que eu toco deve agradar não apenas a mim, mas também a meu público. Deixem que o tempo seja o juiz. É melhor superestimar vinte do que barrar o caminho a um só.

Ambos trabalharam com entusiasmo e rapidez. Wolzogen escreveu o libreto durante uma semana passada na ilha de Rüggen, perto de Stralsund, no mar Báltico ("apesar da companhia de uma senhorita minha amiga", confidenciou). Strauss começou a compor em outubro de 1900 e, em maio do ano seguinte, *Feuersnot* estava pronta.

A ação de *A Necessidade do Fogo* foi transferida da cidade belga de Oudenaarde para a Munique medieval, no dia da festa do solstício de verão, como um meio de fustigar a arraigada mentalidade burguesa da capital bávara. A personagem central, com quem o compositor se identifica, é Kunrad der Ebner, que se apaixonou por Dietmut, a filha do prefeito Ortolf Sentlinger. Mas a moça o despreza, e quer vingar-se por ele tê-la constrangido beijando-a em público. Promete-lhe, então, um encontro, e faz com que ele entre na cesta de um monta-cargas que fica do lado de fora de sua casa, e que deverá levá-lo até o seu quarto. Mas pára a cesta no meio do caminho, deixando-o dependurado e exposto às zombarias de toda a população. Essa ofensa ao amor sincero de Kunrad por ela faz com que todas as luzes da cidade se apaguem, o que deixa a todos em pânico. Num longo discurso, Kunrad os recrimina por escarnecerem da paixão. E também por terem expulsado da cidade, algum tempo antes, um homem muito sábio, Meister Reichhardt, cujos ensinamentos não tinham sabido compreender nem valorizar. Finalmente, atendendo aos apelos de seus concidadãos, e também genuinamente tocada pelo fervor das declarações de Kunrad, Dietmut resolve-se a acolhê-lo em seu quarto. No momento em que o amor dos dois se consuma, o fogo da sensualidade faz com que se reacendam as luzes de toda a cidade.

Além de transferir o local da ação, para adaptá-lo às suas necessidades críticas e às de Strauss, Wolzogen teve de modificar o final um tanto cru da lenda. Nela, um feiticeiro castiga a moça por ter desdenhado o amor, forçando-a a acocorar-se, inteiramente nua, em cima de uma mesa. E os cidadãos vêm reacender suas velas e lamparinas numa chama mágica que jorra de seu sexo. A solução encontrada no libreto é muito mais poética, embora nem por isso menos ousada para a puritana burguesia alemã da época. Mas Wolzogen defendeu-se, argumentando que "todo poder criativo vem da sensualidade. O espírito criativo possui o poder mágico de moldar a partir do nada, e essa é uma mágica que só se efetua através do fogo dos sentidos".

Figurinos do vienense Heinrich Leffler para uma montagem de *Feuersnot* na Königliches Opernhaus, de Berlim, em 1902.

Cenários de Max Big-nens para a encenação de *Feuersnot*, em 1958, na Ópera da Baviera, em Munique.

Esse é um ponto de vista que corresponde à alegria de viver, à valorização da sensualidade desinibida e à recusa das convenções morais vigentes típicas da geração decadentista e neo-romântica que, na Alemanha, recebe o nome de *Jugendstil* (e que, na França e em outros países, é conhecida como *Art nouveau* ou *Estilo Liberty*). Essa atitude iconoclasta não se manifesta apenas no que se refere à temática. Existe também, no plano formal, no modo irônico como Wolzogen, fiel ao espírito *cabaretier*, incorpora à sua linguagem regionalismos bávaros, alguns deles de baixo calão. E na paródia que faz dos maneirismos estilísticos dos libretos wagnerianos: o uso de termos arcaicos, de metáforas em seqüência, de uma densa trama de símbolos, e de versos curtos tornados muito sonoros pelo emprego sistemático da técnica de *stabreim*, as aliterações contínuas que criam um efeito de rima interna.

Nesse ponto, inclusive, é visível o modelo em que o libretista se inspira: as paródias que o autor satírico vienense Johann Nepomuk Nestroy fez do *Tannhäuser* (1857) e do *Lohengrin* (1859), entremeando-as com canções, de tom bem canalha e irreverente, escritas por Adolph Müller, popular autor de operetas. No folheto que acompanha a primeira gravação comercial da ópera, Karl Schumann comenta:

> *Feuersnot* marca a invasão do domínio operístico pelo estilo *Überbrettl* à la Wedekind. Traz um elemento novo de sátira e observação crítica, que dá uma sacudidela na opressiva seriedade do drama lírico inspirado no modelo wagneriano e, ao mesmo tempo, escapa das convenções operísticas tradicionais.

Esse tipo de libreto permitiu a Strauss trabalhar, num registro humorístico que lhe era muito caro, com dois níveis de alusão: à figura de Wagner e às suas próprias circunstâncias autobiográficas. No primeiro, encontramos citações de motivos condutores das óperas wagnerianas, e a aproximação entre o clima festivo do solstício de verão, em Munique, e o do Johannistag na Nüremberg em que se passam os *Mestres Cantores*. No segundo, estão as citações de temas do *Guntram*, desprezado pelo público de Munique. Estabelece-se, assim, a correspondência entre Kunrad, escarnecido por Dietmut, a quem quis dar o seu amor, e o próprio Strauss, incompreendido por seus conterrâneos, a quem quis dar a sua música – em ambos os casos, o que os dois homens tinham de melhor a oferecer a seus semelhantes.

Em Richard Strauss, mais do que na maioria dos compositores, é essencial levar em conta o dado subjetivo para que se possa compreender a gênese e a elaboração de suas obras – a que K. Schumann chama de "auto-retratos cifrados, orgulhosas confissões de um indivíduo cheio de confiança em si mesmo, e que expressa a sua crença no que chama de o Artista Livre, o indivíduo muito próximo da concepção nietzscheana do Super-Homem". Concepção essa que prolonga, portanto, na fase neo-romântica de virada do século, a visão que o Romantismo tinha do Artista como um ser de exceção, à frente de uma Humanidade medíocre e sem condições de compreendê-lo.

Em *Feuersnot*, essa noção se aplica tanto à personagem de Kunrad/Strauss quanto à figura invisível, mas onipresente, de Meister Reichhardt/Richard Wagner. Em seu monólogo, Kunrad o chama de "Guia dos Espíritos" – momento em que, na orquestra, ouve-se o tema do Valhala, o palácio dos deuses, do *Anel*. E censura o povo por não ter sabido estar à altura de suas idéias revolucionárias, forçando-o, com isso, a sair da cidade. A essa altura, Wolzogen faz jogos de palavras muito claros com os nomes:

> *Sein Wagen kam allzu gewagt Euch vor*
> *da triebt Ihr den Wagner aus dem Tor –*
> *den bösen Feind, den triebt Ihr nit aus –*
> *der stellt sich Euch immer auf neue zum Strauss.*
>
> (Sua carroça corria com ousadia demasiada para vocês, por isso tocaram o *carroceiro* para fora da cidade; mas não ficarão livres desse perverso inimigo, pois ele estará sempre pronto para nova *luta*.)

– através, é claro, de seus discípulos, dispostos a levar adiante os seus ensinamentos. A menção dos vocábulos *Wagner* (carroceiro) e *Strauss* (combate, em linguagem poética) é emoldurada por citações dos temas do Holandês, no *Navio Fantasma* wagneriano, e do duque Robert em *Guntram*. Como ambos estão ligados a idéias "negativas" em suas óperas de origem, isso enfatiza a conotação irônica dada a "inimigo perverso" aplicado a Wagner. E o libretista não escapa da tentação de encadear com outra brincadeira, um tanto forçada, desta vez com seu próprio nome, ao começar a frase seguinte com a expressão *wohl zogen* (bem conduzido).

Feuersnot é, ao mesmo tempo, uma admissão respeitosa da dívida que Strauss tem para com Wagner, e um acerto de contas com a sua influência, que começa a exorcizar. Na música, ainda há muitos traços da linguagem wagneriana: por exemplo, a coda brusca no final da ópera, reproduzindo um maneirismo típico (compare-se com o final do ato I da *Valquíria*). A diferença fundamental é que, a esta altura, já não se trata mais de um decalque, como no *Guntram*, mas de uma cópia consciente, dentro da técnica do pastiche, que será uma das pedras de toque da dramaturgia straussiana. Mas já existem também claros indícios do que será o idioma operístico da maturidade.

O trio das amigas de Dietmut faz a ligação direta entre o canto das Filhas do Reno (de quem ainda macaqueiam a risada) e o das ninfas na *Ariadne auf Naxos*. Boa parte do monólogo de Kunrad tem a forma de uma valsa lenta que já ecoa, à distância, as do *Cavaleiro da Rosa*. E a música inebriante da cena final, construída sobre um óbvio "abraço" dos temas de Kunrad e Dietmut, é a primeira daquelas evocações explícitas do ato sexual que serão tão freqüentes na obra de Strauss: na cena de amor do segundo movimento da *Sinfonia Doméstica*; no Prelúdio ao ato I do *Cavaleiro da Rosa*; no Prelúdio ao ato III de *Arabella*; ou no Interlúdio que, no ato I do *Amor de Danaé*, descreve a visita de Júpiter à moça sob a forma de uma chuva de ouro.

O tributo a Wagner cifra-se, sobretudo, na frase escrita por Strauss na última página do manuscrito: "Terminado no dia do aniversário do Onipotente, e em sua homenagem. Berlim, 22/5/1901". A designação de *Allmächtige* dada a Wagner não deixa de ter uma curiosa mistura de veneração e de distanciada ironia.

Feuersnot é, no contraste entre a estrutura e os meios de expressão utilizados, uma obra de grande originalidade. A forma condensada, em um ato, e o uso que Strauss faz de canções populares bávaras (*Der alte Peter, Mir so net vo Pasing, Kellerlied, Guten Morgen, Herr Fischer*) vinculam-na ao gênero específico das óperas cômicas românticas de Albert Lortzing e Otto Nicolai. Mas, ao mesmo tempo, a orquestra usada é colossal, típica do drama wagneriano – embora a instrumentação seja de um brilho e uma leveza que *Guntram* não tinha. Strauss evita, assim, o erro cometido, por exemplo, no *Corregedor* (1896), a única ópera de Hugo Wolff (1860-1903), cuja atmosfera descontraída de *Komische Oper* é comprometida pelas texturas empasteladas de um acompanhamento orquestral demasiado pesado. O tratamento harmônico dado ao material melódico de origem popular é de um alto grau de sofisticação. A escrita do coro para crianças, em especial, é extremamente difícil para os cantores a que se destina. No equilíbrio natural que agora encontra entre as proporções imponentes do efetivo orquestral e o tom mais informal do libreto, Strauss demonstra ter sabido inspirar-se no exemplo de seu amigo Humperdinck, cuja transparente *Hänsel und Gretel* estreara em Weimar, em 1892.

No texto citado, Karl Schumann ressalta a originalidade de *Feuersnot* – sátira de cabaré realizada com os recursos portentosos do drama lírico sério, tendo um pano de fundo simbólico e autobiográfico em que se fundem os elementos mais disparatados, dos ecos do *Tristão* e do *Anel* às canções de rua de Munique:

> Seus autores não tencionavam escrever uma ópera que acariciasse os ouvidos ou fizesse sonhar, e sim um *Singgedichte* (poema para ser cantado) dirigido a uma platéia inteligente e perspicaz, em condições de captar as sugestões da sátira.

Mas essa platéia não foi, como logo se pôde verificar, muito fácil de encontrar. Como Berlim e Viena hesitassem diante do que consideravam os aspectos escabrosos da história, a estréia foi em Dresden, em 21 de novembro de 1901 – a primeira das récitas inaugurais de óperas de Strauss a que essa cidade teria o privilégio de assistir. Mas os elementos demasiado regionais da ação fizeram com que o público lhe destinasse acolhida apenas polida. Em Berlim, em 1902, a ópera foi retirada de cartaz, após sete apresentações, pois a Imperatriz "ouvira dizer que o texto era obsceno". E o escândalo acarretou a demissão de Bolko von Hochberg, o Intendente da Ópera Real. Mas o sucesso viria, nesse mesmo ano, quando *Feuersnot* foi regida pelo autor em Frankfurt, e por Gustav Mahler em Viena.

A respeito da apresentação na capital austríaca, em 29 de janeiro de 1902, há um curioso depoimento de Alma Schindler que, semanas antes, tornara-se a senhora Mahler. Ela diz que Pauline, sentada em seu camarote, esbravejava o tempo todo que "ninguém poderia gostar daquela porcaria [...], porque todo mundo sabia que não havia nela uma única nota original". Quando Strauss, alegre por ter sido chamado várias vezes ao palco para agradecer os aplausos, veio lhe perguntar: "E aí, Pauksl, que diz desse sucesso?", sua mulher explodiu num monte de impropérios que culminou em uma de suas célebres e tempestuosas altercações:

> Mahler, que achava aquilo tudo extremamente desagradável, bateu na porta do camarim onde eles estavam brigando, e avisou que não dava mais para esperar. Estávamos indo na frente para o restaurante Hartmann. [...] Quando [Strauss] chegou, visivelmente exausto, sentou-se a meu lado e disse: "Minha mulher, às vezes, é um bocado grosseira". E acrescentou: "Mas é exatamente disso que eu preciso".

Se, como quiseram alguns biógrafos, este episódio é de autenticidade discutível, é, pelo menos, muito verossímil. Strauss, contudo, estava muito feliz, pois numa carta a seus pais, escrita no Hotel Bristol na noite de 28 de janeiro, declarava-se contentíssimo com a orquestra, "decididamente, a que tem o som mais bonito da Europa", com os cenários, "os figurinos extremamente originais" e o desempenho de Margarethe Michalek e Leopold Demuth nos papéis principais. Apesar disso, o sucesso foi decrescendo depois da estréia, e a quarta récita foi cancelada, no último minuto, porque apenas um quarto da casa fora vendida.

Entre 1901 e 1927, *Feuersnot* foi encenada várias vezes, inclusive na Itália e nos Estados Unidos. Depois, à exceção de esporádicas montagens em Munique – Strauss dedicou a partitura à cidade em 1928 –, foi virtualmente esquecida. Em 1986, porém, o lançamento da gravação Heinz Fincke permitiu reavaliar o papel que ela ocupa dentro do *corpus* operístico straussiano. Esse registro demonstrou não haver nenhuma razão palpável – descontada o envelhecimento de seu conteúdo satírico – para que não tenha conquistado o seu lugar no repertório. A não ser, talvez, o fato de ser de execução desproporcionalmente difícil para os noventa minutos que dura, exigindo investimentos onerosos num espetáculo que mal preenche o programa de uma noite.

A interpretação do par central, feita por Bernd Weikl e Julia Varady, põe em xeque, inclusive, o argumento de Michael Kennedy – no *Strauss*, da coleção *Master Musicians* –, de que ela "carece de um desses papéis gratificantes que todos os cantores, em todas as épocas, querem integrar a seus repertórios". Qualquer cantor inteligente pode extrair efeitos extraordinários das possibilidades oferecidas por Kunrad e Dietmund. Não me parece tampouco que Charles Osborne tenha razão em *The Operas of Richard Strauss*. Partindo da opinião do próprio compositor, em seu diário, de que "o discurso de Kunrad era a coisa realmente importante; o resto era apenas um acessório divertido", Osborne comenta: "Uma hora e meia sem intervalo é tempo demais para que a platéia fique esperando por um discurso recheado com acessórios que não são tão divertidos quanto o compositor pensava".

Feuersnot tem mais do que isso. Apenas, nesse estágio de evolução da obra, o que ainda não aconteceu é a descoberta que virá, já na ópera seguinte, da capacidade de dar relevo até mesmo às personagens mais secundárias. Defesa muito bem-humorada desta segunda ópera é feita por William Mann em *Richard Strauss: a Critical Study of the Operas*:

> Talvez haja quem pense que os melhores momentos de uma obra de transição como *Feuersnot* sejam os que exibem as características que, em obras posteriores, serão desenvolvidas com muito mais força. Mas será que alguém, em sã consciência, rejeitaria o *Navio Fantasma* sob a alegação de que tudo o que está lá será realizado de maneira muito mais magistral no *Tristão e Isolda*?

Hoje em dia, além da versão Fincke (Acanta), há também em catálogo um registro ao vivo da Ópera de Munique, em 1958, com Maud Cunitz e Marcel Cordes regidos por Rudolf Kempe; e a pirata da SRO (1988) com Hass-Raffeiner/Gustav Kühn. E no selo Preiser, Arthur Rother rege seleções de 1944, com Maria Cebotari.

SALOME

Por algum tempo, Strauss ainda pensou em continuar colaborando com Ernst von Wolzogen. Nas *Reminiscências Sobre as Estréias de Minhas Óperas,* que escreveu em 1942, dizia ter perdido o texto de um libreto baseado em Cervantes, que o satirista lhe escrevera e para o qual chegara a fazer alguns rascunhos. Depois de sua morte, encontraram, em seus arquivos, o manuscrito de uma ópera picaresca em um ato, que deveria intitular-se *Coabbradibosimpur oder Die bösen Buben von Sevilla* (Coabbradibosimpur ou Os Dois Meninos Levados de Sevilha). Talvez tenha sido bom que o projeto não prosperasse, pois ópera com esse nome não haveria de ter futuro muito feliz.

A idéia de uma nova comédia, porém, foi definitivamente esquecida quando, em 1902, Richard se interessou pela proposta de Anton Lindner – poeta vienense de quem, em 1898, musicara o *Hochzeitlich Lied* (Canção Nupcial) *op. 37 n. 6* – de lhe preparar um libreto baseado na *Salomé* de Oscar Wilde. Lindner lhe fez essa sugestão depois de, em Breslau, em 1901, ter sido publicada uma primeira tradução da peça, a de Carl Kisper. "Quando concordei", conta nas *Reminiscências*, "ele me mandou as cenas iniciais habilmente versificadas, mas elas não me entusiasmaram".

Após anos de proibição pela censura, *Salomé* estreara, no ano anterior, em Breslau. Escrita em francês, em 1891, no auge da influência que Wilde recebia do decadentista Joris Karl Huysmans, ela dava interpretação muito pessoal aos episódios narrados nos evangelhos por Mateus (14: 3-11) e Marcos (6: 17-28). Herodíades, viúva de Felipe, vive maritalmente com seu cunhado Herodes, o tetrarca da Galiléia. Acusada de incesto por João Batista, ela consegue que Herodes o prenda; mas ele hesita em mandar executá-lo, pois o considera um santo. Herodíades faz sua filha Salomé dançar para ele e instiga-a a pedir, como recompensa, a cabeça do Batista numa salva de prata. A narrativa evangélica é muito sucinta. Ela nem sequer nos revela o nome da princesa, que vamos encontrar na *História dos Judeus* de Flávio Josefo, escrita no século I (a ação de *Salomé* passa-se no ano 30 da Era Cristã).

Wilde escreveu a peça pensando em Sarah Bernhardt como a criadora do papel-título. La Bernhardt chegou a ir a Londres, em companhia de Albert Damont, que faria Herodes. Mas os ensaios no Palace Theatre já tinham se iniciado quando Edward Pigott, o Lord Chamberlain da época, do qual dependia a censura teatral, proibiu-a por considerá-la obscena, invocando um antigo estatuto, àquela altura já letra morta, que proibia peças baseadas em temas bíblicos. A peça foi estreada em 1896, em Paris, com Lina Munte no papel principal. Na Inglaterra, só foi apresentada em 1905, na tradução de lord Alfred Douglas, o amante de Wilde (no texto autobiográfico *De Profundis,* o poeta confessa não ter gostado do trabalho que o companheiro fizera).

A Era Vitoriana via a mulher como "an angel in the house", inteiramente devotada ao lar, ao marido, aos filhos. Os doutores daquela época chegavam a afirmar que, por sua constituição natural, a mulher não experimentava o orgasmo e, quando isso acontecia, era devido a uma deformidade física que a predispunha à vida de devassidão. Nada mais natural que a rejeição a um texto em que o desejo sexual, desafiando a lei secular (Herodes) e a divina (Jokanaan), simboliza o ideal wildeano do triunfo dos irresistíveis desejos humanos sobre as forças repressivas da sociedade. Determinado a capturar a essência do desejo que atropela todos os obstáculos, ele faz de Salomé o arquétipo da luxúria transcendida pelo próprio excesso de sua falta de limites.

A dança de Salomé foi um *topos* recorrente na cultura ocidental até a Renascença. Devido a seu conteúdo "perverso" – seu tema é obsessão sexual, incesto, assassinato e necrofilia –, temas caros aos artistas do Decadentismo, e também por inscrever-se na voga do orientalismo, que a expansão colonial pusera em moda, *Salomé* exerceu grande fascínio sobre muitos artistas dessa fase. Antes de Wilde, o tema atraíra outros autores. Lembremos:

- o poema épico *Atta Troll* (1842), de Heinrich Heine, no qual há um episódio em que Herodíades utiliza a sensualidade da filha adolescente como um meio de se vingar das acusações que João Batista lhe fez. No final, é Herodíades quem dança de alegria por ter sido vingada com a execução do Batista;
- o poema dramático *Salomé*, do americano J. C. Heywood, publicado em Massachussets em 1862 – embora hoje pouco conhecida, a obra de Heywood, resenhada por Wilde na *Pall Mall Gazette* de Londres, em 1888, forneceu-lhe o modelo para a cena final da peça: o poema termina com a descrição do beijo histérico que Herodíades dá na cabeça decepada do Batista, e na decisão do tetrarca, horrorizado, de mandar executá-la;
- *Hérodias*, último dos *Trois Contes* (1877), de Gustave Flaubert, que Massenet transformou numa ópera em 1881; mas a adaptação feita por Paul Milliet, Georges Hartmann e Ângelo Zanardini toma grandes liberdades em relação ao conto de Flaubert; faz de Salomé a filha que Herodíades perdeu quando criança, e imagina a paixão entre a princesa e Jean le Baptiste;
- o poema do mesmo nome, de Stéphane Mallarmé (1869);
- os quadros *Salomé Dansant Devant Hérode* e *L'Apparition* – no qual a princesa tem a visão da cabeça transfigurada do Batista –, ambos pintados em 1876 pelo simbolista Gustave Moreau; Huysmans faz a minuciosa descrição desses quadros em seu romance *À Rebours* (1894), marco do Decadentismo literário.
- Salomé inspirou, entre outros artistas, o inglês Aubrey Beardsley, cujas excepcionais gravuras ilustram a edição inglesa da peça de Wilde traduzida por Douglas; e o austríaco Gustav Klimt: sua *Judite*, que está na Galeria de Arte Moderna de Veneza, é às vezes também chamada de *Salomé* (a cabeça parcialmente visível numa dobra de suas roupagens multicoloridas tanto pode ser a de Holofernes quanto a do Batista).

Depois de Wilde, a princesa voltou a tentar seduzir João Batista no palco e na plataforma de concertos:

- *A Fogueira de São João* (1897), peça de Hermann Sudermann;
- *Visão de Salomé*, balé que Marcel Rémy compôs, em 1904, para a bailarina Maud Adams;
- *La Tragédie de Salomé* (1907), poema sinfônico de Florent Schmitt.

Em Flaubert, Herodíades é a personagem central; Salomé é apenas uma coadjuvante. Os libretistas de Massenet fazem o Batista apaixonar-se pela princesa; Sudermann, em sua peça, dá ao episódio bíblico a mesma interpretação do dramaturgo irlandês. As palavras de Huysmans, em *À Rebours* sobre o quadro de Moreau, podem perfeitamente aplicar-se à peça de Wilde:

> Ela é a encarnação simbólica do Desejo interminável, a deusa da Histeria imortal, a amaldiçoada Beleza exaltada, acima de todas as outras belezas, pela catalepsia que enrijece sua carne e transforma seus músculos em aço, a Fera monstruosa, indiferente, irresponsável, insensível, envenenando, como a Helena do mito antigo, tudo o que toca.

Ao temperamento francamente romântico de Strauss, atraiu muito a idéia de trabalhar com as personagens e situações anticonvencionais de um escritor "maldito" como Wilde. Mas ao assistir a peça e ouvir a tradução alemã de Hedwig Lachmann, concluiu, ao compará-la com os versos de Lindner, pela evidente superioridade do original. Ele próprio dizia ter ficado fascinado com a sugestão implícita de melodia que encontrou na primeira frase da peça – "Wie schön ist die Prinzessin Salomé heute Nacht" (Como a princesa Salomé está linda esta noite) –, dita pelo oficial da guarda Narraboth, e que, na partitura, traduz-se numa sinuosa melodia para o clarinete, de efeito encantatório.

Essa impressão, de leitura, de que o texto original já era suficientemente melodioso para que se pudesse prescindir de sua conversão em um libreto rimado tradicional, confirmou-se, em novembro de 1902, quando Strauss assistiu à célebre montagem de Max Reinhardt, no Kleines Deutsches Theater de Berlim, com Gertrud Eysoldt no papel-título. Ele mesmo conta que, ao se encontrar, na saída do espetáculo, com seu amigo Heinrich Grünfeld, este lhe disse: "Strauss, há aqui o tema para uma ópera!". Ao que ele respondeu: "A partir deste exato momento, já a estou escrevendo!".

Ao trabalhar diretamente com o texto da peça de Wilde, Strauss fez um tipo de adaptação muito semelhante à que Mússorgski fez com o *Casamento* de Gógol; Debussy com o *Pelléas et Mélisande* de Maeterlinck; Mascagni com o *Guglielmo Ratcliff* de Heine; ou Janáček com o *Caso Makrópulos* de Karel Čapek – todas elas óperas mais ou menos próximas, pertencentes a uma época em que os compositores começam a encontrar possibilidades novas no texto em prosa, e a libertar-se do jugo do libreto versificado tradicional. Strauss efetuou cortes para condensar a peça e desbastar um pouco as frases de Wilde, sobrecarregadas de subordinadas e de metáforas às vezes um tanto repetitivas. Seu senso dramático levou-o a sacrificar passagens bonitas, potencialmente transformáveis em "árias" – como o lamento do pajem após o suicídio de Narraboth –, mas que teriam retardado a ação. Os cortes, às vezes, são de páginas inteiras, eliminando diálogos expressivos, mas acessórios: por exemplo, a descrição que um dos soldados faz dos três vinhos que o Tetrarca bebe, o samotrácio, púrpura como o manto de César, o cipriota, amarelo como ouro, e o siciliano, rubro como sangue. Strauss preservou cuidadosamente, contudo, as palavras do dramaturgo, sem lhes fazer acréscimos e, em alguns raros pontos, apenas modificou a ordem das palavras na frase, para adequá-las à linha melódica.

O folheto da gravação de Giuseppe Sinopoli (Deutsche Grammophon), lançada no mercado brasileiro em 1991, traz o texto original de Wilde, a tradução de Lachmann e, já que o poeta não gostava da de Douglas, a versão em inglês de Vyvyan Holland. Nelas vêm indicadas, em negrito, as frases utilizadas pelo compositor, o que permite que se tenha idéia muito clara de suas opções, comandadas por um seguro instinto teatral. Um dos livros mais importantes, na biblioteca de Strauss, é seu exemplar da peça em que, além de marcar os cortes, ele anotou as idéias musicais que lhe ocorriam ao sabor da leitura. O estudo desse volume deixa claro que, desde o princípio – fiel a um método de trabalho bebido em Wagner –, Strauss pensa em termos de esquemas tonais, formando uma rigorosa grade de inter-relações personagens/situações.

O dó sustenido maior domina a introdução e, no exemplar que tinha da peça de Wilde, Strauss dividiu a frase inicial de Narraboth com barras de compasso, para que seu ritmo ficasse bem delineado. Um acorde menor caracteriza a altercação dos judeus; ré maior é anotado na última palavra de "Wie abgezehrt er ist!" (Como ele está desfeito!); dó sustenido maior, na última sílaba de "Du hättest mich geliebt" (Terias me amado); mi bemol menor, em "Das Geheimnis des Todes" (O segredo da morte), e assim por diante. O ré bemol maior, e seus equivalentes enarmônicos, escolhidos para a lua, volta quando Salomé se refere a Jokanaan, porque o que a atrai no homem é o desafio de vencer sua castidade, gélida como a do astro noturno.

A partitura ficou pronta em setembro de 1904 e a orquestração em junho de 1905. O velho Franz não chegou a ver *Salomé* no palco, pois morreu em 31 de maio de 1905. Mas ouviu seu filho tocando a redução para piano, e comentou: "Que música nervosa! É como se tivesse entrado uma barata dentro das minhas calças!". A estréia em Dresden estava prevista para o início do segundo semestre; mas teve de ser adiada, porque nem o regente, Ernst von Schuch, nem os cantores acreditaram na advertência do autor de que a escrita era muito fora do comum e, por isso, necessitaria de um esforço suplementar nos ensaios. Quando estes finalmente começaram, todos ficaram apavorados com os problemas técnicos que teriam de enfrentar. Ao oboísta que lhe disse: "Desculpe, maestro, esta passagem pode funcionar no piano, mas não no oboé", Strauss respondeu: "Não se preocupe, no piano ela também não funciona".

Em seu livro de memórias, *Ich erinnere mich ganz genau* (Lembro-me Exatamente), o maestro Karl Böhm conta:

> Antigos membros da Dresdner Staatsoper me contaram que todos os cantores proclamaram a ópera incantável, declarando que ela arruinaria suas vozes. Schuch fez nova tentativa, convocando mais um ensaio com piano. Estavam todos lá à exceção do Herodes, a ser cantado pelo tcheco Carl Burian, de quem me lembro como um dos melhores *Heldentenors* que já conheci. Depois de Salomé, Herodes é o papel mais difícil de aprender. Uma vez mais, os cantores estavam dizendo que não conseguiam cantar isso, que não conseguiam aprender aquilo. De repente, Burian chegou e Schuch que, em geral, chamava todos os cantores de "você", exceto quando estava com raiva, virou-se para ele: "Atrasado, Herr Burian? Aposto que o senhor não tem a menor idéia de seu papel"; Burian respondeu: "Pelo contrário. Eu o sei de cor". E começou a cantá-lo sem cometer um só erro e sem usar a partitura. Isso encheu os outros de vergonha e, a partir daí, os ensaios começaram a dar certo.

Quem se encheu de brios foi o soprano Marie Wittich que, aquele dia, tinha vindo ao ensaio para desistir do papel mas, para não ficar por baixo, resolveu fazê-lo. Com muita má-vontade, porém, pois estava mais interessada no convite que recebera de Cosima Wagner para cantar Isolda em Bayreuth, no verão de 1906. Além disso, não lhe agradava uma personagem que considerava escandalosa, e temia que o papel fosse prejudicial à sua carreira. Considerava "pervertidas e ofensivas" as marcações do encenador, Willi Wirk. "Não posso fazer essas coisas", dizia; "sou uma mulher decente". E exigiu ser substituída por uma bailarina, na Dança dos Sete Véus.

O que não foi de todo mau porque – como Strauss contaria, mais tarde, a seu libretista Hugo von Hofmannsthal – "durante o verão, titia Wittich tinha desenvolvido uma formosa barriguinha".

Ao pedido de von Schuch para que o prazo fosse dilatado, Strauss respondeu com um blefe: outros teatros estavam interessados na ópera e, se a produção não estivesse pronta na data combinada, ele a levaria para Artur Nikisch, em Frankfurt. Todo mundo se apressou e a estréia saiu em 9 de dezembro de 1905. Karl Böhm relembra o episódio do ensaio geral, que lhe foi contado por Ernst, o filho do maestro:

> Na corte de Dresden, sempre havia ensaios gerais abertos a convidados; mas as seis primeiras fileiras sempre ficavam vagas. Na primeira fila, bem detrás de von Schuch, lá estava Richard Strauss, sozinho. Quando a cortina baixou sobre a cena em que Salomé é morta pelos soldados, houve um silêncio mortal da platéia. As luzes se acenderam, mas o silêncio continuou. Aí Strauss levantou-se lentamente – ele era muito alto –, virou-se lentamente para a platéia e disse: "Quanto a vocês eu não sei... mas eu gostei!" Tinha-se rompido o encanto. Todos aplaudiram.

O público da estréia também. O enorme sucesso de público, porém, não impediu *Salomé* de ser demolida pela crítica conservadora, que odiou tanto a música quanto o uso de um libreto em prosa. Adam Röder disse que ela era "uma conspiração para induzir o povo alemão em erro e enegrecer o reluzente ideal da arte germânica". Heinrich Schenker acusou-a de "inigualável banalidade". Siegfried Wagner expressou o temor de que "*Parsifal* seja levado no mesmo palco que essa coisa detestável". Mas a ópera teve, desde cedo, ardentes defensores. Maurice Ravel a chamou de "obra estupenda". E Arturo Toscanini saiu da estréia decidido a revelá-la ao público do Scala de Milão. Ao contrário de von Schuch, de tal forma esmerou-se na preparação dos solistas e da orquestra que, já no ensaio geral, executou-a de memória, de uma ponta à outra, sem interrupções, como se fosse a primeira récita.

Ao ouvir a ópera na Alemanha, Toscanini procurou Strauss, pedindo-lhe os direitos para a estréia italiana no Scala. Mas o compositor lhe respondeu que entrara em entendimentos com o Régio de Turim para reger o espetáculo inaugural italiano em 22 de dezembro de 1906. A soma que o editor Fürstner exigia pela rescisão do contrato era demasiado alta para que o Scala se animasse a pagá-la. Combinou-se, portanto, a estréia milanesa para o dia 26, quatro dias depois da apresentação em Turim. Mas Toscanini encontrou um meio de "furar" a estréia em outro teatro: convocou um ensaio geral aberto ao público, para o qual estava convidada toda a *inteliguêntsia* da Lombardia. Garantiu assim, para si, senão a estréia oficial, pelo menos a primeira audição italiana da ópera, à qual Salomea Kruscenitska – a criadora da versão revista da *Butterfly* – grande cantora-atriz, conferiu lustro todo especial.

Em 1931, Gerhardt Hauptmann disse que, "se sua época só tivesse produzido *Salomé*, nunca seria esquecida". O que não impediu Thomas Mann, nesse mesmo ano, de atacar "a superficialidade de uma obra exibicionista, fora de moda e ridiculamente fria" – um último termo com o qual não há de concordar até mesmo quem odeie a ópera. Arte ou *kitsch*? A questão é irrelevante pois, dentro de seu gênero, *Salomé* é insuperável.

Mas como já acontecera antes com *Feuersnot*, também *Salomé* teve problemas com a censura. A campanha contrária foi orquestrada por Henry Thode, um dos genros de Cosima Wagner. Numa conferência pronunciada em Berlim, ele protestou contra a "profanação da música, utilizada para pintar a perversidade". Na capital, para aplacar a irritação do kaiser, o Intendente von Hülsen-Häseler teve a idéia de acrescentar, no final, a aparição da estrela de Belém, dando à ópera uma conotação redentora que nada tinha a ver com a história. Em Viena, os projetos de Mahler de encená-la foram frustrados pela oposição do arcebispo Piffl e por uma cabala organizada pela arquiduquesa Valéria, a irmã solteirona do imperador Francisco José, de irrepreensível carolice. *Salomé* só foi vista pelos vienenses em 1918, após a queda da monarquia; e, a essa altura, Mahler já tinha morrido.

Nos Estados Unidos, em 1907, o milionário J. P. Morgan, um dos patrocinadores do Metropolitan de Nova York, tentou impedir a apresentação, em que o papel-título seria feito por Olive Fremstad. Mas só conseguiu, com o escândalo, despertar maior curiosidade do público. Os episódios mais pitorescos, evidentemente, aconteceram na Inglaterra. Sir Thomas Beecham, que regeu a estréia londrina, os reconstituiu com enorme graça em seu livro de memórias, *A Mingled Chime*. O Lord Chamberlain banira a ópera em 1907, e só consentiu que fosse cantada, em 1911, se fossem feitas algumas mudanças:

- o nome de Jokanaan, o Batista, foi eliminado: ele recebeu a designação vaga de O Profeta;
- pensou-se, a princípio, em substituir a cabeça cortada por uma espada suja de sangue; mas quando a intérprete principal, a bela e vaidosa soprano finlandesa Aino Ackté, reclamou que seu vestido ficaria emporcalhado, ela foi trocada por uma bandeja *vazia*, coberta por um pano imaculadamente limpo;
- e o texto de Wilde foi inteiramente reescrito: a paixão sexual de Salomé foi trocada pelo vago desejo de ser espiritualmente guiada pelo Batista – o que tornava sem pé nem cabeça a recusa do "Profeta" em ajudá-la.

Mas o mais engraçado, conta Beecham, é que, da metade do espetáculo para frente, os cantores começaram, aos poucos, a cometer "erros", abandonando o texto censurado e voltando ao original; de tal forma que, a certa altura, o que se cantava eram as palavras de Wilde/Lachmann – e ninguém percebeu! *Salomé*, de resto, tem, na Inglaterra, uma história acidentada: em 1950, a produção do Covent Garden, com cenários e figurinos muito eróticos de Salvador Dali, provocou tal escândalo, que levou à demissão de Peter Brook do cargo de Diretor Artístico do teatro.

Graz, na Áustria, teve a coragem que faltara a Viena: encenou *Salomé* em maio de 1906, numa produção a que estavam presentes Giacomo Puccini, Gustav e Alma Mahler, e um enorme contingente de jovens vienenses, todos eles munidos de partituras e entusiasmo. Entre eles, encontrava-se um (na época) joãoninguém, frustrado estudante de Artes Plásticas, chamado Adolf Hitler. Quando, em 1939, um zeloso funcionário nazista de Graz ordenou que a ópera fosse banida do repertório, Strauss escreveu a seu primo Rudolf Moralt,

De estilo expressionista, este cenário de Lothar Wallenstein foi concebido para a *Salomé* regida em 1927, por Clemens Krauss, na Ópera de Frankfurt.

Hans Hotter é o Jokanaan desta montagem de *Salomé*, com Hildegarde Renczak, em 1937, na Ópera da Baviera (direção de Rudolf Hartmann e regência de Clemens Krauss).

regente na Ópera de Viena: "Alegar que *Salomé* é uma 'balada judaica' é uma rematada tolice. O próprio Führer contou a Franz, o meu filho, que *Salomé* foi uma de suas primeiras experiências operísticas; e que, para poder comprar a entrada, teve de pedir dinheiro emprestado a uns parentes".

Depois de Graz, uma companhia de Breslau a encenou num subúrbio de Viena, em maio de 1907, num teatrinho que ficava fora da jurisdição da Comissão de Censura da Corte. Mais estranha ainda foi uma montagem em Amsterdã, feita por um empresário italiano que, sem dinheiro para alugar as partes de orquestra, comprou a redução para piano e encarregou o maestro de sua companhia de reorquestrá-la a seu jeito. Ao saber disso, a editora fez um acordo com o italiano: emprestaria a partitura se Strauss fosse convidado a reger o espetáculo. Nas *Reminiscências,* Richard evoca o absoluto desastre que foi "reger uma trupe que, além de não saber seus papéis, não seria capaz de fazer um *Trovatore* de quinta categoria, acompanhada por uma orquestra de cervejaria que só com uns vinte ensaios a mais conseguiria tocar aquela coisa mais ou menos".

Se a crítica conservadora execrou *Salomé*, e se Cosima Wagner decretou que "aquilo era pura maluquice", compositores como Maurice Ravel, Paul Dukas e Ferruccio Busoni escreveram a respeito dela com entusiasmo. E foi considerável a sua influência sobre autores tão diversos quanto Béla Bartók (*O Castelo do Duque Barba-Azul*), Franz Schreker (*Das Ferne Klang*/O Som Distante), Alexander Zemlinsky (*Tragédia Florentina*) e até mesmo o Arnold Schönberg já atonal de *Erwartung*. Paul Dukas, brilhante utilizador da orquestra, de quem Strauss apreciava muito a ópera *Ariadne e Barba-Azul*, que regeu várias vezes, declarou: "Eu achava que conhecia a arte de escrever para a orquestra. Mas depois de ouvir a *Salomé*, percebo que ainda há muitos segredos a me serem revelados".

O kaiser decretou que "ter escrito uma coisa daquelas não faria bem algum à carreira do *Hofkappelmeister* Strauss". Mas *Salomé* foi a primeira obra a fazer sua fama internacional como operista. E ele próprio, com seu sólido senso prático bávaro, dizia: "Foi com os direitos autorais que recebi por ela que construí a minha casa de Garmisch-Partenkirchen".

Quando Hugo Bock recusou-se a editar a partitura, Adolph Fürstner assinou com Strauss um contrato no valor de 60 mil marcos, o que deixou o velho Franz pelos cabelos: "Seja modesto! A esse preço, daqui a pouco você não conseguirá mais quem o publique". Quando seu pai lhe disse isso, *Salomé* ainda não tinha subido à cena; se o velho tivesse vivido para ver a fama que ela lhe granjeou no mundo inteiro, talvez achasse a soma pequena. "E o que Fürstner conseguiu, me pagando essa quantia", comenta Strauss, nas *Reminiscências*, "foi garantir para si a edição do *Rosenkavalier*" – que haveria de se revelar uma verdadeira mina de ouro!

Quem conhecia pessoalmente o homem plácido e organizado que era Richard Strauss talvez não o imaginasse tão atraído por essa mórbida história de amor e morte. Mais do que isso: que soubesse exprimir, com tanta exatidão, o choque brutal entre a aparente inocência da adolescente e o poderio sexual que ela exerce sobre o seu padrasto, a ponto de conseguir que Herodes a vingue – e à sua mãe – mandando executar o homem que frustrou seus desejos e ofendeu a rainha, condenando-a por seu comportamento adúltero e incestuoso. Mas, na verdade, essa era uma história que lhe permitia trabalhar com o que Strauss sabia fazer muito bem: expressar musicalmente as nuances psicológicas de suas personagens.

Isso já acontecera, antes, com as alucinações do *Quixote*, as reações do *Herói* às diatribes dos críticos, ou as flutuações de temperamento da Esposa na *Sinfonia Doméstica*. Quanto à complexidade de emoções das personagens de Wilde, ele as interpreta não só através do canto, mas sobretudo com a riqueza do comentário instrumental. "*Salomé* é um poema sinfônico com partes vocais *obbligato*", disse o compositor francês Gabriel Fauré, em 1907, espantado com a desusada orquestra que Strauss mobiliza – mais de cem instrumentos: arcos muito divididos; dezenove madeiras, incluindo um Heckelfone (oboé barítono), quinze metais, quatro tímpanos, uma série de percussões exóticas, que exigem seis executantes; duas harpas, celesta, sinos tubulares, xilofone, órgão e harmônio. Fauré admirou-se também com a estrutura sinfônica contínua da ópera, na qual o canto se insere sem qualquer sinal de separação entre os números fechados do modelo lírico tradicional.

São admiráveis os efeitos característicos obtidos com os trinados da clarineta em mi bemol, o colorido insólito criado pelas percussões, ou a escrita muito peculiar das cordas. Observe-se, por exemplo, o choque entre o lá maior dos violoncelos e o fá sustenido maior dos violinos quando Salomé, no auge da degradação, diz exultante à cabeça decepada: "Eu beijei a tua boca, Jokanaan" (o próprio Strauss, num ensaio, dizia aos músicos: "Isso tem de soar muito suave, embriagador, cheio de alegria"). Ou, no episódio da execução do Batista, o mi agudo dos contrabaixos, com a corda repuxada entre o polegar e o índice e bruscamente friccionada pelo arco. Sobre esse som fantasmagórico, Strauss diz:

> Ele representa não os gritos de dor da vítima, mas os angustiados suspiros de Salomé, que espera impaciente. Essa passagem, no ensaio geral, foi considerada tão chocante que o conde Seebach (o intendente de Dresden), temendo uma reação zombeteira, convenceu-me a amenizar o efeito com um si bemol sustentado no corne inglês.

(correção essa que foi expurgada após a estréia).

Num volume de ensaios sobre ópera, o compositor italiano Luigi Dallapiccola diz ter ficado muito impressionado com a estranha sonoridade que acompanha a frase em que Salomé diz à cabeça de Jokanaan ter ouvido uma "geheimnisvolle Musik" (uma estranha música) a primeira vez que o viu – um lá e um ré em pianíssimo, sustentados por longo tempo, que o órgão emite fora do palco, "como se viesse de um mundo remoto, ainda por ser descoberto". Strauss era o primeiro a afirmar: "Nesta ópera não há delicadeza. Não é uma música civilizada: tudo tem de estourar". Mas há contrastantes momentos de lirismo, que criam ilhas de sensualidade dentro da contínua violência. Um deles é a frase de Herodes: "Komm, Salome, trink Wein mit mir" (Vem, Salomé, beber vinho comigo). A seu respeito, Strauss deu à orquestra, certa vez, esta curiosa indicação: "Ela tem de soar dulcíssima, como se vocês estivessem lambendo a melodia. Imaginem que estão comendo uma pêra doce, que se desmancha devagarzinho na boca".

O aparato orquestral, portanto, não é usado apenas para obter efeitos meramente virtuosísticos de colorido sonoro; está sempre a serviço de uma caracterização dramática precisa e articulada. Nesse sentido, vozes e orquestra não podem ser consideradas separadamente. Conjugam-se num todo uniforme, do qual emergem personagens que são muito fortes não só do ponto de vista de suas características individuais, mas também, e principalmente, de suas interrelações.

No centro da ação, está Salomé, que deseja histericamente o Batista e é rejeitada por ele. É, ao mesmo tempo, sexualmente cobiçada por Herodes e amada sem esperanças pelo comandante da guarda, Narraboth – que ela, por sinal, nem sabe que existe, a não ser quando precisa manipular seus sentimentos para conseguir que dê a ordem de que o Batista seja retirado do calabouço e trazido à sua presença. Vocalmente, Salomé é uma das personagens mais difíceis de todo o teatro straussiano, pois combina força e lirismo. A princípio, o compositor a concebia como um estentóreo soprano wagneriano, tal como a Marie Wittich da estréia. Mais tarde, entretanto, optou por cantoras de voz mais leve: Aino Ackté ou Elisabeth Schumann. E em 1930, para o Jubileu de Prata da ópera, em Dresden, preparou uma versão alternativa da orquestração, reduzindo principalmente os sopros, para que o papel pudesse ser feito pelo soprano lírico Maria Rajdl.

Com isso, a princesa pode ser cantada por vozes potentes e dramáticas – Ljuba Wellitsch, Astrid Varnay, Christel Goltz, Birgit Nilsson, Hildegarde Behrens, Jessye Norman – ou mais delicadas: Maria Cebotari, Lisa della Casa, Anja Silja, Montserrat Caballé, Cherryl Studer, Teresa Stratas. Esta última, aliás, é a estrela de um esplêndido registro em vídeo-disco, regido por Karl Böhm e dirigido por Götz Friderich, que demonstra o que se pode conseguir, em termos de sutileza e minúcias interpretativas, com uma voz menos retumbante. William Mann é da opinião que essa atenuação da tessitura, aceita por Strauss, deve-se à influência de von Hofmannsthal, o libretista das óperas posteriores, para quem os "latidos wagnerianos" eram "o nadir do bom-gosto". Esse ponto de vista é discutível, pois vozes trombeteantes são requeridas para papéis em óperas que escreveram juntos, como o casal aristocrata da *Mulher sem Sombra*, o Baco da *Ariadne* ou o casal mitológico da *Helena Egípcia*.

Na verdade, o próprio Strauss, desde o início, mostrara-se preocupado com a possibilidade do exagero histérico; tanto assim que dizia, num tom brincalhão: "*Salomé* deve ser regida como se fosse Mendelssohn" – ou seja, não se deve querer acrescentar aquilo que a música, por si só, já sugere. E Dallapiccola, que assistiu à ópera em Berlim, em 1930, regida por Alexander von Zemlinsky, contou: "Ele a conduzia de forma transparente, como se fosse o *Così fan tutte*. De hoje em diante, se alguém me disser que a orquestração de *Salomé* é empastelada, eu direi que a execução não foi adequada".

Nas *Reminiscências*, ao comentar as reservas de frau Wittich, Strauss concorda:

> Ela tinha razão. Os exageros de cantoras posteriores, que pareciam estrelas de teatro de variedades e faziam movimentos coleantes, balançando no ar a cabeça de Jokanaan, ultrapassavam todos os limites da decência e do bom-gosto. Quem já foi ao Oriente e observou o decoro com que as mulheres de lá se comportam, há de concordar que Salomé deve ser interpretada com os gestos mais discretos e contidos.

Comentários que mostram como era sóbria a visão que ele tinha da partitura. De resto, era naturalmente contida a maneira como Strauss abordava a interpretação de sua própria obra. Basta ouvir o registro que ele fez da *Sinfonia Alpina*, existente no selo EMI, no qual foge de todos os pretextos para tornar a música barulhenta e espalhafatosa.

Isso é válido também para Herodes, o melhor papel para tenor em todo o teatro de Strauss. É sabido que o compositor não gostava desse registro vocal, dando preferência aos timbres mais graves. Citou tantas vezes a frase de von Bülow – "Tenor não é uma voz, é uma doença" – que há quem acredite que essa *boutade* é de sua autoria. O que disse, uma vez, é que "a tolice dos tenores deve ser o resultado de todas aquelas notas agudas que emitem, e que chacoalham seus miolos". Herodes exige de seu intérprete um equilíbrio muito grande entre um histrionismo que não pode ser grotesco, e refinamentos vocais em trechos como o já citado, em que o Tetrarca convida Salomé a comer, beber e dançar para ele; ou naquele em que lhe oferece todos os seus tesouros, na tentativa desesperada de dissuadi-la de exigir, em recompensa por sua dança, a cabeça de Jokanaan.

Set Svanholm, na gravação de Fritz Reiner (1952); o grande Julius Patzak, com Clemens Krauss (1954); ou o mozartiano Richard Lewis (Erich Leinsdorf, 1968) sabem realmente *cantar* o papel, colorindo as palavras com grandes minúcias, revelando toda a gama de sentimentos contraditórios que passam pelo espírito da personagem. São interpretações muito mais duradouras do que a de Gerhard Stolze, por exemplo – na Georg Solti, 1961 – cujo estilo carregado, beirando o *Sprechstimme* em determinados momentos muito dramáticos, causa um primeiro impacto forte, mas acaba se desgastando com audições repetidas.

Comparada à música harmonicamente complexa de Salomé e Herodes, a de Jokanaan soa convencional e "quadrada", não faltando analistas – como George Marek, no folheto que acompanha a gravação Leinsdorf – que vêem nisso um ponto fraco da composição. Ponto de vista equivocado, pois esse convencionalismo é proposital: à sua maneira, o Batista é também um obcecado – por sua missão, sua castidade, sua fanática religiosidade. É o que faz com que se exprima num estilo sentencioso, de um diatonicismo freqüentemente banal; mas que pode ter também seus momentos de fervorosa inspiração: a passagem em que ele evoca a figura do Cristo batizando os fiéis no lago da Galiléia. É, em todo caso, um tipo de melodia que contrasta deliberadamente com as perversas dissonâncias, pesadamente perfumadas e coloridas, das personagens principais.

Esse cuidado na composição das personagens estende-se, agora, também às figuras de apoio. Herodíades é enigmática e assustadora em sua distanciada crueldade. Narraboth é patético na forma como se deixa dominar pela obsessão erótica, mas sem dispor, como

Herodes, de um poder que lhe dê, pelo menos, a esperança de possuir o objeto do desejo. Na maneira exasperada como se destrói ao dar-se conta de que nem sequer existe aos olhos de Salomé, o chefe da guarda é uma das mais típicas personagens do Decadentismo, fase impregnada de morbidez e atração pelo doentio. Mesmo o Pajem, personagem acidental, é bem observado em sua impotência para deter a tragédia de Narraboth, por quem sente visível atração. É irônico – mas compreensível numa peça escrita por Wilde – que a única forma, sugerida, de amor realmente puro e desinteressado, seja de natureza homossexual. E nesse caso, a escolha do mezzo-soprano para fazer o papel desse adolescente ganha um sentido especial. Não se trata apenas da adoção de um recurso operístico tradicional pois, aqui, colore a personagem com uma ambígua sexualidade andrógina.

Figuras episódicas, como os dois soldados que dialogam com Salomé sobre o estranho homem aprisionado no poço, ganham o devido destaque em suas breves intervenções. Os judeus, sim, estes recebem um tratamento caricatural, não por qualquer tipo de postura anti-semita, como já houve quem o afirmasse, mas por representarem, na peça, aquilo que Strauss mais detesta: a mesquinharia e a prepotência do fanatismo religioso. O *Scherzo burlesco*, quinteto em que expõem sua visão conflitante da vinda do Messias, é deliberadamente confuso, cacofônico, desorganizado, musicalmente desagradável, de modo a refletir a sua falta de interesse em se pôrem de acordo.

Além de caracterizar psicologicamente as personagens, o comentário orquestral cumpre uma importante função descritiva:

- das paisagens, quando sugere o ambiente: o vento misterioso que sopra nas cordas quando Herodes faz sua primeira aparição; a lua sinistra que brilha no céu como a face pálida de um morto; as vastidões desoladas da Galiléia;
- de frases ditas por Salomé: os desenhos transparentes das madeiras em "Que doce é o ar!" contrastam com as texturas espessas da melodia que acompanha o "Como está escuro lá embaixo!", quando ela fala do poço em que Jokanaan está trancado;
- de impressões visuais, como a enumeração que Herodes faz das pedrarias escondidas em seu tesouro, e que está pronto a presentear a Salomé, para que ela desista de mandar matar o Batista. Mas, aqui, as iridescentes sonoridades com que se descrevem as pedras não têm apenas um sentido concreto, de sugestão de seu colorido – como na *Ariane et Barbe-Bleue*, de Paul Dukas, quando a jovem mulher do Barba-Azul descobre os dilúvios de pedras preciosas que jorram de cada porta que vai abrindo no castelo do marido. Na *Salomé*, o descritivismo sonoro amplia-se numa função simbólica: o empilhamento de coloridos orquestrais variados corresponde também ao crescendo da tempestade de sentimentos que se desencadeia dentro do Tetrarca, à medida que ele se dá conta de que foi apanhado em sua própria armadilha. E no seu desespero, que aumenta cada vez que suas súplicas esbarram no estático e implacável "Ich will der Kopf des Jokanaans" (Quero a cabeça de Jokanaan) repetido por Salomé. A extrema tensão dessa cena vem justamente do fato de que, quanto mais o soberano se agita, se esforça e perde a autoridade, mais a princesa se congela em sua impiedosa exigência. Esse uso simbólico que Strauss faz, em *Salomé*, da descrição sonora influenciou visivelmente o Béla Bartók do *Castelo do Duque Barba-Azul*. Ali também, à descrição do que se esconde por trás de cada uma das portas que Judite, a nova mulher do duque, vai abrindo, segue-se um processo de acumulação da tensão emocional que culminará na descarga emocional que se segue à abertura da última porta.

Do ponto de vista do virtuosismo orquestral, o ponto alto é, naturalmente, a *Dança dos Sete Véus*, que ganhou vida independente, transformando-se numa solicitada peça de concerto. Isso se deve ao fato de ser ela o único número fechado da ópera, rompendo momentaneamente sua estrutura sinfônica contínua – e dividindo-a, também, em duas metades de tamanhos mais ou menos equivalentes. Segundo Alma Mahler, quando Strauss voltou de uma excursão à América e tocou a partitura ao piano para seu marido, a dança ainda não estava escrita. Este lhe perguntou

Este figurino de Ludwig Sievert, para a *Salomé* de 1942, na Staatsoper de Berlim, inspira-se nas ilustrações *Art-nouveau* de Aubrey Beardsley.

Desenho de cenário de Heinz Tietjen, para a *Salomé* de 1951, na Städtische Oper, de Berlim.

se fazê-lo depois não era arriscado, pois ele poderia não captar mais o clima original da música. E Richard lhe teria dito: "Pode deixar, eu dou um jeito nisso". O fato de ter sido composta depois de toda a ópera estar pronta explica, decerto, o caleidoscópico caráter de *potpourri* que possui. A respeito da *Dança*, o diretor de teatro Otto Erhardt, que foi responsável por inúmeras montagens memoráveis das óperas de Strauss, escreve, em sua biografia do compositor:

> Com essa fantasia sinfônica, é criado um novo tipo de movimento, não de balé, mas de expressão corporal; não exibicionismo erótico, mas pintura do interior de uma alma. O próprio Strauss exigia que, ao executar essa dança, Salomé se movimentasse num espaço restrito, como se estivesse de pé num tapetinho de orações, fazendo poses hieráticas que contrastem diretamente com a violência dionisíaca da música.

E William Mann acrescenta: "Não há a menor necessidade de que a cantora que faz Salomé seja substituída por uma bailarina. Herodes, para dizer o mínimo, não espera uma exibição de virtuosismo coreográfico, e sim algo parecido com uma dança do ventre, para excitá-lo sexualmente".

A prospecção do desequilíbrio emocional de Salomé atinge seu ponto culminante no longo monólogo final, em que Strauss passa em revista todos os temas relacionados com a princesa e o Batista. Retrabalha, em especial, distorcendo-os de forma alucinada, os motivos da cena em que, falando pela primeira vez com Jokanaan, ela lhe descreve o desejo que sente por cada parte de seu corpo, tomando de empréstimo as metáforas do *Cântico dos Cânticos*. Nesse monólogo, é levada ao auge a sensualidade mórbida que permeia toda a obra, justificando-se a descrição de "um *Liebestod* pervertido", que lhe foi dada pelo crítico inglês Ernest Newman. De fato, da mesma forma que Isolda, consumida no fogo de um amor tão absoluto que, impossível neste mundo, só pode realizar-se no outro, Salomé também é devorada pelas chamas de um desejo que desconhece barreiras, que transpõe o limite da abominação e sacia-se na necrofilia. Poderiam estar na boca de Isolda as palavras que Salomé diz no fim de seu monólogo: "O mistério do amor é maior do que o mistério da morte". O amor, em todas as suas formas – do mais puro e incorpóreo ao mais carnal – é tão avassalador que, diante dele, todas as fronteiras são transpostas.

Reouvido hoje, esse monólogo – e, de resto, toda a ópera – soa bem menos escandaloso do que pareceu aos ouvidos de seus contemporâneos, porque já nos habituamos a ousadias maiores na combinação de sons e na descrição de aspectos insólitos do comportamento humano. Já podemos ser sensíveis ao peculiar lirismo que há embutido na violência da música escrita para a protagonista. No mais, não envelheceu o brilhantismo com que Strauss pintou, num idioma do século XX, a brutalidade do mundo do ano 30 d.C.

A fortuna discográfica da *Salomé* tem sido muito boa. Eis as gravações disponíveis (as marcadas com * são ao vivo):

* Legato, 1947 – Maria Cebotari, Julius Patzak, Marko Rothmüller/Clemens Krauss.
Oceanic, 1950 – Christel Goltz, Bernd Aldenhoff, Joseph Hermann/Joseph Keilberth.
Phillips, 1952 – Wallburga Wegner, László Szémere, Josef Metternich/Rudolf Moralt.
* Myto, 1952 – Inge Borkh, Max Lorenz, Ferdinand Frantz/Kurt Schröder.
Met, 1952 – Ljuba Wellitsch, Set Svanholm, Hans Hotter/Fritz Reiner.
* Bella Voce – Astrid Varnay, Patzak, Braun/Hermann Weigert.
Decca/London, 1954 – Goltz, Julius Patzak, Hans Braun/Clemens Krauss.
Decca/London, 1961 – Birgit Nilsson, Gerhard Stolze, Eberhard Wächter/Georg Solti.
EMI/Angel, 1963 – Goltz, Helmut Melchert, Ernst Gutstein/Otmar Suitner.
RCA/BMG, 1968 – Montserrat Caballé, Richard Lewis, Sherrill Milnes/Erich Leinsdorf.
DG, 1970 – Gwyneth Jones, Richard Cassilly, Dietrich Fischer-Dieskau/Karl Böhm.
EMI/Angel, 1978 – Hildegarde Behrens, Karl-Walter Böhm, José van Dam/Herbert von Karajan.
*SRO, 1987 – Behrens, Fassbänder, Wlaschiha/Jeffrey Tate.
Sony, 1990 – Éva Marton, Heinz Zednik, Bernd Weikl/Zubin Mehta.
DG, 1990 – Cheryl Studer, Horst Hiestermann, Bryn Terfel/Giuseppe Sinopoli.

Philips, 1992 – Jessye Norman, Walther Raffeiner, James Morris/Seiji Ozawa.
London, 1992 – Catherine Malfitano, Kenneth Riegel, Terfel/Christoph von Dohnányi.
Chandos, 1995 – Inga Nielsen, Reiner Goldeberg, Robert Hale/Michael Schoenwandt.

Algumas seleções de cenas, que documentam grandes interpretações, merecem ser mencionadas. Em primeiro lugar a de maio de 1942, regida pelo próprio Strauss (Schulz-Witt-Hotter), no volume 3 da coleção "Vienna State Ópera" do selo Koch Schwann. Também as de 1943-44, no selo Preiser, regidas por Arthur Rother (Cebotari, Paula Büchner, Tiana Lemnitz, Karl Schmitt-Walter). E a cena final (EMI, 1944), que Lovro von Matacic e Ljuba Wellitsch fizeram para comemorar o 80º-aniversário do compositor. Além da já mencionada versão em vídeo de Götz Friedrich – Stratas, Beirer, Weikl/Böhm, 1974 –, há outras a serem consignadas:

Barcelona, 1977 – Caballé, Bailey, Uhl/Rudel.
Tóquio, 1980 – Rysanek, Beirer, Weikl/Hollreiser.
Caracas, 1980 – Farley/Ethuin.
Montreal, 1985 – Anderson, Wimberger, Ingle/Decker.
Tóquio, 1985 – Anderson/Meyerson.
Barcelona, 1988 – Caballé, Hiestermann, Baniewicz/Mund.
Spoletto, 1989 – Ikonomu, Skram, Lewis/Argiris.
Covent Garden, 1989 – Malfitano, Terfel, Riegel/Dohnányi.
Berlin, 1990 – Malfitano, Estes/Sinopoli.
Londres, 1992 – Ewing, Riegel, Devlin/Downes.
Amsterdã, 1993 – Barstow, Bröcheler, Neumann/de Waaart.

Há também, em preto e branco, um filme de televisão de 1960, sem indicação de regente, em que Salomé é feita por um soprano de sobrenome Kouba, sobre a qual não tenho nenhuma informação; mas Jokanaan e Herodes são Hans Hotter e Julius Patzak, dois grandes nomes da ópera alemã no início deste século. Um espaço especial tem de ser aberto para a gravação que Kent Nagano fez em 1991, na Ópera de Lyon, com Karen Huffstodt, José van Dam e Jean Dupouy. Ela contém a versão de 1905, em que o texto original francês de Wilde foi adaptado por Strauss com a ajuda de seu amigo, o escritor e musicólogo Romain Rolland.

O resultado não é uma mera adaptação, mas uma ópera praticamente "recomposta" em francês. Cantada uma única vez em Paris (março de 1907), numa representação privada no Petit-Théâtre, sob a regência de Walter Staram, ela foi em seguida esquecida. O que se usa, quando a ópera é cantada em francês, é a edição de 1909, em que Jean de Marliave retraduziu a peça a partir de Lachmann, fazendo o texto casar-se à linha melódica, sem as alterações introduzidas pelo próprio compositor. Em *La Salomé française*, artigo no folheto que acompanha o álbum do selo Virgin Classics, Geneviève Lièvre reconstitui as diversas etapas desse trabalho; e abundantes trechos da correspondência entre Strauss e Rolland atestam as dificuldades que ele teve para compatibilizar realidades prosódicas tão diferentes.

RICHARD E HUGO

Na temporada de 1903/1904, Max Reinhardt encenou no Kleines Theater, também com Gertrud Eysoldt no papel título, a versão da lenda de Electra escrita pelo poeta e dramaturgo austríaco Hugo von Hofmannsthal. Tratava-se de uma peça concebida sob o influxo da leitura de estudos psicanalíticos de Rohde, Breuer e Freud, então muito em voga nos meios intelectuais vienenses. E concentrava o foco na questão neurótica da fixação, de conotações sexuais, que a filha tem na figura do pai assassinado, e de um desejo obsessivo de vingança que a leva à loucura e à morte.

Strauss que, nessa época, andava de novo à procura de um assunto para uma ópera cômica, sentiu-se fascinado por essa peça, cujo tema e personagens não deixavam de ter pontos em comum com os da ópera anterior. Ao obter, em fevereiro de 1906, a autorização do poeta para condensá-la em um libreto, deu início a uma das mais ricas parcerias da História da Ópera, comparável à de Mozart com Lorenzo da Ponte, ou à de Verdi, no fim da vida, com Arrigo Boito – autores cujos libretos, de resto, foram extensivamente estudados por Strauss e Hofmannsthal, ao longo dos 25 anos que durou a sua colaboração, responsável por seis óperas de excepcional interesse.

De origem austro-ítalo-judaica, Hugo Laurenz August von Hofmannsthal (1874-1929) tinha o mesmo nome do pai, diretor do Banco Central de Crédito Hipotecário de Viena.

Desde o início dos estudos, em 1884, no tradicionalíssimo Akademisches Gymnasium, demonstrara paixão pela leitura dos clássicos e facilidade para assimilar as formas da arte dramática. Em 1890, Hugo foi revelado ao mundo literário pela publicação, no caderno literário *An der schönen Blauen Donau*, do soneto *Frage* (Pergunta), sob o pseudônimo de Loris Melikow. Freqüentando o café literário Griensteidl, de Viena, ponto de encontro de intelectuais, Hugo fez amizade com Arthur Schnitzler, Hermann Bahr e com o poeta Stefan George. Este último convidou o talentoso jovem para escrever nas *Blätter für die Kunst*. Ali ele publicou, em outubro de 1892, o poema narrativo *Der Tod des Tizian* (A Morte de Ticiano).

A obra poética mais importante de von Hofmannsthal são as *Terzinen*, publicadas em 1895 na revista Pan. Em 1902, ele resolveu abandonar a poesia para dedicar-se inteiramente ao teatro. Essa decisão é discutida em seu último poema, *Der Brief des Lord Chandos* (A Carta do Lord Chandos), em que o jovem poeta inglês imaginário Philipp Chandos escreve ao filósofo Francis Bacon, expondo-lhe as razões que o levaram a renunciar à poesia. Para o palco, Hofmannsthal produziu obra bem vasta:

- peças inspiradas na Antigüidade clássica: *Alkestis* (1894), musicada por Egon Wellesz em 1923; *Elektra* (1903), musicada por

R. Strauss; *König Ödipus* (Édipo Rei), que lhe foi sugerida por André Gide, no encontro que tiveram em 1905; e *Ödipus und die Sphinx* (Édipo e a Esfinge, 1906);
- no teatro medieval inglês e na Idade de Ouro barroca do teatro espanhol: *Der Tor und der Tod* (O Tolo e a Morte, 1893), *Das kleine Welttheater* (O Pequeno Teatro do Mundo, 1897), *Jedermann* (Todomundo, 1911); *Der grosse Salzburger Welttheater* (O Grande Teatro do Mundo de Salzburgo, 1922);
- a comédia orientalizante *Die Hochzeit der Sobeide* (As Bodas de Sobeide), de 1897.
- os dramas *Der Kaiser und die Hexe* (O Imperador e a Feiticeira), de 1897, e *Das Bergwerk zu Falún* (As Minas de Falún) de 1899, convertida em ópera por Wagner-Regény em 1961;
- as comédias de costumes *Die Frau im Fenster* (A Mulher na Janela) e *Der Weisse Fächer* (O Leque Branco), ambas de 1897; além de *Der Abenteurer und die Sängerin* (O Aventureiro e a Cantora), de 1898, e *Cristinas Heimreise* (A Volta de Cristina para Casa), de 1910;
- e a síntese de sua obra como dramaturgo, *Der Turm* (A Torre), da qual redigiu três versões diferentes entre 1923-1928: nessa peça, ele pretendia "representar o que é verdadeiramente cruel nesta nossa realidade, em que a alma ingressa, oriunda de um reino mítico e obscuro".

A respeito do dramaturgo, escreve William Mann:

> A simplicidade da linguagem de Hofmannsthal, aliada à sua penetrante reflexão sobre a vida humana, explica o sucesso de sua colaboração com Strauss. Sua poesia se expressa com uma dicção que convida à música, em vez de chocar-se com ela. Um compositor pode reconstituir, ou prolongar com melismas, as cadências de seus versos e de sua prosa sem, com isso, perturbar a fluência ou o sentido da frase.

O senso dramático de Hofmannsthal, porém, nem sempre é impecável, e tem de ser corrigido pelo seguro instinto cênico de Strauss. Mas a poesia é clara, fluida, elegante, até mesmo quando escreve numa prosa melismática cheia de sonoras assonâncias. Como Arrigo Boito e Luigi Illica na Itália, é Hofmannsthal quem vai resgatar, no domínio germânico, o ideal da preeminência do libreto, em pé de igualdade com a música, vigente nos tempos de Metastasio, o grande poeta do barroco tardio. E seu exemplo influenciará, no futuro, ilustres pares de libretista e músico: Bertolt Brecht e Kurt Weil; W. H. Auden e Hans Werner Henze (não é gratuito, aliás, o fato de Auden ter dedicado à memória de von Hofmannsthal o libreto de *Elegy for Young Lovers*, escrito para Henze em 1961, cuja personagem central é um torturado poeta). Sempre causou estranheza, aos que conheciam Richard e Hugo, como podiam trabalhar juntos dois homens que eram a antítese um do outro. Burguês típico, de senso prático muito aguçado, Strauss era preocupado com o conforto material e a defesa dos aspectos econômicos de seu trabalho e o dos outros músicos – o que lhe valeu, inclusive, a acusação de ser mercenário, por parte dos que se esquecem que a ele se deve o início da luta, na Alemanha, por uma legislação que protegesse os direitos do artista. Já Hofmannsthal era um homem ultra-sensível, de grande refinamento intelectual e gostos excêntricos, com forte tendência à reclusão – tanto assim que, no plano pessoal, suas relações com o músico nunca foram muito profundas. Ao longo dos anos em que trabalharam juntos, encontraram-se muito pouco. Franco Serpa, responsável pela edição integral italiana da correspondência entre o músico e o poeta, comenta:

> O cuidado com que Hofmannsthal limitava suas relações pessoais com Strauss recebeu certamente incentivo do caráter autoritário e bizarro de frau Strauss, a lendária Pauline. Um dos primeiros encontros pessoais entre os dois tinha sido marcado por uma cena da dona de casa a seu marido. Os rompantes e os destemperos da sra. Strauss eram tão universalmente temidos, que parecia digna de nota uma noite passada com ela em que nada de extraordinário tivesse acontecido. Christiane von Hofmannsthal, a filha do poeta, anota em seu *Diário*, no dia 4 de agosto de 1918: "A sra. Strauss, intratável, diz coisas horrorosas a pessoas que não conhece". Mas em 20 de maio de 1919 escreve, espantada: "A sra. Strauss não fez nada de verdadeiramente insuportável".

Talvez por causa do pavor que tinha das explosões de Pauline, nas raríssimas ocasiões em que concordou em reunir-se em Garmisch com Richard, cuja desinibida prosperidade de certa forma também o incomodava, Hugo sempre se recusou a ficar no quarto de hóspedes; insistia em ir para o hotel da cidadezinha. De nosso ponto de vista, porém, esse relacionamento difícil não foi desvantajoso, pois a volumosa correspondência[1] que trocaram ficou como um inestimável documento sobre seu método de trabalho e a gênese das óperas que escreveram.

No plano artístico, porém, esses dois homens tão diferentes se complementavam. Apesar dos problemas que suas diferenças de temperamento acarretavam, acabavam aceitando as críticas um do outro, fazendo alterações, obtendo um produto final que era a resultante de sugestões vindas de parte a parte. Essa confluência e complementação eram obtidas, não raro, às custas do ressentimento do poeta, despreparado para enfrentar a sinceridade brutal do compositor. Freqüentemente, Hugo tinha a impressão de estar colaborando com um estranho, que não entendia suas intenções. Strauss não chegou a ler uma carta que Hofmannsthal lhe escreveu, em 11 de junho de 1916, mas nunca teve a coragem de pôr no correio. Nesse desabafo, só publicado na década de 1950, ele enumerava todas as passagens do *Cavaleiro da Rosa* e da *Ariadne auf Naxos* em que o compositor desrespeitara suas sugestões, obtendo com isso, em sua opinião, "resultados simplesmente horrorosos". Se Hugo não enviou essa carta, não hesitou, porém, em escrever-lhe, em agosto de 1917, acusando-o de destruir a simetria arquitetônica de seus textos. E ainda a respeito da *Ariadne*, dizia que a incompreensão manifestada por Strauss tinha sido "tão absoluta e diametral", que ele "pensara seriamente em deixar o assunto de lado". A resposta foi bem típica de Richard: admitiu que o poeta tinha gosto mais refinado do que o seu; no que se referia à eficácia teatral, contudo, afirmou confiar muito mais em seu próprio instinto.

Em *The Tenth Muse: the History of the Opera Libretto*, Patrick J. Smith aponta uma afinidade entre Richard e Hugo, que ajudava a aproximá-los e a aplainar as dificuldades:

> O interesse comum, do ponto de vista temático, pelo retrato da experiência amorosa entendida, em seu sentido mais amplo, como uma mistura de compaixão, amizade e compreensão através do afeto – mistura essa que encontra sua expressão mais perfeita na união matrimonial entre dois indivíduos maduros. O tratamento artístico de um tal núcleo de idéias pode tornar-se sentimentalóide e adocicado, se não for temperado com delicadeza e sobriedade, qualidades que Hofmannsthal possuía no mais alto grau. Todos os libretos de Hofmannsthal para Strauss contêm aspectos dessa espécie de amor, que se situa no pólo oposto àquilo que o poeta chamava de "os intoleráveis gritos eróticos de Tristão e Isolda". Isso não significa, obviamente, que o elemento sexual fosse sacrificado – os seus libretos atestam justamente o contrário –; mas os componentes neuróticos da ópera wagneriana eram substituídos por uma valorização do amor em termos de afeto e de solidariedade humana.

De Richard e Pauline, sabemos que esse foi sempre um casamento atribuladamente bem-sucedido. O de Hugo também: em 1901, ele casou-se com Gertrud Schlesinger – sobrinha de Bruno Walter, que ele chamava de Gerty – e viveu harmoniosamente com ela. Tiveram três filhos, Christiane – que se casou com o indianista Heinrich Zimmer –, Franz e Raimund. Muito dedicado à vida familiar, Hugo sofreu muito com os problemas de desajuste do filho mais velho, que se suicidou em 13 de julho de 1929. Logo após voltar do enterro de Franz, no dia 15, von Hofmannsthal morreu de um colapso fulminante. Essa preocupação com a vida do casal – que corresponde a uma "ideologia" straussiana já perceptível em *Feuersnot*, na *Sinfonia Doméstica*, em *Vida de Herói* e em diversas canções – surge em todos os libretos que Hofmannsthal criou para ele. Na *Elektra*, pela ausência: sob a forma da nostalgia (Crisótemis) ou da impossibilidade (Electra) de uma vida normal ao lado da família; ou da distorção do ideal matrimonial, aviltado pelo adultério e o assassinato (Clitemnestra e Egisto). No *Cavaleiro da Rosa*, está representado na crítica implícita ao vazio amoroso do casamento de conveniên-

---

1. A primeira edição da *Briefwechsel*, cuidadosamente supervisionada por Hofmannsthal, saiu em 1926, pela Paul Zsolnay Verlag, organizada por Franz Strauss. A edição completa, com as cartas trocadas até 1929, saiu pela Atlantis Verlag de Zurique, em 1952, organizada por Alice e Franz Strauss, e Willi Schuh. As edições de 1964, 1970 e 1978 trazem, em apêndice, as cartas descobertas após 1952; e esse foi o método mantido nas traduções – inclusive a inglesa de Hammelmann e Osers, em 1961. Só em 1993, na edição italiana do *Epistolario*, Franco Serpa encartou-as na seqüência cronológica devida.

O poeta Hugo von Hofmannsthal, autor dos melhores libretos de Strauss,...

...em companhia do compositor, em Garmisch...

...e trabalhando em sua casa de Rodaun, na Áustria.

cia imposto à Marechala (tanto assim que é enorme o peso da personagem invisível do marido sempre ausente, o marechal von Werdenberg). É esse vazio que condena Marie Thérèse à busca de amores efêmeros e forçosamente frustrantes. Em contraste com isso, a história converge, no final, para a relação matrimonial baseada na descoberta do amor, que unirá Octavian a Sophie.

O tema do casamento está presente, na *Ariadne auf Naxos*, através da ligação que se estabelece, no final, entre a personagem título e o deus Baco, que a resgata da dor de ter sido traída e abandonada por Teseu. Na *Mulher sem Sombra*, a relação dos dois casais – o Imperador e a Imperatriz; Barak e sua mulher – é reforçada pelo tema da fertilidade como o símbolo de tudo o que consolida a união de dois seres humanos. *Helena Egípcia* trata da reconciliação e da reintegração do casal. *Arabella*, finalmente, celebra a descoberta do amor, o desejo da união matrimonial, a afirmação da fidelidade, através de dois casais: Arabella e Mandryka, Zdenka e Matteo.

Até mesmo em *Intermezzo*, em que trabalha sobre um libreto de sua própria autoria, Strauss baseia-se num episódio de sua vida conjugal. E depois da morte tê-lo separado de Hofmannsthal, o amor do casal continuará sendo um elemento fundamental nas óperas que escreverá com outros colaboradores. A essa questão voltaremos, em detalhe, ao estudarmos cada uma dessas obras.

Além disso, os libretos de Hofmannsthal desenvolvem-se ao longo de duas linhas, presentes também em suas peças de teatro falado. De um lado, a vertente do mito ou da fábula, a que correspondem *Elektra*, *A Mulher sem Sombra* e *Helena Egípcia* (e na obra teatral, as duas peças sobre Édipo, os dois *Welttheatern*, *Jedermann* e *Der Turm*). Do outro, a vertente da comédia de costumes e de reconstituição de época, a que pertencem *O Cavaleiro da Rosa* e *Arabella* (e a peça *Cristinas Heimreise*). Na confluência dessas duas tendências, situa-se *Ariadne auf Naxos*, que começou como uma experiência de combinação de teatro falado com ópera; e, em sua versão definitiva, constitui uma originalíssima fusão de ópera séria com ópera bufa. Assim construída, *Ariadne* leva um passo adiante a praxe, comum no barroco, de se intercalar a comédia, sob a forma de *intermezzo*, entre os atos da tragédia: em vez de serem intercaladas e estanques, no libreto de von Hofmannsthal tragédia e comédia misturam-se em uma única entidade indivisível, fazendo convergir métodos tradicionalmente contrários, e forçando-os a coexistir, para o irônico benefício de ambos.

Elektra

Strauss conhecera Hugo von Hofmannsthal em 23 de março de 1899, numa reunião em casa do poeta Richard Dehmel, no distrito berlinense de Pankow. Depois disso, tinham-se encontrado em Paris, em março de 1900, durante uma série de concertos que o compositor regeu na França. Nessa ocasião, Richard rejeitara o libreto de um balé alegórico, *Der Triumph der Zeit* (O Triunfo do Tempo), que lhe fora oferecido pelo poeta. Isso fez com que, em 1906, ao receber de Strauss o pedido de autorização para musicar *Elektra*, Hofmannsthal achasse, a princípio, que esse projeto também não iria para frente.

E havia razões para que duvidasse. Ao ver, em 1903, Gertrud Eysolt na montagem que Reinhardt fizera da versão moderna da tragédia, escrita pelo poeta austríaco, Strauss ficara fascinado por suas semelhanças com *Salomé*: a Antigüidade como cenário; duas mulheres possuídas por paixões obsessivas diferentes; duas cortes corroídas pela decadência – duas peças, em suma, que tratam, em clave decadentista, com uma linguagem de temperatura poética elevada, assuntos remotos no tempo, extraindo deles elementos arquetípicos intemporais aplicáveis ao mundo contemporâneo. Mas, logo depois de ter escrito a von Hofmannsthal, Richard começou a achar a idéia muito difícil, e a sondá-lo sobre a possibilidade de que lhe escrevesse um outro texto, cômico, de assunto bíblico ou renascentista. Sugeriu o *Saul e Davi* de Rückert, que o fazia lembrar-se do quadro de Rubens; César Bórgia, Semíramis, Savonarola foram outras personagens nas quais pensou – todas elas categoricamente recusadas por Hofmannsthal, para quem a Renascença era o supra-sumo do lugar-comum.

Strauss, entretanto, não deixava dúvidas quanto a seu interesse numa colaboração: "Nascemos um para o outro", afirma em uma de suas cartas, "e faremos grandes coisas juntos, caso o senhor permaneça fiel a mim". Finalmente, em junho de 1906, diante da reticência do poeta em pensar em qualquer outro projeto, decidiu-se a começar a composição da *Elektra*, depois de seu autor ter concordado, sem dificuldades, com as reduções, modificações e pequenos acréscimos que a música exigiria. Mas as reservas de Richard não eram infundadas, como explica em *Betrachtungen und Erinnerungen*:

> Para começar, o que me fazia hesitar era a idéia de que *Salomé* e *Elektra* tinham muitas semelhanças. Tinha dúvidas se encontraria, pela segunda vez, o poder de intensificação necessário, se quisesse tratar o assunto de forma tão exaustiva quanto a anterior. Mas depois, o desejo de musicar essa visão tão extaticamente demoníaca da Grécia do século VI, oposta às cópias romanizadas de Winckelmann e ao humanismo de Goethe, triunfou sobre a minha precaução. Com isso, *Elektra* demonstrou ser ainda mais intensa em sua violência e na concentração de sua estrutura. Essas duas óperas estão isoladas, em toda a minha obra. Nelas, cheguei aos limites mais extremos da harmonia, da polifonia psicológica (o sonho de Clitemnestra) e da capacidade que tinha o meu espectador, na época, de aceitar o que ouvia.

Preparar a partitura não foi fácil, pois essa era, para Strauss, uma época cheia de compromissos de trabalho: passara de *Hofkappelmeister* para o cargo mais empenhativo de *Generalmusikdirektor* – o responsável pela supervisão de toda a música feita em Berlim. A ópera só ficou pronta em setembro de 1908, depois de algumas hesitações. A grande cena entre Electra e sua mãe, ponto culminante do drama em termos de confrontação psicológica, passou por três redações totalmente diferentes, antes de chegar à forma atual. Desta vez, Ernst von Schuch não se deixou apanhar de surpresa. Não deixou de ter problemas com Strauss; mas o compositor reconheceu não ter razão:

> No ensaio geral, (Schuch) conhecia a partitura como se já estivesse regendo a vigésima récita. Ele era famoso por suas elegantes interpretações de óperas francesas e italianas. Raramente se ouvia um fortíssimo nos metais de sua exemplar orquestra de Dresden. Mas como, naquela época, 35 anos atrás, eu andava apaixonado pelos *fortissimi* teutônicos, fui estúpido o bastante para não gostar, nos ensaios, dos metais eufônicos, mas não incisivos, de Schuch – o que o aborreceu bastante.

Para a estréia, em 25 de janeiro de 1909, contudo, Schuh ensaiou fastidiosamente o elenco, do qual participaram Annie Krull, a primeira Dietmut, como Electra; Margarethe Siems, mais tarde a criadora da Marechala, como Crisótemis; Carl Perron, mais tarde o primeiro Ochs, como Orestes; e, no papel de Clitemnestra, uma das glórias do canto wagneriano, o contralto Ernestine Schumann-Heink. É a respeito dela, justamente, que se conta uma anedota que ficou famosa. Durante um dos ensaios, Strauss teria gritado para von Schuch, que parecia não conseguir o tom agressivo adequado: "Mais alto! Mais alto! Ainda consigo ouvir a voz de madame Schumann-Heink". Como frau Wittich em relação à *Salomé*, a grande cantora detestou o papel. Numa entrevista que deu, meses depois, ao *New York Times*, não se fez de rogada:

> Fui a Dresden e deixei-me convencer a cantar Clitemnestra. Nunca mais! Em poucas palavras, foi horrível [...]. Às vezes, ele começa uma melodia bonita, belíssima até, durante uns cinco compassos. Aí, de repente, parece que se arrepende de ter escrito uma coisa agradável, e vem com uma dissonância que estraga tudo [...]. Mesmo que me oferecessem US$ 3 mil por uma única récita, eu recusaria. E vocês sabem como preciso de dinheiro, para cuidar de meus filhos.

A declaração da ilustre cantora mostra-nos o quanto os cachês se inflacionaram do princípio do século para cá! Diante da reação de Schumann-Heink, Strauss comenta:

> Concluí que não podia utilizar, em minhas óperas, estrelas veteranas. Naquela época, eu estava começando a me dar conta de como o meu estilo vocal diferia até mesmo do de Wagner. Ele tem o ritmo de teatro falado e, com freqüência, entra em choque com a melodia ou a polifonia da orquestra, de tal forma que só os melhores regentes, que entendam também de canto, conseguem equilibrar o volume e o andamento entre o cantor e a batuta. A luta entre palavras e música foi, desde o início, o problema central de minha vida; problema a que *Capriccio* responde com um ponto de interrogação [...].

Schumann-Heink não foi a única a reagir assim. A selvageria da música, de um tipo nunca antes visto nos palcos alemães, deixou a todos perplexos. As reações da crítica foram contraditórias. Partidários da música moderna, Hermann Bahr e Richard Specht a aclamaram entusiasticamente. Mas Julius Korngold – o pai do compositor Erich Korngold – iniciou ironicamente a sua resenha no *Wiener Fremdenblatt* dizendo: "Wie schön *war* die Prinzessin Salome" (Como *era* bonita a princesa Salomé), numa paródia da primeira frase da ópera anterior – que ele detestara! Alexander Dillmann, no *Münchener Neuesten Nachrichten* de 16 de fevereiro de 1909, fez o elogio das ousadias da partitura, enquanto Willy Pastor, no *Täglische Rundschau*, comparava Strauss ao mestre-cantor medíocre da ópera de Wagner, chamando-o de "Beckmesser multiplicado por cem". E houve quem brincasse dizendo que a orquestra incluía quatro locomotivas em fá sustenido maior. Eram os mesmos críticos intolerantes, hostis, incompreensivos que, em 1899, Strauss satirizara em seu poema-sinfônico *Vida de Herói*.

Essa divisão de opiniões registrou-se em todos os lugares onde *Elektra* foi apresentada: Viena, Milão (onde foi cantada em italiano, o que era normal) e Nova York (onde estreou em francês, o que é estapafúrdio!). Strauss que, em Dresden, se recusara a reger um dos ensaios – "Consegui escrevê-la, mas não consigo dirigi-la!" –, regeu-a pela primei-

O encontro de Elektra e Clitemnestra, numa montagem de Aleksandr Sânin, em 1932, para o Metropolitan de Nova York, regida por Artur Bodansky.

A sueca Birgit Nilsson – aqui no Théâtre National de l'Opéra, de Paris, em 1974 – foi uma das grandes intérpretes do papel-título de *Elektra*.

ra vez em Haia, em fevereiro de 1910. Depois foi ver Thomas Beecham fazer da ópera um sucesso, no Covent Garden. Uma vez mais, foi a Inglaterra a responsável pela reação mais pitoresca. Naquele país, a ópera desencadeou, no jornal *The Nation*, uma polêmica que durou quatro anos, entre George Bernard Shaw, que a defendia com unhas e dentes, e Ernest Newman, que a classificava de "desnecessariamente feia e freqüentemente mal composta". Quanto a Strauss, a sua resposta aos ataques que *Elektra* suscitava era cheia de bom humor: "Em compensação, é uma ópera barata. Não precisa de cenários e figurinos complicados e, como só tem um ato, dispensa o *buffet* para o intervalo".

Apesar do que Strauss dizia em seus escritos, foi exatamente a oportunidade que a peça de von Hofmannsthal lhe dava de levar adiante a experiência dramatúrgica iniciada com a *Salomé*, de resultados tão satisfatórios, que o fascinou desde o início. A comparação entre elas, de resto, impõe-se naturalmente, pois ambas tratam de personagens femininas dominadas por uma obsessão; são construídas em seções sinfônicas justapostas, como os episódios de uma peça orquestral; e possuem um tipo de comentário orquestral hipertrofiado que, em determinados momentos, chega a assumir verdadeiro papel de personagem. As duas, além disso, vão em inexorável crescendo, até que a heroína atinja seu objetivo – nos dois casos, formas diferentes de vingança –, que se exterioriza, num monólogo final, sob a forma de um verdadeiro orgasmo vocal. E, em ambas, a consumação da heroína está associada a um número de dança: voluptuosa e sensual na *Salomé*; de um paroxismo epiléptico na *Elektra*.

Aparentadas que sejam, elas exibem, entretanto, diferenças fundamentais. Na *Salomé*, predomina a sensualidade depravada, um requinte de elegância que corresponde ao lado mais rebuscado e super-ornamentado da estética do *Jugendstil/Art Nouveau*. O esteticismo da *Salomé* lembra, por exemplo, a decoração em mosaico, com formas geométricas, da roupagem das figuras, nos quadros de Gustav Klimt – tão elaborada que, às vezes, as personagens parecem desaparecer, quase submergidas pelo excesso de ornamentação.

Elektra, por seu lado, corresponde ao lado mais violento e desajustado do Decadentismo, que desembocará, tempos depois, nas formas torturadas e cheias de angústia do Expressionismo – do qual, portanto, a ópera deve ser situada como uma das precursoras. Nela, a comparação que se pode fazer é com o caráter doentio das telas e desenhos de Egon Schiele, onde as figuras aparecem morbidamente deformadas.

E se quisermos prolongar a metáfora visual, podemos dizer que *Salomé*, com seu colorido ultra-refinado, sua exploração nuançada da palheta sonora, pertence ao domínio da pintura; enquanto *Elektra*, onde predominam os volumes grandes e maciços, os contrastes entre blocos severos e imponentes de som, vincula-se mais ao domínio da arquitetura. É William Mann quem escreve:

> Salomé é uma anti-heroína amoral e altamente sexuada, consumida pelo desejo da posse física, e numa posição social que lhe dá, pelo menos, a esperança de poder consumá-lo. Já Electra é uma mulher assexuada e moralmente fanática, consumida pelo desejo da restauração de seu *status* anterior de princesa, que lhe foi roubado quando a obrigaram a tornar-se empregada no palácio de seu próprio pai; e que se encontra numa posição social que sequer lhe permite ter esperanças.

Isso condiciona fundamentalmente a diferença de estilo entre as duas óperas. O de *Salomé* é sensual, sinuoso, perfumado, com harmonias insólitas que visam ao efeito exótico e à criação de um ambiente de exacerbada libertinagem. O de *Elektra* é agressivo, dissonante, histérico, sem a sofisticação auditiva da outra; e, nesse sentido, vai muito mais direto ao ponto. Efeitos escuros e pesados são criados pela enorme orquestra utilizada: cordas muito divididas; 41 instrumentos de sopros, entre os quais clarinetas em mi bemol, si bemol e lá maior, um Heckelfone, dois basset horns e tubas wagnerianas; além de um naipe de percussões que inclui chicote, gongo, tam-tam, pandeiro, sinos tubulares, triângulos e as caixas convencionais. A sensação geral é ainda mais sufocante e sombria. O clima é de terror, crueldade, frustração, loucura. E isso é expresso através do choque entre dissonâncias violentas e um diatonicismo que, quando aparece – por exemplo, nas cenas de Electra com Crisótemis ou com Orestes –, é ainda mais cantábile do que *Salomé*, o que acentua grandemente o contraste.

Na *Salomé*, os elementos exteriores, a criação do ambiente, o componente externo do espetáculo tinham grande importância, como reflexo e explicação da maneira de ser das personagens e de seus conflitos umas com as outras. Na *Elektra*, o centro de gravidade é totalmente deslocado para o jogo interiorizado das paixões; e as formas de descrição ambiental, com isso, são esparsas, sóbrias, reduzidas ao essencial. A ópera tem uma arquitetura musical maciça, articulada em dois grandes blocos de tamanhos equivalentes, com uma nítida cesura no fim da cena de confrontação entre mãe e filha, quando Clitemnestra, a princípio aterrorizada por seus sonhos e seu sentimento de culpa, retira-se eufórica, após ter ouvido a falsa notícia da morte de Orestes.

Strauss faz alternarem-se, com equilibrada simetria, cenas dramaticamente tensas, de caráter estático, com outras que funcionam como momentos de distensão. De um lado, o monólogo de Electra sobre o pai; a confrontação com a mãe; a aparição, no pátio do palácio, de um desconhecido em quem ela reconhece o irmão; e sua dança de morte, no final. Do outro, as duas conversas que tem com Crisótemis; a breve cena entre os dois criados; e a entrada de Egisto. Esta última estabelece o mais forte dos contrastes, pois vem logo após o trecho, de intolerável violência, em que ouvimos os urros desesperados de Clitemnestra dentro do palácio – o filho a está trucidando, no interior do palácio, com o mesmo machado que serviu, anos antes, para assassinar Agamêmnon. O bem calculado jogo de contrastes faz também com que, entre os longos trechos estáticos, Strauss semeie algumas vinhetas bem movimentadas, que asseguram a variedade rítmica:

- o cortejo do sacrifício, com as criadas da rainha;
- a passagem das portadoras de tochas, quando vêm anunciar a Clitemnestra a morte de Orestes;
- ou a agitação das criadas, logo depois que Orestes entra no palácio, e antes que se comece a ouvir os gritos de agonia da rainha.

Embora a partitura permaneça dentro dos limites do tonalismo, o emprego que Strauss faz da bitonalidade e da politonalidade cria um caos harmônico que leva sua linguagem à beira da ruptura da tonalidade – o que já acontecera antes, se bem que não de forma tão agressiva, com a *Salomé*. Nunca é demais, por sinal, enfatizar a influência que essas duas óperas terão sobre *Erwartung* (1924), de Arnold Schönberg, na fase de transição atonal e atemática entre suas composições pós-românticas e as da revolução dodecafônica radical. O melhor exemplo desse uso expressivo de uma música enarmônica é o acompanhamento da descrição que Clitemnestra faz de seus pesadelos, do terror noturno gerado pelo medo e o remorso:

[...] *zwischen Tag und Nacht, wenn ich mit offnen Augen lieg', ein Etwas hin über mich. Es ist kein Wort, es ist kein Schmerz, es drückt mich nicht, es würgt mich nicht, nicht ist es, nicht einmal ein Alp, und dennoch, es ist so fürchterlich, daß meine Seele sich wünscht, erhängt zu sein, und jedes Glied in mir schreit nach dem Tod, und dabei leb'ich und bin nicht einmal krank: du siehst mich doch: seh' ich wie eine Krank? Kann man denn vergehn, lebend, wie ein faules Aas? Kann man zerfallen, wenn man gar nicht Krank ist? Zerfallen wachen Sinnes, wie ein Kleid, zerfressen von den Motten? Und dann schlaf' ich und träume, träume, daß sich mir das Mark in der Knochen löst, und taumle wieder auf, und nicht der zehnte Teil der Wasseruhr ist abgelaufen, und was unterm Vorhang hereingrinst, ist noch nicht der fahle Morgen, nein, immer noch die Fackel vor der Tür, die gräßlich zuckt wie ein Lebendiges und meinen Schlaf belauert. Diese Träume müssen ein Ende haben.*

([...] Entre o dia e a noite, quando estou deitada de olhos abertos, uma coisa rasteja sobre mim. Não é uma palavra, não é uma dor, ela não me oprime, não me sufoca, não é nada, nem mesmo um pesadelo e, no entanto, é tão assustadora que a minha alma deseja ter sido enforcada, e cada membro de meu corpo pede a morte e, no entanto, eu continuo viva e nem ao menos estou doente: você está me vendo: por acaso eu pareço doente? Pode alguém se consumir, ainda vivo, como uma carcaça apodrecida? Pode se decompor sem nem estar doente? Pode se manter consciente, como um pedaço de tecido devorado pelas traças? E aí eu durmo e sonho, sonho que a medula de meus ossos está se desfazendo; levanto-me, mas nem um décimo da água da clépsidra escorreu, e o que está luzindo por baixo da cortina não é a luz pálida da manhã, ainda é a tocha diante da porta, tremeluzindo horrivelmente, como uma coisa viva que espiona o meu sonho. Tem de haver um fim para esses sonhos.)

Raras vezes, na ópera, o medo, o remorso, a culpa foram retratadas com tanta intensidade. Ou, como diz Michael Kennedy, ao comentar essa cena: "Até aquela data, a música nunca tinha feito prospecção tão profunda desse lado sombrio da psicologia humana, nem encontrado sons tão aterradores para expressá-la".

Uma descendente direta dessa rainha grega é a Mulher Sem Nome, que, no monodrama de Schönberg, esperará angustiada, num bosque, pelo Homem que – no final o descobrimos – ela própria matou e escondeu sob um monte de folhas secas, a poucos passos dali.

Mas ao lado de toda essa violência, há momentos de grande lirismo. É o caso da música doce com que Electra evoca a sua infância. Ela contrasta bruscamente com o tema em oitavas que expressa seu desejo de vingança, uma melodia feroz que, na expressão de Ernest Newman, "ergue-se ameaçadoramente, das profundezas da orquestra, como um grande punho cerrado". É muito delicado o tom do segundo encontro de Electra com a irmã, a quem declara um afeto tingido de perturbador erotismo. Mas o mais belo episódio lírico da ópera, a que já nos referimos anteriormente, é a Cena do Reconhecimento, uma das mais fortes em toda a dramaturgia straussiana. Principalmente no trecho em que, depois de um colossal clímax orquestral sobre o tema da alegria de Electra ao descobrir que o irmão ainda está vivo, surge uma luminosa passagem nas cordas divididas, sobre a qual a cantora sustenta um delicado mi bemol nas palavras "erhabenes Gesicht, O bleib' bei mir":

Orest! Orest! Orest! Es rührt sich niemand! O laß deine Augen mich sehn, Traumbild, mir geschenktes Traumbild, schöner aus aller Träume! Hehres, unbegreifliches, erhabenes Gesicht, o bleib' bei mir! Lös nicht in Luft dich auf, vergeh' mir nicht, es sei denn, daß ich jetzt gleich sterben muß und du dich anzeigst und mich holen kommst: dann sterbe ich seliger, als ich gelebt! Orest! Orest!

(Orestes! Orestes! Orestes! Ninguém se mexa! Deixa meus olhos te contemplarem, imagem de sonho, ó imagem de sonho que a mim foi presenteada, mais bela do que todos os sonhos! Rosto nobre, inefável, sublime, ó fica comigo! Não te desfaças no ar, não desapareças de minha vista. Ainda que eu tenha de morrer, já que te revelaste a mim e vieste me buscar, morrerei mais feliz do que vivi! Orestes! Orestes!)

Na *Elektra*, ainda mais do que na *Salomé*, firma-se o que será uma constante no teatro straussiano: as figuras femininas são predominantes e seu traçado psicológico é sempre mais cativante do que o dos homens. Aqui, isso é flagrante: Orestes e Egisto são figuras episódicas, embora delineadas com traços econômicos e seguros. O centro do palco é ocupado pelas três mulheres:

- Electra, possuída pelo desejo de vingança, em nome do qual sacrificou a sua vida e até mesmo a sua sanidade mental;
- Clitemnestra, reduzida a um farrapo pelo pavor em que vive com a possibilidade do retorno de Orestes;
- Crisótemis, frustrada com a falta de amor, expressando, de forma dilacerante, a sua vontade de levar uma vida de mulher normal, e vendo na irmã a responsável por ela não ter direito a essa vida:

Du bist es, die mit Eisenklammern mich an den Boden schmiedet. Wärst nicht du, sie ließen uns hinaus. Wär nicht dein Haß, dein schlaflöses, unbändiges Gemüt, vor dem sie zittern, ach, so ließen sie uns já heraus aus diesem Kerker, Schwester! Ich will heraus! Ich will nicht jede Nacht bis an den Tod hier schlafen! É' ich sterbe, will ich auch leben! Kinder will ich haben, bevor mein Leib verwelkt, und wer's ein Bauer, dem sie mich geben, Kinder will ich ihm gebären und mit meinem Leib sie wärmen in kalten Nächten, wenn der Sturm die Hütte zusammenschüttelt!

(És tu quem me pregas ao chão com anéis de aço. Se não fosse por ti, eles nos deixariam sair. Se não fosse o teu ódio, o teu espírito insone e descontrolado, que eles tanto temem, nos deixariam sair desta prisão, minha irmã! Eu quero sair! Não quero dormir aqui todas as noites até morrer! Antes de morrer, eu quero viver! Quero ter filhos, antes que o meu corpo murche, e ainda que eles me entregassem a um camponês, eu lhe daria filhos e os aqueceria com o meu corpo nas noites frias em que a tempestade sacode a cabana!)

Esses três papéis exigem, é claro, cantoras de vozes extremamente poderosas. Mas se, às vezes, a música da *Elektra* soa truculenta, a culpa é de intérpretes que exageram nos efeitos histriônicos pois, se forem escrupulosamente seguidas as indicações da partitura, ficará em evidência a infinidade de nuances que ela contém. É o que se pode perceber nos registros discográficos disponíveis, onde, de um modo geral, a escrita straussiana é bastante bem servida (as versões marcadas com * são ao vivo):

Figurinos de Majewski para Orestes e Clitemnestra, numa montagem da *Elektra* dirigida por August Everding, em 1973, no Théâter National de l'Opéra, de Paris.

Figurino de Roberto Oswald para Clitemnestra, numa montagem de *Elektra* em 1966, no Teatro Colón, de Buenos Aires.

Acanta, 1943 – Erna Schlüter, Gusta Hammer, Robert Hager/Eugen Jochum[1].
*Myto, 1947 – Schluter, Elisabeth Höngen, Paul Schöffler/Thomas Beecham.
*Arlecchino, 1949 – Astrid Varnay, Höngen, Schöffler/Dimitri Mitropoulos.
Cetra, 1950 – Anny Konetzni, Martha Mödl, Hans Braun/Mitropoulos.
Met, 1952 – Varnay, Höngen, Schöffler/Fritz Reiner.
*Gala Movieplay, 1953 – Varnay, Res Fischer, Hans Hotter/Richard Kraus.
*Orfeo d'Or, 1957 – Inge Borkh, Jean Madeira, Kurt Böhme/Mitropoulos.
DG, 1960 – Borkh, Madeira, Dietrich Fischer-Dieskau/Karl Böhm.
*Melodram, 1964 – Varnay, Mödl, Eberhard Wächter/Herbert von Karajan.
*Standing Room Only – Birgit Nilsson, Regina Resnik, Wächter/Böhm.
Decca/London, 1967 – Nilsson, Resnik, Tom Krause/Georg Solti.
*Rodolphe, 1984 – Ute Vinzing, Maureen Forrester, Bent Norup/Christoph Perick.
*SRO, 1984 – Bjoner, Sabine Hass, Varnay/Uwe Mund.
Philips, 1988 – Hildegard Behrens, Christa Ludwig, Jorma Hynninen/Seiji Ozawa.
*SRO, 1989 – Behrens, Hass, Ludwig/Ferdinand Leitner.
EMI/Angel, 1990 – Éva Marton, Marjana Lipovšek, Bernd Weikl/Wolfgang Sawallisch.
*SRO, 1994 – Martin, Hass, Rysanek/Donnald Runnicles.
DG, 1997 – Alessandra Marc, Hanna Schwarz, Samuel Ramey/Giuseppe Sinopoli.

No volume 16 da coleção "Vienna State Opera Series", há uma preciosa seleção de trechos da *Elektra* regidos por Hans Knappertsbusch, em 21 de novembro de 1941, com Gertrud Runger e Hilde Konetzni, no papel das duas irmãs. Em 1943, ao ser feita a primeira gravação de estúdio, o elenco da Ópera de Hamburgo precisou instalar os equipamentos de gravação em um porão, para colocá-los a salvo dos bombardeios. Como se tratava de uma fase em que os ataques diurnos eram muito intensos, foi necessário insonorizar o local para poder trabalhar durante a madrugada, quando os bombardeios cessavam. Por que preocupar-se em gravar uma ópera, ocorre perguntar, num momento em que o país está literalmente caindo aos pedaços, e sequer se sabe se ela poderá um dia ser comercializada? A única resposta é: por que não? O gesto tem um significado de resistência, de tentativa do artista de manter sua atividade como uma forma desesperada de impedir que a barbárie tome definitivamente conta. Discos como esses, que só puderam ser ouvidos muito tempo depois de terminados, são uma carta para o futuro atestando que, em algum ponto recôndito da alma alemã, algo de civilizado e racional permanecera intocado pela insanidade da guerra.

Em vídeo, é de grande interesse a versão dirigida por Götz Friedrich, com Rysanek, Varnay, Fischer-Dieskau, documentando o último trabalho de Karl Böhm, falecido uma semana após o término da filmagem. A fita pirata, que circulou antes do lançamento comercial em vídeo-disco, trazia um *making of* realizado para a televisão americana, mostrando as filmagens, nas ruínas de uma fábrica vienense do início do século, escolhidas por corresponderem ao clima de decadência e corrupção do reino dos Atridas. Nele, ficam registradas as dificuldades que teve Böhm para terminar a regência, pois sofrera um derrame no meio do trabalho. Além desse filme, existem em vídeo:

Metropolitan, 1980 – Nilsson, Mignon Dunn, James McIntyre/James Levine.
Paris, s/d – G. Jones, Rysanek, Simon Estes/Marek Janowski.
Viena, 1989 – Marton, Brigitte Fassbänder/Claudio Abbado.
Met, 1994 – Behrens, Fassbänder, McIntyre/Levine.
Adelaide, s/d – Marilyn Zschau, Yvonne Minton, Florian Cerny/Richard Armstrong.

Em sua despedida de palco no Metropolitan de Nova York, Birgit Nilsson, já em declínio, está numa forma vocal deplorável; mas seu desempenho cênico tem uma força que explica porque ela foi uma das maiores Electras de sua geração.

---

1. Embora no rótulo do selo Acanta a direção da orquestra seja creditada a Hans Schmidt-Isserstedt, o verdadeiro regente é Jochum.

Ouçamos mais uma vez Michael Kennedy:

Elektra termina com um acorde de dó maior, como uma forma de enfatizar que, embora tivesse vasculhado o abismo harmônico, Strauss não tinha a intenção de seguir um curso revolucionário. Já se disse que, desse ponto em diante, ele se retraiu da realidade, refugiando-se num artificialismo rococó. Se Strauss tivesse querido embrenhar-se pela trilha atonal, poderia tê-lo feito com facilidade, pois poucos compositores estavam, do ponto de vista técnico, tão bem equipados para isso quanto ele. Mas Strauss sabia que, em sua música, havia lugar para apenas uma *Salomé* e uma *Elektra*. Tinha sido um pioneiro nessa trilha; que outros, agora, a seguissem para ver até onde levava. Tinha empunhado também, por uns tempos, no início da carreira, o archote pós-wagneriano. Mas agora deixava a Hans Pfitzner, com seu *Palestrina*, ou a Franz Schrecker, com *Der Schatzgräber* (O Explorador de Tesouros), a tarefa de resolver esse impasse. Quanto a ele, agora, o que queria era fazer algo de totalmente diferente.

Esse "algo de totalmente diferente" será a ópera que, assinalando a plena maturidade de Richard Strauss como dramaturgo, conquistará também para ele um lugar inabalável no coração do público.

DER ROSENKAVALIER

A marechala Marie Thérèse von Werdenberg sabe estar próximo o momento em que seu amante, o jovem conde Octavian Rofrano, a abandonará. Por enquanto, ele ainda a ama mas, superada a fase de encantamento com a descoberta do sexo nos braços de uma mulher madura e experiente, esse adolescente logo partirá em busca do amor de uma jovem de sua idade. A hora da separação é precipitada pela chegada a Viena do barão Ochs auf Lerchenau, primo distante da Marechala, da aristocracia camponesa. Ochs veio à capital para casar-se com Sophie, filha do novo-rico Faninal que, com essa união, espera enobrecer seu nome, ainda que, para isso, tenha de usar sua enorme fortuna para tirar o futuro genro da quase falência. Ochs vem ao palácio da prima de manhã cedo, como um furacão, irrompendo em seu quarto sem o menor cuidado com as conveniências sociais, e quase a surpreendendo na cama com Octavian. Vem pedir-lhe que indique alguém, da mais alta extração, que vá oferecer a Sophie, junto com o pedido de casamento, uma rosa de prata em sinal de sua devoção. Irritada por ter sido quase apanhada com a boca na botija, Marie Thérèse desforra-se da grosseria de Ochs fazendo com ele uma brincadeira de mau-gosto: indica Octavian como o portador da rosa. Não se dá conta, porém, de que, assim fazendo, está pondo em marcha a engrenagem de seu próprio destino. Enquanto isso, o Barão, que não pode ver um rabo de saia sem tentar a sua chance, começa a engraçar-se com Mariändel, a criada de quarto de sua prima – que não é outro senão Octavian que, para não comprometer a amante, se travestiu com um uniforme de empregada providencialmente achado no quarto.

Quando Octavian vai à casa de Faninal, o inevitável acontece: apaixona-se, à primeira vista, por Sophie e, indignado com a forma vulgar como seu candidato a noivo a trata, agride-o, desafia-o para um duelo e fere-o levemente no braço com uma estocada. A possibilidade de vingar-se de Ochs e de afastá-lo definitivamente de Sophie surge através de Annina e Valzacchi, casal de intrigantes italianos, dispostos a vender a alma ao diabo, se preciso for, para ganhar dinheiro. Em cumplicidade com eles, Octavian atrai o Barão para uma arapuca: um encontro galante, numa taverna de subúrbio, com... Mariändel!

Ali, Ochs é submetido a uma série de humilhações, que culmina com a revelação de que a garota que quer seduzir é, na realidade, um homem. A situação grotesca a que o expõe a chegada da Marechala, de Faninal e sua filha, chamados por Octavian, manda definitivamente por água abaixo os seus projetos de casamento. Depois que Ochs se retira, é a vez da confrontação final entre Marie Thérèse e Octavian, situação de que ela saberá desvencilhar-se com aristocrática elegância. Percebendo ter chegado a hora de afastar-se, desobriga-o do vínculo com ela e, usando o seu prestígio de grande nobre, encarrega-se de ajeitar as coisas com Faninal. Acalma seus frágeis escrúpulos e obtém dele que permita o namoro dos dois jovens. Faninal acede de bom grado, pois um Rofrano da capital é preferível a um mero Lerchenau de província. E a Marechala vai embora, deixando o campo livre para que os dois jovens se confessem a extasiada descoberta do amor.

"Da próxima vez", tinha dito Strauss após a estréia da *Elektra*, "escreverei uma comédia mozartiana". E foi esse tipo de libreto que pediu a Hofmannsthal. Recusou, porém, a proposta de musicar *Cristinas Heimreise* (A Volta de Cristina para Casa), comédia do poeta baseada em um episódio da vida de Casanova, por não desejar, dessa vez, trabalhar com um texto que já tivesse sido visto antes como teatro falado. Em fevereiro de 1909, Hugo estava em Weimar, hospedado em casa de um amigo, o conde Harry von Kessler, diplomata, jornalista e diretor da editora Cranach. Enquanto passeavam no parque Tierfurt, ele discutiu com seu hospedeiro, homem de apreciável cultura, a peça que pretendia escrever, e este lhe deu várias sugestões. Juntos, eles rascunharam o roteiro do que viria a ser o seu próximo libreto, atendendo ao pedido do compositor.

A divulgação, na década de 1980, do *Diário* de von Kessler demonstrou ter sido bastante grande, nesse estágio inicial, a sua colaboração para a gênese da ópera. Na entrada do dia 9 de fevereiro de 1909, lê-se ter ele sugerido a Hugo uma série de situações, tiradas de fontes diferentes, que fizeram da sinopse do libreto uma verdadeira colagem de alusões literárias. No dia 11, Hugo escrevia a Strauss dizendo-lhe estar preparando um projeto de comédia "com uma história inteiramente original", em que haveria papéis para um baixo bufo e para uma personagem semelhante ao Cherubino das *Bodas de Fígaro*, de Mozart: um *trouser-role* para voz feminina. Acrescentava ainda que imaginava Lucien Fugère e Mary Garden, ou talvez Geraldine Farrar, como os intérpretes ideais para esses papéis.

Esse é, portanto, um aspecto marcante do libreto do *Cavaleiro da Rosa*: trata-se, efetivamente, de uma comédia original, mas montada a partir de uma série de sugestões encontradas em um grande número de obras literárias, teatrais e pictóricas. Os primeiros rascunhos, encontrados entre os papéis de Hofmannsthal após a sua morte, demonstram que, de início, ele pretendia situar a ação na França, durante o século XVII. Era essa a época da mais importante dentre as muitas fontes utilizadas para montar o roteiro: a comédia *Monsieur de Pourceaugnac* (1669), de Molière. A personagem-título dessa peça é um velho advogado de província, que vai a Paris tencionando casar-se com Julie, a filha de Oronte, que quer fazer dessa união um vantajoso negócio. Em Molière, além do primeiro modelo para Ochs, Hugo encontrou também uma dupla de intrigantes, o napolitano Sbrigani e sua amante Nérine, que se converterão em Annina e Valzacchi. Mas a italiana herda traços de uma outra personagem de Molière: a criada Lucette, que finge ter sido casada com o advogado, na cena em que o namorado de Julie quer convencer Pourceaugnac de que ele perdeu a memória e não se lembra mais de ter mulher e filhos (Ochs cai em armadilha semelhante, na cena da taverna, no ato III da ópera). O nome e a personalidade de Sophie, e a história de uma marquesa que tem por amante um rapazinho, muito mais novo do que ela, saíram de *Les Aventures du Chevalier de Faublas* (1781), o "roman libertin" de Louvet de Couvray, contemporâneo de Beaumarchais. Von Kessler lembrou-se desse episódio do livro de Couvray, que tinha em sua biblioteca, por ter assistido, dois anos antes, em Paris, à estréia de uma opereta baseada nele: *L'Ingénu Libertin ou La Marquise et le Mitron*, de Claude Terrasse, com libreto de Louis Artus.

A idéia do travestimento de Octavian, e da armadilha que ele monta para Ochs, foi sugerida pela comédia *Mägera und die forchterliche Here oder Das bezauberte Schloss des Herrn Einhorn* (Megera e o Povo da Floresta ou O Castelo Encantado do Sr. Unicórnio), escrita em 1763 por Philip Haffner, dramaturgo vienense do período Rococó. Nela, a feiticeira Megera veste-se de homem para ludibriar, numa taverna, o Sr. Unicórnio, forçando-o a permitir que sua filha Angélica case-se com Leandro, a quem ama. Nessa peça, Hanswurt, o equivalente germânico do Arlequim da *Commedia dell'Arte*, desempenha um papel muito semelhante ao de Valzacchi.

Mas a intenção inicial, de ambientar a ópera na França, na época de Molière, modificou-se a partir do momento em que, entre os livros de von Kessler, Hugo encontrou uma verdadeira mina de ouro: o recém-publicado *Tagebuch aus der Zeit Maria Theresias* (Diário do Tempo de Maria Teresa), escrito pelo príncipe Johann Joseph Khevenhüller-Metsch, que fora o mordomo da imperatriz entre 1742 e 1749. Numa linguagem pomposa e retorcidamente formal, o príncipe relata, com profusos detalhes, todos os mexericos da corte durante os sete anos em que foi responsável pelo cerimonial do palácio. Nesse diário, Hofmannsthal encontrou farto manancial de informações sobre a sociedade aristocrática vienense do século XVIII. Lá descobriu o Feldmarschall von Werdenberg, governador austríaco da Croácia, marido da protagonista, invisivelmente onipresente no ato I. E ficou sabendo que a condessa Josepha von Kinsky, parente próxima da família Rofrano (o sobrenome dado a Octavian), tinha sido amante do conde Franz Esterházy von Galantha, cujo apelido familiar era *Quinquin* – o mesmo que a Marechala dá a seu namorado adolescente.

Ao barão Ochs – cujo nome, sugestivamente, significa "touro" –, atribuiu-se o parentesco com um certo Johann Joseph von Managetta, senhor do castelo de Lerchenau, nos arredores de Viena, cujo brasão ostentava três cotovias (*Lerchen*) sobre um campo de barras prateadas. A personalidade de Faninal, pai de Sophie, origina-se na do Oronte molieresco. Mas seu sobrenome é uma corruptela do de Felician Julius Hauspersky von Fanal, próspero comerciante de armas em Brün (atual Brno), na Morávia. Como ele, o candidato a sogro de Ochs deve ter enriquecido fornecendo as armas com que o príncipe Eugen conduziu a vitoriosa campanha de Flandres. Até mesmo as figuras mencionadas de passagem no diálogo, e que não aparecem em cena, saem das páginas do *Tagebuch*:

- Jörgen e Lamberg, os primos em quem, a princípio, a Marechala pensa como possíveis portadores da rosa, antes de decidir-se por Octavian;
- o decrépito tio Greifenklau, a quem, no fim do ato I, ela diz que vai fazer uma visita, e que era um parente distante dos Werdenberg, totalmente inválido nos seus últimos anos de vida;
- Sua Excelência Silva, o embaixador português, protetor do flautista e do tenor que se apresentam, na alcova da Marechala, no ato I;
- Ambrogio Caraccioli d'Avellino, o adido militar da embaixada do reino de Nápoles em Viena, famoso, no anedotário da cidade, por suas proezas bélicas que sempre culminavam numa retirada estratégica; é por isso que, ao ouvir ruídos estranhos em sua antecâmara e imaginar que o marido voltou inesperadamente para casa, Marie Thérèse decide-se a enfrentá-lo, dizendo: "Ich bin kein napolitan'scher General" (Não sou um general napolitano).

O resultado desse cuidadoso trabalho de garimpo nas páginas de Khevenhüller-Metsch é que, como pano de fundo para a ação da ópera, surge uma Viena setecentista de verdade, reconstituída com toda a verossimilhança.

Diversos outros detalhes surgiram, com o desenrolar do trabalho, sugeridos por reminiscências literárias ou pictóricas, e por lembranças autobiográficas. O sobrenome de Octavian, por exemplo, além de ser, como já dissemos, o de uma autêntica família nobre vienense do século XVIII, trazia ao poeta recordações da aldeia italiana de Rofrano, onde passara férias especialmente agradáveis. Lembranças que despertavam nele fortes ressonâncias emocionais, pois já dera esse nome, em 1898, à personagem central de sua novela *Reitergeschichte* (História de Cavalaria).

A cena do ato I em que o quarto da Marechala é literalmente invadido por um mafuá de vendedores, cabeleireiros e pedintes, tem como fonte o *Mariage à la Mode* (Casamento à Moda), satírica série de quadros pintada em 1745 pelo inglês William Hogarth[1]. A idéia foi sugerida a Hugo por Strauss, profundo conhecedor de artes plásticas. No sexto quadro

---

1. As séries de gravuras de Hogarth, contando histórias em que é feita a sátira dos costumes setecentistas ingleses, são muito importantes para a História da Ópera: em *The Rake's Progress* o poeta W. H. Auden baseou o libreto da ópera homônima para Stravínski.

da série, *The Countess' Morning Levée* (O Despertar Matinal da Condessa), a personagem-título está em sua alcova e tem à sua volta o cabeleireiro; o pajem negro, que lhe serve o chocolate; um cortesão, que lhe faz provavelmente o relato dos últimos mexericos da corte; um cantor e um flautista – toda a fauna que, de ordinário, gravitava em torno dos grandes nobres, e que vamos reencontrar na ópera. No centro do quadro, há uma mulher de meia-idade que, com toda a certeza, está contando à condessa uma história de cortar o coração, para justificar um pedido de ajuda. No libreto, ela se transforma nas *drei adelige Weisen*, as três órfãs de origem nobre, cujo pai "caiu tão jovem no campo de honra", e a quem a Marechala, decerto para ver-se livre de sua desafinada cantoria, apressa-se em oferecer a esmola pedida (observe-se que o canto dessas órfãs ecoa, em tom de pastiche, o das duas camponesas que, nas *Bodas de Fígaro*, saúdam a Condessa antes da cerimônia de casamento de Fígaro com Susanna).

O texto da ária "Di rigori armato il seno" – cantada pelo Tenor Italiano que, nessa mesma cena, vem buscar a eventual proteção da Marechala – é de Molière. Hofmannsthal o extraiu da quarta entrada, a Italiana, do *Ballet des Nations*, o divertimento multinacional com que se encerra *Le Bourgeois Gentilhomme* (O Burguês Fidalgo). O poeta tinha afinidade especial com essa comédia de Molière, como veremos no capítulo dedicado a *Ariadne auf Naxos*. A única diferença é que, no original, musicado por Jean-Baptiste Lully, a ária é prevista para ser cantada por um soprano. O poema de Molière, além disso, é mais longo do que o que ouvimos na ópera, pois o pobre Tenor, rudemente interrompido por Ochs no meio da segunda estrofe, não pode interpretá-la até o fim.

A ária do Tenor Italiano foi prevista como um pastiche, uma caricatura dos excessos autocomplacentes que se permitiam os cantores do período Barroco. Em *Ironic Allusions to Italian Opera in the Musical Comedies of Richard Strauss*, Reinhold Schlötterer comenta:

> A ária do tenor de *Der Rosenkavalier* é, sem dúvida alguma, a mais famosa referência italiana nas quinze óperas de Richard Strauss. O compositor exagera o *espressivo* tradicional de uma típica ária italiana para tenor do século XIX (em que a linha vocal é *espressiva* e o acompanhamento orquestral mais neutro), dando a praticamente cada parte de orquestra um papel igualmente *espressivo*; a todo momento encontramos na partitura a notação "espr.". Além disso, o músico intensifica a linha melódica e a sonoridade *espressiva* adornando a melodia com terças e sextas paralelas. Um dos cadernos de esboços do *Rosenkavalier* vincula especificamente esse procedimento àquilo que Strauss entendia por "italianado". A própria parte do cantor exemplifica todos os maneirismos do gênero, que são realçados pela forma como Strauss pede que sejam interpretados. As brilhantes notas agudas perfilam-se de modo óbvio e se apóiam em *fermatas* excessivas, portamentos exagerados e um melisma suspirado sobre o "Ah!" para articular o fim da frase.

Em função disso, Norman del Mar chama essa passagem famosa de "uma caricatura cruelmente inteligente da ária operística italiana". Mas Strauss errou a mão. Escreveu uma melodia tão bonita, que "Di rigori" converteu-se num cavalo-de-batalha dos tenores. Todo grande cantor quer fazer um *cameo-appearance* nessa cena, pois a ária lhe oferece, sem possibilidade de erro, uma grande chance de brilhar vocalmente. Assim é que, em disco, nós a temos gravada por um impressionante desfile de "divos": Franz Klarwein, Anton Dermota, Fritz Wunderlich, Nicolai Gedda, Luciano Pavarotti, Plácido Domingo, José Carreras, Francisco Araiza, Richard Leech.

Mas um lugar todo especial fica reservado a Helge Roswaenge, na versão ao vivo de Georg Szell em Salzburgo. Roswaenge é o único que tem a coragem de virar as costas à beleza da melodia e de interpretar a ária da forma parodística originalmente concebida por Strauss. Sua execução tem todos os vícios, clichês e cacoetes de um mau tenor. É uma horrorosa obra-prima! E, justiça seja feita, o único analista da discografia do *Rosenkavalier* que se deu conta disso foi o francês André Tubeuf. No volume da coleção *Avant-Scène Opéra* dedicado a *Le Chevalier à la Rose*, ele registra ser esse um efeito deliberado de interpretação. Todos os outros criticam a forma como Roswaenge realiza a ária, sem se dar conta de que é exatamente assim que tem de ser.

A descoberta do *Diário* de Khevenhüller-Metsch não foi a única razão para que a ação fosse transferida da França de Luís XIV para a Viena da imperatriz Maria Teresa (cujo nome é dado, em homenagem, à Marechala). Era essa também a forma de estabelecer um vínculo referencial entre o libreto de Hofmannsthal e o universo dramatúrgico de Mozart e Da Ponte, modelos venerados tanto pelo compositor quanto pelo poeta. Essa era, aliás, a época em que Hugo estudava detidamente a técnica teatral do período clássico, analisando os libretos escritos por Da Ponte durante os anos em que foi o *poeta cesareo* do imperador José II. São imediatas as correlações que se pode estabelecer:

- entre a Condessa e a Marechala, Cherubino e Octavian, Barbarina e Sophie.
- Até mesmo a figura sempre ausente do Feldmarschall tem seus pontos de contato com Almaviva, já desinteressado da mulher e em busca de novas aventuras. Assim como a desenvoltura com que Ochs põe os privilégios feudais a serviço de seus prazeres reflete um traço do senhor do castelo de Aguasclaras.
- Na personalidade de Basílio há um componente de intriga que não deixa de lembrar Valzacchi.
- E assim como, nas *Bodas*, Almaviva é vítima dos estratagemas de seus criados, com quem a Condessa fez uma aliança tática, Ochs não escapará das brincadeiras de mau-gosto que plebeus lhe fazem, com a cumplicidade de Octavian, e a anuência tácita da Marechala. É muito significativa, no auge da confusão do ato III, a exclamação exasperada do Barão: "Spielt das Gelichter leicht all's unter einem Leder? Sein wir in Frankreich?" – que pode ser livremente traduzida: "Então a patuléia uniu-se toda contra mim? Será que estamos na França?".

As Bodas de Fígaro, objeto de homenagem, modelo a ser seguido, espelho distante, são portanto uma referência obrigatória para se compreender a gênese do *Cavaleiro da Rosa*. Que, por sinal, não se chamava assim no início. O título do libreto foi, por muito tempo, *Ochs auf Lerchenau*, porque a truculenta figura do primo campônio deveria ser a personagem principal, como o é Pourceaugnac na comédia de Molière. Mas à medida que a Marechala ganhava em complexidade e importância, passando Ochs para um relativo segundo plano, esse título foi perdendo o sentido. Chegou-se a pensar em trocá-lo para *Die Frau Marschallin*. Às vésperas da estréia, ocorreu a Hofmannsthal o atual, de assonâncias poéticas muito mais elegantes. A Strauss, a idéia não agradava. Em carta ao cenógrafo Alfred Roller, explicou: "Prefiro *Ochs*. Mas o que quer que eu faça? Hofmannsthal gosta do delicado, do etéreo. E minha mulher ordena: *Der Rosenkavalier*. Que seja, portanto, *Der Rosenkavalier*, e ao diabo com ele!". O futuro iria demonstrar que, desta vez, Hugo e Pauline estavam cobertos de razão.

O título definitivo refere-se a um "antigo costume matrimonial" vienense: o de o noivo pedir a alguém da família que fosse apresentar à sua pretendida, em sinal de afeto, uma rosa de prata. Belíssimo costume, que tem apenas um defeito: nunca existiu! Hofmannsthal o inventou *de toutes pièces*, inspirando-se no hábito que tinha o papa de, no final do ano, oferecer rosas de ouro às damas mais nobres e virtuosas da corte romana (cujos maridos, coincidentemente, tinham feito polpudas doações às obras pias do Vaticano). Mais tarde, essa rosa passaria a ser oferecida como condecoração a mulheres notáveis: uma das que a receberam foi a brasileira princesa Isabel, pela assinatura da Lei Áurea. Esse "antigo costume vienense", criado pelo libretista, soou tão verossímil que, por muito tempo, houve quem jurasse de pés juntos que ele de fato baseava-se numa tradição aristocrática austríaca.

Além disso, esse "costume" inventado está impregnado de toda a simbologia erótica e sentimental tradicionalmente associada à imagem da rosa. Uma das obras que sempre fascinaram Hofmannsthal foi o *Roman de la Rose* (1236-1276). Suas próprias concepções sobre a natureza do amor têm muita afinidade com as de Guillaume de Lorris, autor desse prolixo romance filosófico medieval. Prova disso é que, ao publicar, ainda adolescente, o seu primeiro volume de poemas, Hugo homenageou o poeta do século XIII, adotando o pseudônimo de Loris.

Se Hofmannsthal imaginou de forma tão viva o ritual da rosa, que acabou fazendo acreditar em sua autenticidade, o mesmo aconteceu com os diversos níveis de dialeto

Figurinos de Alfred Roller para a Marechala e o barão Ochs, na estréia do *Rosenkavalier*, na Königliches Opernhaus, de Dresden, em 1911.

Cenário de Roller para o ato II do *Cavaleiro da Rosa* (direção de Max Reinhardt, regência de Ernst von Schuch; Dresden, 1911).

vienense que, da Marechala aos serventes da taverna, caracterizam as várias classes sociais a que pertencem as personagens. As modalidades de fala incorporam, sem dúvida alguma, formas existentes. Mas Hofmannsthal inventou outras, e o fez de modo tão convincente, que muitas das expressões cunhadas por ele acabaram integrando-se, graças à enorme popularidade da ópera, à moderna maneira de falar da capital austríaca.

Exemplo saboroso do elaborado estilo cortesão, inspirado no jeito de escrever de Khevenhüller-Metsch, é o discurso muito formal que Octavian pronuncia, no ato II, ao chegar à casa de Faninal: "Mir ist die Ehre wiederfahren, daß ich der hoch- und wohlgeborene Jungfer Braut in meines Herrn Vetters Namen, dessen zu Lerchenau Namen, die Rose seiner Liebe überreichen darf" (Foi-me concedida a honra de, à nobre e bem nascida jovem noiva, em nome do senhor meu primo, da família dos Lerchenau, apresentar a rosa de seu amor).

Além disso, o tom descontraído com que Octavian conversa com a Marechala contrasta com as construções retorcidas que ele usa ao falar com Ochs e Faninal, impregnadas de um tom de mal velado desdém, que visam claramente a frisar a distância social que os separa. Aliás, a complexa trama de formas de tratamento também enfatiza a posição de cada personagem dentro da hierarquia social. Ela inclui arcaísmos como o *Er* (ele), no lugar de *Sie* (o senhor), o que estabelece maior distância entre os interlocutores; ou o obsoleto *dero*, possessivo da segunda pessoa, no lugar de *dein*, conferindo ao discurso um perfume antiquado. Hofmannsthal registra cacoetes cortesãos típicos do século XVIII, como o de misturar expressões francesas às frases em alemão; ou de expressar idéias simples através de longos circunlóquios. Assim é que Ochs se expressa, ao entrar na alcova da Marechala, no ato I, para demonstrar que está em dia com os hábitos da melhor sociedade da capital – um modo super-elegante de falar que, de resto, choca-se com a sem-cerimônia de sua intrusão.

Outro momento curioso, do ponto de vista da linguagem, é o pastiche do arrevesado linguajar dos advogados. No ato I, Ochs conversa com o Tabelião, e este tenta laboriosamente demonstrar que a lei não prevê um *Morgengabe* – um presente nupcial em dinheiro –, dado pelo pai da noiva ao cônjuge. Em sua incomensurável arrogância, Ochs acha que, pelo simples fato de "condescender em fazer *acte de présence* no leito nupcial de uma Mamsell Faninal, que não passa de uma burguesa", ele se torna merecedor desse presente matinal – que, segundo a tradição, era o marido quem dava à esposa, na manhã seguinte ao casamento, para lhe agradecer pela noite de núpcias. Os esforços do Tabelião – muito parecido com o Don Curzio das *Bodas de Fígaro* – são inúteis, pois só conseguem provocar uma explosão de fúria que manda para o beleléu o *da capo* da ária que o Tenor Italiano está cantando.

A correspondência do poeta com o músico registra ainda as diversas tentativas do vienense von Hofmannsthal de chamar a atenção do bávaro Strauss para as peculiaridades da fala na capital austríaca. Numa das cartas, ele lhe diz, por exemplo, que um vienense pronunciaria "Ther**es**", e nunca "Ther**ese**".

Strauss acolheu entusiasticamente o libreto, que correspondia àquilo que desejava desde os tempos da *Salomé*. Mas fez sugestões essenciais: o uso anacrônico da valsa como o elemento estilístico básico da partitura; a idéia do duelo entre Octavian e o Barão, no ato II, e do monólogo de Ochs com que esse ato se encerra; e a forma geral do ato III. Recusou toda uma cena, nesse último ato, em que havia um inquérito policial sobre o comportamento libertino de Ochs, alegando, e com razão, que isso retardaria desnecessariamente o desfecho (e tornaria ainda mais longa uma ópera que já dura três horas e meia). E imaginou a cena final em sua forma definitiva, a partir do momento em que o Barão sai do palco. A reação do hipersensitivo von Hofmannsthal foi surpreendentemente positiva:

> Dou-me conta de que, pensando em termos de palco, a nova versão é muito mais eficiente do que a primeira e, por isso, sou muito grato ao senhor por sua enérgica intervenção. [...] Desta vez, aprendi uma lição fundamental sobre a obra dramática para ser musicada, que nunca mais esquecerei.

Dessa forma, *Der Rosenkavalier* tornou-se, no melhor e no mais pleno sentido do termo, o resultado de uma estreita colaboração entre o músico e o poeta. E é isso, decerto, o que lhe dá seu aspecto de produto perfeitamente acabado. De todas as óperas que escreveram juntos, *O Cavaleiro da Rosa* é a que mais justifica o título escolhido por Hanns Hammelmann e Ewald Osers para a edição americana da correspondência entre os dois: *A Working Friendship...* – expressão duplamente feliz, pois significa, ao mesmo tempo, uma "amizade de trabalho" e "uma amizade que funciona bem".

Der Rosenkavalier foi escrita no curto período de dezessete meses, entre maio de 1909 e 26 de setembro de 1910. E foi encenada em Dresden, em 26 de janeiro de 1911, sob a regência de Ernst von Schuch, tendo no elenco Margarethe Siems, Eva von der Osten, Minnie Nast e Carl Perron (foi necessário recorrer a um barítono para o papel de Ochs, pois a Ópera de Viena se recusara a ceder o baixo Richard Mayr que, no futuro, viria a ser o primeiro grande intérprete do Barão). Do programa constava, como diretor, o nome de Georg Ernst Toller, que era o titular da Ópera de Dresden. Mas, na verdade, como Toller era um *régisseur* muito medíocre, a encenação foi oficiosamente assegurada, a pedido de Strauss e de Hofmannsthal, pelo grande diretor berlinense Max Reinhardt, amigo de ambos. Isso causou, naturalmente, atritos desagradáveis com a administração do teatro, principalmente depois que a notícia vazou para os jornais, e estes se regalaram com os mexericos, forçando von Schuch a assumir uma posição pública a favor de seus empregadores.

Chegou-se, finalmente, a uma solução de compromisso: Reinhardt ficaria no palco apenas na condição de "observador". Mas cada vez que Toller metia os pés pelas mãos, ele chamava o cantor de lado, para uma "conversa informal" e, quando este voltava à cena, vinha cheio de "achados" maravilhosos. O brilhante trabalho de Reinhardt foi complementado pelos excepcionais cenários e figurinos de Alfred Roller (1864-1935), inspirados no estilo das famílias de cenógrafos barrocos Galli-Bibbiena e Fischer von Erlach (o álbum de Lps da London, com a versão Georg Solti/Régine Crespin da ópera, trazia um preciosíssimo álbum de 72 páginas com a reprodução dos figurinos, croquis e plantas baixas dos cenários).

Roller foi um dos grandes cenógrafos de seu tempo, inventor das *torres-Roller*, dispositivo lateral que permitia reduzir o espaço da boca de cena, para obter efeitos mais intimistas e rápidas mudanças nos telões do cenário. Suas colaborações com Gustav Mahler, na Ópera de Viena, entre 1897 e 1907, ficaram famosas também pela inovação no uso não-realista das cores. Iam longe os tempos de *Guntram*, em que Strauss tivera de aceitar produções improvisadas. Uma das cláusulas contratuais exigia, de forma inédita para a época, que os cenários e os guarda-roupas teriam de ser os de Roller, onde quer que o *Rosenkavalier* fosse levado.

Na imprensa, não faltou quem, como de hábito, criticasse o libreto "prolixo e sem humor", a "música superficial e rala" e o "espetáculo longo e aborrecido". Dillmann, em Munique, encheu dez colunas de jornal (bons tempos aqueles!) com uma análise lúcida e detalhada da ópera. Mas houve outros, como um crítico de Stuttgart, que disseram: "Duvido que quem a tenha assistido sinta a vontade de repetir esse dúbio prazer". O público não endossou essa opinião. O aplauso foi imediato e delirante em todos os lugares onde a ópera foi apresentada, dando razão ao correspondente do *Time* londrino, sir George Stuart Robinson, que proclamou, logo após a estréia: "Se esta obra não obtiver a aclamação universal, é o caso de se desesperar do bom-gosto do público". A aclamação não se fez esperar: só em Dresden houve, durante 1911, 53 apresentações com casa lotada, que renderam a soma, assombrosa para a época, de 300 mil marcos de ouro.

Desde então, *O Cavaleiro da Rosa* nunca mais perdeu a popularidade, "apesar do substrato de desaprovação daqueles que acham seu sabor de torta de limão constitucionalmente indigesto" (Michael Kennedy). Em Berlim, como não se tinha, de início, certeza de que ópera tão ousada chegasse a ser montada, foram organizados trens especiais para Dresden. Surgiram, no centro da cidade, guichês que vendiam o pacote completo: passagem, entrada, reserva de hotel e refeições para quem quisesse ir ver o novo *succès fou*. A aprovação do público não impediu, porém, que *O Cavaleiro da Rosa* enfrentasse os problemas comuns às demais óperas de Strauss, sempre corajosas demais para seu tempo. Foi considerada inconveniente a maneira excessivamente direta como é tratado o relacionamento da Marechala com seu amante adolescente, com quem ela aparece na cama ao abrir-se o pano para o ato I. Houve sérios problemas quanto ao tom desbocado com que Ochs fala de suas aventuras campestres. Beiram o obsceno a franqueza com que Herr Baron descreve o "afluxo de jovens vindas da Boêmia... tão jovens, tão rechonchudas", evocando a promiscuidade da "confraternização" entre elas, os caçadores, a rapaziada do estábulo... e o próprio dono da casa.

Em Dresden, na estréia, o conde Nikolaus von Seebach, Intendente do teatro, já se opusera a que a Marechala e Octavian aparecessem deitados na cama. Quando o pano se erguia, eles estavam comportadamente sentados ao lado do leito, vestidos dos pés à cabeça. Em Berlim, temeroso da reação escandalizada da puritaníssima Kaiserin, o conde Georg Hülsen-Häseler, diretor da Königliches Opernhaus, exigiu cortes que se mantiveram até 1924. A lista das conquistas ancilares de Ochs foi abreviada em dois terços. E chegou-se ao ridículo de cortar a palavra "cama" da frase em que Sophie, no ato II, conta a Octavian que leva para o quarto, à noite, o livro com a árvore genealógica das famílias nobres de Viena. Nenhum membro da família Hohenzollern assistiu, em 14 de novembro de 1911, à estréia berlinense. Guilherme II condescendeu em comparecer a uma récita, dias depois; mas saiu no meio, dizendo: "Esse não é o tipo de música para mim".

Também, desde o início, foram comuns cortes de um outro tipo, para abreviar uma ópera tida como demasiado longa. Já na véspera da estréia em Dresden, Strauss reagira irritadamente ao saber que von Schuch – famoso por seu canibalesco apetite para cortes – previa uma redução de vinte minutos na partitura. Ao opor-se a isso, o compositor observou, ironicamente: "O dia mais feliz na vida de von Schuch será quando encontrar uma ópera de que possa cortar um ato inteiro" (mal sabia ele que isso já fora feito, uma vez, com o *Tiefland* de Eugen d'Albert). Ainda a respeito de von Schuch, Strauss gostava de citar o comentário do compositor Felix Draeseke que, uma vez, encontrando-se com ele na rua, lhe dissera: "A minha nova ópera para Dresden já está pronta. Agora só falta compor os cortes".

Furioso com a alegação do maestro de que amputar oito minutos na narrativa de Ochs, do ato I, tornaria a ação mais ágil – embora esse monólogo seja absolutamente fundamental para a compreensão da personalidade do barão –, Strauss lhe disse: "Então, por que não corta o trio do ato III?" (que viria a se tornar a página mais famosa da ópera). "Ele nada faz para que a ação avance e, se for cortado, o final feliz chegará mais depressa." Dizem que von Schuch ficou ofendidíssimo!

Hoje em dia, que esse hábito do corte indiscriminado está virtualmente eliminado dos teatros realmente sérios, a execução do *Rosenkavalier* na íntegra demonstra o quanto as reduções danificam as proporções harmoniosamente concebidas dessa ópera, desequilibrando os termos arquitetônicos perfeitos em que é pensada – para isso, basta comparar uma das gravações integrais com as que conservam os cortes padrão de palco (ver Discografia). No caso dos oito minutos que von Schuch queria amputar, o estrago teria sido particularmente desastroso pois, como o demonstra Norman del Mar em seu estudo, o monólogo de Ochs tem a forma de um *scherzo*, e um corte desfiguraria essa estrutura.

Mas o próprio Strauss tinha consciência das grandes proporções de sua partitura. Prova disso é uma saborosa anedota. A primeira vez que a regeu, já algum tempo depois da estréia, Richard virou-se para o *spalla*, no meio do ato II, e reclamou: "Essa coisa não acaba nunca?!". E o músico, espantado: "Mas, maestro, foi o senhor quem a compôs". E ele: "Sim, mas quando a escrevi não sabia que, um dia, teria também de regê-la".

A respeito de Strauss regente de sua própria ópera, Alan Jefferson comenta, no volume da coleção *Cambridge Opera Handbooks* dedicado ao *Cavaleiro da Rosa*:

> Como *Der Rosenkavalier* é a última ópera a manter-se no repertório básico das principais casas de ópera,

Strauss era freqüentemente convidado a reger apresentações, de modo a dar-lhes a chancela de sua presença e aprovação. Não só o cachê que cobrava era muito alto como, com o tempo, ele foi perdendo o interesse por essas apresentações. Mais de uma vez deixou ao pessoal da casa a tarefa de preparar a orquestra; não dava as caras no ensaio geral, nem no da manhã do espetáculo. Só aparecia quando as luzes da sala já estavam se apagando. Era famoso por deixar o público esperando, no escuro, por sua entrada no poço da orquestra, sinal para tempestuoso aplauso. Andava vagarosamente até o pódio, olhava friamente para as trompas com aqueles seus olhos azul-pálido, dava uma diminuta marcação de entrada com a batuta, e lá ia mais um *Rosenkavalier*! Lá pelo final da década de 1930, parecia ter perdido inteiramente o interesse pelo seu *chef-d'oeuvre*. Mas quando um cantor dava a uma frase um colorido especial, ou uma nuance que lhe agradasse, tinha um lampejo de entusiasmo. Afinal de contas, era um dos mais experientes regentes alemães. Mas nunca gravou *Der Rosenkavalier*, porque não queria legar à posteridade uma interpretação única – ou que pudesse ser considerada única –, logo ele que gostava, antes de mais nada, que a variassem. Deixou, entretanto, uma instrução utilíssima sobre a forma como queria que *Der Rosenkavalier* fosse executada: "Com andamentos leves e flutuantes, sem obrigar o cantor a metralhar o texto. Em uma palavra, Mozart e não Franz Lehár".

Se *Salomé* reflete o Decadentismo em sua super-refinada versão *Jugendstil*, tal qual ela se realiza na obra de Wilde, Huysmans, Klimt, Beardsley, ou do cartazista Alfons Mucha; se *Elektra* espelha a atração pelos distúrbios do espírito, prenunciando o Expressionismo com seus mergulhos nos porões mais sombrios do comportamento humano; *Der Rosenkavalier* é um testemunho inestimável sobre o clima europeu pré-1914, dentro do qual foi concebida e realizada. Esse clima, que Stefan Zweig retratou tão bem na obra autobiográfica *Nosso Mundo de Ontem* – publicada no Brasil, pela extinta Editora O Globo, de Porto Alegre, sob o título de *O Mundo em que Eu Vivi* – caracterizava-se pela opulência e despreocupação, hedonismo, cinismo e a recusa de enfrentar a realidade, provocados pela sensação obscura de que se estava vivendo o fim de uma era, e de que era necessário aproveitar enquanto havia tempo. Em poucas óperas das primeiras décadas do século XX se percebe tão bem, quanto no *Cavaleiro da Rosa*, o clima de baile da Ilha Fiscal em que vivia a Europa às vésperas da Grande Guerra.

Num início de século em que o movimento pan-eslavista punha em risco a estabilidade do Império, e em que o crescimento do proletariado ameaçava a hegemonia dos aristocratas e da alta burguesia, Hofmannsthal já tinha o pressentimento de que os Habsburgos estavam vivendo seus últimos dias. O ultra-aristocrático poeta não tinha a menor simpatia pelos novos tempos. Durante a primeira comemoração austríaca do Dia do Trabalho, em 1890, a visão do populacho invadindo as ruas de Viena o encheu de horror. Mas como muitos intelectuais de seu tempo, ele não se deixava enganar pela bolha de falsa tranqüilidade na qual se refugiavam as classes dominantes. E é com uma mistura tipicamente decadentista de pena e prazer que, através dos filtros de Beaumarchais e Da Ponte, ele vê o seu tempo projetado num momento do passado muito parecido com o que está vivendo. Pois a frívola sociedade da Viena rococó que ele evoca também dançava à beira do abismo das grandes transformações políticas e sociais, que seriam trazidas pela Revolução Francesa e por Napoleão.

Strauss, compreendendo muito bem as intenções de seu libretista, teve um lampejo de gênio. Sugeriu a aproximação entre presente e passado com o uso – como componente estilístico básico da partitura, de uma forma musical anacrônica – da valsa vienense, a do outro Strauss, o Johann II. Por não existir como tal na era de Maria Teresa, esse modelo de dança funciona como um elemento distanciador, remetendo-nos à idéia de que a ação a que estamos assistindo refere-se mais a um momento contemporâneo do que a tempos idos e vividos.

Contudo a valsa, no *Cavaleiro da Rosa*, não tem apenas a função de estabelecer correlações entre categorias temporais distintas, ou de criar ambientes. É usada também para descrever aspectos básicos das personalidades, como é o caso de Ochs e da lúbrica valsinha *Mit mir* com que se encerra o ato II. Ou para fazer entender as relações existentes entre as personagens, como no caso da música do café da manhã, na primeira parte do ato II, que não deixa dúvidas quanto à natureza ao mesmo tempo terna e sensual do caso que a Marechala tem com Octavian. É, de resto, um brilhante achado de Strauss fazer com que esse mesmo tema, ouvido no início da ópera, num clima de pleno enlevo amoroso, retorne justa-

Risë Stevens é Octavian e Eleanor Steber é Sophie, nesta montagem de 1946 do *Rosenkavalier*, no Metropolitan de Nova York, regida por Fritz Busch (direção de Hans Graf, cenários de Josef Novak baseados em desenhos de Alfred Roller e Robert Kautsky).

Duas grandes intérpretes da Marechala: Lisa della Casa (Nova York, 1956) e Elisabeth Schwarzkopf.

mente no momento do ato III em que a Marechala tem de se despedir do amante, deixando o campo livre para Sophie. Fecha-se, assim, musicalmente, o ciclo de apogeu e declínio da emoção amorosa. Mas sugere-se também a superação da dor que Marie Thérése sentirá pela perda do amante. Em seu bojo, essa dor traz a noção implícita da boa lembrança que ficará dos dias em que eles foram felizes juntos. A melodia que a Marechala leva nos ouvidos, ao sair de cena, agridocemente ligada a seus mais intensos momentos de paixão por Octavian, é um testemunho inequívoco da sua grandeza de caráter. *O Cavaleiro da Rosa* tem todos os ingredientes de que uma boa ópera precisa. Uma história interessante, em que a ação movimentada é tornada mais densa pela reflexão sobre a passagem do tempo e a aproximação da velhice; e também pelo preciso retrato que faz das múltiplas faces do sentimento amoroso: o adolescente, o maduro, o casto, o puramente sensual. Traz uma mistura equilibrada de farsa e de comédia elegante, de riso e lágrima, de ópera bufa e *comédie larmoyante*, na mesma linha das *Bodas de Fígaro*, que lhe serviram de inspiração. O retrato em grande escala de um período histórico muito abastado permite encenações muito luxuosas. E um dos libretos mais bem escritos de toda a História da Ópera fornece ao compositor situações ideais para uma *commedia in musica*.

Mas *Der Rosenkavalier* tem também vida independente como estrutura dramática – tanto assim que já foi encenado como peça de teatro falado, a primeira vez em 4 de junho de 1961, no teatrinho do castelo de Schönnbrunn, em Viena, por iniciativa do empresário Egon Hilbert. O espetáculo foi dirigido por Rudolf Steinböck e interpretado por Käthe Gold (a Marechala), Albert Rüprecht (Octavian), Aglaja Schmid (Sophie) e Helmut Qualtinger (Ochs); e incluía a cena com o Comissário de Polícia, que Strauss eliminou. A música utilizada era de Lully; o único trecho da ópera mantido foi a canção de Ochs, no fim do ato II, que Qualtinger cantava propositalmente mal. Existe, no selo Austria (LW2-3), uma gravação dessa montagem.

Em sua quinta ópera, Strauss rompe definitivamente com a saturação neowagneriana de *Guntram* e *Feuersnot*, que ainda deixava marcas em *Salomé* e *Elektra* – não só em termos da opulência da massa orquestral, mas até mesmo da construção de certos trechos. O monólogo da exultante Electra, após ter reconhecido seu irmão, procede por "empilhamento" de frases num registro cada vez mais agudo, repetidas pela orquestra, ecoando um procedimento como o do dueto no final do *Siegfried*. Já no *Rosenkavalier*, a orquestra é muito grande: além dos arcos, tem madeiras em grupos de três (à exceção dos clarinetes, que são quatro), três trompas, três trombones e muitas percussões. Mas esse imenso efetivo só é integralmente utilizado nos Prelúdios aos atos I e III, em passagens de transição em que as vozes se calam, ou em alguns momentos climáticos: um dos melhores exemplos é, logo antes da cena da Apresentação da Rosa, o súbito crescendo com que Strauss expressa a incontida emoção de Sophie ao ver Octavian pela primeira vez. A maior parte do tempo, predominam uma clareza e uma transparência que prenunciam a escrita camerística da *Ariadne auf Naxos*. Exemplo disso é o monólogo da Marechala, no fim do ato I, em que o uso da orquestra reduzida, de proporções clássicas, visa permitir à cantora declamar de forma perfeitamente natural. Em suas *Memórias*, o maestro Georg Solti conta, a respeito da visita que fez a Strauss, em sua casa de Garmisch:

> Perguntei como devia tocar certos andamentos do *Cavaleiro da Rosa*, e me deu uma explicação excelente: "É muito fácil. Dou ao texto de Hofmannsthal o ritmo que usaria para falá-lo, um ritmo natural, com uma velocidade natural. Simplesmente recite o texto e terá encontrado o tempo correto". Desde então, segui esse conselho, constatando sempre que a velocidade normal para dizer o libreto do *Cavaleiro da Rosa* é o andamento certo para regê-lo; se você vai um pouco mais devagar aqui, ou um pouco mais depressa ali, tudo se distorce. Strauss tinha um talento único para encaixar as palavras. Ele me disse que deveria dirigir a valsa em um tempo por compasso, não em três. "Não faça o que Clemens Kraus faz com tanta freqüência. Toca a valsa em três tempos. Tente ficar em um. Isso faz o fraseado ficar muito mais natural". É claro que dessa maneira fica muito mais difícil; mas sempre tentei seguir o seu conselho.

O Cavaleiro da Rosa oferece o paradigma da melodia vocal straussiana, nascida das entonações da frase falada elevada à categoria de música. As palavras servem para algo mais do que simplesmente apoiar uma melodia previamente concebida. Ao contrário da ópera tradicional, em que a orquestra repete formas modificadas da melodia que está sendo cantada, aqui há total independência entre o canto e o seu acompanhamento. Como em Wagner, o essencial do drama desenrola-se na orquestra, acima da qual as vozes flutuam livremente. A orquestra é mais do que uma mera acompanhadora: interpreta as emoções e estados de espírito das personagens, frisa os menores detalhes do discurso cantado, funde-se com ele para formar um todo indissolúvel. Como no *Falstaff*, que Strauss tanto amava, não há um único movimento no palco que não se reflita na orquestra:

- No Prelúdio ao ato I, os motivos paralelos das trompas representam graficamente a urgência dos ritmos amorosos da Marechala e de Octavian. E a ironia straussiana faz com que o do afoito rapaz termine antes do de sua companheira, que ascende num glorioso crescendo.
- Uma melodia saltitante acompanha cada um dos gestos do empregadinho mouro que, no início do ato I, vem trazer o café da manhã, apagar as velas e abrir as janelas do quarto.
- As flautas, na cena em que a alcova da Marechala é invadida por seus visitantes matinais, descrevem a ansiedade com que se movem os dedos de Hippolyte, o cabeleireiro, depois que Marie Thérèse reclama que, naquela manhã, ele a fez parecer uma velha.
- No fim do ato I, ouvimos os relógios ressoando pela casa, quando a Marechala conta a Octavian que, angustiada com a sensação da passagem do tempo, levanta-se de madrugada para imobilizar seus ponteiros.
- Os trilos das madeiras, no ato III, sugerem o brilho da chama das velas que estão sendo acesas pelos empregados da taverna; e assim por diante.

Ao *Rosenkavalier*, pode-se aplicar uma frase do grande encenador francês Jean-Pierre Ponnelle: "É uma ópera facílima de montar; basta saber ler a partitura". Mas o virtuosismo orquestral vai muito além das funções meramente descritivas pois, o tempo todo, assume o papel de revelador das nuances psicológicas. O mais belo exemplo disso é, no ato II, a cena da Apresentação da Rosa. Depois do grande crescendo que representa a emoção de Sophie ao ver Octavian pela primeira vez, há uma pausa brusca, de cortar o fôlego, sucedida pelas harmonias cambiantes, delicadíssimas, de três flautas, três violinos, duas harpas e celesta – sugerindo as cintilações da rosa de prata –, criando um ambiente extraordinariamente ambíguo: muito formal, devido à solenidade da cerimônia de entrega da rosa mas, ao mesmo tempo, carregado de sensualidade, devido à perturbação dos dois jovens. As sonoridades cristalinas dessa página expressam com nitidez o que se passa com os dois jovens, que mal acabaram de se conhecer e já começam a se apaixonar um pelo outro. Toda a ópera, de resto, está cheia desses momentos antológicos, que vale a pena destacar:

- No ato I, as voluptuosas cenas iniciais, com cantilenas de linhas longas e sinuosas, prolongam a paixão proclamada no Prelúdio. O episódio inicial, "Wie du warst! Wie du bist!" (O que foste! O que és!), contém uma bem-humorada paródia wagneriana. No momento em que Quinquin, cheio de arroubo, pergunta: "Du, du, du – was heisst das "Du"? Was "du und ich"? Hat denn das einen Sinn?" (Tu, tu, tu – o que significa esse "tu"? O que é "tu e eu"? Isso faz algum sentido?), ele está fazendo alusão ao "Doch unsere Liebe heisst sie nicht Tristan *und* Isolde? Dieses süße Wortlein 'und' [...] (Então nosso amor não se chama Tristão e Isolda? Essa doce palavrinha 'e' [...]). E para que o ouvinte não tenha dúvidas, cromatismos "tristanescos" temperam a melodia de Octavian.
- As enciumadas reprimendas do adolescente, inseguro quanto ao amor da mulher mais velha, são momentaneamente interrompidas por uma espécie de divertimento de tom mozartiano, para duas clarinetas, dois fagotes, trompas e cordas, quando a Marechala lhe diz: "Philosophier Er nicht, Herr Schatz, und komm Er her. Jetzt wird gefrühstückt. Jedes Ding hat seine Zeit." (Pare de filosofar, querido, e venha aqui. Vamos tomar o café da manhã, agora. Cada coisa tem seu tempo.).

- O pedido de Marie Thérèse de uma trégua, para que tomem em paz o desjejum, justifica o emprego da forma relativamente fechada. O canto *spianato* desse início de ato vai contrastar, a seguir, com o ágil recitativo, que se instala a partir do momento em que Ochs aparece. Começam aqui as experiências de Strauss com o que ele chama de *Konversationstück*, o recitativo ou arioso que visa a reproduzir a naturalidade dos ritmos da conversa, e que terá suas etapas de evolução no Prólogo da *Ariadne auf Naxos*, e em *Intermezzo*, *Friedenstag* e *Capriccio*.
- À cena entre a Marechala, seu indiscreto primo e "Mariändel", segue-se o espirituoso *tableau de genre* inspirado em Hogarth; mas nem tudo é humorístico pois, em meio à caricatura de toda essa fauna de vendilhões e pedintes, soa como uma nota falsa a amarga consciência que a Marechala tem de estar envelhecendo, e que lhe ocorre justamente no limiar do momento de romper com o seu amante adolescente – o que funciona como um divisor de águas entre as idades, as fases da vida.
- Dentro desse quadro, destaca-se a vinheta que excita todo o talento de Strauss, apaixonado pelo pastiche: a ária do Tenor Italiano.

> *Di rigori armato il seno*
> *contro Amor mi ribellai;*
> *ma fui vinto, in un baleno,*
> *in mirar due vaghi rai...*

(De rigor armado o seio/contra o Amor me rebelei;/ mas eis-me num instante vencido,/ao contemplar dois vagos raios [dos olhos da amada]...).

O poema de Molière foi escolhido pois seu texto antecipa significativamente a situação que, em breve, será vivida por Octavian ao conhecer Sophie. Nessa página de grande beleza, que se tornou uma favorita de todos os tenores, o compositor parodia os clichês da grande ária barroca italiana, a começar pela exigência do *da capo*, a repetição obrigatória da primeira seção, houvesse ou não justificativa dramática para isso. De início, todos ouvem atentamente e aplaudem com entusiasmo; mas quando começa a reprise, o desinteresse geral é mal disfarçado; e a repetição nem chega a terminar, pois o cantor é rudemente interrompido pelo grito de Ochs, irritado com o Tabelião que não quer compreender a sua exigência do presente nupcial.
- O mais belo momento desse ato é o monólogo da Marechala. Com ele, essa personagem, que a princípio pareceu fútil e superficial, adquire subitamente extraordinária densidade humana. Já não se trata mais da mulher leviana, que se aproveita das ausências do marido para enfiar em sua cama o amante adolescente. Não se trata mais da mulher vivida que, numa distraída escorregadela de linguagem, prontamente percebida pelo indignado Octavian, nos faz perceber já ter tido outros amantes, antes daquele rapazinho. Já não se trata mais da mulher um pouquinho irresponsável, que se diverte fazendo brincadeiras de gosto duvidoso com o simplório primo caipira.

Marie Thérèse tem exata consciência dos limites de sua própria condição humana, e reflete sobre a passagem do tempo, a perda da juventude e da beleza, e a sensação de que logo nada mais poderá fazer para impedir que Octavian siga o seu próprio destino – "tudo isso expresso numa agridoce melodia que sugere uma lágrima envolta num sorriso", diz Otto Erhardt. O que desencadeia nela essas reflexões? Justamente o desprezo que sente pelo Barão. Ele a faz compreender que seu projeto de casamento com Sophie é um espelho distorcido de sua própria união infeliz com o Feldmarschall. Ela também foi obrigada, tão jovem quanto a filha de Faninal, a contrair um casamento de interesse com um homem – provavelmente muito mais velho – que a deixa sozinha a maior parte do tempo. Tendo percebido, na noivinha de Ochs, a caricatura de si mesma, Marie Thérèse expressa sua angústia falando do tempo que passou – "Die Zeit, die ist ein sonderbar Dinge" (O tempo é uma coisa estranha) –, transformando-a, da garotinha inocente que foi, na mulher sem ilusões que é hoje. Ecoa, assim, preocupações muito profundas de Hofmannsthal, que encontramos desde seus poemas de sua juventude. Essas preocupações já estão presentes nas *Terzinen über Vergänglichkeiten* (Tercetos sobre a Transitoriedade das Coisas), de 1894[2]:

---

2. *Terzinen...* é do ano da morte de sua protetora Josephine von Wertheimstein, que ele conhecera em agosto

> *Dies ist ein Ding, das keine voll aussinnt,*
> *Und viel zu grauenvoll, als dass man klage:*
> *Dass alles gleitet und vorüberrint*
> *Und dass mein eignes Ich, durch nichts gehemmt,*
> *Herüberglitt aus einem kleinen Kind*
> *Mir wie ein Hund unheimlich stumm und fremd.*

(Isso é algo que ninguém compreende inteiramente,/e que é terrível demais para que se o lamente:/que tudo escape às nossas mãos e flua,//e que o meu próprio Eu, sem nada que o impeça,/fuja de mim, dessa criança pequena,/como um estranho cão silencioso e distante.)

Esse é um sentimento que Crisótemis já exprimia na *Elektra*, ao dizer: "Às vezes sinto-me como fui outrora, sem compreender que não sou mais a de outro tempo. [...] Não é água que escorre, não é um fio que se desenrola, sou eu, sou eu!".

Citando o verso famoso da *Ballade du Temps Jadis*, de François Villon, a Marechala se pergunta, falando daquela "jovenzinha que saía direto do convento para submeter-se aos laços sagrados do matrimônio":

> *Wo ist die jetzt? Ja, suche dir den Schnee vom vergangenen Jahr! Das sag' ich so: aber wie kann das wirklich sein, daß ich die kleine Resi war und daß ich auch einmal die alte Frau sein werd. Die alte Frau, die alte Marschallin! "Siegst es, da geht die alte Fürstin Resi!" Wie kann denn das geschehn? Wie mach denn das der liebe Gott? Wo ich doch immer die gleiche bin. Und wenn er's schon só machen muß, warum laßt er mich zuschau'n dabei mit gar so klarem Sinn? Warum versteckt er's nicht vor mir? Das alles ist geheim, so viel geheim. Und man ist dazu das, daß man's erträgt. Und in dem "Wie", da liegt der ganze Unterschied [...].*

(Onde ela está agora? Sim, procurem pelas neves de outrora! É fácil de dizer: mas como é que eu posso, um dia, ter sido a jovem Resi, e em breve serei uma velha. A velha senhora, a velha Marechala! "Olha, lá vai a velha princesa Resi!" Como é que isso pode acontecer? Como é que o bom Deus faz uma coisa dessas? Enquanto eu permaneço sempre a mesma. E se Ele tem de agir assim, porque permite que eu assista a tudo isso acontecer com os meus sentidos tão aguçados? Por que não o esconde de mim? Tudo isso é um mistério, um mistério profundo. E o homem está aqui para suportá-lo. E é em "como" fazê-lo que reside toda a diferença [...].)

Em seu monólogo, Marie Thérèse encosta o dedo na ferida. O grande drama do enve-lhecimento é o descompasso entre a consciência que o espelho faz o indivíduo adquirir de que seu corpo está declinando, e a sensação, que tem dentro de si, de que ainda é o mesmo jovem de sempre. Não se trata apenas de um momento autocomplacente de pena de si mesma, e sim de uma reflexão abrangente sobre o drama da condição humana, o que a fará dizer a Octavian, que reclama de seu comportamento ausente:

> *Oh, sei Er gut Quinquin. Mir ist zumut, daß ich die Schwäche von allem Zeitlichen recht spüren muß, bis in mein Herz hinein, wie Mann nichts halten soll, wie man nichts packen kann, wie alles zerläuft zwischen den Fingern, wie alles sich auflöst, wonach wir greifen, alles zergeht wie Dunst und Traum.*

(Oh, seja bonzinho, Quinquin. Angustia-me ter a consciência, lá no fundo de meu coração, da fragilidade de todas as coisas nesta terra, de como não podemos deter nada, de como não podemos reter nada, de como tudo escorre entre os nossos dedos, como tudo o que seguramos se dissolve, como tudo se desfaz como a névoa ou um sonho.)

Neste texto, em que reaparecerem as metáforas barrocas da água que escorre, da neve e do sonho, ligadas à efemeridade das coisas, as idéias sobre o tempo inexorável e a velhice e morte inevitáveis, que preocupavam precocemente Hofmannsthal, desde seus tempos de adolescente, assumem uma dimensão ainda mais profunda, pois estão situadas no quadro mais amplo da evocação de toda uma sociedade que agoniza, ainda sem o saber.

Depois de ter-nos mostrado, no ato I, o ambiente aristocrático do palácio da Marechala, Hofmannsthal e Strauss exibem-nos, no ato II, o brilho excessivo e autocomplacente da mansão de Faninal, o novo-rico. A jóia desse ato é a já mencionada cena da Apresentação da Rosa. Mas há um equilibrado contraste entre as seqüências sentimentais, que descrevem o nascimento da atração de Octavian por Sophie, e as de tom burlesco – os distúrbios que os criados de Ochs, bêbados e grosseiros, provocam na casa do burguês; e o duelo entre Octavian e o Barão, que grita como um porco esquartejado ao ser arranhado no braço, até que Faninal o reconforta com um copo de Tókay. É brilhante também a cena

de 1892, e a quem era ligado por terna amizade. Não é apenas coincidência se a relação de Josephine com o jovem Hugo, de 18 anos, ecoava a de Marie Thérèse com Quinquin.

final, em que o Barão, já meio bêbado, antecipa os prazeres das bodas cantarolando:

Ohne mich, ohne mich
jeder Tag dir zu bang.
Mit mir, mit mir
keine Nacht dir zu lang.

(Sem mim, sem mim/ cada dia é uma tristeza./ Comigo, comigo/ noite nenhuma será longa demais.)

Cômico *pendant* ao monólogo da Marechala, esta cena é construída sobre um contagiante ritmo de valsa. Faz-se, nela, acurado retrato da sensualidade terra-a-terra do barão, de sua falta de sensibilidade – de que dera provas, a primeira vez, ao descrever, sem nenhum tato, à prima, suas aventuras com as empregadinhas em sua propriedade no campo. Grosseria que demonstrara uma vez mais no modo como tratou Sophie, justificando a galante reação de defesa de Octavian.

Uma elaborada abertura, com a forma de prelúdio-coral, tendo como centro o tema de Octavian ouvido na trompa no início da ópera, abre o ato III. É uma peça complexa, brilhante, que chega a lançar mão de recursos de politonalidade – o momento, dentro do *Rosenkavalier*, em que mais livremente se espraia o virtuosismo orquestral do grande autor de poemas sinfônicos. Uma terceira descrição de ambiente, neste ato, complementa o painel da época. Desta vez, são os estratos inferiores da sociedade, na taverna para onde Ochs atrai a suposta Mariändel. Realiza-se aqui, como nas *Bodas de Fígaro*, aquele divertido jogo de ilusão teatral, cheio de sensual ambigüidade, que consiste em colocar uma mulher cantando o papel de um rapaz que se traveste de mulher. A exploração dos qüiproquós típicos da comédia clássica, numa seqüência de episódios que beiram o grotesco, vai contrastar com a segunda metade do ato. Nele, brilham as duas mais puras gemas de toda a ópera:

• O trio em que a Marechala conclui ter chegado o momento de retirar-se altivamente de cena, permitindo que os dois jovens se unam:

Hab' mir's gelobt, ihn liebzuhaben in der richtigen Weis'. Daß ich selbst sein' Lieb' zu einer ander'n noch lieb' hab! Hab' mir freilich nicht gedacht, daß es so bald mir auferlegt sollt' werden! Es sind ie mehreren Dinge auf der Welt, só daß sie eins nicht glauben tät', wenn man sie möcht' erzählen hör'n. Alleinig, wer's erlebt, der glaubt daran und weiß nicht wie... Da steht der Bub, und da steh' ich, und mit dem fremden Mädel dort wird er so glücklich sein, als wie halt Männer das Glücklichsein versteh'n.

(Jurei para mim mesma amá-lo como devia, e amar até mesmo o amor dele pelas outras. Só não podia imaginar que isso me pegaria de surpresa tão depressa! A maioria das coisas que acontece neste mundo é de tal forma que, se nos as contassem, não acreditaríamos! Só quem já as experimentou acredita nelas, mas sem nem saber como... Aqui está esse menino, e aqui estou eu, e com essa garota estranha ele será tão feliz quanto se pode ser, da maneira como os homens entendem a felicidade.)

• E o dueto "Spür' nur dich, spür nur dich allein" (Eu te sinto, sinto a ti apenas), em que Sophie e Octavian se confessam o amor recém-descoberto. Nele, Strauss reutiliza, modificado, o tema de uma antiga canção austríaca que já fora usado por Mozart em "Könnte jeder Braver Mann", o *duettino* de Pamina e Papageno, na *Flauta Mágica*, e por Schubert na canção *Heiderösle*.

Fazia parte do anedotário da família a história de como o "trio dos trios" veio à luz. Em *Richard Strauss*, conta Walther Panofsky:

Sem idéias muito claras sobre o que queria fazer, Strauss fiava lentamente a melodia ao piano, intensificando as gradações, ensaiando efeitos diferentes, até que Pauline, vindo da peça contígua, de onde escutava através da porta entreaberta, lhe disse: "É essa mesma, Richard". Strauss ainda tentou objetar que a achava excessiva, um pouco longa demais, mas ela: "É essa mesma!". E ele aceitou [...].

Para Otto Erhardt:

Esse trio, no qual as palavras são ditas como se fossem sonhadas, é o coroamento da ópera. As vozes se entrelaçam, separam-se e unem-se de novo, fazendo desabrochar, num crescendo de ampla tensão, a fervorosa confissão das três almas. Espaço e tempo se desvanecem, o mundo desaparece, ressoam apenas os sentimentos desses três seres humanos, que devem erradicar de seus corações as alegrias e as dores, para atingir a felicidade. Esse trio, uma das mais felizes inspirações do compositor, é um daqueles momentos raros, na arte operística, em que os mais variados estados de alma, ressoando simultaneamente, criam no auditório um encantamento especial, que nenhuma outra forma de arte é capaz de criar.

Numa fase de desenvolvimento da arte operística em que o concertato psicológico –

a cena de conjunto que visa a fazer um balanço das emoções conflitantes das personagens, em determinado ponto da ação – já se achava em desuso, Strauss o resgata, inscrevendo seu trio numa longa tradição que, começando com Mozart, tem seus pontos altos em Rossini, Bellini, Weber, Donizetti, Wagner, e principalmente na maturidade de Verdi, de cuja obra constitui o elemento definidor por excelência do perfil estilístico. O trio do *Cavaleiro da Rosa* ocupa um lugar privilegiado, na literatura operística, ao lado do sexteto das *Bodas de Fígaro* ou do quarteto em cânon do *Cosi` fan tutte*; do quarteto do *Fidélio* ou do sexteto da *Lucia di Lammermoor*; do quarteto do *Rigoletto* ou do quinteto dos *Mestres Cantores de Nuremberg*.

Uma última surpresa, um derradeiro lance de criatividade teatral, sugerido por Strauss a seu libretista, fica reservado para a coda da ópera. Instantes depois de Octavian e Sophie terminarem o dueto de amor e saírem de cena, surge aquele empregadinho mouro da Marechala, que tínhamos visto, no início do ato I, trazendo o café da manhã. Ele entra, procurando no chão alguma coisa: é o lencinho de Sophie, que ela tinha deixado cair. Apanha-o e sai rodopiando-o no ar, alegremente, ao som dos acordes finais. Neste jogo de cena aparentemente inócuo há um importante significado. É a demonstração final de que a Marechala, com grandeza de alma, é capaz de um gesto de gentileza em relação à rival, que levou a melhor. Mandar seu próprio empregadinho buscar o lenço de Sophie é o sinal de que ela está pronta a perdoar, a superar a perda, a não guardar rancor.

Pequena pincelada genial em sua sutileza e economia de recursos. Brilhante achado que, como o sugere Alan Jefferson, pode ter também sua origem pictórica. No *Cambridge Opera Handbook*, Jefferson descreve uma gravura austríaca anônima, de 1716, mostrando o palácio de Schönnbrunn. No primeiro plano, aparece um grupo de rapazes e moças aristocratas, admirando os cavalos espanhóis da célebre escola de equitação do conde Paar. E, num canto da imagem, um pajenzinho mouro inclina-se para apanhar o lenço que, sem o perceber, uma das moças deixou cair. Não está excluída a possibilidade de que Strauss, muito versado em artes plásticas, tivesse se inspirado nessa imagem, para sugerir ao libretista o sutil encerramento do *Cavaleiro da Rosa*.

Curiosamente, Hugo achava que o último ato tinha ficado demasiado longo e, numa carta de última hora, sugeriu a Strauss que o abreviasse. A resposta demonstra o senso de teatro do compositor: "É na conclusão que o músico, se é dotado de idéias, pode obter seus supremos efeitos. Portanto, fique tranqüilo e confie em meu julgamento. Estou quase terminando e acho que o final do ato III está ficando brilhante". Todos nós sabemos que ele tinha razão.

Ao longo dos três atos do *Rosenkavalier*, Strauss e Hofmannsthal dão vida extraordinária às suas personagens, "quase como se as conhecessem pessoalmente" (Michael Kennedy). A mais marcante delas, que cresceu, nas mãos de seus criadores, a ponto de ter ocupado o centro da ribalta, é a Marechala, com sua nobreza de caráter, sua generosidade, sua capacidade de compreender e de perdoar. Embora não apareça no ato II, e sua participação no ato III seja curta, é ela a figura dominante da ópera – mesmo porque é de suas decisões que dependerão o curso e o desenlace da ação. Marie Thérése von Werdenberg é o ponto de referência para todas as personagens: amante de Octavian, rival de Sophie, aliada desejada por Ochs, prêmio de consolação para os sonhos de ascensão social de Faninal – *dea ex machina* que, no fim do ato III, traz a solução à crise dramática e emocional que, àquela altura, Octavian, jovem e inexperiente, já não tem mais condições de controlar. A respeito dela, escreve Michael Kennedy:

> Na galeria das personagens straussianas, a Marechala, uma prima da Condessa das *Bodas de Fígaro*, é a figura observada mais de perto e de forma mais perturbadora, uma criatura concebida por um compositor que conhecia perfeitamente cada inflexão da voz de soprano, e que também compreendia a alma das mulheres. Através dela, Strauss conferiu a *Der Rosenkavalier* aquela dose de emoção que é um ingrediente vital das melhores comédias – ou, como dizia o próprio Strauss, "um olho úmido e o outro seco". Há muito a aprender sobre sua técnica de operista, examinando a forma como, ao longo do ato I, faz evoluir a personalidade da Marechala até que, no final, ela tenha toda a platéia a seus pés.

Maria Reining, uma das grandes intérpretes da Marechala, retratada por Hugo Bouvard.

Strauss, de resto, não a encarava como uma figura frágil e vulnerável. Descrevia-a como "uma mulher jovem e bonita, de não mais que 32 anos, que de vez em quando, quando está de mau humor, sente-se como uma velha ao comparar-se com o amante de dezessete". Octavian não foi seu primeiro amante e não será o último. Um episódio narrado por W. Panofsky deixa isso bem claro. Quando Strauss foi a Milão, em fevereiro de 1911, para assistir aos ensaios da estréia italiana, a ser regida por Tullio Serafin ("um maestro de primeira ordem", dizia ele), indignou-se com o tom lacrimejante que o soprano Agostinelli-Quirolli dava ao monólogo do ato I, e pediu:

> Por favor, digam a esta senhora que não precisa desesperar-se tanto. Não se trata de uma Amélia [do *Baile de Máscaras*] nem de uma Valentine [dos *Huguenotes*], e sim de uma grande dama que já teve alguns amantes antes de Octavian e, certamente, terá outros depois dele. Portanto, não há por que arrancar os cabelos. Ela está apenas um pouquinho melancólica, porque sente que está envelhecendo.

Mas Sophie não é tampouco uma figurinha de porcelana de Sèvres, e sim uma adolescente perturbadora em sua descoberta da vida e do amor. Mas, ao mesmo tempo, uma burguesinha com senso prático e os pezinhos muito firmemente plantados no chão. A filha de Faninal é a personagem que, dentro do domínio alemão, mais se aproxima de certas criações de Massenet ou Puccini. E dá carta de nobreza à imagem tradicional da *soubrette* e da *petite amoureuse*.

Ao lado dela, Octavian, descendente direto do Cherubino das *Bodas de Fígaro*, é captado em toda a sua complexidade de rapazinho que se abre às sensações conflituosas despertadas pelo amor: sensualidade, ternura, malícia, dependência em relação à mulher mais velha que lhe ensina tudo, ascendência sobre a mulher mais jovem, a quem arde de desejo de instruir sobre o que aprendeu com a outra. Encontramos aqui o perfeito eco ao triângulo mozartiano Condessa/Cherubino/Barbarina. Quinquin é, ao lado de Cherubino e do Compositor da *Ariadne auf Naxos*, um dos maiores *trouser-roles* da História da Ópera. Cabe a observação de que, originalmente, Strauss escreveu para soprano este papel que, por uma questão de contraste vocal, convencionou-se entregar a um mezzo. Algumas gravações respeitam essa indicação da partitura: Kempe (Tiana Lemnitz), von Karajan-I (Sena Jurinac), Böhm (Irmgard Seefried), Bernstein (Gwyneth Jones) – embora nesta última tenhamos a excêntrica escolha de uma Marechala mezzo, para sugerir a idéia da diferença de idade. Por sorte ela é extremamente bem interpretada por Christa Ludwig.

É possível encarar essas personagens também por um ângulo ideológico e social. A renúncia de Marie Thérèse a Octavian, em favor de Sophie, significa simbolicamente a renovação, a mudança, a geração jovem que se prepara para assumir o poder, a burguesia que, aos poucos, ocupa o lugar da aristocracia em declínio. Não que as simpatias do refinado Hofmannsthal deixem de estar com a Marechala e seu olímpico distanciamento dos excessos da corte (no ato I, ela não se interessa nem um pouco pela sórdida folha de escândalos que Valzacchi imprime). A Sophie, Hugo descreve, condescendentemente, como "bonita, boazinha, comum [...], burguesa, tola, afetada, superficialmente culta". Mas, no fundo, sabe perfeitamente que o futuro será dos Faninal e não dos Werdenberg. O burguês Strauss também o sabe: e a prova disso é que as melodias que escreve para fräulein Faninal são sempre encantadoras.

Ochs auf Lerchenau é a recuperação de uma personagem tradicional: o baixo bufo da comédia clássica. O modelo abertamente seguido foi o do *Falstaff* de Verdi e Boito, pelo qual já vimos que Richard tinha a mais incontida admiração. Inspirou-se nele não só para os traços físicos e a maneira de agir, mas também no uso da *parola scenica*, o tipo de recitativo melódico muito fluente com o qual o barão se expressa. Num ponto, em especial – e justamente numa cena que foi sugerida pelo compositor ao libretista –, essa aproximação é imediata. No fim do ato II, quando começa a tomar o Tókay que lhe foi trazido pelo futuro sogro, Ochs recupera depressa a alegria de viver. Strauss homenageia Verdi decalcando, aqui, a cena do ato III do *Falstaff* em que sir John, deprimido com a peça que lhe foi pregada por Alice Ford, começa a se esquecer de suas desventuras assim que derrama, em cima da água do Tâmisa, o que tem dentro da barriga, o providencial vinho quente que lhe foi trazido pelo taverneiro.

Mas Ochs tem vínculos com outras personagens cômicas caras a Strauss: o Beckmesser dos *Mestres Cantores de Nuremberg* e o *Don Pasquale* de Donizetti – este, por sinal, será, mais tarde, o modelo para a figura central da *Mulher Silenciosa*. E como eles, deve ser interpretado de forma cômica, mas digna. É grosseirão, um tanto tolo, de uma sutileza bovina tal como o nome que lhe deram, um Don Juan provinciano, sem os refinamentos (ou a hipocrisia) da corte. Mas não é de forma alguma uma caricatura grosseira. "Sua primeira cena no quarto da Marechala deve ser representada com elegância e discrição", dizia Strauss, "pois isso é comédia vienense e não farsa berlinense". À sua maneira, Ochs também é um aristocrata. E como a prima, também tem sua dignidade. Ele sabe reconhecer a hora em que perdeu a parada e deve sair de cena de cabeça erguida. Bons intérpretes de Ochs, como o foram Richard Mayr, Ludwig Weber, Otto Edelmann ou, mais modernamente, Manfred Jungwirth e, principalmente, Kurt Moll evitam, portanto, toda tentação à vulgaridade.

Esse intérprete terá, ainda, outro difícil problema técnico a resolver: o de imitar convincentemente o sotaque vienense. A dificuldade em fazê-lo poderá até prejudicar uma interpretação vocalmente excelente, como é a do francês Jules Bastin na gravação de Edo de Waart para o selo Philips. Inversamente, o domínio dos aspectos idiomáticos do papel pode compensar pelos problemas vocais: é o caso do barítono Walter Berry, escalado por Leonard Bernstein para fazer o barão em sua excêntrica versão da ópera para o selo CBS/Sony. Em seu *Post-scriptum, Não-escrito ao Cavaleiro da Rosa* (1911), Hofmannsthal alertou: "Os rostos de Ochs e de Octavian, um deles um fauno, o outro ainda um menino, não serão máscaras intercambiáveis, através das quais os mesmos olhos estão olhando?".

E chamou a atenção para os dois grupos interdependentes formados pelas personagens. Ochs e a Marechala são opostos mas complementares, tendo Octavian entre eles, a uni-los. Da mesma forma, o rapaz faz a ligação entre os mundos antagônicos de Sophie e da Marechala, da burguesa e da nobre, da adolescente e da mulher madura, da amante e da futura esposa.

De agora em diante, Strauss já não se descuida mais do desenho das personagens secundárias:

- Faninal e sua governanta, Marianne Leitmetzerin, ambos embevecidos com a proximidade que o casamento de conveniência lhes dará da nobreza, ainda que campesina;
- o Tabelião, asmático, gago, com seu jargão legal quase incompreensível, visivelmente inspirado no Don Curzio das *Bodas de Fígaro*;
- e os mordomos e a multidão de comprimários que se agitam em torno das figuras centrais, todos eles são traçados com o senso infalível da pincelada rápida e eficiente. Observe-se, por exemplo, a sutil diferença entre o mordomo da Marechala, de uma eficiência quase invisível, e o de Faninal, que tem a solicitude exagerada de quem quer macaquear seus colegas da classe alta.
- Ou a mudança de atitude do Chefe de Polícia, quando se vê confrontado com Mme. von Werdenberg, no ato III. Ecoa-se aqui, de resto, um outro modelo muito respeitado por Richard e Hugo: o Rossini do *Barbeiro de Sevilha*, onde há uma situação semelhante na cena em que Almaviva, disfarçado de soldado bêbado, consegue entrar em casa do Dr. Bartolo.
- Até mesmo uma personagem muda – Leopold, o filho bastardo de Ochs, a quem é muito irônico que Hofmannsthal tenha dado o nome do irmão de José II, que o sucedeu, e era absolutamente insensível à música – desempenha na ação um papel importante, especialmente no ato II; e pode ser ricamente explorado por um bom comediante.
- Espetáculo a parte, prato cheio para dois bons atores, são Annina e Valzacchi, com sua falta de caráter e seu sotaque italianado, sempre prontos a virarem casaca e se aliarem a quem lhes pagar melhor. Via Molière, esses dois estereótipos da *Commedia dell'Arte* ganham, nas mãos de Hofmannsthal e Strauss, grande individualidade como personagens.

É extremamente tola a afirmação de que *Der Rosenkavalier* representa um retrocesso em relação à linguagem mais ousada de *Salomé* e *Elektra* ou – como diz Michael Kennedy – que "Strauss tinha perscrutado o abismo schönberguiano e fugira dele, para se refugiar numa confortável música de entretenimento". O tratamento do idioma harmônico, para que ele se adapte a essa mistura única de ópera de números convencional, *Musikdrama* pós-romântico e *Konversationstück* realista mostra que o compositor está dando decididos passos à frente como operista. Além disso, Strauss está purificando a relação palavra/música, iniciando um processo constante que o levará gradualmente à grande realização que é *Capriccio*. Ouçamos uma vez mais o comentário de Michael Kennedy:

> Nos dezenove anos que lhes restariam para trabalhar juntos, embora os dois homens localizassem erros e *longueurs* no tratamento do *Rosenkavalier*, volta e meia falavam dele como o mais feliz resultado de sua colaboração. Seu objetivo sempre foi compor um segundo *Rosenkavalier*, mas nunca conseguiram fazê-lo como pretendiam.

De fato, *Arabella* foi, num certo sentido, uma experiência inconclusa; e Hugo já não estava mais vivo para assistir, em *Capriccio*, à última obra-prima do compositor, da qual estavam definitivamente depurados os "intoleráveis gritos eróticos wagnerianos" que ele tanto detestava. Michael Kennedy continua:

> Se a ópera passa a impressão de que *O Cavaleiro da Rosa* é adocicado, um pedaço de *Sachertorte* vienense, é porque a execução distorceu as intenções da partitura. Em várias páginas há um gosto amargo – ou, para prolongar a metáfora do confeiteiro, uma camada dura de gelo. Octavian e Sophie podem ser jovens amantes com os olhos marejados de lágrimas, mas às vezes tanto o libretista quanto o compositor olham para eles cinicamente, não os privando de sua humanidade nesse processo, mas distanciando-se para contemplá-los de longe. Há uma ironia mahleriana nos sons da celesta, quando a rosa é apresentada, uma acidez mundana nas harmonias do dueto final. Como todas as melhores comédias, *Der Rosenkavalier* é uma obra muito séria.

O relevo que a perfeita junção de texto e música confere, até mesmo aos momentos mais acessórios da ação, explica que *O Cavaleiro da Rosa* seja não só um dos pilares do repertório dos grandes teatros internacionais, como também uma das óperas mais gravadas do catálogo, sempre com intérpretes de primeira linha. Até o início de 2000, eram os seguintes os registros comerciais existentes (alguns deles, naturalmente, já esgotados, mas com vastas possibilidades de serem repostos em circulação remasterizados em CD):

EMI, 1933 – Elisabeth Schumann, Lotte Lehmann, Maria Olczewska, Richard Mayr/Robert Heger.

Met, 1939 – Marita Farell, Lotte Lehmann, Risë Stevens, Emanuel List/Artur Bodansky.

Vox, 1944 – Adele Kern, Viorica Ursuleac, Georgine von Milinkovic, Ludwig Weber/Clemens Krauss.

Colón, 1947 – Rose Bampton/Erich Kleiber (pirata).

Salzburgo, 1949 – Maria Reining/Georg Szell (pirata).

Acanta, 1950 – Ursula Richter, Margarete Bäumer, Tiana Lemnitz, Kurt Böhme/Rudolf Kempe.

Met, 1953 – Astrid Varnay/Fritz Reiner (pirata).

Decca/London, 1954 – Hilde Gueden, Maria Reining, Sena Jurinac, Ludwig Weber/Erich Kleiber.

EMI/Angel, 1956 – Teresa Stich-Randall, Elisabeth Schwarzkopf, Christa Ludwig, Otto Edelmann/Herbert von Karajan.

Hamburgo, 1957 – Marianne Schech/Hans Knappertsbusch (pirata).

DG, 1958 – Rita Streich, Marianne Schech, Irmgard Seefried, Kurt Böhme/Karl Böhm.

Salzburgo, 1963 – Schwarzkopf/von Karajan (pirata).

Orfeo, 1965 – Erika Köth, Claire Watson, Hertha Töpper, Böhme/Joseph Keilberth.

Decca/London, 1969 – Helen Donath, Régine Crespin, Yvonne Minton, Manfred Jungwirth/Georg Solti.

CBS/Sony, 1971 – Lucia Popp, Ludwig, Gwyneth Jones, Walter Berry/Leonard Bernstein.

SRO, 1973 – Watson, Brigitte Fassbänder, Popp, Karl Ridderbusch/Carlos Kleiber (pirata).

Philips, 1976 – Ruth Welting, Evelyn Lear, Frederica von Stade, Jules Bastin/Edo de Waart.

Viena, 1977 – G. Jones/Carlos Kleiber (pirata).

Gala, 1978 – Popp, Gundula Janowitz, Minton, Moll/Ernst von Dohnányi.

DG, 1982 – Janet Perry, Anna Tomowa-Sintow, Agnes Baltsa, Kurt Moll/von Karajan.

SRO, 1984 – Beckmann, Fassbänder, Bonney, Sotin/C. Kleiber (pirata).

Denon, 1985 – Margot Stejskal, Ana Pusar-Joric, Ute Walther, Theo Adam/Hans Vonk.

EMI/Angel 1990 – Barbara Hendricks, Kiri Te Kanawa, Anne Sofie von Otter, Kurt Rydl/Bernard Haitink.

A versão Heger de 1933 contém apenas *highlights* extensos da ópera – cerca de metade da partitura – mas a qualidade legendária de seus intérpretes exige sua inclusão aqui. Da mesma forma, justifica-se a menção a outros discos de trechos:

– o de Clemens Krauss ao vivo, em 1933, com sua mulher, Viorica Ursuleac, uma das cantoras prediletas de Strauss (ambos são os intérpretes também da versão completa de 1944);
– o de Hans Knappertsbusch, em 1936, com Lotte Lehmann, Elisabeth Schumann e Eva Hadrabavá (vol. 12 da "Vienna State Opera Séries", Koch Schwann);
– o de Knappertsbusch, em 1937, com Hilde Konetzni, Margit Bokor e Elisabeth Schumann (vol. 17 da série Koch Schwann);
– o de Arthur Rother, em 1944, com Maria Cebotari, Paula Büchner, Tiana Lemnitz e Karl Schmidt-Walters (selo Preiser);
– o de Silvio Varviso para o selo London, cujo trio de cantoras – Régine Crespin, Elisabeth Söderström e Hilde Güden – faz-nos lamentar não ter sido a ópera gravada integralmente;
– o de John Pritchard – trechos apenas de uma apresentação de 1965, num álbum pirata da HRE – a única a registrar a interpretação do papel principal por Montserrat Caballé, que nunca chegou a fazer dele uma gravação comercial;
– o de Kout (SRO, 1984) com Popp, Fassbänder, Donath, Jungwirth;
– o de Claudio Abbado, em 1992, com Renée Fleming, Frederica von Stade, Kathleen Battle, Andreas Schmidt (Sony Classical);
– o de Schneider (SRO 1994) com Ziegler, Bonney, Rydl;
– o de David Parry (Chandos, 1999) com Kenny, Montague, Joshua, Tomlinson (cantado em inglês – tradução de Alfred Kalisch).

São as seguintes as versões disponíveis em vídeo:

Salzburgo, 1962 – Anneliese Rothenberg, Schwarzkopf, Sena Jurinac, Edelmann/von Karajan (filme dirigido por Paul Czinner).

Munique, 1979 – Popp, G. Jones, Brigitte Faßbänder, Jungwirth/C. Kleiber.

Met, 1982 – Judith Blegen, Te Kanawa, Tatiana Troyanos, Kurt Moll/James Levine.

Salzburgo, 1984 – Perry, Tomowa-Sintow, Baltsa, Moll/von Karajan.

Viena, 1994 – Bonney, Felicity Lott, Anne Sofie von Otter, Moll/C. Kleiber.

Covent Garden, 1985 – Barbara Bonney, Te Kanawa, Anne Howells, Aage Haugland/Solti.

Zurique, 2004 – Malin Hartelius, Nina Stemme, Vesselina Kasarova, Alfred Muff/Franz Welser-Möst.

Salzburgo, 2006 – Miah Persson, Adrianne Pieczonka, Angelika Kirchschläger, Franz Hawlata/Semiôn Býtchkov.

Além da clássica interpretação de Schwarzkopf, de extraordinária beleza física e vocal, as demais versões em vídeo documentam grandes Marechalas, devidamente cercadas de Octavians, Sophies e Ochs que impõem respeito – e as montagens sempre se destacam pelo requinte com que recriam a Viena de Maria Teresa. Na encenação de Zurique (2004), porém, é de se lamentar a extravagância da direção de Sven-Erich Bechtolf e dos cenários e figurinos do casal Rof e Marianne Glittenberg, de exageros absolutamente ridículos na cena da taverna, pois os efetivos vocais e instrumentais não são maus. O mesmo se pode dizer da produção de Robert Carsen para Salzburgo (2004): ambientar o último ato em um bordel, além de recair no modismo apelativo do nu frontal, faz com que a cena final perca inteiramente o sentido pretendido pelos autores. Além disso, transferir a ação para o século XIX cria certos contrasensos. O pior deles é haver um servo mouro – instituição típica do século XVIII – trabalhando em casa da Marechala. Das versões existentes, são integrais apenas a Kleiber-1954, a Böhm-1958, a Solti-1969, a De Waart-1976 e a Haitink-1990. As demais trazem os cortes padrão de palco, muitos deles sancionados pelo próprio autor. Transcrevo observações interessantes de Paul Gruber, em *The Metropolitan Opera Guide to Recorded Opera*, sobre tradições de execução existentes:

> Algumas das tradições de representação do *Rosenkavalier* por exemplo, a maioria dos Octavians anasala a voz, ou canta desafinado, ao assumir a personalidade de Mariändel. As quatro gravações da ópera feitas com a Filarmônica de Viena respeitam uma curiosa tradição vienense no ato III: quando Annina, fingindo ser a esposa do Barão, canta "Die Kaiserin muss ihn mir wiedergeben!" (A imperatriz deve devolvê-lo para mim), com uma extravagante cadência de acompanhamento ascendente e descendente, sobre a palavra "Kaiserin", os músicos da orquestra cantarolam junto com ela. Nunca encontrei uma explicação para o surgimento dessa tradição, e nas outras gravações ela não aparece. O efeito pode ser ouvido muito claramente no álbum CBS/Bernstein, e é quase inaudível nas remasterizações em CD do Decca/Kleiber, do Decca/Solti e do DG/Karajan – nestes últimos casos, um bom teste para o seu equipamento de áudio.

Em 1945, um destacamento das tropas americanas de ocupação, chefiadas por um certo major Kramer, recebeu a ordem de requisitar o casarão que ficava no n. 2 da Maximilianstrasse, em Garmisch-Partenkirchen. Ao baterem no portão, veio a seu encontro um homem muito idoso, altíssimo mas, a essa altura, já muito encurvado, com o bigode todo branco e o rosto enrugado. Quando lhes pediram que se identificasse, ele lhes estendeu a mão cortesmente e respondeu: "Eu sou o compositor do *Cavaleiro da Rosa*". Kramer era fã de música e agora descobria que o imponente ancião, que tinha à sua frente, era o autor da ópera que Lotte Lehmann tornara tão popular em seu país. "Eu sou o compositor do *Cavaleiro da Rosa*." Essas palavras bastaram para que, no portão da casa de Garmisch, os soldados americanos dependurassem a protetora inscrição: *Off limits*.

Ariadne auf Naxos

Enquanto compositor e libretista procuravam um tema para sua próxima ópera, decidiram, ao se encontrarem em Dresden para a estréia do *Rosenkavalier*, que seria necessário agradecer de alguma forma a Max Reinhardt pela gentileza que tivera em ajudar, desinteressadamente, na montagem desse espetáculo. Tiveram, então, a idéia de fazer a adaptação de uma comédia clássica, para a qual Strauss comporia a música incidental. Paralelamente, em março de 1911, Hofmannsthal propôs a Strauss novo projeto: o da versão moderna de um *intermezzo* como aqueles que, no período barroco, eram intercalados nos intervalos de uma *opera seria*. Nesses *intermezzos* está a origem da ópera cômica: a *Serva Padrona*, de Pergolesi, escrita em 1733 para ser cantada entre os atos de *Il Prigionier Superbo*, é o exemplo mais famoso do gênero (ver *A Ópera Barroca Italiana*, desta coleção).

Seria "uma mistura de figuras heróico-mitológicas, em roupagens do século XVIII, com jóias e plumas de avestruz, e de personagens da *Commedia dell'Arte*", dizia o poeta. De saída essa idéia não interessou muito a Strauss, pois significaria reverter à fórmula da ópera de números interligados por recitativos, o contrário da estrutura contínua pós-wagneriana a que vinha se dedicando desde *Guntram*. Em maio de 1911, entretanto, ocorreu a Hugo fundir os dois projetos. Preparou uma adaptação do *Bourgeois Gentilhomme*, de Molière, em dois atos em vez de cinco. Condensou a peça, suprimindo a intriga amorosa relacionada com os filhos de M. Jourdain; e a cerimônia grotesca em que um falso título de nobreza turco é entregue ao burguês enriquecido, que quer passar-se por fidalgo. E escreveu o libreto de um pastiche de ópera barroca, baseado na história mitológica de Ariadne, abandonada por Teseu na ilha de Naxos e, depois, resgatada dali pelo deus Baco, que a torna sua amante.

Essa ópera seria apresentada no final da peça, como um *divertissement*. Viria após a cena do banquete que M. Jourdain pede para Dorante, nobre decaído e aproveitador, oferecer à jovem viúva Dorimène, a quem deseja conquistar. Durante essa festa, o próprio Dorante seduz Dorimène, deixando o burguês a ver navios. O episódio mitológico foi escolhido por ter sido um dos preferidos dos compositores da época barroca. Além da *Arianna* (1608) de Monteverdi – da qual só sobreviveu o belíssimo lamento "Lasciatemi morire" – os sofrimentos da amada de Baco inspiraram também, ao longo da História da Ópera, Robert Cambert (1661), Siegmund Kusser (1692), Nicola Porpora (1714), Reinhardt Keiser (1722), Benedetto Marcello (1727), Francesco Feo (1728), Georg Friedrich Händel (1734), Johann Friedrich Edelmann (1782) e Peter von Winter (1796). O tema foi tratado também pelo tcheco Jiří Benda (1775) sob a forma de melodrama, numa obra que lançou a moda desse tipo de espetáculo falado com acompanhamento orquestral contínuo, a meio caminho entre a ópera e o teatro de prosa. Anfossi (1781) e Massenet (1906) exploraram o tema antes de Strauss; depois dele, *Ariadne* inspirou também o tcheco Bohuslav Martinů (1958).

Para unir a peça à ópera, Hofmannsthal escreveria uma cena adicional, em que M. Jourdain, temendo que a seriedade da história de Ariadne aborrecesse seus convidados, encomendaria a um *maître de ballet* um *intermezzo* cômico intitulado *Zerbinetta e Seus Quatro Pretendentes*, no qual seriam usadas as máscaras da *Commedia dell'Arte*. Em seguida, para abreviar o espetáculo e não atrasar a queima de fogos de artifício programada para depois do *divertissement*, o burguês fidalgo teria, no último momento, a idéia estrambótica de mandar encenar a ópera e o balé simultaneamente, o que criaria grande confusão entre os participantes de ambas as empreitadas.

Strauss concordou com essa fórmula híbrida, pois ela ofereceria a Reinhardt um espetáculo cheio de possibilidades cênicas. Mas, a princípio, não se interessou muito pelas personagens sérias, que lhe pareceram frias e artificiais. Simpatizou de saída, entretanto, com as máscaras da *Commedia dell'Arte*, muito mais próximas de seu próprio temperamento; e em especial com o cinismo de Zerbinetta, para a qual escreveu uma ária que Hofmannsthal considerou "difícil demais e de um exibicionismo vulgar" (em sua versão original, gravada em 1990 por Edita Gruberová, essa ária era ainda mais longa e árdua do que a que conhecemos hoje, já um espinhoso teste para qualquer soprano coloratura).

Strauss argumentou, porém, que talvez não ficasse muito clara para o público a idéia básica do texto: a da transformação como a força propulsora da vida, que faz Ariadne renascer para o amor ao encontrar Baco, num momento em que já se achava destinada a morrer. Hofmannsthal sugeriu então que, na cena adicional que escreveria, os atores discutissem o significado da ópera que iriam encenar logo em seguida. Pensava, provavelmente, em tomar por modelo uma peça como o *Impromptu de Versailles*, de Molière, que é uma reflexão sobre o próprio ato de fazer teatro. Foi nesse momento que ocorreu a Strauss fazer aparecer em cena o Compositor da *Ariadne*, e criar um breve envolvimento entre ele e o soprano que faz Zerbinetta. Mas essa sugestão – na qual já estava o embrião do Prólogo da versão definitiva – não foi aproveitada de início.

Na música incidental que escreveu para a peça de Molière, Strauss optou por fazer pastiches das formas fixas seiscentistas, de modo a captar o clima musical da época da ação. Retrabalhou fórmulas vocais antigas, e até mesmo reorquestrou temas originais de Jean-Baptiste Lully para as peças de Molière. O movimento mais pitoresco, nessa música de cena, é o que acompanha o banquete em casa de Dorante, pois nele Strauss pôde dar livre curso a seu gosto inato pelas citações em tom irônico. Esse número muito elaborado se inicia com a entrada dos garçons, ao som de uma inversão do tema da Marcha da Coroação, um dos trechos mais solenes do *Profeta* de Jacques Meyerbeer. Quando servem o primeiro prato, um salmão defumado, ouve-se o venerável tema wagneriano do Reno, só que tocado por oboé, harpa, solo de violino e cordas em *pizzicato*. O *carré de mouton* é trazido ao som de um solo de violoncelo que executa o tema das ovelhas, do poema sinfônico *Don Quixote*. O canto dos pássaros que anunciava o amanhecer, no final do Prelúdio ao ato I do *Cavaleiro da Rosa*, ressoa de novo ao ser servido o *suprême de volailles*. Só que, como esse é justamente o momento em que Dorimène está cedendo à sedução de Dorante, um indiscreto passarinho cantarola marotamente as seis primeiras notas do tema de "La donna è mobile", do *Rigoletto* de Verdi, comentando a leviandade da pretendida de M. Jourdain. Vem, finalmente, a *omelette surprise*. E ela é um prato gigante, de dentro do qual salta um ajudante de cozinha que dança... surpresa!... uma exuberante valsa vienense.

Pode ser que, a princípio, Strauss não se entusiasmasse muito com figuras mitológicas, que lhe pareciam um tanto inanimadas. Mas logo viu no projeto mais uma oportunidade – e dessa vez um prato cheio – para exercitar seu gosto pelo pastiche, o anacronismo, a autocitação. Encantou-se também com a possibilidade que essa ópera barroca revisitada lhe dava de experimentar em um campo novo: o da orquestra reduzida pois, desta vez, devido à natureza da peça e da ópera, não haveria sentido em utilizar os mamutes instrumentais das obras anteriores. A música da *Ariadne* é escrita para um conjunto de 36 instrumentistas: dezesseis cordas, dois pares de flautas, oboés, clarinetas, fagotes e trompas, um pistom e um trombone tenor, duas harpas, um tecladista para a celesta, harmônio e piano, e percussionistas que tocam tímpanos, sinos, triângulo, prato, tambor e pandeiro. Além disso, Strauss recria, de forma original, a praxe barroca do contínuo, usando o harmônio para imitar o *recitativo stromentato*, quando as personagens são sérias, e o piano para sugerir o cravo do *recitativo secco*, nas cenas cômicas. Otto Erhardt comenta:

> Mediante a engenhosa combinação dos timbres, além da refinada utilização das qualidades de cada instrumento como solista, essa orquestra reduzida obtém tal diversidade de colorido, intensidade, textura e sutileza, que a partitura adquiriu uma importância histórica por suas conquistas essenciais na arte da orquestração.

Tornou-se, de fato, um modelo no qual se inspiraram os compositores que, mais tarde, romperam com o sinfonismo hipertrofiado do pós-Romantismo, buscando maior leveza e transparência nas texturas camerísticas. Prossegue Erhardt:

> As gradações expressivas vão das banalidades burguesas à transcendência cósmica; da monodia nua à polifonia mais intrincada; do acompanhamento simples, exclusivamente de apoio, à plenitude de uma densa veste harmônica. Para fundir organicamente meios instrumentais arcaizantes e modernos, o autor teve de exumar procedimentos musicais dos séculos passados; mas não o fez com uma postura histórico-imitativa e sim com uma inata independência criativa.

Strauss dava assim início a uma tendência que, com Ferruccio Busoni e, mais tarde, com Stravínski, levaria a um novo caminho: o do Neoclassicismo. A esse respeito, diz ainda Michael Kennedy:

> Em *Music Ho!*, Constance Lambert chamou Stravínski de *time-traveller*, viajante no tempo. Esse termo pode ser aplicado a muitos de seus contemporâneos, pois esta foi uma época de grandes viagens musicais ao passado: Ravel volta a Mozart e Couperin; Webern, Schönberg, Elgar e outros voltam a Bach e Händel; Vaughan Williams volta a Tallis; Debussy, aos primitivos javaneses; Stravínski, a Pergolesi. Strauss voltou no tempo a Lully, Couperin, Mozart, às valsas de Strauss II, à música de Schumann, tomando de empréstimo seus estilos, mas apropriando-se deles de forma tão pessoal e convincente que tornou essas apropriações válidas por si mesmas, e não apenas como imitações.

Ao que diz Michael Kennedy, acrescentemos que a entrada de Richard Strauss na máquina do tempo, para retornar ao Barroco, já tinha sido precedida, na Itália, por *Le Maschere*, de Pietro Mascagni e Luigi Illica. Mas como esta não teve a mesma ampla repercussão e, até hoje, por culpa de uma renitente negligência dos italianos com seu próprio repertório, ainda espera por sua plena reavaliação, coube a *Ariadne* constituir o marco inaugural numa trilha neoclássica que dará origem a:

- *Arlecchino oder die Fenster* (Arlequim ou as Janelas, 1917) e *Turandot* (1917), ambas de Busoni;
- o balé *Pulcinella* (1919), e as óperas *Oedipus Rex* (1927) e *The Rake's Progress* (1951), de Stravínski;
- *La Donna Serpente* (1932), de Alfredo Casella;
- *Cardillac* (1926), de Paul Hindemith;
- *O Amor de Três Laranjas* (1921) e *As Bodas no Convento* (1941), de Serguêi Prokófiev;
- *Die Kluge* (A Mulher Astuciosa, 1943), *Antigonae* (1949) e *Oedipus der Tyran* (1959), de Carl Orff.

Pauline não concordava que *Der Bürger als Edelmann* estreasse no Kleines Deutsches Theater, em Berlim: "Aquilo lá é bom para Busoni, mas não para Richard Strauss. Suas coisas exigem o que há de melhor. Ouça meus conselhos e não se arrependerá". Concordando com ela que o palco do teatrinho de Reinhardt não estava equipado para espetáculo tão complexo, Strauss decidiu levar "suas coisas" para lugar mais adequado. Jogando com seu enorme prestígio e a amizade pessoal que o ligava a Max Schillings, intendente do Teatro da Corte de Stuttgart, conseguiu que este lhe cedesse a Kleine Haus, que acabara de ser

Figurinos de Ernst Stern para estréia de *Ariadne auf Naxos* no Königliches Hoftheater de Stuttgart, em 1912.

Leonie Rysanek (Ariadne) e James King (Baco) na montagem de 1962 da *Ariadne auf Naxos*, no Metropolitan de Nova York, regida por Karl Böhm (direção de Carl Ebert, cenários de Oliver Messer).

reconstruída após o incêndio que a consumira inteiramente em 1910.

Hofmannsthal consternou-se com a notícia de que iriam estrear "no recanto mais remoto desta terra de meu Deus". Mas acalmou-se ao saber que Reinhardt estaria lá, com carta branca para cuidar de todos os detalhes. Quem não gostou da história foram os funcionários locais. Enciumados com a vinda de atores, músicos e cenários de fora, tudo fizeram para sabotar os preparativos. E Strauss ficou muito decepcionado ao fracassar o seu projeto de trazer estrelas como Emmy Destin, Frieda Hempel e Karl Erb, para a criação de Ariadne, Zerbinetta e Baco. Mas a emenda, neste caso, saiu muito melhor do que o soneto, pois o papel-título revelou Maria Jeritza que, no futuro, viria a ser uma das melhores – e mais lindas – intérpretes de sua música. Hans Jadlowker fez Baco. E Zerbinetta foi entregue a Margarethe Siems, que já tinha estreado Crisótemis e a Marechala (à exceção de Maria Callas, que fez de Lucia a Lady Macbeth, não se sabe de nenhuma outra soprano que tenha realizado a proeza de cantar três papéis tão diferentes!).

Na estréia, regida pelo próprio Strauss em 25 de outubro de 1912, tanto a peça quanto a ópera foram excepcionalmente bem interpretadas. Mas o espetáculo foi um virtual fracasso! "O público de teatro não tinha interesse pela ópera, e vice-versa", explica Strauss em suas *Reflexões*. "O que faltava a esse belo híbrido era o terreno cultural apropriado." Além disso, o início da ópera foi retardado em duas horas e meia pela recepção que o rei Guilherme de Württemberg deu, na ante-sala de seu camarote, após a peça, o que fez com que a platéia já caísse de cansaço quando o segundo espetáculo finalmente começou. Durante 1913, houve algumas encenações dessa versão. Sir Thomas Beecham, que a considerava superior à *Ariadne II*, montou-a em Londres, com uma tradução da peça feita por Somerset Maugham. E tornou a repetir a empreitada em 1950, no Festival de Edimburgo. Mas essa fórmula de espetáculo era onerosa, longa demais, envolvia dois tipos de elenco e de público e, portanto, não tinha, desde a origem, muitas chances de sobreviver. Nova tentativa de revivê-la, em 1991, num dos festivais de verão da Alemanha, pareceu confirmar essa inviabilidade. É pena, porém, que nunca se tenha pesado em registrá-la em DVD pois, nesse formato, assisti-la deixaria de ser uma experiência penosa, na medida em que se poderia fazer pausas entre um trecho e outro.

Strauss e Hofmannsthal sabiam disso muito bem pois, desde dezembro de 1912, já tinham começado a discutir a revisão. A ópera, desligada da peça de Molière, deveria ser precedida de um Prólogo cantado, cujo texto seria, substancialmente, o da cena adicional acrescentada ao *Burguês Fidalgo*, com as devidas modificações. O texto desse Prólogo ficou pronto em maio de 1913; mas Strauss só voltaria a trabalhar na *Ariadne-II* em maio de 1916, após terminar o balé *A Lenda de José*, os dois primeiros atos da *Mulher Sem Sombra* e a *Sinfonia Alpina*. Nesse meio tempo, em Berlim, o regente Leo Blech tinha-lhe sugerido que o Compositor – cuja aparição no Prólogo Strauss tinha querido desde o início – fosse mostrado como um menino prodígio, uma clara alusão e homenagem a Mozart. Contra a vontade de Hofmannsthal, que o via como um homem mais velho e cheio de autoridade e espiritualidade, Strauss decidiu-se então a representá-lo como um rapazinho genial mas inseguro, e de temperamento instável. Com isso, criou mais um grande *trouser-role* de estilo barroco, desta vez para meio-soprano, alinhando-o com Cherubino e Octavian.

A ação foi transferida para "a casa do homem mais rico de Viena", e os lacaios de M. Jourdain foram sintetizados na figura glacial do Mordomo, que fala em vez de cantar. Este é um dos grandes achados de Strauss, pois frisa o distanciamento, o desprezo e o desinteresse da personagem pelo complicado mundo dos artistas e de suas preocupações descabidas com uma questão tão irrisória quanto misturar gêneros em um espetáculo teatral. Essa personagem, que olha a ópera de fora para dentro, com desdém não disfarçado, é o símbolo das reações das pessoas comuns ao espaço fechado e um tanto estratosférico da criação artística – e em especial de um gênero como a ópera, de regras estapafúrdias, em que as pessoas cantam longas árias para explicar aos outros que estão morrendo de pressa de ir embora.

O final foi alterado: em vez das máscaras da *Commedia*, que acompanhavam o discurso de despedida de M. Jourdain, foi adotada uma breve reprise do rondó de Zerbinetta e uma coda do dueto de Baco e Ariadne. Strauss queria que o Compositor voltasse, no final da ópera, para fechar o ciclo do teatro-dentro-do-teatro, devolvendo a ação ao plano da realidade. Mas foi necessário renunciar a isso por uma razão prática: a cantora teria de ficar a postos uma hora, depois do Prólogo, só por conta de mais umas poucas frases na cena final. *Ariadne auf Naxos*, tal como a conhecemos hoje, ficou pronta em 20 de junho de 1916. E foi estreada em Viena, em 4 de novembro, sob a regência de Franz Schalk. Desta vez, Strauss tinha a Zerbinetta que queria, Selma Kurz; e Jeritza repetia a sua belíssima Ariadne.

Mas a cantora convidada para fazer o Compositor, Marie Gutheil-Schoder, famosa nos papéis de Electra e Octavian, não se interessou por uma parte que considerou pequena e sem brilho, "pois não tinha nenhuma ária". Mostrou tanto desprezo pelos ensaios, que chegou o momento em que Schalk percebeu ser necessário substituí-la. Strauss não gostou nem um pouco da idéia de trocar essa celebridade por uma estreante desconhecida, que o maestro pinçara no coro e lhe propunha. Muito a contragosto, concordou em assistir a um teste. Mas nem bem a mocinha cantou alguns compassos, e ele já sabia que estava diante da intérprete ideal. O Compositor transformou Lotte Lehmann, da noite para o dia, numa grande estrela. E ela foi, até o fim, uma das maiores amigas de Strauss e uma das maiores divulgadoras de sua música – a grande Marechala da primeira gravação do *Rosenkavalier*.

Só muitos anos mais tarde Richard encontraria outro Compositor que o emocionasse tanto. Ao fazer oitenta anos, ganhou de presente, da Ópera de Viena, uma récita de gala da *Ariadne auf Naxos*, regida por Karl Böhm, com Maria Reining, Max Lorenz e Alda Noni (no selo Deutsche Grammophon, há um inestimável registro dessa noite, 11 de junho de 1944). O Compositor era a jovem soprano Irmgard Seefried, mulher do violinista Wolfgang Schneiderhan. Ela cantou de modo tão inspirado que Strauss, indo procurá-la em seu camarim no final, deu-lhe um autógrafo com a frase: "Até hoje eu não sabia quanta beleza encerrava a personagem do Compositor". Seefried gravaria o papel, novamente, em 1954, com Herbert von Karajan.

O Prólogo leva adiante as experiências com a declamação em ritmo de conversa, iniciadas no ato I do *Cavaleiro da Rosa*. Constrói-se sobre uma vertiginosa alternância de fala, recitativo seco, arioso e breves instantes de cantilena. Em carta de junho de 1916 a Franz Schalk, Strauss escrevia:

> A ópera inclui aquele estilo de recitativo em ritmo medido que, desde o *Lohengrin*, tem sido tão temido, e que nenhum dos reis Henriques deste mundo aprendeu a cantar corretamente. Asno que sou, estou tentando uma segunda vez. Em primeiro lugar, para vingar Wagner e, em segundo, provavelmente, para me preocupar com ele, por meu turno, até a minha morte.

Mas, entremeados a essa declamação contínua, destacam-se também alguns pequenos números fechados: a arieta do Mestre de Dança; e a canção do Compositor:

> *Du, Venus Sohn – gibst sußen Lohn*
> *für unser Sehnen und Schmachten!*
> *La, la, la, la – mein junges Herz*
> *und all mein Sinnen und Trachten:*
> *o du Knabe, du Kind, du allmächtiger Gott!*
> *O du mächtiger Gott!*

(Tu, filho de Vênus, dá doce recompensa a nossas ânsias e desejos! La, la, la, la – meu jovem coração, e todas as minhas aspirações e ambições: ó tu, menino, criança, todo poderoso deus! Ó tu, poderoso deus!)

O Compositor explica a seu Professor de Música que essa canção lhe veio à mente enquanto discutia com o Cabeleireiro e o Lacaio, como uma inspiração de última hora, um tema que ainda pode tentar inserir em sua ópera (Strauss reutiliza aqui uma melodia que, na música de cena para o *Burguês Fidalgo*, é exposta pelo oboé no início da *Sicilienne*).

O ponto culminante do Prólogo é a cena em que Zerbinetta adula e seduz o Compositor, horrorizado com a idéia de que um *intermezzo* cômico seja misturado à sua ópera séria. Faz isso para que o jovem músico deixe de se opor ao que o dono da casa quer. Esse diálogo termina com o jubiloso hino do Compositor à sua arte:

> *Musik ist eine heilige Kunst, zu versammeln alle Arten von Mut wie Cherubim um einen strahlenden Thron, und darum ist sie die heilig unter den Küsten! Die heilige Musik!*

(A música é uma arte sagrada, que reúne todos os homens de coragem, como o querubim em torno do trono refulgente, e por essa razão é a mais sagrada das artes! A sagrada musica!)

A ópera propriamente dita tem também seus grandes momentos. O primeiro deles é o grande monólogo "Ein Schönes war: hieß Theseus-Ariadne" (Havia uma bela coisa: chamava-se Teseu-Ariadne), em que a personagem título expressa, com grande nobreza de tom, a vergonha e a dor de ter sido abandonada por Teseu, a lembrança dos dias felizes passados a seu lado, e o desejo de aniquilar-se na morte:

> *[...] drum kommt auch bald der Tag,*
> *da darf sie sich in ihren Mantel wickeln,*
> *darf ihr Gesicht mit einem Tuch bedecken*
> *und darf da drinnen liegen*
> *und eine Toten sein!*

([...] e logo chegará o dia em que ela poderá envolver-se em seu manto, cobrir o rosto com um véu e ali jazer e estar morta!)

Se compararmos o estilo do canto de Ariadne ao do Compositor, veremos que o da personagem título da ópera tem uma origem *instrumental* – ou seja, decalca-se em linhas melódicas semelhantes às que são enunciadas pela orquestra, como no final da *Salomé* ou nos monólogos de Electra ou da Marechala –, enquanto o jovem músico, mesmo em seus momentos mais cantábiles, continua a usar linhas melódicas mais simples, que aderem estreitamente às inflexões da frase falada.

Com essa página de profunda concentração lírica, contrastam o cântico do trio de ninfas – Naiade, Eco e Dríade –, com reminiscências intencionais das Filhas do Reno wagnerianas; e a cançoneta "Lieben, Hassen, Hoffen, Zagen" (amor, ódio, esperança, medo), de Arlequim, um dos pretendentes de Zerbinetta, cujo ritornello é mecanicamente repetido por Eco. Mas ela, como na ópera do Barroco, é apenas uma pausa para respirar antes da segunda parte do monólogo da desconsolada Ariadne, ainda mais elaborada do que a primeira. Aqui, a personagem busca realmente na morte o refúgio para seu desespero: "Es gibt ein Reich, wo alles rein ist; es hat auch einen Namen: Totenreich." (Há um reino onde tudo é puro; ele também tem um nome: o reino dos mortos.). Chamando Hermes, que "com seu caduceu guia todas as almas", ela lhe pede:

> *Ach, von allen wilden Schmerzen*
> *muß das Herz gereignigt sein.*
> *Dann wird dein Gesicht mir nicken,*
> *wird dein Schritt vor meiner Höhle,*
> *dunkel wird auf meiner Augen,*
> *deine Hand auf meinem Herzen sein;*
> *in den schönen Feierkleidern,*
> *die mir Mutter gab,*
> *diese Glieder werden bleiben,*
> *stille Höhle wird mein Grab.*
> *Aber lautlos meine Seele*
> *folget ihrem neuen Herrn,*
> *wie ein leichtes Blatt im Winde,*
> *folgt hinunter, folgt so gern.*
> *Dunkel wird auf meinen Augen*
> *und in meinem Herzen sein,*
> *diese Glieder werden bleiben*
> *schön geschmückt und ganz allein.*
> *Du wirst mich befreien,*
> *mir selber mich geben,*
> *dies lastende Leben,*
> *du nimm es von mir.*
> *An dich werd ich mich ganz verlieren,*
> *bei dir wird Ariadne sein.*

(Ah, meu coração deve ser purificado dessa dor selvagem. Aí então teu rosto me chamará, teus passos se aproximarão de minha gruta, a escuridão cobrirá os meus olhos, tua mão tocará meu coração; envoltos no belo vestido de festa que a minha mãe me legou ficarão os meus despojos e gruta silenciosa será o meu túmulo. Mas a minha alma seguirá muda o seu novo senhor, como uma leve folha ao vento flutua e cai, cai alegremente. A escuridão há de cobrir os meus olhos e encher meu coração, este corpo há de jazer ricamente adornado e inteiramente só. Tu me libertarás, hás de me devolver a mim mesma, e tirar de mim esta vida pesada. Hei de me perder inteiramente em ti, e Ariadne há de ser inteiramente tua.)

Obedecendo à regra da oscilação sério/cômico, segue-se um intermédio cômico em ritmo de polca, o quarteto "Die Damen gibt mir trübem Sinn sich allzusehr der Trauer hin" (Esta dama parece demasiado inclinada a ceder à tristeza), cantado pelas quatro máscaras da *Commedia dell'Arte*: Arlecchino, Brighella, Scaramuccio e Truffaldino. E o quarteto converte-se no quinteto "Wie sie sich schwingen, tanzen und singen" (Enquanto eles rodopiam, dançam e cantam), com a entrada de Zerbinetta. Essa cena de conjunto é a habilidosíssima preparação para o grande momento de Zerbinetta, a longa ária "Grossmächtiger Prinzessin" (Mui poderosa princesa), em que, ao tentar consolar Ariadne, tirando-a de sua tristeza abissal, a personagem resgata o canto de bravura, que tinha sido virtualmente banido da ópera pós-wagneriana. A ária forma um *pendant* cômico ao monólogo sério da princesa, não só do ponto de vista vocal – suas linhas floridamente ornamentadas são diametralmente opostas às amplas frases lisas de Ariadne –, mas também do ponto de vista temático. A cínica defesa que Zerbinetta faz de uma visão pragmática da relação amorosa contrasta com a postura angustiada e desesperançada de Ariadne, para quem a vida acabou no momento em que Teseu a abandonou.

"Quem é a mulher que nunca sofreu?", ela pergunta. "Solcher wüsten Inseln sind unzählige": essas ilhas desertas de solidão e desespero são inumeráveis, pois todas as mulheres são vítimas desses "infiéis, monstros, que não conhecem limites". Como reagir, então? Dando o troco, pois afinal não é a mulher como a folha ao vento?

> *Noch bin ich wahr, und doch ist es gelogen,*
> *ich halte mich treu und bin schon schlecht,*
> *mit falschen Gewwichten wird alles gewogen –*
> *und halb mich wissend und halb im Taumel*
> *betrüg ich ihn endlich und lieb ihn noch recht!*
> *Noch min ich mir selber só sicher zu sein,*
> *da mich sich im Herzen leise bestörend*
> *schon eine neuen verstohlenen Liebe [...].*

(Ainda sou verdadeira e, no entanto, sou falsa, acho que sou boa e já estou sendo má, tudo é medido com pesos falsos e, metade sabendo, metade por impulso, engano-o finalmente e, apesar disso, ainda gosto dele de verdade! Exatamente quando me sinto completamente segura de mim mesmo, insinua-se em coração docemente iludido um amor novo e furtivo sentimento [...].)

Dos braços de Pagliaccio, diz Zerbinetta, ela passa alegremente para os de Mezzetino e, destes, para os de Cavicchio, Burattino ou Pasquariello. "E às vezes, parece até que havia dois deles ao mesmo tempo, não por capricho, mas por compulsão [...] pois o coração da gente entende tão pouco de si mesmo." O rondó "Als ein Gott kam jeder gegangen" (Cada um deles veio como um deus), com que se encerra a cena de Zerbinetta, já contém a antecipação do final da história de Ariadne. Cada novo amor vem como um deus, enchendo-nos de êxtase: "basta que ele me beije na fronte ou no rosto, para que eu fique cativa do deus [...], cada vez que um novo deus se aproximava, eu me rendia em silêncio, em silêncio [...]". A seqüência da ação vai demonstrar que nem tudo está perdido e a razão se encontra do lado da espevitada comediante.

O espirituoso dueto de Zerbinetta com Arlequim conduz ao segundo intermédio cômico, desta vez em ritmo de valsa. Depois dele, vem o segundo trio das ninfas, cuja placidez bucólica se anima quando elas vêem aproximar-se da ilha "uma radiosa maravilha, um jovem, um deus". É Baco, com sua retórica entrada, "Circe, kannst du mich hören?" (Circe, podes ouvir-me?). Ele acaba de escapar dos feitiços da ilha mágica de Circe, mas cairá rendido aos encantos da desconsolada princesa. A extensa cena final, "Du schönes Wesen? Bist du die Göttin dieser Inseln?" (Linda criatura! És a deusa desta ilha?) é um extasiado dueto, em que Ariadne cede à sedução do Deus do Vinho, e redescobre a felicidade. Nele, expandem-se aquelas típicas melodias straussianas, que se espraiam em linhas cada vez mais amplas. A beleza da cantilena compensa por uma certa rigidez da figura de Baco, que não chega a se animar em personagem real, permanecendo uma distante alegoria.

Até este ponto, Strauss tinha conseguido encontrar tons originais para seus tenores característicos: Herodes, Egisto, Valzacchi; e o mesmo acontecerá, mais adiante, com o barão Lummer de *Intermezzo*. Mas vê-se que ele ainda se sente pouco à vontade com uma personagem de tenor heróico como Baco, embora o dote de uma tessitura que o torna atraente para todas as grandes vozes dramáticas. Helge Roswaenge, Max Lorenz, Rudolf Schock, Jan Peerce, James King, Jess Thomas, René Kollo e, mais recentemente, Paul Frey foram os tenores – a maioria deles do domínio wagneriano – que registraram em disco esse papel, ao mesmo tempo ingrato e gratificante.

Ariadne auf Naxos no Festival de Salzburgo de 1964. Cenários de Ita Maximow para a produção de Günther Rennert, regida por Karl Böhm.

As comerciais integrais da *Ariadne*, embora não tão numerosas quanto as do *Rosenkavalier*, têm aumentado com o passar do tempo e oferecem ao ouvinte inúmeros motivos de prazer:

Acanta, 1935 – Viorica Ursuleac, Erna Berger, Helge Rosvaenge/Clemens Krauss (apenas a ópera, sem o Prólogo).
DG, 1944 – Maria Reining, Alda Noni, Irmgard Seefried, Max Lorenz/Karl Böhm.
EMI/Angel, 1954 – Elisabeth Schwarzkopf, Rita Streich, Seefried, Rudolf Schock/Herbert von Karajan.
DG, 1954 – Lisa della Casa, Hilde Güden, Seefried, Schock/Böhm.
Decca/London, 1959 – Leonie Rysanek, Roberta Peters, Sena Jurinac, Jan Peerce/Erich Leinsdorf.
EMI/Angel, 1968 – Gundula Janowitz, Sylvia Geszty, Teresa Zylis-Gara, James King/Rudolf Kempe.
DG, 1969 – Hildegarde Hillebrecht, Reri Grist, Tatiana Troyanos, Jess Thomas/Böhm.
Decca/London, 1977 – Leontine Pryce, Edita Gruberová, Tatiana Troyanos, René Kollo/Georg Solti.
DG, 1979 – Hillebrecht, Grist, Troyanos, Thomas/Böhm (ao vivo).
SRO, 1984 – Rosalind Plowright, Gruberová, King/Sawallisch.
DG, 1986 – Anna Tomowa-Sintow, Kathleen Battle, Agnes Baltsa, Gary Lakes/James Levine.
Philips, 1988 – Jessye Norman, Gruberová, Julia Varady, Paul Frey/Kurt Masur.

A isso acrescentemos a cena final com sir Thomas Beecham, Maria Cebotari e Karl Friedrich, em 1947; com Alberto Erede, Della Casa e Schock, ao vivo, na década de 1970; e com regente desconhecido, em Estocolmo, na década de 1950, com Birgit Nilsson e Set Svanholm. Esse tenor é também o Baco das seleções ao vivo, com Rudolf Moralt, na Ópera de Viena, em 1941 (Anny Konetzni e Adele Kern). No selo SRO, há apenas o Prólogo com Horst Stein (Deborah Voigt e Ann Murray), de 1998. Em vídeo, há:

Festival de Salzburgo, 1965, Jurinać, Grist, Hillebrecht, Jess Thomas/Böhm.
Symphony Hall de Boston (em forma de concerto), Claire Watson, Beverly Sills, Robert Nagy, John Reardon/Leinsdorf (a versão original de 1912, ainda sem o Prólogo).
Liceo de Barcelona, 1990, Gesendorf, Gruberová, Frey/János Kulka.
Metropolitan, 1998, J. Norman, Battle, Troyanos, King/Levine.
Semperoper de Dresden, 2000 – Susan Anthony, Iride Martínez, Jon Villars, Sophie Koch/Colin Davis.

É de difícil obtenção a fita pirata do Festival de Avignon, mas ela vale a pena devido a um elenco muito atraente: Régine Crespin, Troyanos, Mady Mesplé, Jean Cox.

Quanto à música de cena do *Bürger als Edelmann*, acrescida de dez novos números, ela foi reestreada, com a peça, no Deutsches Theater de Berlim, em 9 de abril de 1918. Em 1924, Strauss formou com ela uma suíte orquestral de nove movimentos, que se tornou muito popular nos programas de concerto sinfônico (Rudolf Kempe a incluiu em sua integral da música sinfônica do compositor, hoje no selo EMI Classics). Mas o compositor nunca esqueceu o frustrado projeto da comédia de Molière revista por Hofmannsthal. Quando lhe pediram, ao fazer 82 anos, que indicasse uma de suas obras para ser montada em sua homenagem, foi ela que escolheu. A peça foi levada no Gärtnerplatztheater, em Munique, com Otto Wernicke no papel de M. Jourdain. Walther Panofsky conta: "[Strauss] nem pareceu perceber as falhas da encenação. Aplaudiu cordialmente e, quando veio ao palco agradecer ao público, percebia-se em seu rosto a alegria do reencontro com um filho que tantos problemas lhe tinha dado no passado".

Ele teria ficado contente em conhecer a gravação da Virgin Classics. Kent Nagano realizou, na Ópera de Lyon, a versão original da ópera – ainda sem o Prólogo – precedida da música incidental para a peça (com trechos da peça de Molière ditos por Ernst Theo Richter como M. Jourdain). Margaret Price, Gösta Winbergh, Sumi Jo e Theodor Mohr integram o elenco.

Die Frau Ohne Schatten

Já entre fevereiro e março de 1911, durante a fase de discussão da *Ariadne-I*, encontra-se, na correspondência de Strauss com Hofmannsthal, uma carta em que o poeta propõe um novo projeto:

> Uma fábula em que dois homens e duas mulheres se reencontram. Uma das mulheres é um ente sobrenatural; a outra, terrena, mas singular, no fundo de bom coração, mas pouco compreensiva, caprichosa, autoritária e, apesar disso, muito estimável. Ela seria a personagem principal.

Norman del Mar, em *Richard Strauss: a Critical Commentary on His Life and Works*, mostra como, "discretamente, Hofmannsthal pensava em tomar como modelo Pauline Strauss de Ahna, a bem-amada e mal-humorada esposa de seu parceiro". O libretista continuava: "A ópera, de um modo geral, estaria para a *Flauta Mágica* como o *Cavaleiro da Rosa* está para as *Bodas de Fígaro*; não haveria, portanto, imitação, e sim uma certa analogia genérica".

A essa altura, o casal nobre já recebera a sua denominação atual: o Imperador e a Imperatriz. Mas, por influência do trabalho que estava realizando na *Ariadne*, Hugo concebia o casal popular como um par de máscaras da *Commedia dell'Arte*, a que dava os nomes de Arlecchino e Esmeraldina. E sugeria que, retomando o procedimento adotado no *Rosenkavalier*, falassem dialeto vienense, por oposição ao *höhere Sprache* (língua elevada) dos nobres. Isso, entretanto, mudou logo após os encontros que teve com Strauss, em Viena (março de 1911), e em Bolzano, na Itália, durante as férias da primavera de 1913. Ficou decidido que seriam adotados um nível neutro de linguagem e uma caracterização realista para o casal pobre. O homem foi transformado num tintureiro e recebeu o nome de Barak, personagem da *Turandot* de Carlo Gozzi. É dessa peça também que sai o nome de Keikobad, o rei dos Espíritos, pai da Imperatriz. O libreto, aliás, como era o hábito de von Hofmannsthal, combina idéias extraídas das mais diversas fontes:

- as *Mil e Uma Noites*,
- os contos chineses recolhidos e estilizados por Carlo Gozzi,
- os contos de fadas dos irmãos Grimm,
- narrativas folclóricas hindus e persas,
- um drama fantástico do romântico menor Ferdinand Raimu,
- e as *Morgenländische Sagen*, coletânea de histórias de tradição oral em que há o relato de um conflito opondo casais de condição social diferente.

Antes de redigir o libreto, Hofmannsthal usou a história numa novela que é um de seus mais brilhantes textos em prosa: *A Mulher Sem Sombra* (publicada no Brasil, em 1991, pela editora Iluminuras, na tradução de Nicolino Simone Neto). Strauss reagiu com entusiasmo ao drama, que lhe foi enviado entre abril de 1914 e abril de 1915, dizendo, a respeito de um libreto cujo problema é ser um tanto prolixo: "É tudo tão conciso e bem amarrado, que não consigo pensar em nada para cortar ou modificar. O senhor nunca escreveu nada, em toda a sua vida, de tão belo e bem-sucedido, e sinto-me honrado em tê-lo estimulado a isso com o nosso trabalho em comum".

Sinal inequívoco da admiração que sentia pelo poeta – e do sentimento, decerto um tanto tingido de narcisismo, de que essa colaboração era o equivalente moderno da famosa parceria clássica – é o fato de, na correspondência dessa época, Strauss chamá-lo muitas vezes de "meu caro Da Ponte". Não pôde, entretanto, começar a trabalhar nessa ópera antes de abril de 1914, por estar empenhado na composição e produção, para os *Ballets Russes*, de Serguêi Diáguiliev, da *Lenda de José*, com libreto do próprio Hugo. O balé subiu à cena, em Paris, em 14 de maio de 1914, com coreografia de Mikhaíl Fôkin (Michel Fokine); os papéis de José e da mulher de Putifar foram dançados por Leoníd Miássin (Leonide Massine) e Tamára Karsávina.

No mês seguinte, o arquiduque Francisco Ferdinando, herdeiro do trono austríaco, foi convidado pelo general Oskar Potiorek, governador militar da Bósnia-Herzegóvina, a supervisionar manobras nessa convulsionada província do império. O convite tinha sido feito passando por cima de instruções expressas do ministro das Finanças austríaco, Leon Bilinski, cuja pasta tinha sob sua tutela aquele território. Bilinski temia pela segurança do arquiduque, diante da agitação contínua promovida em Sarajevo pelos nacionalistas do grupo *Mlada Bosna* (Jovem Bósnia). Mas, por ser burguês e judeu, Bilinski era ostensivamente desprezado pelo aristocrata Potiorek, que fez questão de ignorar suas advertências. Os receios do ministro tinham fundamento: ao chegarem à cidade, em 28 de junho, o arquiduque e sua mulher, a duquesa de Hohenberg, foram assassinados pelo terrorista sérvio Gavrilo Princip, membro de uma organização pan-eslavista.

A Áustria declarou guerra à Sérvia, e o sistema de múltiplas alianças, que amarrava umas às outras as principais nações européias, fez com que todas fossem arrastadas ao caos da I Guerra Mundial. Os intelectuais, num primeiro momento, foram também tomados pelo fervor patriótico. Max Reger sentiu-se frustrado por ter sido considerado inepto para o serviço militar. Thomas Mann também tentou inutilmente se alistar. Strauss, porém, foi um dos que não se deixaram convencer a unir-se ao coro público de *Gott straf England* (Deus destrua a Inglaterra). Estava passeando com a família, nas montanhas Dolomitas, quando a Alemanha entrou na guerra, em 1º de agosto de 1914. Apolítico e antimilitarista, tratou de voltar correndo para Garmisch-Partenkirchen, onde ficou até o fim do conflito. Para isso, teve de efetuar a difícil travessia do Passo de Brenner, já atravancado com os comboios de transporte das tropas austríacas.

Quanto a Hofmannsthal, que se alistara como voluntário no regimento dos Dragões em 1895, o Exército o convocou, mandando-o para Pisino, na Ístria, como oficial da reserva. Foi ali que ele escreveu o ato III da *Mulher sem Sombra*. Isso desagradava muito a Strauss, que lhe escrevia, com sua ponta característica de ironia:

> Os poetas tinham de ser deixados em casa, já que há tanta carne de canhão disponível: críticos de música, cenógrafos com idéias próprias, atores especializados em Molière. [...] Herr von Hofmannsthal, o senhor tem a obrigação de não morrer pela pátria antes de ter escrito o meu ato III. Acho que ele lhe proporcionará mais prazer do que um formoso obituário no *Neue Freie Presse*.

Franz Strauss relembrou, para Kurt Wilhelm, o período em que o pai trabalhava intensamente na partitura da nova ópera, a que chamava carinhosamente de *FrOSch* (sapo, palavra formada com as letras iniciais de *FR*au *O*hne *SCH*atten):

> Compartilhei a experiência da composição como ouvinte, porque ele sempre tocava para nós, ao piano, cada novo trecho que tinha escrito. Ainda me lembro com exatidão do dia em que surgiu o tema dos Guardiães da Noite, no fim do ato I. Era de noite, eu já estava deitado, e ouvi a música subindo do andar de baixo. Ele a tocava com tanta emoção [...] acho que, desde então, nunca mais a ouvi tocada de forma tão bonita.

Hofmannsthal foi removido para Cracóvia em 1915 e, dois meses depois, sua miopia fez com que fosse dispensado e mandado de volta para Viena, com o encargo de dirigir uma coleção intitulada *Biblioteca Austríaca*. Alguém, provavelmente, descobrira, como Strauss pensava, que os poetas são mais úteis em casa do que na trincheira. Em 20 de agosto de 1914, Strauss terminara o ato I da *Frau*, anotando no manuscrito que aquele tinha sido o dia da vitória alemã em Saarburg (foi uma das raras vezes em que deu sinal de perceber as circunstâncias históricas que se desenrolavam à sua volta). A partitura orquestrada ficou pronta em junho de 1917; mas não havia a menor possibilidade de levá-la imediatamente à cena, pela total falta de condições, nessa época de conflito, de montar ópera tão dispendiosa. Foi preciso esperar pelo relativo restabelecimento do pós-guerra.

A estréia foi em Viena, em 10 de outubro de 1919, com regência de Franz Schalk, cenários e figurinos de Alfred Roller, direção de Hans Breuer e um elenco fantástico: Maria Jeritza, Lotte Lehmann, Richard Mayr, o tenor sueco Karl-Aagard Oestwig e a mezzo Lucie Weidt. Foi uma das raras vezes em que, na sua primeira noite, uma das óperas de Strauss foi unanimemente aplaudida pelo público e a crítica. Mas esse sucesso não se repetiu na estréia alemã, de Dresden, em 22 de outubro de 1919, com Fritz Reiner. E só veio quando ela foi regida por Leo Blech, em Berlim. De lá para cá, a extensão da ópera, suas dificuldades de encenação, o peso do elenco que tem de ser reunido para realizá-la, e a atitude cautelosa do público diante de uma obra carregada de simbologia, têm feito com que *A Mulher Sem Sombra* seja encarada com mais admiração do que estima, e não seja levada à cena com a freqüência que merece – embora, sob muitos aspectos, seja a obra mais inventiva que o poeta e o compositor produziram juntos.

É necessário relembrar os complexos antecedentes da ação, para que se possa compreender o entrecho da ópera. De seus amores com uma mulher fascinada pelo mundo dos humanos, Keikobad, o senhor do Mundo dos Espíritos, teve uma filha de grande beleza, em cujo temperamento há a mesma dualidade materna. O pai deu-lhe um talismã que lhe permite transformar-se no que desejar. Um dia, disfarçada de gazela, a moça é vista e capturada pelo jovem Imperador das Ilhas do Sudeste – situadas numa região intermediária entre o Mundo dos Espíritos e a Terra. Quando a moça recobra sua forma feminina, o Imperador, extasiado com sua beleza, pede-a em casamento. Mas a paixão essencialmente carnal que tem por ela faz com que a união seja estéril. Com isso, a Imperatriz vai se tornando progressivamente transparente: a luz a atravessa e ela não projeta sombra, isto é, não tem substância humana. E não pode mais se transformar, pois, ao ser capturada, o Falcão do Imperador apoderou-se de seu talismã e desapareceu com ele. Perdeu-se, assim, o símbolo de sua ligação com o Mundo dos Espíritos.

Ora, uma tradição comum a várias mitologias é a de que o homem que se case com uma *péri* – esses seres metade mulher metade espírito – está condenado a converter-se em pedra caso, dentro de doze luas, não consiga ter um filho com ela. A cada lua, o Mensageiro de Keikobad vem saber se a Imperatriz já projeta sombra, ou seja, se deixou de ser estéril. Pergunta-o à Ama, estranha e malévola criatura a quem Keikobad encarregou de cuidar de sua filha. Sua posição é extremamente ambígua: o dever de obediência a obriga a ajudar a Imperatriz a conseguir uma sombra, para salvar o Imperador. Mas como ela odeia mortalmente os humanos, e lamenta cada instante que a mantém separada do Mundo dos Espíritos, gostaria de preservar a transparência da Imperatriz para que, tendo seu marido se petrificado, ambas pudessem voltar definitivamente para os domínios de Keikobad.

Ao iniciar-se a ópera, a décima segunda lua chegou. E o Mensageiro vem dizer à Ama que, dentro de três dias, se a Imperatriz ainda não tiver sombra, seu marido se converterá em pedra. A Ama é uma figura mefistofélica, que não desperta nossa simpatia. Mas é uma pessoa perceptiva, e observa atentamente o que se passa à sua volta. Ela sabe que atração sexual, mais do que amor verdadeiro, une o Imperador à sua mulher, e o diz ao Mensageiro:

Die Nacht war nicht
in zwölf Monde,
daß er ihrer nicht hat begehrt!
Er ist ein Jäger
und ein Verliebter,
sonst ist er nichts!

*In ersten Dämmer
schleicht er vor ihr,
wenn Sterne einfallen,
ist er wieder da!
Seine Nächte sind ihr Tag,
seine Tage sind ihre Nacht.*

(Não houve uma só noite, nestes doze meses, em que ele não a desejasse! Ele é um caçador e um amante, quanto ao resto – nada! À primeira luz do dia, foge dela, quando as estrelas aparecem, ei-lo de volta! As suas noites são o dia dela, os seus dias são a noite dela.)

Ou seja, a Imperatriz continua a ser "sua mais bela presa" e está à mercê de seus desejos. Na sinopse da ópera que escreveu – e que o leitor encontrará reproduzido no folheto da gravação Georg Solti – Hofmannsthal diz:

> [A Imperatriz] saiu do círculo demoníaco, mas o amor ciumento e ávido do Imperador não soube fechar em torno dela o círculo da humanidade. Ela perambula entre dois mundos, retida por um e não assimilada pelo outro; o amor egoísta do Imperador é a causa disso, e é por isso que a maldição ameaça não a ela, mas a seu esposo.

Depois que o Imperador vai à caça, em busca de seu Falcão desaparecido, a Imperatriz suplica à Ama que a ajude a salvá-lo. Muito a contragosto, esta lhe sugere que desçam à Terra, em busca de alguém que queira abrir mão de sua sombra, para que a Imperatriz deixe de ser estéril. A Ama está pensando em levá-la à casa de Barak, o tintureiro, cuja mulher é jovem e vigorosa, mas também não lhe deu filhos. A Tintureira foi escolhida por estar insatisfeita com a vida que leva: sente-se cansada do trabalho doméstico e de ter de cuidar dos três cunhados aleijados, que dependem em tudo de seu marido. Sua revolta faz com que se mantenha estéril e, por isso, torna-se uma presa fácil para a Ama, que tentará convencê-la a renunciar à sua sombra e, portanto, à sua própria humanidade.

A Imperatriz e a Ama se disfarçam de mulheres do povo, e vão se oferecer como empregadas em casa da Tintureira. A Ama utiliza, então, diversos meios para persuadi-la a vender a sua sombra, fazendo, com isso, com que se afaste cada vez mais do marido, criando em casa um ambiente pesado e opressivo. A própria Imperatriz, porém, tem a consciência de que este não é o meio mais digno de obter a maternidade. Mas fica apavorada pois, em sonhos, vê o Imperador em uma caverna, começando a transformar-se em pedra. A Ama exibe aos olhos de sua nova patroa todas as riquezas que poderá ter, se renunciar à vida que leva. E tenta-a fazendo aparecer um jovem sedutor, pedindo-lhe que abra seu coração ao amante "com que sonha em segredo".

Dividida entre o desejo e o dever da fidelidade, a Tintureira vai acordar Barak. Mas derrama em cima dele todo o seu ressentimento: "Há pessoas que sempre se mantêm calmas e, seja lá o que acontecer, ninguém as verá mudar de expressão. [...] Por isso elas devem ser desprezadas. E quem lhes pertence, e é entregue nas mãos de uma pessoa dessas, deve ser ridicularizada". Mas ela não vai mais se sujeitar a isso, pois "não quer ser motivo de riso para todo mundo". Desafia o marido, dizendo-lhe que, em sua ausência, entregou-se a um total estranho; reafirma o desejo de não ter filhos; e conta-lhe que vendeu a sua sombra, em troca de uma vida mais próspera.

Nesse momento, a terra se abre e ambos são tragados, indo parar em um subterrâneo. Ali, trancados em celas separadas, podem finalmente reavaliar o amor que sentem um pelo outro. É a mulher, principalmente, quem se dá conta, ao ver-se separada de seu companheiro, que é a ele que quer mais do que qualquer outra coisa. Quando Barak e a Tintureira se confessam esse amor, ouve-se uma voz vinda do alto, convidando-os a subir por uma grande escadaria, que os levará de volta à superfície. Enquanto isso, diante do templo de Keikobad, a Imperatriz enfrenta a Ama e lhe diz que, depois de ter observado os sofrimentos dos seres humanos, compreende perfeitamente as suas necessidades, e a capacidade que eles têm de, através das provações mais dolorosas, encontrar o pleno sentido para sua existência.

A Imperatriz manda embora a Ama pois, agora que entende a humanidade, quer romper todos os vínculos com o mundo sobrenatural, que ela representa. Ao guardião do templo, que lhe ordena beber de uma fonte de água dourada, para poder apropriar-se definitivamente da sombra da mulher terrestre, responde que não o fará. Mesmo tendo a visão do marido que, dentro da caverna, está agora quase todo transformado em pedra, à exceção de um único olho que a busca desesperadamente, não aceita sacrificar dois inocentes para salvá-lo. E com isso, consegue o milagre: sua generosidade faz com que uma luz, descendo do alto do templo, projete a sombra a seus pés. Por sua crueldade, a Ama é condenada, pelo Mensageiro dos Espíritos, a vagar eternamente pela Terra que tanto detesta. O Imperador revive e os dois casais, cujo amor, agora, é abençoado pela promessa da fertilidade, reúnem-se ao som do cântico das crianças não-nascidas, que poderão finalmente vir ao mundo.

Esses dois casais, de condição e natureza tão diferentes, nivelam-se, portanto, num mesmo princípio moral: o de que o matrimônio tem um significado ético – o da procriação como o estabelecimento de um vínculo de permanência e continuidade entre o passado e o futuro. Mas é fundamental, para que o casal torne-se digno dessa descendência, que haja comunhão de almas: só assim os não-nascidos, que esperam nas trevas do subconsciente, poderão ser incorporados à infinita cadeia de criação e de extinção que forma a vida humana. A idéia de que o amor só é pleno se iluminado, no íntimo, por esse desejo e necessidade de continuidade, é claramente expresso no cântico dos Guardiães da Noite, com que se encerra o ato I, e que Barak ouve, vindo da rua, logo após ter tido com a mulher uma conversa particularmente áspera, e esta lhe ter ordenado que durma fora do quarto do casal:

> *Ihr Gatten in den Häusern dieser Stadt,*
> *liebet einander mehr als euer Leben*
> *und wisset: Nicht um eures Lebens willen*
> *ist euch die Saat des Lebens anvertraut,*
> *sondern allein um eurer Liebe willen! [...]*
> *Ihr Gatten, die ihr liebend euch in Armen liegt,*
> *ihr seid die Brücke, überm Abgrund ausgespannt,*
> *auf der die Toten wiederum ins Leben gehn!*
> *Geheiligt sei eurer Liebe Werk!*

(Vós, esposos, nas casas desta cidade, amai-vos uns aos outros mais do que à vossa própria vida e saibam: não é pela vossa vida que vos foi confiada a semente da vida, mas unicamente pelo vosso amor! [...] Vós, esposos, que estais deitados nos braços amorosos um do outro, vós sois a ponte lançada sobre o abismo, pela qual os mortos voltam de novo à vida! Santificada seja a obra de vosso amor!)

Justamente, a união desses dois casais não é santificada pela fecundidade, pois isso é impedido tanto pelo orgulho, egoísmo e sensualidade do Imperador, para o qual o corpo de sua mulher é apenas um objeto de prazer, quanto pela ambição e dureza da Tintureira, sempre em busca de algo que está fora daquilo que o amor do marido lhe pode dar. Essa fecundidade só virá quando o autodomínio e o amor ativo pelo próximo tiverem vencido a ambição e o egoísmo. Nesse sentido, amplia-se o significado do símbolo da sombra. Para a Imperatriz, adquirir a sombra é ascender à plenitude de sua humanidade – que antes ela só tinha pela metade –, ao dar-se conta de que o respeito pelos outros é mais importante do que a sua felicidade egoísta. E ela se liberta, e a seu marido, no momento em que opta sacrificar-se pelo bem de duas pessoas aparentemente sem importância (uma atitude que já estava claramente esboçada na renúncia madura e consciente da Marechala, em favor de uma união mais duradoura, com Sophie, que Octavian nunca poderá ter com ela).

O drama baseia-se num conceito a que Hofmannsthal dava o nome de *alomátike*, palavra cunhada do grego e que significa "a transformação através da influência alheia". Em sua história, cruzam-se duas ordens de idéias: o conflito entre compreender e aceitar o seu próprio destino, ou tentar fugir dele; e o ideal de purificação de nossas dores através da transformação de nossas vidas – já presente na *Ariadne auf Naxos*, em que a personagem é salva da desesperança pela descoberta de um novo amor, capaz de metamorfoseá-la. Essas duas linhas de pensamento se fundem e convergem para a idéia da redenção do homem através da superação do egoísmo e a opção pela solidariedade, enunciada desde a epígrafe de Goethe usada por Hofmannsthal para seu libreto: "Von der Gesetz das alle Wesen bindet/ Befreit der Mensch sich, der sich überwindet." (O Homem liberta-se da lei que ata todos os seres quando consegue transcendê-la). Em torno do tema do amor conjugal como força criadora gravitam também a do poder do sacrifício de si mesmo, o da descoberta da responsabilidade em relação ao próximo, o da vontade de enfrentar o sofrimento e até mesmo a morte, para atingir uma existência plena e íntegra. Comentando o poema de von Hofmannsthal, escreve Otto Erhardt:

Vem naturalmente à mente a comparação entre este libreto moderno e a ópera que lhe serviu de inspiração, e que é considerada o apogeu do Classicismo setecentista: a *Flauta Mágica*, de Mozart e Schikaneder. Numa como na outra, o argumento é constituído por uma multidão de elementos disparatados e muito exóticos, numerosas mudanças de cena, uma certa quantidade de aparições sobrenaturais e a intervenção de fenômenos da Natureza, que exigem o emprego de recursos cenográficos extraordinários. Em ambas, somos confrontados com dois mundos opostos entrelaçados, um elevado, o outro humilde, acima dos quais plana o Reino dos Espíritos. Como o sábio Sarastro, o poderoso Keikobad dirige os destinos dos homens (de forma invisível e só musicalmente simbolizada) e empunha nas mãos os fios que os comandam. Também as provas a que, numa e noutra ópera, os seres humanos são submetidos, têm objetivos semelhantes. Finalmente, uma outra analogia encontra-se no dualismo que existe na natureza humana: o antagonismo entre dia e noite, luz e treva, bem e mal, amor sensual e amor espiritual. Mas a mentalidade diferente dos dois autores, mais ainda do que os 125 anos que os separam, produziu dois modos fundamentalmente distintos de representar operisticamente o mesmo mistério. O que em Schikaneder se expressa de forma popular e ingênua, em Hofmannsthal passa por um filtro de intelectualidade antes de fermentar em formas dramáticas definidas.

Para sugerir os diversos planos em que a ação se desenrola – o Mundo dos Espíritos, o dos seres humanos e a região intermediária governada pelo Imperador –, Strauss utiliza texturas orquestrais diferenciadas. A orquestra, como nas obras anteriores à *Ariadne*, é gigantesca, pois a amplitude de um drama que tem afinidades com o *grand-opéra* de estilo francês exige massas sonoras imponentes: enorme naipe de arcos, 21 madeiras, 21 metais e percussões convencionais, acrescidas de seis gongos chineses, quatro tam-tams, duas celestas, xilofone, piano, harmônio e ainda uma harmônica de vidro, com a qual se obtêm sonoridades cristalinas e irreais. A partitura insere-se naquela linhagem, típica dos primeiros anos do século XX, de euforia com as multifacetadas possibilidades sonoras da orquestra sinfônica moderna, em que os compositores erguem edifícios instrumentais de proporções colossais: a *Sinfonia n. 8 "dos Mil"* de Mahler, os *Gurre Lieder* de Schönberg, a *Sinfonia Alpina* do próprio Strauss, o *Poema do Êxtase* de Skriábin, a *Sinfonia "Gótica"* de Havergal Brian ou a *Sinfonia n. 4* de Charles Ives.

Mas a *Mulher sem Sombra*, ainda mais do que o *Cavaleiro da Rosa*, mostra Strauss de posse do perfeito domínio da escrita translúcida para as vozes e a orquestra, obtendo absoluto equilíbrio entre elas. E se ele usa a orquestra inteira para as cenas que se passam na terra, dá texturas quase camerísticas às que evocam o Mundo dos Espíritos. Distingue esses mundos uns dos outros trabalhando também com tipos diferentes de intervalos. Quanto mais humana a personagem, mais os seus temas enfatizam os intervalos de terça: os irmãos do Tintureiro, por exemplo, são caracterizados com um tema em terças maiores. Já o mundo sobrenatural se expressa através de intervalos de quarta: o motivo que se refere à mágica e à metamorfose, por exemplo, consiste de quartas ascendentes perfeitas, aumentadas e diminuídas. Quanto ao tema de Keikobad, que é um espírito, mas governa os humanos e tem com eles uma relação estreita, sua música mistura intervalos de terça e de quarta.

A música é de extrema mobilidade: da solenidade glacial do reino de Keikobad ao clima caloroso em casa de Barak; da exuberância exaltada das cenas em que a Ama faz seus encantamentos à violência elementar das descrições dos fenômenos naturais. São freqüentes, por outro lado, os símbolos musicais que nem chegam a ser propriamente um tema. Por exemplo, a figura rítmica ouvida logo no início da ópera, e que representa Keikobad; a série de quatro acordes que está ligada à idéia, enunciada pela Ama, de que os seres humanos são fundamentalmente contraditórios; os seis acordes que acompanham a frase "Es wird zu Stein" (Ele se petrificará); o tema da sombra, que aparece invertido cada vez que se menciona a sua ausência; ou a série obsessiva de notas que descreve o grito do Falcão do Imperador.

Ao lado dessas cenas econômicas, entretanto, há elaboradas melodias muito cantábile, nos momentos líricos em que o arioso predominante expande-se em canto formal. Páginas como o já mencionado cântico dos Guardiães, no fim do ato I. Ou o dueto do ato III, em que Barak e sua mulher confessam o amor que sentem um pelo outro. Sem saber que o marido está na cela ao lado daquela para onde foi levada, a Tintureira o chama:

Barak, mein Mann,
o daß du mich hörtest,

Dietrich Fischer-Dieskau é Barak e Ingrid Bjoner é a Imperatriz nesta montagem da *Mulher sem Sombra*, em 1963, na Ópera da Baviera (direção de Rudolf Hartmann, cenários de Helmut Jürgens, regência de Josef Keilberth).

*daß du mir glaubtest
vor meinem Tode!
Dich wollt'ich verlassen,
dich, den zuvor
niemals ich sah!
Dich wollt'ich vergessen
und meinte zu fliehen dein Angesicht:
dein liebes Angesicht,
es kam zu mir –
daß du mich hörtest,
daß du mich glaubtest –
dein Angesicht,
das ich Unsel'ge
für immer verlor.*

(Barak, meu marido, antes de morrer, eu gostaria que você me ouvisse e pudesse acreditar em mim! Eu queria te abandonar, eu que, antes, nunca te tinha visto! Eu pretendia te esquecer e fugir de tua vista: mas teu rosto, teu rosto querido veio até mim – ah, se você pudesse me ouvir e me acreditar –, teu rosto querido que eu, infeliz, perdi para sempre.)

Sem ouvi-la, Barak pensa, consigo mesmo, enquanto a voz da mulher se junta à dele:

Barak: *Mir anvertraut,
daß ich sie hege,
daß ich sie trage
auf diesen Händen
und ihrer achte
und ihrer schoner
um ihren jungen Herzens willen!*
Tintureira: *Dir angetraut,
dein zu pflegen,
dienend, liebend dir mich bücken:
dich zu sehen,
atmen, leben!
Kinder, Guter, dich zu geben!* –
Barak: *Mir anvertraut –
und taumelt zur Erde
in Todesangst vor meiner Hand!
Weh mir!
Daß ich sie einmal noch sähe
und zu ihr spräche:
Fürchte dich nicht,
fürchte dich nicht.*

(A mim confiada para que eu cuide dela, para que eu a proteja com as minhas mãos, e olhe por ela, e queira bem a seu jovem coração!//Casada contigo para tomar conta de ti, te servir, te amar, te respeitar: olhar-te, respirar, viver! Dar-te filhos, meu querido!//A mim confiada – e ela caiu ao chão, com medo mortal da minha mão! Ai de mim! Ah, se eu pudesse vê-la de novo e lhe dizer: não tenha medo, não tenha medo.)

Este dueto ostenta uma das mais belas melodias de todo o teatro straussiano. Momentos magicamente eufônicos ocorrem também nos trechos puramente instrumentais, como o emocionante interlúdio após a primeira cena do ato II, construído sobre o tema de Barak. Ou na grandiosa cena final, precedida de um dos mais belos interlúdios de toda a ópera. Ao sair do subterrâneo e ver a ponte dourada que se estende sobre o abismo, Barak atravessa-a com sua mulher. O Imperador e a Imperatriz os esperam do outro lado, e os dois casais celebram a sua felicidade, juntando-se a eles as vozes do Coro dos Não-nascidos:

Barak: *Nun will ich jubeln,
wie keiner gejubelt,
nun will ich schaffen,
wie keiner geschafft,
denn durch mich hin strecken sich Hände,
blitzende Augen, kindische Münder,
und ich zerschwelle
von heiliger Kraft!*
O Imperador: *Nur aus der Ferne
war es verworren bang,
hör es nun ganz genau,
menschlich ist dieser Klang!
Rührende Laute
nimmst du sie ganz in dich.*
A Imperatriz e a Tintureira: *Schatten zu werfen,
beide erwählt,
beide in Prufenden
Flammen gestählt.
Schwelle des Todes nah,
gemordet zu morden,
selliger Kinder,
Mutter geworden.
[...]*
As vozes das crianças não-nascidas
*Vater, dir drohet nichts,
siehe, es schwindet schon,
Mutter, das Ängstliche,
das euch beirrte.
Wäre denn je ein Fest,
wären nicht insgeheim
wir die geladenen,
wir auch die Wirte!*
(Vozes vêm do alto)
Bruder! Vertraute!

(Agora me rejubilarei como ninguém jamais se rejubilou, agora trabalharei como ninguém jamais trabalhou, pois através de mim se estendem as mãos, os olhos brilhantes, as bocas infantis, e estou estourando de força sagrada!//Apenas ouvido de muito longe, este som era confuso e perturbador; se o ouves de perto, ele é humano! Sonoridades que fazem pulsar o coração, se os tomas inteiramente dentro de ti.//Para projetar sombra, ambas foram escolhidas, ambas temperadas nas chamas sagradas. Próximas da morte, de morrer, de matar, elas agora serão as mães de crianças abençoadas.[...]//Pai, nada pode te ameaçar; vê, mãe, tudo há de passar; tudo o que os perturbou, a ambos, e os fez sofrer, causando-lhes medo e ansiedade. Se algum dia houve uma grande festa, foi aquela de que nós, em segredo, éramos os convidados e os anfitriões também!!/Irmãos! Amigos!)

A estrutura da ópera, com atos divididos em cenas curtas, exige interlúdios que, ao mesmo tempo, permitam a troca dos cenários e constituam um comentário instrumental àquilo que se passou e uma preparação para o que vai se seguir. Isso permite a Strauss encontrar a solução de compromisso entre as formas vocais fechadas – os números operísticos tradicionais solicitados pelo texto de Hofmannsthal – e a textura contínua típica da ópera pós-wagneriana. Assim, volta a trabalhar com a forma da *Salomé*, a de um poema sinfônico ininterrupto, no qual as vozes vão se incrustando. *A Mulher sem Sombra* habita, sem dúvida alguma, o universo sonoro da *Salomé*, do ponto de vista do tratamento harmônico, da semelhança de desenhos melódicos, do estilo de orquestração, do uso exótico das percussões. Compare-se, por exemplo, a música que descreve o retorno de Jokanaan às profundezas de seu poço, e o frenético interlúdio do ato I, que evoca a descida da Ama e da Imperatriz à Terra. Esse interlúdio, de resto, é excepcional tanto do ponto de vista dramático, por antecipar toda a tensão que virá a seguir, quanto do musical, pelo uso que faz das percussões – gongo, tam-tam, castanholas, chicote, xilofone –, criando um luxuoso quadro sonoro de ambientação oriental que, no futuro, não deixará de ter impacto sobre obras como a *Turandot*, de Puccini, ou a *Donna Serpente* de Casella. É evidente também que a fonte de inspiração – eu diria mais, de referência deliberada – é a descida de Wotan e Alberich ao Niebelheim, no *Ouro do Reno*: alusão não fortuita, pois a Imperatriz e a Ama estão descendo à terra para roubar a sombra da Tintureira, assim como o pai dos deuses o faz com o ouro que Nibelungo tirou do fundo do Reno.

Mas além das páginas de ligação entre uma cena e outra, trechos puramente instrumentais são também usados, dentro de certas cenas, para sintetizar os sentimentos das personagens:

- a oração silenciosa de Barak, em I,2;
- o *allegro* em 6/8 que sugere a vaidade da Tintureira, quando ela se deixa vestir ricamente pela Imperatriz e a Ama (II,3);
- o solo de violoncelo que comenta a preocupação da Imperatriz com seu marido (II,2);
- o solo de violino que, no penúltimo quadro, acompanha a Imperatriz quando se aproxima o momento em que ela terá de tomar a decisão final.

No ato III, onde a ação externa se reduz ao mínimo, é aos sons que incumbe a tarefa de expressar a ação interna, e isso dá à música um papel especialmente relevante. Otto Erhardt observa:

> No ato III, é clara a aspiração a uma nova forma. No momento em que os contrastes dramáticos se atenuam, a criação puramente lírica se expande. A partir da penúltima cena, a forma de ópera desaparece, cedendo lugar à de cantata; abrem-se, dessa maneira, horizontes insuspeitados a essa manifestação artística que é o oratório cênico.

A cena final da *Mulher sem Sombra*, portanto – assim como, antes dela, o Prólogo do *Mefistófeles*, de Arrigo Boito, cuja versão definitiva é de 1875 –, coloca-se numa posição precursora, abrindo caminho para o gênero da ópera-oratório que, no século XX, será bastante praticado. Ela é um ponto de partida para peças tão diversas quanto *Zwingburg* (1924), de Ernst Krenek; *Christophe Colomb* (1930), de Darius Milhaud; *Mathis der Maler* (1938), de Paul Hindemith; *Carmina Burana* (1937), *Catulli Carmina* (1943) e outras obras de Carl Orff; *Roi David* (1921), *Judith* (1926) e *Jeanne d'Arc au Bûcher* (1936), de Arthur Honegger; ou a *Atlântida* que Manuel de Falla não chegou a terminar, e foi concluída, no fim dos anos de 1950, por seu aluno Ernesto Halffter. O próprio Strauss, de resto, recorreria uma vez mais a essa forma, em 1936, para o cântico em louvor à paz com que se encerra sua ópera *Friedenstag* (Dia de Paz).

Como em todas as óperas de Strauss, as personagens femininas têm um destaque muito maior do que as masculinas. Efeitos muito fortes são tirados da oposição entre o realismo com que é traçada a Mulher do Tintureiro e a estilização simbólica da Ama e da Imperatriz. Esta última, meio espírito meio mulher, é parente próxima dos seres híbridos da tradição romântica: Melusina, Ondina, Russalka ou Loreley, personagens muito comuns nos *singspiele* – as óperas cômicas alemãs, em que o diálogo falado intercalava-se ao canto – do início do século XIX. Quanto à Ama, ela é ambígua e demoníaca, na linha das grandes figuras negativas, como a Eglantine da *Euryanthe* (1823), de Weber, ou a Ortrud do *Lohengrin* (1850), de Wagner. Já a vaidosa e irritadiça esposa de Barak é uma personagem verista típica, com todas as contradições inerentes a um ser humano comum.

Ela é uma mulher bonita, sedutora, inteligente, mas a vida que leva a tornou amarga e ranzinza. "Minha alma está cansada da maternidade antes mesmo de a ter saboreado", diz ela à Ama. Para entender essa personagem musicalmente descrita com recursos que, com freqüência, frisam o caráter histérico, ansioso de sua personalidade, não podemos deixar de levar em conta a época em que Hofmannsthal a concebeu, o fundo histórico que está por trás da gênese do libreto, e que este reflete, nem que seja de forma indireta e inconsciente. Esta é a fase em que, em toda a Europa e nos EUA, as mulheres se movimentam, exigindo o direito de voto.

Até mesmo num país como a Alemanha das vésperas da I Guerra, terreno fértil para os pontos de vista conservadores, avanços incontestáveis estavam sendo feitos. No início do século XX, as mulheres conseguiram ser admitidas ao ensino superior e, em 1908, pela primeira vez, foi nomeada uma professora numa universidade alemã. Dois anos depois, já havia 250 mil jovens cursando o secundário – número bastante elevado, se o compararmos ao de outros países europeus. É compreensível que, contra esse pano de fundo, fosse muito forte a necessidade masculina (e o aristocrata von Hofmannsthal não era exatamente um progressista em suas concepções sociais) de enfatizar a importância do casamento e da maternidade.

O Imperador não chega a ser tão impessoal quanto o Baco da *Ariadne*: Strauss escreve para ele páginas convincentes como o monólogo "Bleib und wache, bis sie dich ruft!" (Fica e vigia até que ela te chame!), em que narra como capturou a sua mulher disfarçada de gazela; e no qual se desenvolve um belo tema lírico, associado à idéia de que ele é um grande caçador e amante. Ou o seu segundo monólogo, "Falke, Falke, du wiedergefundener" (Falcão, ó Falcão reencontrado), em II,2, no qual, ao sentir estar chegando o momento em que vai transformar-se em pedra, pede ao Falcão que o leve para um local longínquo, onde ninguém possa assistir a seu sofrimento. Esse trecho tem uma notável introdução orquestral, em que o tema do Imperador, tocado melancolicamente pelo violoncelo, com a superposição do tema do Falcão, é depois desenvolvido pelas cordas graves solistas de uma forma que já antecipa a escrita das *Metamorfoses*, as variações elegíacas sobre o tema da *Eroica* de Beethoven, que Strauss escreverá no fim da vida.

Quanto a Barak, a simpatia com que é tratado parece o resultado da identificação que Strauss tem com esse homem simples, trabalhador e de humor estável – tão parecido com ele próprio quanto a Mulher do Tintureiro lembra Pauline. O tratamento que dá a esse casal constitui, portanto, ainda que de forma indireta, mais um capítulo na série de suas obras autobiográficas. E é certamente essa identificação que lhe inspira páginas encantadoras, como o interlúdio após a primeira cena em que Barak aparece com sua mulher, ou o já citado dueto "Mir anvertraut", que contém a melodia mais cativante de toda a ópera. Barak, em suma, pertence à família dos barítonos straussianos simpáticos, juntamente com o Kunrad de *Feuersnot*, o Arlequim da *Ariadne*, o Storch de *Intermezzo*, o Mandryka da *Arabella* ou o poeta Olivier de *Capriccio*.

Com tudo isso, entretanto, a *Mulher sem Sombra* mereceu julgamentos severos até mesmo de devotados estudiosos da obra de Strauss, como Norman del Mar: "Embora a ópera contenha música impressionante, memorável e, às vezes, até mesmo emocionante, boa parte dela é meramente bombástica [...] e constrangedoramente banal".

Posição mais equilibrada é a de William Mann, que admite:

> Esta é a mais pretensiosa das óperas de Strauss e Hofmannsthal [...] e talvez seja até a mais pretensiosa de todas as óperas, do ponto de vista de sua sobrecarregada trama simbólica. Apesar disso, é a mais bonita e comovente de todas as óperas que escreveram juntos.

Figurinos de Lore Haas para uma montagem de *Die Frau ohne Schatten* na Ópera de Dortmund, em 1975.

Cenário de Adolf Mahnke para a encenação de 1939, da *Mulher sem Sombra*, na Staatsoper de Dresden (direção de Max Hoftmüller, regência de Karl Böhm).

Hofmannsthal esperava que o seu mundo fosse o da *Flauta Mágica*; mas ela está ainda mais próxima do universo interiorizado e meditativamente espiritual do *Parsifal*, pois discute a união do Homem e da Mulher não só um com o outro mas também com a divindade (chame-se ela Keikobad ou não) e com todo o resto da Humanidade. Na minha opinião, esses comentaristas fazem um pré-julgamento, a partir da impressão que têm de que Strauss não seria capaz de compreender um drama tão profundo e de implicações intelectuais tão abrangentes.

Isso é verdade: tornou-se, de fato, comum, entre certos analistas – em especial os partidários da tese do "declínio" após a *Ariadne* –, aceitar a idéia de que o compositor não entendia o gênio do poeta (com base, inclusive, nas cartas em que Hugo fazia esse tipo de queixa). Mas isso é injusto, por não levar em conta que Strauss, se não era um intelectual estratosférico, também estava longe de ser desprovido de cultura. Versado em Goethe e na literatura clássica, seu amor pela Grécia, que visitava freqüentemente, chegara a fazer com que aprendesse a língua do país, o que lhe permitia ler os grandes poetas e dramaturgos no original. Era apaixonado pelas artes plásticas e tinha vastos conhecimentos de História da Música, o que se percebe nos inúmeros pastiches que fez, por exemplo, dos compositores franceses dos séculos XVII e XVIII. Só não era pedante: seu sólido senso prático burguês o protegia contra todo tipo de esnobismo.

Como as cartas desse período a Hofmannsthal o revelam, Strauss apreciava – e entendia – o sentido filosófico do drama. Mas, uma vez mais, como na *Ariadne*, sentia maior afinidade por Barak e sua mulher do que pelo casal aristocrático – e isso está claro na música que compõe para ambos. Temia, isso sim, que as idéias de seu libretista não tivessem bom rendimento no palco, porque eram expressas através de uma floresta de símbolos demasiado densa; e também porque algumas das personagens eram arquétipos, e não seres humanos, e ele não se sentia muito à vontade trabalhando com idéias abstratas. Ainda assim, porque respeitava enormemente Hofmannsthal e reconhecia seu gênio, tratava-o de forma infinitamente mais respeitosa do que o faria, mais tarde, com Joseph Gregor, seu libretista do fim da vida. William Mann, no entanto, é da opinião de que

[...] a ópera, como um todo, deve seu impacto à música de Strauss, que esclarece de forma extraordinária as idéias expostas. Chego a pensar que a música, na maioria das cenas vitais, realiza as idéias de Hofmannsthal melhor do que o que o texto nos permite compreender. A grandeza e as nuances de colorido orquestral, o domínio da técnica sinfônica (inigualado até mesmo no *Don Quixote* ou no *Rosenkavalier*), e a caracterização vocal impõem uma admiração que talvez não se sinta diante de nenhuma outra obra de Strauss. Na *Mulher sem Sombra*, ele encontrou a inspiração para a sua obra-prima [...]; nela, explorou seus dons ao extremo. [...] *A Mulher sem Sombra* talvez seja o texto que melhor reivindique para Hofmannsthal a imortalidade. Mas é a música de Strauss que justifica essa reivindicação.

Strauss, entretanto, com seu habitual senso crítico terra-a-terra, tinha consciência das dificuldades de sua *FrOSch*. Anos depois da estréia, passeava no parque de Alster, em Hamburgo, com um dos críticos mais importantes da cidade, quando este lhe disse: "Dez anos atrás, eu achava essa ópera um horror. Ontem, ao ouvi-lo reger, entendi a música pela primeira vez". Strauss respondeu: "Pois espere os próximos dez anos – quem sabe entende o libreto também?".

Não nos esqueçamos, além disso, de que o "tom bombástico" e "constrangedoramente banal" de que Norman del Mar se queixa pode ser mais o resultado de interpretações rebarbativas do que da música propriamente dita. O grau de sutileza que *A Mulher Sem Sombra* pode alcançar fica evidenciado nas gravações existentes, todas elas capazes de tirar da ópera excelente rendimento músico-dramático:

Decca/London – Leonie Rysanek, Christel Goltz, Hans Hopf, Paul Schöffler/Karl Böhm.
DG, 1963 – Ingrid Bjoner, Inge Borkh, Jess Thomas, Dietrich Fischer-Dieskau /Joseph Keilberth.
DG, 1964 – Rysanek, Christa Ludwig, Thomas, Walter Berry/Herbert von Karajan.
Voce della Luna, 1968 – Rysanek, Marianne Schech, Hans Hopf, Berry/Rudolf Kempe.
DG, 1977 – Rysanek, Birgit Nilsson, James King, Berry/Böhm.
SRO, 1976 – Bjoner, Nilsson, King, Fischer-Dieskav, Varnay/Sawallisch
SRO, 1984 – Hass, Trekrl-Burckhardt, King, Adam/Wolfgang Sawallisch.

SRO, 1988 – Cheryl Studer, Helga Dernesch, Schunk, Alfred Muff/Sawallisch.
EMI/Angel, 1990 – Studer, Ute Vinzig, René Kollo, Muff/Sawallisch.
Decca/London, 1991 – Julia Varady, Hildegard Behrens, Plácido Domingo, José van Dam/Georg Solti.

Pelo seu valor histórico, algumas gravações de cenas selecionadas, gravadas ao vivo, precisam ser registradas:

Koch Schwann, 1933 – Viorica Ursuleac, Franz Völker/Clemens Krauss na Ópera de Viena.
Koch Schwann, 1943 – Hilda Konetzni, Elsa Schulz, Joseph Herrmann/Böhm na Ópera de Viena.
VAI Audio, 1953 – Eleanor Steber, Christel Goltz, Set Svanholm, Otto Wiener/Böhm na Ópera de Munique.

A versão de Joseph Keilberth, ao vivo, com Ingrid Bjoner e Inge Borkh, é drasticamente cortada; o que é uma pena, pois tem a Ama de Martha Mödl e, em Dietrich Fischer-Dieskau, o melhor Barak em discos. Böhm-II e von Karajan, ambas ao vivo na Ópera de Viena, com excelentes elencos, têm os cortes padrão de palco. Böhm-I, de estúdio, Sawallisch e Solti são completas. Algumas seleções de trechos merecem ser consignadas. No volume 5 da "Vienna State Ópera Séries", da Koch Schwann, as de novembro de 1943, com Konetzni-Schulz-Hermann/Böhm. No volume 16, as de junho de 1933, com Ursuleac-Völker/Krauss. E também, no selo VAI Audio, trechos bem extensos com Steber-Goltz-Svanholm-Wiener/Böhm (Munique, 1953).

Em vídeo, além de uma apresentação na Ópera de Paris, em 1980, com Behrens, Gwyneth Jones, Kollo, Berry/Christoph von Dohnányi – comprometida pela má qualidade da imagem pirata – há também o registro de uma montagem de Estocolmo, em 1975, regida por Berislav Klobucar, que documenta a estréia de Birgit Nilsson como a Tintureira (mas o Imperador é o sofrível tenor finlandês Matti Kastu). O melhor registro de imagem é o do Festival de Salzburgo, em 1992, com Studer, Éva Marton, Thomas Moser, Robert Hale/ sir Georg Solti.

Em 2007, foi lançada também a versão japonesa, de Ennosuke Ichikawa, filmada em Nagóia em 1992: Luana de Vol, Janis Martin, Peter Seiffert, Alan Titus/Sawallisch.

Profissão: Compor

Parece ser este o momento ideal de abrir um parêntesis, para discutir uma questão da qual, a esta altura – tendo examinado as sete primeiras óperas de Richard Strauss –, já podemos ter uma idéia razoável: seu método de trabalho. Totalmente conforme à sua personalidade pragmática, esse método nada tinha a ver com a concepção romântica do ato criador e, ao contrário do que acontecia muito com os músicos do século XIX, prescindia quase inteiramente de estímulos externos. Como o próprio Strauss dizia, a partir do momento em que uma melodia lhe ocorria, desenvolvê-la e orquestrá-la era um problema meramente artesanal. Os testemunhos familiares confirmam que ele era perfeitamente capaz de sentar-se à sua escrivaninha e preparar uma orquestração complexa, enquanto se falava ou ria à sua volta. Às vezes parava, dava um palpite na conversa, depois retomava tranqüilamente o que estava fazendo – porque, como ele próprio escreve em suas *Reflexões*, "o que faço é tão agradável, que posso parar e recomeçar quando me dá na telha". Karl Böhm confirma isso:

> Uma vez, [Strauss] estava trabalhando na partitura da *Daphne* e discutindo comigo um detalhe da interpretação de Mozart. Aí, eu lhe disse: "Mas Herr Doktor, o senhor não pode falar de outra coisa enquanto trabalha". E ele me respondeu: "Não se preocupe, meu caro Böhmerl. Sou perfeitamente capaz de pensar em duas coisas ao mesmo tempo".

Richard não se importava de ser interrompido por um visitante ou, como acontecia muitas vezes, por Pauline, que lhe pedia para ir comprar leite ou pôr uma carta no correio. Quando voltava, recomeçava no ponto em que tinha parado, como se nada tivesse acontecido. A um jovem regente que lhe contou ter tirado um ano de licença para escrever uma ópera, respondeu: "Para quê? O dia tem 24 horas: doze para trabalhar, oito para dormir, duas para comer. Sobram duas horas por dia para compor. Com tanto tempo livre, para que é que você precisa de uma licença?". Resposta digna de um mouro de carga que, entre 1885 e 1911, além de seus encargos de regente em tempo integral, produziu 59 números de opus, entre os quais cinco óperas!

Em seu livro de memórias *Die Welt von gestern: Erinnerungen eines Europäers* (O Mundo de Ontem: Recordações de um Europeu) – publicado no Brasil com o título de *O Mundo em que Eu Vivi* –, o escritor austríaco Stefan Zweig deixou um surpreso depoimento sobre os hábitos de trabalho do compositor, a quem serviu de libretista:

> Para Richard Strauss, trabalhar é um processo realmente estranho. Nada de demoníaco, nada dos transes típicos do artista, nada das depressões e desesperos que se depreende das biografias de Beethoven ou Wagner. Strauss trabalha objetiva e friamente. Compõe, como Johann Sebastian Bach e outros sublimes artesãos de sua arte, de um modo sereno e regular. Às nove da manhã, senta-se à sua escrivaninha e continua o que está fazendo

A única foto de Strauss em que ele aparece sem paletó foi tirada no Rio de Janeiro, durante a excursão da Filarmônica de Viena.

Caricatura de Strauss feita por Olaf Gulbransson para o jornal satírico *Simplicissimus*.

a partir do ponto em que parou na noite anterior. Trabalha sem descanso até o meio-dia ou a uma da tarde. Depois do almoço, joga *skat*, copia duas ou três páginas da partitura e, à noite, vai reger no teatro. Desconhece todas as formas de nervosismo e, tanto de dia quanto de noite, sua inteligência estética permanece luminosa e clara. Quando seu empregado o chama, trazendo-lhe o fraque, de que precisará para ir reger, deixa a escrivaninha, dirige-se ao teatro e rege com a mesma segurança e serenidade com que, de tarde, jogou *skat*. Na manhã seguinte, a inspiração volta no mesmo ponto. Na verdade, segundo a expressão de Goethe, é Strauss quem comanda as suas idéias [...]. É o que demonstra o seu lema brincalhão: "Quem quer ser um compositor de verdade deve saber musicar até uma lista de compras". As dificuldades não o assustam: pelo contrário, excitam a sua maestria plasmadora. Lembro-me com prazer de como cintilavam os seus olhos azuis ao me dizer, com um tom de triunfo, mostrando-me uma passagem da partitura (da *Mulher Silenciosa*): "Esse vai ser um osso duro de roer para a cantora! Terá um bocado de trabalho antes de conseguir cantar essa coisa". Em momentos assim, em que seus olhos se iluminam, intui-se que há algo de demoníaco profundamente escondido dentro desse homem que, a princípio, chega a inspirar desconfiança por sua pontualidade, hábitos metódicos, ausência de nervos, solidez artesanal do modo de trabalhar. Seu rosto também dá, de resto, uma impressão de banalidade, com aquelas bochechas gorduchas e um pouco infantis, com a rotundidade um tanto comum dos traços e a curva incerta da fronte: basta, porém, olhar para seus olhos claros, azuis e fortemente radiosos, para sentir, por trás da máscara burguesa, uma força mágica particular. São talvez os olhos mais atentos que já vi em um músico, não olhos demoníacos mas, de certo modo, visionários, os olhos de um homem que reconheceu suas próprias capacidades ao extremo.

A realidade, porém, não era tão simples assim. Em suas *Reflexões*, Strauss descreve o longo processo interno de elaboração por que passava o que escrevia:

> Ocorre-me uma idéia, um tema. Fica dentro de mim meses inteiros. Penso em outras coisas, em assuntos inteiramente diferentes. Mas a idéia continua verrumando dentro de mim, por conta própria. Às vezes, eu a analiso, observo seus progressos, deixo-a rondar em minha cabeça, executo-a no piano, até que, finalmente, decido-me a desenvolvê-la. Aí, eu me torturo uma tarde inteira com uma melodia, chegando a um ponto que, por mais que me esforce, não consigo ultrapassar. Na manhã seguinte, a dificuldade é superada sem esforço. É como se, durante a noite, o princípio criador tivesse agido dentro de mim, por sua conta e risco, inteiramente independente de minha vontade. A inspiração melódica que, chegando diretamente do éter, surpreende-me subitamente, surge sem que tenha existido previamente uma indicação sensorial exterior ou uma emoção psíquica – esta última é, no máximo, um motivo direto, como tantas vezes o comprovei em relação a excitações de outro tipo, de natureza não-artística. Aparece na fantasia de um modo direto e consciente, sem que a razão influa nesse processo. É o dom supremo da divindade e a nada pode comparar-se [...].
>
> Componho em toda parte, passeando ou viajando, em casa ou na rua, em hotéis ruidosos, no meu jardim, em um trem. Meu bloco nunca me abandona e, quando um tema surge em minha cabeça, eu o anoto. Uma das melodias mais importantes do *Rosenkavalier* me ocorreu quando estava jogando cartas. E rascunhei uma de minhas canções, *Traum durch die Dämmerung* (Sonho ao Crepúsculo), em dez minutos, enquanto esperava que a minha mulher se aprontasse para darmos um de nossos costumeiros passeios a pé [...].
>
> De qualquer modo, para a minha produção, o melhor é a solidão total. O que se chama de "intuição", idéias musicais que surgem sem que eu saiba a sua origem, costumo tê-las de tarde – uma ou duas horas depois de ter comido –, ao iniciar um passeio, ou depois de ter feito uma longa caminhada pelo campo; às vezes também depois de ter descansado uma, duas horas. Os sonhos não desempenham nenhum papel na minha criação; pelo menos não os sonhos de que consigo me lembrar ao acordar. De qualquer maneira, é inegável que há um trabalho interno de fantasia, de que não tenho consciência, e a ele corresponde a parte principal de minha atividade criadora.

Nesse mesmo texto, Strauss lamenta-se, num tom entre irônico e melancólico, de que só lhe ocorrem temas breves – o que era correto só até certo ponto, mas que, de qualquer maneira, põe a nu um aspecto crucial de sua criação:

> Dois compassos de uma melodia ocorrem-me de maneira espontânea. Depois, começo a desenvolvê-los e escrevo outro par de compassos. Mas logo percebo defeitos e tenho de ir colocando lentamente pedra sobre pedra, até chegar à versão definitiva. Esse processo, às vezes, demora muito, muito tempo. Uma melodia que dá a impressão de ter surgido de repente é, quase sempre, o resultado de um trabalho muito cansativo.

Aos jovens compositores, Strauss sempre aconselhava o estudo dos velhos mestres. A um rapaz que lhe confessou ter tomado como modelo as suas peças, respondeu, em tom irritado: "Pois deveria ser mais sensato e estudar Mozart. As minhas coisas não são para gente tão jovem". Zangava-se muito, aliás, cada vez que pensava em como os métodos habituais de ensino de música descuidavam-se daquilo que sempre lhe parecera o mais importante: a forma melódica.

> Nos conservatórios, ensina-se de tudo. Mas não se ensina, com a profundidade devida, a configuração do motivo que, para mim, é o mais importante. Como uma melodia começa não importa, e sim como prossegue.

Meyerbeer escrevia brilhantes compassos de abertura mas, logo depois, o brilho se apagava [...]. Está claro que o motivo é uma questão de inspiração: é a idéia. Mas o problema é que a maioria se contenta com a idéia, quando é no desenvolvimento que a verdadeira obra de arte se revela. Não se trata do começo da melodia, mas de sua continuação, de seu desenvolvimento, até que se alcance a forma melódica perfeita.

E para atingir essa "forma melódica perfeita", Strauss trabalhava sem cessar, como se temesse, ao envelhecer, não ter tempo de dizer tudo o que tinha dentro de si. *Nulla dies sine nota* era o lema desse trabalhador incansável, para quem as pausas praticamente não existiam. Antes mesmo de terminar uma obra, já estava planejando a próxima, como o demonstra o relato, feito neste livro, da gênese de suas óperas. Um dos resultados mais imediatamente perceptíveis desse conscienscioso trabalho, capaz de domar os caprichos e as instabilidades da inspiração, é a extrema individualidade do estilo straussiano. Em *Richard Strauss*, Dominique Jameux tenta definir o que faz com que, "ao ligar o rádio, bastem uns poucos compassos para que se reconheça a sua música".

Jameux menciona estudiosos como Roland Tenschert que fizeram o levantamento das características, dos maneirismos de sua escrita, encontrando determinados procedimentos que se repetem com freqüência. Um deles é o que consiste em combinar, numa mesma figura rítmica, intervalos de quarta e de sexta, nas frases com que anuncia a entrada em cena de suas heroínas: são assim, por exemplo, os "cartões de visita" de Salomé, Electra e Ariadne que, de fato, têm delineamentos rítmicos muito semelhantes, embora sua "personalidade sonora" seja diferente. Diz Jameux:

> As fórmulas são numerosas e adquirem valor de signo mais ou menos constante: melodias em terças, com intervalos aumentados, ritmos obstinados ou, ao contrário, com brusca ruptura de andamento para assinalar a mudança do foco de atenção de uma personagem para a outra.

O exemplo que Jameux cita é o da "Cena do Reconhecimento", na *Elektra*, em que, à agitação da protagonista, que pergunta "Was willst du, fremder Mensch?" (O que queres, estrangeiro?), responde a frase lenta e pausada de Orestes: "Ich muss hier warten" (Tenho de esperar aqui). A esse exemplo, acrescentemos o da *Salomé*, em que as angustiadas tentativas do Tetrarca de dissuadir sua enteada esbarram na repetição do implacável "Gib mir den Kopf des Jokanaans" (Dá-me a cabeça de Jokanaan). Ou as constantes oscilações de andamento que, na *Ariadne*, pontuam a conversa entre a protagonista e Zerbinetta. Mas, prossegue o musicólogo francês,

> esses detalhes revelam sinais particulares, mais do que o desenho de um perfil. O importante, nessa ordem de idéias, seria conseguir definir os contornos de sua melodia, de sua frase musical, ou seja, o que é a *assinatura* straussiana. Parece que, nesse sentido, dois tipos muito nítidos de desenho se opõem. O primeiro é o que Strauss usa para descrever seus heróis: ascensão em três patamares, *rallentando* com leve pausa na nota mais aguda e descida bem breve, como no início do *Don Juan*, no episódio da luta contra a morte de *Tod und Verklärung*, ou no tema com que, na *Ariadne*, ele apresenta o Compositor. O segundo é o que usa quando há um momento de euforia ou de exaltação do Herói: um grande intervalo ascendente no início, um clímax breve no centro, sem a pausa, e uma descida regular e prolongada.

Para esse segundo tipo de frase, Jameux cita exemplos tirados dos poemas sinfônicos: *Also sprach Zarathustra*, *Tod und Verklärung*, *Don Juan*. Poderíamos ainda lembrar "Visão", a décima quarta seção, em que culmina a *Sinfonia Alpina*, quando o viajante, tendo chegado ao topo da montanha, é abrasado pela luz do sol e contempla toda a paisagem em torno. Ou, no domínio operístico, o motivo com a orquestra em *fff* que, na cena da Apresentação da Rosa, descreve a incontida emoção de Sophie ao ver Octavian pela primeira vez. A essas questões técnicas, acrescentemos um certo jeito de orquestrar, um certo colorido orquestral inconfundível, que também torna a música de Strauss fácil de identificar após uns poucos compassos.

Embora para ele a atividade criadora fosse constante, é importante observar que a melhor parte do que escreveu surgiu durante os meses da primavera ou do verão. "Gostaria mesmo era de morar no Ceilão, onde nunca chove", dizia esse homem de temperamento solar. Natural de um país de brumas e neve, precisava de calor para criar, razão pela qual, sempre que podia, escapava para a Itália ou a Grécia. "As cerejas não florescem no inverno, e as idéias musicais tampouco surgem quando

O regente discretíssimo: fotos de um ensaio de *Till Eulenspiegel* em Colônia, 1936.

a natureza está fria e improdutiva", dizia o criador da *Daphne*, que sente correr dentro de suas veias a seiva das árvores. "Por isso, é natural que meu melhor trabalho de criação eu o tenha desenvolvido sempre na primavera, nas montanhas bávaras." Walther Panofsky descreve o seu método de trabalho:

> Quando Strauss decidia-se a musicar um tema dramático, trasladava espontaneamente as primeiras idéias para o texto proposto. Depois, recolhia, em grandes folhas pautadas, as idéias principais que, depois, de forma mais condensada, passava para cadernos de anotações menores. Nessas *particellas*, já era perfeitamente reconhecível a forma da nova obra. A partitura definitiva era, quase sempre, precedida de uma cópia para piano passada a limpo. Os "planos orquestrais", em que Strauss indicava os grupos instrumentais já assinalados na *particella* para piano, proporcionavam-lhe uma visão geral plástica, na hora em que tinha de escrever a partitura final – trabalho esse mais mecânico do que criador. Uma vez finalizada a partitura, mal se encontravam correções no manuscrito; eram, no máximo, ligeiros sinais de rasuras. Do ponto de vista caligráfico, suas páginas eram obras-primas: claramente estruturadas e economicamente dispostas, refletindo uma extraordinária maestria artesanal.

A esse respeito, também Norman del Mar comenta que, se examinarmos o manuscrito da *Elektra*, por exemplo, com suas colunas de pentagramas bem ordenados, sua escrita transparente e sem máculas, é difícil imaginar que aquela música, de caligrafia serena e disciplinada, soe tão turbulenta. Sua segurança para escrever era imensa, atesta Karl Böhm:

> Na versão final, ele copiava à tinta a partitura orquestrada, nos mínimos detalhes, até mesmo os contrapontos novos – e nunca precisava riscar nada. Se cometia um erro, pegava um canivete, raspava cuidadosamente a nota, alisava o papel com a unha, e escrevia por cima a nota correta. Mas havia poucas correções a fazer, pois raramente ele cometia um erro, em especial quando estava transpondo instrumentos, onde é muito fácil de errar. *Strauss escrevia música como qualquer um de nós escreve uma carta* (o grifo é meu).

À paixão pelas artes plásticas, que fez dele um fervoroso colecionador e lhe forneceu fontes preciosas de inspiração para suas óperas – como vimos no caso do *Cavaleiro da Rosa* –, juntava-se a paixão pela literatura. Segundo Karl Böhm,

> às vezes era impossível seguir a conversa de Strauss, pois você tinha de estar muito enfronhado em literatura e música para ser capaz de acompanhar seu raciocínio. Nenhum outro músico tinha conhecimentos tão aprofundados de literatura alemã. Ele sabia o *Fausto* de cor e, em suas últimas semanas de vida, segundo me contaram Franz e Alice, tinha decidido reler todo Goethe. Estava muito familiarizado com a literatura russa também e me lembro de seu comentário: "Não entendo porque essa gente fica tão espantada com o comunismo na Rússia. Os russos não mudaram nada. Está tudo em Dostoiévski. É ele quem diz que o seu povo pode fazer o bem sem limites e o mal incomensurável – mas é sempre incrivelmente sensível à arte".

É também Böhm quem nos dá o retrato desse grande regente nos ensaios de suas próprias óperas, e da capacidade de aceitar críticas que ele tinha:

> Nos ensaios que precediam a estréia, Richard Strauss tornava-se impossível (para não usar uma palavra mais forte). Implicava com cada acorde, cada dinâmica, de tal forma que, em vários ensaios da *Mulher Silenciosa*, tive de enfrentá-lo. Ele me dizia: "Mas Böhm, você sabe que o público tem de entender o que os cantores dizem". Ele gostava do libreto de Stefan Zweig até mais do que de certos textos de von Hofmannsthal. "Todo mundo tem de ser capaz de entender essas palavras." Uma vez eu lhe disse: "Herr Doktor, dê uma olhada na partitura! Como é que a Cebotari vai conseguir fazer as palavras passarem através disso?". Ele murmurou alguma coisa, pegou a partitura, foi para o Hotel Bellevue – que ficava em frente à Ópera de Dresden e, infelizmente, foi destruído durante o bombardeio da cidade –, pegou um lápis vermelho, cortou os instrumentos dobrados, transformou um mezzo-forte num piano, e pronto, dava para ouvir as vozes perfeitamente.

> Quanto mais envelhecia, mais exigia do regente de um espetáculo de ópera que acompanhasse os cantores de modo a que eles pudessem ser perfeitamente entendidos. Isso está dito no prefácio de *Capriccio*. Em algumas obras, isso é muito difícil, senão impossível. É o caso da *Elektra*, da qual ele próprio dizia: "Nela, cheguei a um limite a partir do qual não é mais possível ir adiante". [...] Ao escrever uma ópera, Strauss tinha instintivamente a idéia precisa de como certas passagens haveriam de soar. Se, no ensaio, determinada passagem não correspondesse exatamente ao que tinha imaginado, criticava-a sem cessar, fazia correções, sem nunca ficar satisfeito. Nessas ocasiões, não mostrava o lado melhor de seu temperamento, mas eu aceitava isso dele de boa-vontade porque tinha aprendido muito com aquele homem. Em compensação, com as óperas que já tinham sido executadas, às vezes era inacreditavelmente generoso para comigo – para não dizer descuidado.

> Por outro lado, era capaz de sentir um prazer ingênuo ao ouvir as suas próprias obras. Nunca me esquecerei de uma apresentação da *Elektra* em Dresden. Strauss estava sentado no meu camarote, em companhia de minha mulher. Na cena em que Orestes é reconhecido por sua irmã, segurou a mão dela e, no final, disse: 'Eu tinha me esquecido que fui eu quem escreveu isso'.

Intermezzo

Richard e Pauline já tinham nove anos de casados, em 1903, quando ocorreu o episódio em que se basearia sua ópera seguinte. Uma companhia lírica italiana estava se apresentando na Kroll Oper, em Berlim. Além de trazer consigo o regente Arturo Vigna, ela tinha contratado no local Josef Stransky – a quem os amigos, em tom de brincadeira, davam o apelido de "Straussky". Uma tarde, em companhia do empresário Edgar Strakosch e do tenor Emilio de Marchi (o primeiro Cavaradossi na *Tosca*, de Puccini), Stransky estava tomando um drinque no Union Bar, do Hotel Bristol. Aproximou-se deles uma jovem que pedia ingressos gratuitos para um dos espetáculos, e De Marchi recomendou-lhe que falasse com o maestro.

Não é possível saber exatamente o que se passou entre Stransky e a garota. O que se pode supor é que, a promessa de lhe dar os bilhetes não tendo sido cumprida, ela procurou no catálogo telefônico o nome de "Straussky" e, em seu lugar, encontrou o do *Hofkappelmeister* Richard Strauss. Foi obra do acaso. Ela poderia ter escolhido o regente Edmund von Strauss, da Ópera de Viena. Ou o compositor de operetas Oskar Straus. O destino fez com que ambos escapassem de ser o alvo dessa carta equivocada. Foi para o n. 17 da Joachimsthalerstrasse que seguiu um bilhete nestes suspeitíssimos termos:

Meu queridinho,
não te esqueças de mandar os meus ingressos.
A tua fiel
                Mitzi.

Meu endereço é: Mitzi Mücke, Lüneburgerstrasse, 5.

Por azar, a carta chegou à casa dos Strauss no momento em que Richard, depois de uma estafante turnê em Londres, descansava uns dias na Ilha de Wight; e Pauline, em sua ausência, abria sem a menor cerimônia a correspondência que lhe era remetida. Como frau Strauss era do tipo que atira primeiro e pergunta depois, ao voltar para casa Richard foi apanhado de surpresa pela notícia de que a mulher já procurara um advogado e pedira o divórcio, alegando infidelidade. Só com a intervenção de um amigo, Friedrich Rösch, que conhecia Stransky e sabia de seu encontro com a moça no Bristol, foi possível convencer Pauline de que tinha havido apenas uma lamentável troca de endereços.

Na ópera, Richard e Pauline são transformados no casal Robert e Christine Storch – o nome dele tem as mesmas iniciais, RS –; e chama-se Mitzi Meier a moça cuja carta chega durante a ausência do dono da casa, que foi à Áustria reger um concerto. Enquanto joga com seus amigos em Viena, Storch recebe um telegrama em que a mulher, furiosa, diz não querer vê-lo nunca mais. Antes, porém, de voltar para casa cheio de ansiedade, tem, no parque vienense do Prater, um encontro noturno com um de seus parceiros de jogo, o regente Stroh. Este lhe confessa, muito sem jeito, ser o destinatário da carta de Mitzi. Irritado, Storch exige que o amigo vá falar com Christine e dissipe o equívoco. Mas, ao chegar em casa, ainda é recebido friamente pela esposa amuada. É a sua vez de se enraivecer e de concordar com a separação. É aí que Christine, como a mulher do Tintureiro, dá-se conta de que não poderá viver sem ele. E os dois se reconciliam, reafirmando, num extático dueto, o amor que cimenta a felicidade conjugal.

Desde os tempos de *Guntram*, Strauss vinha querendo trabalhar com um argumento realista, de comédia de costumes. Mas seu parceiro esquivava-se de suas pressões, demonstrando não se interessar pelo gênero: "Façamos óperas mitológicas, pois são as mais verdadeiras de todas". No entanto, diante da insistência do compositor, von Hofmannsthal acabou lhe sugerindo, em agosto de 1916, que procurasse o dramaturgo e crítico vienense Hermann Bahr. Primeiro a reconhecer o valor dos poemas que, ainda adolescente, Hugo publicara sob o pseudônimo de Loris Melikow, Bahr fora também, como já mencionamos antes, o autor de uma das críticas mais lúcidas da *Elektra*, na época em que essa ópera estreou. E sua mulher, o contralto Anna Bahr-Mildenburg, foi uma famosa intérprete de Clitemnestra.

Além disso, Bahr é o autor de uma peça – *Das Konzert*, de 1909, dedicada a Strauss – que é o modelo do teatro realista, de inspiração quotidiana, que o compositor vinha procurando. Ainda hoje encenada nos países de língua alemã, *O Concerto* satiriza, na figura do maestro Gustav Heink, o vaidoso regente Felix Weingartner, encarniçado inimigo de Strauss desde os tempos em que este, ao começar a apresentar-se na capital austríaca, pusera em perigo a hegemonia de seu estrelato. E essa inimizade se tornaria ainda maior quando Strauss foi nomeado, entre 1919/1924, para dividir com Franz Schalk a direção da Ópera de Viena.

O Concerto tem semelhança superficial com o entrecho da ópera seguinte de Strauss pois, nela, durante a preparação de uma viagem de Heink para uma turnê de concertos, estabelece-se uma relação simétrica entre frau Heink e o marido da amante do maestro. Trata-se de uma peça excepcional, para a época em que foi escrita. Bahr explora os relacionamentos sexuais modernos de forma tão arguta quanto no teatro e nas novelas de Arthur Schnitzler: as mudanças no sacrossanto *status* do casamento, a questão da fidelidade, o efeito dos relacionamentos extraconjugais na vida do casal, o papel dos sexos na sociedade contemporânea (especialmente o da mulher, em rápida evolução), e a dificuldade da comunicação entre os sexos.

Strauss foi, portanto, em setembro de 1916, encontrar-se com Bahr em Salzburgo, onde ele morava. Contou-lhe o episódio de 1903, no qual queria basear-se. Confidenciou-lhe mais tarde, numa carta, que Pauline – a quem o emburrado crítico vienense Eduard Hanslick chamara, uma vez, sarcasticamente, de "a melhor metade de Strauss" – tivera, anos antes, um flerte

com um rapaz tímido e taciturno, cujas confidências revelaram-se um estratagema para tentar arrancar-lhe dinheiro emprestado. Sua aparente modéstia e necessidade de ajuda tinham despertado a simpatia de minha mulher até o ponto de ver nele qualidades que só existiam em sua fértil imaginação.

Esse jovem será o modelo para o barão von Lummer, que a protagonista da ópera fica conhecendo numa estação de esqui, e com quem tem um quase namorico, até perceber as suas verdadeiras intenções. Strauss e Bahr discutiram, portanto, nesse encontro em Salzburgo, o roteiro de uma ópera cômica que se chamaria *Das eheliche Glück* (A Felicidade Conjugal). Mas os rascunhos feitos entre outubro de 1916 e junho de 1917 não corresponderam ao que Richard desejava. A versão preparada por Bahr diferia substancialmente do que seria o libreto definitivo. Strauss era retratado não como um músico, mas como um professor de arqueologia; e o mau humor corrosivo de sua esposa tinha sido abrandado. A família Storch, como Bahr a imaginara, não tinha filhos; e os sentimentos que Christine nutria por von Lummer eram de caráter maternal. Mitzi Maier e o pai do barão, que são apenas mencionados na ópera definitiva, apareciam no palco como personagens.

Em cartas de 21 de outubro de 1916 e 1º de janeiro do ano seguinte, que ilustram perfeitamente seus objetivos dramáticos, Strauss criticava detalhadamente o texto que Bahr lhe preparara, acusando suas personagens de serem demasiado estereotipadas. Storch não deveria ser apenas um pedante, e sim um indivíduo de personalidade mais complexa, o que o tornaria mais interessante. Inversamente, Bahr dera destaque demasiado a von Lummer, cuja figura impulsiva decalcara na de Franz Jura, uma das personagens secundárias do *Concerto*. Strauss preferia que ele fosse visto mais através das palavras de Christine do que por suas próprias ações. Esta deveria centrar-se no casal Storch-Christine.

Mas as ressalvas referiam-se, sobretudo, a questões de natureza dramática. Strauss achava que muitas das cenas, no libreto de Bahr, eram sobrecarregadas e autocontidas. Pedia-lhe que abrisse mais espaço à música, dando a cada cena "um aspecto de esboço". E mandava-lhe sugestões de como construir seqüências "fast nur Kinobilder" (quase como imagens cinematográficas), que fornecessem ao compositor apenas algumas "palavras-chave", para que à música incumbisse a tarefa de dizer tudo. Incapaz de visualizar as personagens da mesma forma que o compositor, Bahr acabou sugerindo a Strauss que escrevesse ele mesmo o libreto. Na verdade, desde o início sentia-se pouco à vontade com o projeto: sabia que Pauline haveria de se enfurecer, e temia que o prestígio por ter colaborado com Strauss não fosse suficiente para compensá-lo pelos aborrecimentos que lhe causaria a inimizade de pessoa tão temperamental.

A criação da nova ópera, que receberia o título definitivo de *Intermezzo*, estendeu-se de agosto de 1917 a agosto de 1923. A demora em terminá-la deveu-se ao excesso de ocupações de Strauss. Naqueles duros anos de pósguerra, necessitando recompor suas abaladas finanças, ele aceitou fazer várias excursões: aos Estados Unidos, com o soprano Elisabeth Schumann, e duas vezes à América Latina. Esteve no Brasil, em 1920 e 1923, "levando um pouco de Beethoven e Wagner ao bendito país do café e do algodão". Os programas de concerto que apresentou no Rio de Janeiro – onde o calor o obrigou a tirar a única fotografia de sua vida em que aparece *sem* paletó e gravata – foram surpreendentemente modernos: pois incluíam peças de Mahler, von Schillings, Reger, Korngold, Pfitzner e dele próprio – além da abertura do *Garatuja*, de Alberto Nepomuceno.

Foi também na capital brasileira que recebeu uma longa carta de Franz, seu filho, anunciando-lhe a intenção de casar-se com Alice Grab. Essa notícia o encheu de alegria. Alice era a filha de um grande amigo, o industrial judeu Emanuel Grab, seu parceiro de *skat* ("com quem eu adorava jogar, porque ele perdia sempre"). Esse casamento, tão feliz quanto o seu com Pauline – e muito menos tempestuoso –, haveria de durar até a morte de Franz, em 14 de fevereiro de 1980. Richard adorava Alice. E não demorou muito para que ela se convertesse em sua secretária, a incansável e insubstituível organizadora de seus arquivos. É graças a ela que possuímos documentação tão sistemática sobre as diversas fases da vida e da obra de Strauss. Richard costumava dizer-lhe, com uma cúmplice piscada de olhos: "Não é verdade, Alice, que nós dois somos os únicos que trabalhamos nesta casa?".

Além das excursões e dos preparativos para o casamento do filho, que se realizaria em 15 de janeiro de 1924, essa era também a época em que Strauss estava compondo o balé *Schlagobers* (Creme Batido). Terminado em Garmisch, em 16 de outubro de 1922, e regido por ele, em Viena, em 9 de maio de 1924, *Creme Batido* é mais uma celebração das glórias da valsa vienense, que ele tanto amava. Preparava ainda, com Hofmannsthal, uma estranha versão revista das *Ruínas de Atenas*, a música de cena que Beethoven escrevera, em 1811, para a peça de August von Kotzebue. Strauss misturou essa música com trechos de uma obra mais antiga, o balé *As Criaturas de Prometeu*, de 1801. E para um longo e empolado melodrama escrito por Hugo, utilizou temas extraídos das sinfonias n. 3 e 5. Não é de se espantar que o compositor italiano Pietro Mascagni, cultor devotado da música de Beethoven, tenha ficado indignado ao assistir, em Viena, a uma apresentação dessa mixórdia

– que estreara em 20 de setembro de 1924, inaugurando a nova sede do Museu Alemão.

A essa altura, porém, a inflação galopante do pós-guerra deixara Hugo e Richard numa situação financeira tão precária, que necessitavam recorrer aos mais diversos expedientes para ganhar dinheiro. Um deles foi participar de um filme baseado no *Rosenkavalier* – apesar da oposição de Otto Fürstner, seu editor, que temia a concorrência do cinema. Mas a importância desse novo meio de entretenimento e de expressão artística não podia ser ignorada: na década de 1920, a indústria cinematográfica alemã vivia sua Idade de Ouro e era superada apenas pela dos EUA. Dirigido por Robert Wiene, o autor do *Gabinete do Dr. Caligari*, o filme foi rodado nos estúdios da Pan-Film de Viena. Era mudo, mas Strauss adaptou sua partitura como uma trilha sonora para ser executada durante a projeção. Nela, havia números novos: por exemplo, para uma cena em que o marechal von Werdenberg aparece caçando na Croácia, adaptou música que escrevera, em 1897, enquanto *Kappelmeister* em Weimar, para um espetáculo de *tableaux-vivants* históricos, em homenagem a seu empregador, o grão-duque da Saxônia.

Ele próprio regeu a orquestra na estréia do filme, na Ópera de Dresden, em 10 de janeiro de 1926; e depois em Londres, em 12 de abril de 1926. Para uma época de crise, a produção tinha sido milionária: o equivalente a US$ 250 mil. Os cenários e guarda-roupa eram os de Alfred Roller, adaptados por Stefan Wessely e Hans Rouc. O elenco era internacional: Huguette Duflos (a Marechala), Elly Félicie Berger (Sophie) e o ator adolescente francês Jacques Catelain (Octavian). O prestigioso baixo Michael Bohnen fazia Ochs e o grande ator de teatro Paul Hartmann fora convidado para uma ponta como o Feldmarschall. Dinheiro jogado pela janela: o filme foi um fracasso absoluto, frustrando as expectativas dos dois parceiros. Essa fugaz experiência com o cinema, porém, esteve longe de ser inútil, como o veremos ao falar das marcas que ela deixa em *Intermezzo*.

Com todas essas interrupções, a redação e a preparação de *Intermezzo* para o palco marcaram passo. A ópera ficou pronta em Buenos Aires, em 21 de agosto de 1923; mas só subiu à cena em novembro do ano seguinte. A estréia deu-se em Dresden, em 4 de novembro de 1924, como parte das comemorações do 60º aniversário de Strauss. Essa era a época em que autores como Adorno, Ernest Newman ou Lazar Samínski começavam a escrever o obituário musical do compositor, jogando sobre o seu "declínio" o que acreditavam ser a última pá de cal. Mas solenidades de todo tipo cercavam os sessenta anos do músico que, com essa nova ópera, demonstraria a seus detratores ainda ter mais de uma bala na agulha.

Embora o pessoal do teatro reagisse mal, como de hábito, à importação de uma diva vienense, Strauss fez questão de que o papel de Christine fosse criado por Lotte Lehmann que, além de ser uma de suas cantoras preferidas, estava perfeitamente familiarizada com seu dia-a-dia. Durante os ensaios, instruiu-a pessoalmente, para que soubesse imitar com precisão os gestos, o modo de andar, o jeito de falar de sua mulher. Joseph Correck, o barítono que fez Storch, foi escolhido em função de sua semelhança física com o compositor; e foi maquiado – inclusive com uma calva artificial – para ficar parecido com ele na época em que os fatos tinham ocorrido. E o cenógrafo Adolf Mahnke visitou a casa de Garmisch, para reproduzir alguns de seus interiores nos cenários.

Outros detalhes autobiográficos aparecem na história. Anna, a camareira da mulher do Compositor, é Anni Nitzl, que trabalhou para Pauline durante 34 anos: foi a única que sobreviveu ao constante maremoto do mau humor da patroa, com quem os serviçais nunca ficavam muito tempo. As alusões que Christine, a personagem central, faz às diferenças sociais entre ela e o marido correspondem ao esnobismo de Pauline, sempre pronta a deixar clara a superioridade de sua família, de origens aristocráticas, sobre os burgueses Strauss-Pschorr, músicos e cervejeiros.

Richard reproduziu literalmente algumas das frases típicas de sua mulher, musicando-as de forma a reconstituir suas intonações características. Por exemplo, o grito que ressoava a todo momento na casa de Garmisch: "Anna! Onde se enfiou essa imbecil?". Ou o comentário irônico que ela fazia, sempre que os dois brigavam: "É isso, então, que você chama de casamento feliz?". Às vezes, tem-se a impressão de que ele a gravou falando e limitou-se a copiar as suas palavras: "Você está sempre em casa. Os outros homens vão para o escritório. Sua eterna presença dentro de casa aumenta o meu trabalho". Ou então: "A eterna bondade e condescendência dele me deixam louca. Se pelo menos de vez em quando ele fosse grosseiro comigo, como um homem de verdade. Mas vem sempre para cima de mim com esse carinhozinho meloso e esse arzinho de superioridade satisfeita!". Saboroso é também o registro das preocupações quase maternais de Christine/Pauline com seu homem, na detalhada lista das coisas que ordena à empregada que coloque em sua mala, no início do ato I, quando a está preparando para que ele faça uma de suas habituais turnês de concertos fora de Berlim.

O Comerciante e o Cantor que, no ato II, aparecem jogando cartas com o Compositor, correspondem a dois parceiros reais de Richard: o negociante Willy Levin, grande mecenas e colecionador de obras de arte; e o baixo Paul Knüpfer, famoso intérprete de Ochs. O jogo, naturalmente, é o *skat*, a grande paixão da vida de Strauss – a respeito do qual, um tanto escandalizado, o regente Fritz Busch registra, em sua autobiografia *Als dem Lebens eines Musikers* (Da Vida de um Músico, 1949): "Seu jogo favorito, o *skat*, no qual era raramente derrotado, às vezes me parecia mais próximo de seu coração do que a própria música". Richard contava que, com freqüência, Pauline tinha de vir arrancá-lo da mesa de jogo, senão se esqueceria de voltar ao trabalho.

A franqueza com que Strauss revelou tais detalhes de sua intimidade suscitou, na época, críticas indignadas de quem considerava essa atitude "de mau-gosto", e mesmo mais tarde foi censurada. No n. 262 da revista inglesa *Music & Musicians*, de junho de 1974, Theodore Bloomfield afirmou:

> Ao saber que essas personagens inspiram-se na vida real, e episódios extremamente desagradáveis da vida íntima dos Strauss estão sendo exibidos diante de nossos olhos, até mesmo a platéia mais endurecida há de se sentir chocada. [...] O que a gente se pergunta é se uma tal cena da vida doméstica deveria estar sendo mostrada num palco de ópera.

O próprio William Mann, de um modo geral tão inclinado a mostrar-se indulgente com o compositor, considera

> de gosto discutível apresentar a sua própria mulher, para a diversão do público, como uma espécie de Aunt Sallie meio-megera meio-palhaça, às vezes aparentemente hipócrita (na cena final, por exemplo), e nunca muito simpática, enquanto, ao lado dela, [Strauss] traça de si mesmo um retrato tão gentil e lisonjeiro.

É certo que há uma pontinha de maldade nessa vingança de Richard contra o temperamento ranzinza e estourado da esposa. E é inegável que, em seu auto-retrato, há uma vez mais o narcisismo do homem que, ao compor um poema sinfônico sobre si próprio, não hesitou em chamá-lo de *Vida de Herói*. Mas a impressão final que fica é a de uma sincera e entusiástica declaração de amor do músico à sua companheira de tantos anos (em 1917, quando se decidiu a começar *Intermezzo*, o casamento já durava havia 23 anos). E não só por causa do apaixonado interlúdio n. 5, em lá bemol, que descreve o carinho de um pelo outro; ou do dueto final, cheio da *eheliche Glück* que deveria ser o título original da obra. Mas, sobretudo, por causa do depoimento que ele dá sobre as virtudes de Christine/Pauline, e as razões que o levaram a amá-la apesar de tudo. Na cena do jogo de cartas, quando seus parceiros começam a criticá-la, dizendo não entender como consegue permanecer casado com uma mulher tão difícil, Robert/Richard proclama:

> Para mim, é a mulher perfeita. Abandonado a mim mesmo, sou descuidado e preguiçoso. É a ela que agradeço por tudo o que sou, até mesmo pela minha saúde. [...] Ela me faz bem: preciso ter, à minha volta, Vida e Temperamento. Cada ser tem dois aspectos; o problema é que alguns só mostram o lado bom: são os que têm um jeito agradável. Mas ela é uma dessas criaturas muito ternas e tímidas que, por fora, têm uma casca áspera. Conheço muitas assim, e são as melhores! De fora, um porco-espinho, encouraçado de espetos [...].

Uma vez mais, é às recordações de Lotte Lehmann que recorremos, para informações sobre o dia-a-dia do casal:

> Eu não cansava de me espantar com o fenômeno que era Pauline. Com a limpeza quase asséptica da casa e com os gritos de dor que ressoavam diariamente, quando ela se submetia aos maus-tratos de sua massagista

– como se isso fosse necessário, com a impecável forma física que mantinha (Strauss sempre ia dar um passeio a pé quando isso acontecia). Pauline conversava muito comigo e, se o marido estava presente, provocava-o, tentando tirar de seu rosto aquele calmo sorriso. Chamava-o de camponês, dizia que seu casamento tinha sido uma *mésalliance*, que poderia ter-se casado com um garboso hussardo, e que a música dele não se comparava à de Massenet. Richard recusava-se a ser tirado do sério. Chego a suspeitar que gostava daquilo, no dia em que eu estava indo embora, disse-me: "Acredite-me, Lotte, a admiração do mundo inteiro interessa-me menos do que uma só das crises de raiva de Pauline".

Frau Strauss também devia ter consciência do que significava, num plano muito profundo, a homenagem que o marido lhe fizera. Mas nunca deu o braço a torcer, como conta André Tubeuf no folheto que acompanha a única gravação comercial, a de Wolfgang Sawallisch, para o selo EMI:

> Depois da estréia, um grupo de amigos foi jantar no hotel dos Strauss, para homenageá-los e a seus intérpretes. Comovida e contente, Lehmann arriscou-se a dizer a Pauline: "Esta ópera não foi um maravilhoso presente que seu marido lhe deu?". "Eu deveria conhecê-la melhor", observa Lehmann. Todo o grupo, suspenso aos lábios de Pauline, esperava pela resposta... que veio bem inteligível, acompanhada de um olhar a seu esposo: "Não vale um figo podre!". Mas Strauss sorria, bebericando o seu leite, como Oriane de Guermantes depois de permitir que Basin, seu parceiro e marido, fizesse uma de suas brincadeiras favoritas.

É Kurt Wilhelm quem conta o final da história:

> A tempestade só se desencadeou quando estavam sozinhos em seu quarto de hotel. E continuou no dia seguinte, enquanto voltavam para casa. Theodor Martin, que foi o motorista da família durante muitos anos, contou que havia um temporal lá fora e outro dentro do carro. A princípio, Strauss agüentou tudo em silêncio; mas, de repente, ficou tão furioso que quase pulou fora do automóvel. Foi uma briga pior do que a da *Sinfonia Doméstica* mas, como nela, acabou em reconciliação.

Anos mais tarde, Pauline diria ao diretor de teatro Rudolf Hartmann, grande amigo da família: "Quem sabe tinha mesmo alguma coisa por trás daquela história da Mietze Mücke?". E ela não parecia estar brincando porque, inclinando-se para frau Hartmann, segredou: "Nesse ponto, todos os homens são iguais: não passam de uns cafajestes. Mas juro que, hoje ainda, arrancaria os olhos de qualquer sirigaita que viesse atrás do *meu* Richard". Nessa época, ela tinha oitenta anos, e ele, 79.

Entre os críticos, porém, houve quem desse mais importância às inovações contidas na ópera do que aos mexericos autobiográficos. Eugen Schmidt disse, no *Dresdner Nachrichten*, que se deveria "pensar na ópera não como um '*intermezzo*', mas como a abertura para uma nova era". E tinha razão pois, hoje, sabemos que o desejo manifestado por Strauss, desde o início, de tratar um tema contemporâneo, da vida quotidiana, situa esta ópera como a precursora do sentimento anti-romântico que, na fase final da república de Weimar, haveria de fazer surgir o movimento realista a que o crítico Gustav Hartlaub deu o nome de *Neue Sachlichkeit* (Nova Objetividade) – e que Hans Curjel, em 1929, chamou de "parte do processo de curar a ressaca do pós-guerra".

Intermezzo é de 1924, o mesmo ano de *Der Sprung über den Schatten* (O Salto sobre a Sombra), de Ernst Krenek. E, como ela, é uma das primeiras *Zeitopern* (a ópera de seu tempo), responsáveis pela renovação do melodrama realista de tema contemporâneo. Como o *Salto* ou *Jonny spielt auf*, também de Krenek – que fará retumbante sucesso em 1927 –, *Intermezzo* traz para o palco o prosaísmo do telefone e do telégrafo, da pista de esqui e de patinação, do salão de bailes populares e do escritório de advocacia, além da banalidade tão reconfortante das preocupações de uma dona de casa que dá ordens à empregada enquanto esta arruma a mala do marido:

> Você preparou tudo para o patrão? Os pãezinhos, o presunto, a garrafa térmica de leite para as dez horas? A torta está bem embrulhada? O suco de framboesa não vai derramar? Dez ovos cozidos: é muito nutritivo. Com um trabalho tão cansativo como o que tem, ele deve alimentar-se bem. [...] Você colocou as pílulas? A água para os gargarejos? As compressas?

Um trecho desses, a léguas de distância do tom poético habitual nos libretos de ópera – e que nos faz pensar na *Louise* (1900), de Gustave Charpentier, que Strauss admirava tanto –, fornece-nos também um precioso documento sobre coisas tão pessoais quanto as preferências alimentares do compositor, e os desvelos que a mulher tinha com a sua saúde. Essa valorização do quotidiano, numa época em que tais questões terra-a-terra eram consideradas indignas de figurar como tema de uma ópera, coloca *Intermezzo* na importante posição histórica de prenunciadora de óperas como

- *Neues vom Tage* (Notícias do Dia, 1929), de Paul Hindemith, que satiriza a imprensa marrom;
- *Von Heute auf Morgen* (De Hoje para Amanhã, 1930), de Arnold Schönberg, tratando das dificuldades de relacionamento de um casal comum;
- *Aufstieg und Fall der Stadt Mahagonny* (Ascensão e Queda da Cidade de Mahagonny, 1930), a sátira política de Kurt Weill com texto de Bertolt Brecht.

Strauss, portanto, ao mesmo tempo que permanecia fiel a si mesmo, introduzia nesta comédia elementos novos, que a faziam apontar para o futuro. É o que demonstra Bryan Gilliam em *Strauss's Intermezzo: Innovation and Tradition*:

> A oitava ópera de Strauss é raramente mencionada nos panoramas da ópera do século XX e, no entanto, ela é uma das maiores óperas alemãs compostas após a I Guerra Mundial. A novidade de suas qualidades músico-dramáticas, e os seus vínculos com a vida cultural da República de Weimar, foram ignorados pela maioria dos musicólogos, até mesmo pelos que se especializaram na História da Ópera alemã da década de 1920. A percepção estereotipada da evolução da carreira de Strauss fez com que ele fosse automaticamente excluído das discussões sobre a vanguarda. Só recentemente essa percepção começou a ser questionada. Na verdade, se investigarmos além da superfície autobiográfica de *Intermezzo*, encontraremos uma obra altamente inovadora que não só é o protótipo para *Neues vom Tage* (1929), de Hindemith, e *Von Heute auf Morgen* (1930), de Schönberg – como alguns estudiosos já notaram –, como também é, à sua maneira, uma espécie de *Zeitoper* do início da década de 1920. *Intermezzo* fornece um ângulo de visão fascinante sobre a cultura burguesa nos primeiros anos da República de Weimar; e oferece um retrato precioso de Strauss, o compositor, na soleira de seus sessenta anos – um compositor que ainda continuaria a escrever por outro quarto de século.

Intermezzo teve criações memoráveis em Berlim (março de 1925), com Georg Szell; Munique (novembro de 1926), com Hans Knappertsbusch; e Viena (janeiro de 1927), com o autor. Nessa ocasião, ouvindo-a pela primeira vez, Hofmannsthal ficou surpreso com a seriedade subjacente à ação cômica. E isso se entende pois, em carta de 1927 a seu libretista, Strauss confessara: "Por mais inócuos e insignificantes que possam parecer os incidentes que inspiraram essa peça, não deixaram de resultar, depois que tudo foi dito e feito, no mais difícil conflito psicológico que possa ter perturbado o meu coração".

Mas esta é uma ópera que – apesar de algumas esporádicas montagens na Áustria, Alemanha e Inglaterra – nunca efetivamente conquistou um lugar no repertório; e os motivos levantados por Gilliam podem em parte explicar isso.

A gravação comercial de Wolfgang Sawallisch, deliciosamente interpretada por Lucia Popp, Dietrich Fischer-Dieskau e Alfred Dallapozza; a pirata de Gustav Kühn, com Felicity Lott, Hermann Prey e Dallapozza (SRO, 1990), e os dois vídeos existentes –

o de 1963, em Munique, com Hanni Steffek, Hermann Prey/Joseph Keilberth;
e o do Festival de Glyndebourne de 1983, com Lott, John Pringle/Kühn –

confirmam, entretanto, a opinião de Max Reinhardt de que a peça tinha um rendimento dramático tão eficiente que poderia até ser encenada como teatro falado. É essa, provavelmente, a explicação para o ostracismo. Trata-se de uma ópera que exige cantores que sejam também excelentes atores; mas só funciona num teatro pequeno, onde os intérpretes não precisem forçar a voz, renunciando ao estilo espontâneo de emissão que ela exige.

Além disso, seu estilo de *Konversationstück*, com poucas chances dadas ao canto tradicional, limita-a a um público não-convencional. Esta é a típica ópera cuja completa fruição depende da boa compreensão do texto – e neste caso, a projeção de legendas não é uma boa solução, pois elas funcionam mais como dispersão do que esclarecimento. É necessário concentrar-se no texto, enunciado sempre com muita clareza, para perceber a agilidade de seu humor. A experiência de Glyndebourne, de cantá-la em inglês, demonstra o quanto se tem a ganhar, em termos de comunicabilidade, se as palavras tornarem-se acessíveis ao público. Finalmente, é necessário reconhecer que o destino de *Intermezzo* não foi diferente do de outras *Zeitopern* da década de 1920, estreitamente ligadas às circunstâncias temporais que as viram nascer e, por isso mesmo, esquecidas à medida que o tempo passava. É muito recente o processo de redescoberta da mais emblemática delas – *Jonny spielt auf*, de Ernst Krenek (ver o volume *A Ópera Alemã*, desta coleção) –, e assim mesmo dentro de uma série de discos da Decca/London que visava a resgatar obras importantes censuradas pelo Nazismo.

Intermezzo: o título definitivo foi escolhido em função do duplo sentido que contém. Em primeiro lugar há a alusão à forma barroca que deu origem à ópera bufa, e que tinha esse nome por consistir de cenas cômicas intercaladas entre os atos de uma ópera séria. A natureza do *intermezzo*, de tema realista e prosaico, por oposição aos argumentos mitológicos ou heróicos do espetáculo principal, já situa a peça de Strauss numa dimensão específica de comédia decalcada do quotidiano. Em segundo lugar, o título refere-se à temporária interrupção na parceria de Strauss com Hofmannsthal, para tentar caminhos alternativos.

Do ponto de vista técnico, esta ópera é muito importante, pois leva adiante a experiência de combinar fala/recitativo/arioso/microárias, iniciada com o Prólogo da *Ariadne auf Naxos*; e que deixara também marcas muito peculiares no estilo de declamação da Ama, na *Mulher sem Sombra*. O próprio Strauss o explica, no Prefácio que escreveu para a ópera, e que está publicado em suas *Reflexões*:

> No uso alternado de prosa e recitativo seco e expressivo, que fiz no Prólogo da *Ariadne*, está a origem do estilo de canto agora plenamente desenvolvido em *Intermezzo*. Em nenhuma de minhas óperas precedentes, o diálogo teve tanta importância quanto nesta comédia burguesa, que oferece tão poucas oportunidades à expansão da cantilena. Através de uma constante e cuidadosa filtragem, o elemento sinfônico foi reduzido, às vezes, a não mais do que uma sugestão. Ainda que com dinâmicas imprecisas, não pode mais ser um obstáculo para as vozes. Dessa forma, o tom absolutamente natural da conversa, imitada da vida quotidiana, poderá ser compreendido tanto em seu contexto quanto em cada uma de suas palavras. O elemento lírico, representando as experiências emocionais das personagens, só se expande plenamente nos longos interlúdios orquestrais. Os cantores só têm chances para cantilenas mais elaboradas nas cenas finais dos atos I e II.

Nesse Prefácio, Strauss traça ainda uma evolução do recitativo melódico na História da Ópera. Toma como ponto de partida a moderníssima escrita vocal de Mozart na cena da *Flauta Mágica* em que Tamino é recebido, na porta do templo, pelo Orador (poderia ter recuado mais, ao arioso livre dos protobarrocos Monteverdi e Cavalli; mas estes eram, decerto, autores com os quais não tinha familiaridade). Passando por Beethoven, Weber, e dando especial destaque à cena que é um marco na evolução do estilo declamado – a do primeiro encontro de Rigoletto com o espadachim Sparafucile – Strauss vai desaguar em suas fontes mais imediatas de inspiração:

- o arioso permanente do *Ouro do Reno*, de Wagner;
- a *parola scenica* verdiana no *Falstaff*;
- e a declamação canto-fala de Mússorgski em *O Casamento*.

Parece ter deixado deliberadamente de lado o *Pelléas et Mélisande*, de Debussy, pelo qual não tinha muito apreço. Ao vê-lo, em Paris, saiu do teatro dizendo que os intérpretes mais pareciam estar marcando do que cantando. É pouco provável que não conhecesse as *Konversationstücke* do pianista-compositor Eugen d'Albert – *Die Abreise* (A Partida), de estilo realista e coloquial, é precursora de *Intermezzo*, mas não a menciona. O mais certo é que nunca tenha ouvido o *Guglielmo Ratcliff*, de Pietro Mascagni, também escrito em arrojado recitativo contínuo, usando diretamente o texto em prosa da peça de Heinrich Heine. E na época de *Intermezzo*, as óperas de Leoš Janáček ainda não tinham adquirido, fora da Tchecoslováquia, o renome que viria mais tarde. Todas essas tentativas convergentes, porém, mostram o quanto a ópera está pronta, nesse início de século XX, para a guinada no estilo de declamação que levará, em breve, ao *Sprechstimme* dos membros da II Escola de Viena.

As instruções de Strauss aos cantores são claras: eles devem evitar os grandes gestos fora de moda da ópera tradicional e, a maior parte do tempo, cantar *mezzo forte*, com muita atenção ao ritmo, pois só assim conseguirão passar "a impressão de que o diálogo está sendo improvisado com naturalismo abso-

Hanni Steffek é Frau Storch e Ferry Gruber é o barão Lummer, nesta montagem de 1960, de *Intermezzo*, no Cuvilliès-theater de Munique (cenários de Jean-Pierre Ponnelle, direção de Rudolf Hartmann, regência de Joseph Keilberth).

A cena da reconciliação, no final de *Intermezzo*, com Hanny Steffek e Karlheinz Peters (Volksoper, de Viena, 1969; direção de Rudolf Hartmann, regência de Ernst Märzendorfer).

luto". Para isso, adverte, é necessário fazer um grande número de ensaios de sala, com piano. O que deseja, portanto, é a expressão realista que provém do rápido entrelaçamento de estilos vocais diferentes: fala, recitativo seco, acompanhado, arioso, cantilena organizada. Sua busca de um cantor-ator capaz de realizar, de forma natural, essa nova modalidade de canto, lembra a descrição que, em *A Cultura de Weimar*, Peter Gay faz da Nova Objetividade: "Ela exige realismo nos cenários, precisão na reportagem, o retorno a um discurso naturalista e, se tiver de ser idealista, um idealismo muito sóbrio".

A um texto declamado em estilo coloquial tem de corresponder, necessariamente, uma orquestra reduzida: 33 instrumentos de cordas, oito madeiras, sete metais, percussão modesta, piano, harpa e harmônio. E essa preocupação com o claro entendimento do texto evidencia-se nas instruções que Strauss dá a seus intérpretes:

- prestar atenção à dinâmica da orquestração, de modo que os acentos tônicos das frases não coincidam com os tempos fortes instrumentais, para que uns não encubram os outros;
- articular claramente as consoantes, para que o canto passe nitidamente através da orquestra;
- não forçar a voz para ser ouvido pois, com isso, o que se consegue é perder a naturalidade e tornar confusas as palavras.

Fritz Busch conta que, nos ensaios, Strauss dizia aos cantores: "Meus queridos, vocês que, a plena voz, nos privam da metade do texto, poderiam, desta vez, tentar o canto a *mezza-voce*, para ver se entendemos tudo". Nesse receituário encontramos, em suma, uma síntese da visão que o compositor tinha da ópera como um gênero que é, antes de mais nada, teatro. É um ponto de vista coerente com as idéias do maestro que, no fim da vida, entre os conselhos que redigiu para os jovens regentes, dizia: "Não basta que você, que já sabe o texto de cor, consiga ouvir as palavras dos cantores; o público também tem de ser capaz de acompanhá-las sem dificuldade, senão acabará dormindo".

Culmina com *Intermezzo*, portanto, um processo de experimentação com a espontaneidade de emissão do texto, e com sua audibilidade, que já começara a se manifestar no arioso de filiação wagneriana de *Feuersnot*, e prosseguira com o recitativo em tom de conversação do *Cavaleiro da Rosa* e do Prólogo da *Ariadne*.

Nos interlúdios instrumentais, entretanto, Strauss dá livre curso a seu lirismo melódico, às idéias brilhantemente espirituosas, a seus habituais e contagiantes ritmos de valsa, e às mais variadas citações de sua própria música e da de outros autores. A eles cabe um papel narrativo fundamental – tanto assim que a ópera tem o subtítulo: *Eine bürgerliche Komödie mit sinfonischen Zwischenspielen* (Uma Comédia Burguesa com Interlúdios Sinfônicos). Ao dizer a Bahr que não queria cenas autocontidas, preferia-as abertas e com amplo espaço para a música, Strauss pretendia usá-la como um elemento de ligação que, como no cinema, criasse um efeito de *fade out-fade in* – as imagens que se "dissolvem" e se transformam nas da seqüência seguinte. Esta é, sem dúvida alguma, uma influência do cinema, com o qual o compositor tivera um contato breve, mas importante.

Algumas das treze cenas da ópera são muito curtas. As cenas 2 e 3 do ato I, por exemplo, duram pouco mais de três minutos, levando-nos de uma pista de tobogã a um salão de baile no hotel da estação de inverno de Grundlsee. Mais adiante, passamos do escritório do advogado, em Berlim, para uma cena no Prater, em Viena, depois voltamos à casa dos Storch – o interlúdio sinfônico realizando a função de montagem rápida inspirada na técnica cinematográfica. Na terminologia teórica de cinema, chama-se de "diegética" a música que se ouve dentro da narrativa – o rádio que as personagens estão escutando, por exemplo, ou a orquestra que toca na cena a que elas compareçam –; e de "não-diegética" a música que se passa fora do quadro narrativo: os comentários da trilha sonora, portanto. Pois bem, os interlúdios de *Intermezzo* cumprem uma função nitidamente não-diegética.

Com música instrumental que se situa fora da moldura narrativa, Strauss cria uma espécie de continuidade temporal entre cenas que são espacial e temporalmente descontínuas.

Os interlúdios lhe permitem cruzar as fronteiras e preencher as lacunas entre os níveis narrativos, psicológicos e temporais. Expande-se, assim, a função dos interlúdios que, na ópera pós-wagneriana, de estrutura contínua, serviam para ligar, uma à outra, cenas que, em geral, têm sentido completo, resumindo o que acontecera na precedente e preparando o espírito do espectador para o que viria a seguir. Um bom exemplo do papel de mediador entre tempos e espaços diferentes que o interlúdio desempenha é o episódio da carta que von Lummer escreve a Christine. No final da cena 6 do ato I, constrangido em pedir pessoalmente um empréstimo a frau Storch, ele senta-se em sua escrivaninha, começa a escrever a carta, o pano cai bruscamente no meio de uma de suas frases e a orquestra faz o papel do *fade out-fade in*. Quando o interlúdio está terminando, o pano se abre para mostrar Christine, com a carta na mão, exclamando: "Ele quer mil marcos. Deve estar doido!".

Numa ópera de estrutura quase cinematográfica, Strauss obtém um inovador efeito de compressão do tempo, a que já estamos acostumados no filme, onde vários anos podem ser transformados em apenas alguns minutos. O crítico Richard Elb foi o primeiro a dar-se conta disso ao descrever *Intermezzo* como *ein Kinospiel mit verbindender Tonmalerei* (uma peça cinematográfica com quadros sinfônicos de ligação). Essa comédia, de resto, seria no futuro um modelo para o uso que Alban Berg fará da técnica cinematográfica na *Lulu*. Aliás, os membros da II Escola de Viena que, de um modo geral, odiavam o Strauss neo-romântico, admitiam as qualidades dessa obra. Numa carta de 3 de maio de 1926 a Anton Weber, é visível o embaraço de Arnold Schönberg ao ter de admitir: "Recentemente, ouvi *Intermezzo*, de Richard Strauss, e tenho de confessar que, para minha enorme surpresa, ela não me pareceu desagradável".

Além disso, para um mestre da citação e do pastiche, nada melhor do que uma história cuja personagem principal é um regente-compositor. A cena mais rica, nesse sentido, é a da partida de *skat*. Quando Storch chega, desculpando-se por ter-se atrasado no ensaio, o início da abertura das *Bodas de Fígaro*, tocado baixinho pelos violoncelos, conta-nos em que ópera ele estava trabalhando. Logo depois, o tenor cita uma frase do *Otello*, de Verdi: "Hast du schon zur Nacht gebetet, Desdemona?" (Já fizeste tua oração noturna, Desdêmona?), seguida do devido tema musical. O comentário de Storch de que o *skat*, depois da música, é o que mais o faz relaxar é feito ao som do tema do desejo do *Tristão e Isolda*, de Wagner. Depois que Robert recebe o telegrama de Christine e sai preocupado, o tenor cita uma frase do *Parsifal*: "Schwach Er, schwach alle" (Se ele é fraco, todos são fracos), numa alusão à notória fidelidade do amigo. Logo em seguida, ressoa a pergunta do Eremita, no final do *Freischütz*, de Weber: "Ein Fehltritt, ist er solche Büssung wert?" (Um passo em falso merece tal expiação?). Mozart, Verdi, Weber, Wagner – todos os fetiches de Strauss estão presentes.

Citações desse tipo estão espalhadas por toda a ópera, às vezes até servindo de indicador das verdadeiras emoções das personagens, por trás do que dizem. Quando, por exemplo, no ato I, Christine protesta contra a profissão do marido, o assédio da imprensa e a necessidade de se expor tão constantemente aos olhos do público, o afeto que sente por ele é sugerido pela citação do tema de "Laisse-moi contempler ton visage", do *Fausto*, de Gounod.

Christine é, de resto, a personagem mais ricamente tratada do ponto de vista não só do retrato psicológico, mas também da variedade de estilos vocais utilizados:

- ela fala nas situações prosaicas: conversar no telefone, dar ordens às empregadas, ler uma notícia de jornal, escrever uma carta, citar uma frase do marido;
- usa recitativo seco nas cenas em que discute negócios, ao inspecionar um quarto que von Lummer quer alugar (I,4) ou discutir o divórcio com o advogado (II,2);
- passa para o recitativo acompanhado ou o arioso quando está conversando com o barão, discutindo com o marido ou as empregadas;
- e só recorre à cantilena lírica em I,5, ao devanear diante da lareira; no fim do ato I, na cena que se passa no quarto de seu filho; ou no dueto final, em que se reconcilia com Robert.

Esse destaque dado a Christine conduz-nos a uma outra observação: os vínculos existentes entre *Intermezzo* e *A Mulher sem Sombra*, cuja história de um casamento atribulado o tocara muito fundo. Não nos esqueçamos da sugestão de Hugo de que a Mulher do Tintureiro poderia ser "discretamente decalcada em Pauline". Na cabeça de Richard, portanto, havia certamente um elo forte entre Christine e a mulher que lhe inspirara a esposa de Barak – e que, antes disso, ele retratara em *Don Juan*, na Freihild de *Guntram*, na companheira do Herói, na esposa da *Doméstica*, numa infinidade de *lieder*; e que reapareceria na Aminta da *Mulher Silenciosa*. Mas as semelhanças vão além das coincidências da intriga. Norman del Mar mostrou a existência de paralelos musicais também: a proximidade do motivo das "crianças não-nascidas" e da melodia com que a obra se inicia; o parentesco do tema do Imperador com o do devaneio de Christine. E autores como Stephan Kohler e Bryan Gilliam demonstraram como os temas da "tentação" e da "reconciliação" derivam de manipulações do tema dos "não-nascidos". Ora, se pensarmos no sentido que têm os filhos, na *Frau*, como consolidação e pleno sentido para a união matrimonial, torna-se clara a razão para que o motivo tenha sido retomado aqui. Gilliam dá-nos outras informações preciosas:

> Os cadernos de esboços que estão guardados no Richard-Strauss-Archiv de Garmisch indicam que outras idéias melódicas de *Intermezzo* são anteriores a *Die Frau ohne Schatten*. As valsas dessa ópera não só relembram o espírito do *Rosenkavalier*; algumas delas, na verdade, datam daquele período de composição. Os temas de valsa em ré e sol maior usados no interlúdio sinfônico entre as cenas 2 e 3 aparecem nas folhas 10 e 11 de um caderno do período 1900-1915, que traz a etiqueta: *Sammlung unverwendeter Themen aus den alten Skizzenbüchern* (coleção de temas não-usados de cadernos de esboços antigos). Pode perfeitamente tratar-se de valsas que Strauss não chegou a usar no *Cavaleiro da Rosa*. Sabemos, com toda a certeza, que Strauss usou, para a parte final da valsa em sol maior de *Intermezzo*, uma versão da valsa do barão Ochs que tinha sido descartada. A folha 12 mostra a forma primitiva da tão familiar valsa em mi maior. Talvez a diferença mais óbvia seja a figura de oito notas no quinto compasso; Strauss expande a idéia que há nesse compasso e, a lápis, faz a anotação "gut". No final da valsa em sol maior, vemos essa idéia transposta para sol maior.

O característico estilo melódico straussiano, que permanece imutável nos interlúdios, permite-lhe fazer empréstimos ao passado sem que isso altere a coerência musical da obra. Na verdade, apesar das inovações constantes desta ópera – e do desejo expresso por Strauss, na correspondência com von Hofmannsthal, de "livrar-se da couraça musical wagneriana" – *Intermezzo* ainda possui muito de tradicional em sua linguagem harmônica e na forma como joga com as tonalidades, tendo conservado, neste último aspecto, o uso simbólico das tonalidades que o compositor faz em sua obra. Diz Gilliam:

> A ópera começa no mundo quotidiano do dó maior, sem bemóis nem sustenidos, e termina nos domínios elevados de fá sustenido maior. A segunda versão da *Ariadne* parece prenunciar isso. O seu Prólogo em dó maior também visa a representar o quotidiano dos bastidores, com sua mistura de diálogo falado, recitativo e ária. Mas a ópera termina com uma armadura de cinco bemóis em vez de seis sustenidos e, para Strauss, a diferença simbólica entre fá sustenido maior e ré bemol maior é muito significativa. Na música de Strauss, ré bemol sugere o sublime: é a tonalidade do trio do *Cavaleiro da Rosa*; do dueto "Mir anvertraut", entre Barak e sua mulher, no ato III da *Mulher sem Sombra*; e, naturalmente, da cena final de *Capriccio*, a sua despedida do palco.
> Por outro lado, Strauss usa constantemente o fá sustenido maior para representar mundos mágicos ou oníricos. O sonho de Don Quixote de aventuras cavalheirescas, no final da terceira variação do poema sinfônico; a cena, em tom de conto de fadas, da apresentação da rosa, no ato II do *Cavaleiro da Rosa*; a entrada da Imperatriz no ato I da *Mulher sem Sombra*: "Talvez eu volte a sonhar comigo no corpo leve de um pássaro ou de uma jovem gazela branca"; e a mágica transformação de Daphne em loureiro são todas em fá sustenido maior. Além disso, o simbolismo tonal de Strauss também nos permite compreender melhor o modo como a reconciliação é descrita no final da ópera. [...] Strauss articula a defesa que Robert faz de seu casamento com uma brusca modulação para fá sustenido maior, o que constitui uma importante antecipação tonal do fim da ópera. Vários autores criticaram o dueto final, por considerá-lo demasiado sentimental, mas eu diria que ele é irônico. O uso que Strauss faz do fá sustenido maior sugere que só uma varinha de condão – com seis sustenidos, nada menos do que isso – seria capaz de criar a paz conjugal entre sua mulher e ele.

Em sua autobiografia, Fritz Busch comenta, com certo espanto, que Strauss "parecia usar seus maravilhosos talentos como um terno que a gente pode tirar ao chegar em casa". Ele era, de fato, um homem de seu tempo, sem nada em comum com aquele exaltado artista do século XIX, possuído pela Musa em tempo integral. Ou como comenta William Mann:

> Teria ele consciência dessa distância que separava o homem do artista? Será que se voltava para a sua própria vida doméstica como tema na esperança de encontrar a integração entre a sua musicalidade e as situações que eram sua mais forte fonte de inspiração? Talvez não apenas por isso. É claro que queria também alargar seu campo de experiência como operista, para além da sublime elegância dos libretos de Hofmannsthal. É certo também que queria aprender a dominar a pequena orquestra, para a qual já começara a aprender a escrever no Prólogo da *Ariadne*.

E esse controle se tornaria soberbo nas obras do fim da vida: as *Metamorfoses*, o *Divertimento sobre Temas de Couperin*, o *Concerto para Oboé*, o *Dueto-concertino* para clarinete e fagote. Mann conclui:

> E no entanto, a observação de Busch pode explicar *Intermezzo* mais do que qualquer outra coisa. Strauss precisava compor uma ópera baseada na vida e não numa charada. E aos sessenta anos, os aspectos simples e comuns da vida quotidiana tornaram-se, para ele, mais preciosos e inspiradores do que nunca.

DIE AEGYPTISCHE HELENA

Como Hofmannsthal queria, sua colaboração seguinte com Strauss foi, uma vez mais, de tema mitológico. E baseava-se numa questão já discutida antes, em sua correspondência com o compositor. Referindo-se à descrição que Homero faz, no canto X da *Odisséia*, da visita de Telêmaco a Esparta, onde encontra "Menelau, grão senhor nobre e hospitaleiro, belo como um deus, e Helena, linda como sempre, rainha de um reino pacífico", Hofmannsthal perguntava: "O que teria acontecido aos dois no tempo transcorrido entre a noite terrível da queda de Tróia e aquele tranqüilo momento? O que pode ter acontecido para que aquele matrimônio voltasse a conhecer uma plácida vida em comum, iluminada pelo sol?".

Percebe-se aí, de saída, a preocupação, comum a seus outros libretos, com o matrimônio como o fundamento para o amor, e com as regras internas que o regem e, freqüentemente, nada têm a ver com a lógica aparente das situações externas. Para responder a essa pergunta – o que teria levado Menelau a perdoar Helena, depois de ter sido traído por ela, durante dez anos, com vários membros da família real troiana? – Hofmannsthal decidiu recorrer à lenda das duas Helenas.

A fonte principal para seu libreto é Estesícoro de Himera, que viveu entre os séculos VII e VI a.C. e foi condenado pelas autoridades espartanas a ter os olhos vazados, pois escrevera um poema considerado ofensivo, no qual contava a versão homérica da história de Helena e Páris. Para desculpar-se, Estesícoro compôs uma *Palinódia*, na qual explorava uma segunda versão da lenda, primeiramente registrada por Heródoto. Nela, durante a fuga para Tróia, Páris teria feito uma escala no Egito: e ali, para puni-lo pela violação da lei da hospitalidade, que ele desrespeitara ao raptar a mulher de seu anfitrião espartano, o rei Proteu teria seqüestrado Helena, trocando-a por um fantasma, que seguiu viagem com o príncipe troiano, sem que ele percebesse o estratagema. Foi essa falsa Helena, afirma Estesícoro, quem se entregou, em Tróia, a uma desenfreada vida amorosa, enquanto a verdadeira permanecia no Egito, até o fim da guerra, esperando virtuosamente a hora de ser resgatada. Terminada a guerra, quando Menelau voltava para Esparta, uma tempestade mágica teria desviado sua embarcação para o litoral egípcio onde, finalmente, ele se reuniu à sua verdadeira esposa.

A essa fonte, veio juntar-se outra, em cujo título haveria de basear-se o do novo libreto: uma ópera barroca, de autor desconhecido, encenada em Viena em 1665, e que se intitulava *Der Egyptische Olympia oder Der flüchtige Virenus* (A Olímpia Egípcia ou O Fugitivo Vireno). Nela, havia uma situação semelhante: Vireno, procurando sua amada Olímpia, vai encontrá-la na terra dos faraós, enfeitiçada pelo deus Posêidon. A divindade marítima não aparece no texto de Hofmannsthal, mas está ligada à figura de Aithra, que foi amante de Posêidon e também de Teseu, e que, com o gigante Atlas, tornou-se a mãe das Plêiades. O poeta faz dela uma princesa egípcia a quem o deus dotou de artes mágicas. É ela quem abriga Helena em seu palácio e, na segunda parte do drama, transporta-a magicamente, junto com Menelau, para um oásis próximo ao monte Atlas.

A intenção inicial de Hofmannsthal era escrever uma peça em um ato, de tom irônico, mais ou menos no estilo da *Belle Hélène*, de Jacques Offenbach, que Strauss admirava muito. Mas, como dizia Romain Rolland numa carta ao compositor: "Tenho sempre a impressão de que Hofmannsthal começa seus pastiches com intenção irônica mas, depois, o seu admirável virtuosismo vai tomando conta dele com tanto sucesso, que o poeta acaba por levar a sério todas as suas brincadeiras". Foi exatamente o que aconteceu, uma vez mais.

No ato I, razoavelmente coeso, e de tom não exatamente cômico, mas bastante mais leve, estamos no palácio de Posêidon. Aithra espera impacientemente a sua chegada. A Concha Omnisciente, objeto mágico que fica pousado sobre um pedestal, revela que Posêidon se atrasou porque está "com os etíopes". Aithra fica tão triste que uma de suas servas lhe propõe tomar o filtro do Esquecimento, o que ela recusa. Para distraí-la, a Concha descreve o navio de Menelau e como, aproveitando que todos estão dormindo, ele se aproxima de Helena, para assassiná-la, pois ela o traiu com Páris durante dez anos. Aithra provoca uma tempestade e os faz naufragar na costa do Egito e serem trazidos a seu palácio. Aithra ouve a conversa de Menelau, ainda furioso com a traição, e de Helena, que deseja reconquistar o marido. Irritada, chama os seus elfos e manda-os atormentar Menelau, o que eles fazem tão bem que o espartano, perdendo o controle, passa a perseguir duas sombras, que acredita serem Páris e Helena.

Enquanto isso, Aithra procura Helena, a quem admira muito. Com suas artes mágicas, devolve-lhe a beleza da juventude, depois a faz beber o filtro do Esquecimento e adormecer. Às suas servas, ordena que a vistam com trajes magníficos e a deitem em sua cama. Quando Menelau volta, ainda muito confuso, Aithra o faz beber do mesmo filtro, depois, para acalmá-lo, inventa uma história: a Helena que estava em Tróia com Páris era uma quimera enviada pelos deuses; a verdadeira ficou ali, dormindo e sonhando com seu marido, a quem ama. Apesar do filtro, Menelau ainda hesita e, quando Helena aparece diante dele, resplandecente de beleza, se pergunta se é realmente a sua esposa, ou se se trata de um fantasma. Ao explicar de novo a história a Menelau, Aithra faz Helena compreender de que maneira deve se comportar, o que ela faz com evidente prazer.

Os esposos se reconciliam, mas Helena fica assustada quando o marido lhe diz que vão voltar a seu palácio, em Esparta: ela teme que as lembranças voltem e ele perceba o que realmente aconteceu. Aithra decide, então, que antes de voltar para casa eles precisam passar algum tempo sozinhos, num lugar isolado. Recomenda a Helena que ela e o marido bebam mais algumas gotas do filtro do Esquecimento, depois os adormece e os transporta para uma tenda mágica, no sopé do monte Atlas.

O ato II é bem mais confuso e sobrecarregado de simbologia. O casal desperta na tenda, no meio de um oásis. Helena está feliz com essa segunda lua-de-mel, mas Menelau está estranho: tem a sensação de que realmente assassinou sua esposa, e esta mulher que tem a seu lado é um espectro, uma ilusão. Está decidido a partir, quando chega um grupo de guerreiros chefiado por Altair, o príncipe da montanha, trazendo presentes que Aithra o encarregou de entregar aos desconhecidos. Todos os guerreiros, entre eles Altair e seu filho Da-Ud, apaixonam-se por Helena assim que a vêem. Menelau, ainda confuso, acha que Da-Ud é Páris ressuscitado.

Para poder ficar sozinho com Helena, Altair ordena ao filho que sirva de guia ao rei espartano em uma caçada. Mas isso fará voltar a memória de Menelau, pois foi ao voltar de uma caçada que ele descobriu a fuga de sua mulher com o príncipe troiano. Altair organiza um grande banquete, na tentativa de seduzir a bela desconhecida. Aithra aparece, muito preocupada, pois além de darem a Helena o filtro do Esquecimento, suas criadas lhe deram também o antídoto, o filtro da Lembrança, e a rainha troiana está convencida de que isso é exatamente o que seu marido precisa. Apesar das tentativas de Aithra de dissuadi-la, ela começa a preparar a bebida mágica, ajudada pelas criadas. Nisso trazem o corpo de Da-Ud, que Menelau – agora numa espécie de transe – matou durante a caçada, acreditando que ele fosse Páris.

Carinhosamente, Helena lhe oferece o filtro da Lembrança. Ele acha que o fantasma lhe está dando um veneno, e o aceita porque acredita que, morrendo, irá encontrar-se, no outro mundo, com a sua verdadeira mulher, a quem está convencido de ter assassinado. Bebe, o desejo de vingança volta, mas a cólera desaparece quando ele vê, diante dele, a mulher de novo jovem e de uma beleza radiosa. Altair tenta separar os esposos pela força, já que não conseguiu seduzir Helena; mas Aithra invoca os guerreiros de Posêidon e, vencido, o príncipe da montanha tem de se afastar para o deserto, com os seus homens. Aithra traz Hermione, a filha de Menelau e Helena. Reunida, a família celebra a alegria de começar uma vida nova.

Strauss gostou da qualidade poética do texto; mas tinha ressalvas quanto ao desenvolvimento da trama. Achou muita estranha, por exemplo, a personagem da Concha Onisciente, que Aithra coloca para fazer companhia a Helena e servir de elo com o mundo exterior. "Vai ficar parecendo um gramofone", disse ele, quando o poeta lhe explicou que a personagem ficaria sobre um pedestal, à vista do público. E nem sequer deu resposta à sugestão de Hugo de que a Concha "gargarejasse, como água correndo dentro de um cano, não sendo necessário que o público entenda o que diz; aliás, uma serva poderia estar sempre a seu lado, para repetir o que ela diz com sua voz distorcida, como quando a gente, de pé ao lado do telefone, ouve indistintamente a voz que sai dele". Richard concordou com a inclusão da Concha, como Hugo queria, mas escreveu para ela uma cuidadosa parte de contralto.

Como Hugo considerava que este era o ponto culminante de sua colaboração com o compositor, Strauss investiu na partitura da *Helena* toda a eloqüência e grandiosidade da *Mulher sem Sombra*. Numa entrevista de 27 de maio de 1928 ao *Neue Freie Presse* de Viena, declarou: "Não há muito o que dizer a esse respeito. É música harmoniosa, melodiosa, desprovida de problemas para quem quer que esteja familiarizado com a tradição operística do século XIX".

Mas ao visitá-lo em Garmisch, para conhecer a partitura, cuja estréia iria reger, Fritz Busch deu-se conta de que Strauss tinha consciência da irregularidade da nova ópera:

> Quando pediu minha opinião, não hesitei em dizer-lhe, entre outras coisas, que a canção de Da-Ud, em ré bemol, me parecia de escassíssimo valor no que se referia à invenção poética, e que seria preciso ter mais cuidado com essas "idéias". Não rebateu minha crítica [...]; pelo contrário, concordou, com desdenhoso cinismo: "É necessário, para as criadas. Acredite-me, querido Busch, o público não iria ver o *Tannhäuser* se não tivesse a Canção da Estrela da Tarde; nem a *Valquíria* sem as Tempestades de Inverno [...]. É sim, é isso que eles querem".

O depoimento de Stefan Zweig, em *O Mundo de Ontem*, reforça o ponto de vista de Busch. Ele fala de um ensaio da *Helena* a que assistiu, em Salzburgo, na década de 1930, sentado ao lado de Strauss:

> Ele ouvia atentamente. De repente, começou a tamborilar impaciente no braço da poltrona e sussurrou para mim: "Ruim, muito ruim, esse pedaço é vazio". E de novo, daí a alguns minutos: "Se eu pudesse cortar isso. Meu Deus!, tão oco e tão comprido. Longo demais". Mas daí a pouco: "Olha, isso é bom!". Elogiava a sua própria música de forma objetiva e distanciada, como se a ouvisse pela primeira vez, ou como se tivesse sido escrita por outra pessoa, desconhecida dele.

Para a estréia em Dresden, em 6 de junho de 1928, as despesas não foram poucas. Os cenários de Leonhard Fanto tinham custado uma fábula, a direção de Otto Erhardt era cuidadosíssima. Tinha havido um atrito entre Hugo e Richard, pois o poeta desejava Maria Jeritza para criar o papel-título – escolha com a qual o compositor concordava, mas Jeritza pediu um cachê que Dresden não podia pagar, e Hofmannsthal ficou irritado quando Strauss optou por Elisabeth Rethberg, excelente cantora, mas mulher muito menos bonita. Os lugares foram vendidos a 50 marcos cada um. O contrato de edição da partitura, assinado

Viorica Ursuleac no papel-título de *A Helena Egípcia*, na montagem de 1933 do Festival de Salzburgo. Alfred Roller e Robert Kautsk desenharam os cenários da produção de Lothar Wallenstein, regida por Clemens Krauss.

Projeto de Leo Pasetti para a produção de Kurt Barre da *Helena Egípcia*, em 1928, para a Ópera da Baviera, regida por Hans Knappertsbusch.

com Adolf Fürstner, alcançara os US$ 50 mil, estourando em muito o recorde de 100 mil marcos que, em 1925, a editora Mosse pagara pelo *Paganini* de Franz Lehár. Kurt Taucher (Menelau), Maria Rajdl (Aithra), Friedrich Plaschke (Altair) e Guglielmo Fazzini (Da-Ud) compunham, em torno da Rethberg, um elenco excelente.

Com toda a promoção feita em torno do espetáculo, ele não deixou de ser um sucesso. E foi muito apaludido quando – finalmente para a alegria de Hofmannsthal – Jeritza cantou o papel na estréia vienense, em 11 de junho de 1928. Ainda assim, de todas as óperas escritas pela dupla, *Helena Egípcia* ficou como a mais irregular e difusa. A culpa não era de Strauss, garante Michael Kennedy, "pois não era ele quem, a essa altura, estava em declínio, e sim Hofmannsthal. A guerra deixara-o muito deprimido, e ele sofria de arteriosclerose". Um estado já frágil de saúde física e emocional, que explica o colapso fulminante de que Hugo morreria, um ano depois.

A revisão do ato II foi encomendada, em 1933, ao diretor de teatro Lothar Wallenstein, para o Festival de Salzburgo, onde a ópera foi regida por Clemens Krauss e cantada por Viorica Ursuleac (o espetáculo a que Zweig se refere em suas memórias), depois de ter sido reestreada em Viena em 20 de setembro. Mas nem assim *Helena Egípcia* deixou de ser confusa e pesada. Mas o libreto não é o único alvo de críticas. Para Otto Erhardt: "A partitura exibe qualidades dignas de admiração, mas não manifesta a presença da centelha divina. A música não parece brotar das profundezas imperscrutáveis da alma; permanece, em vez disso, quase sempre na superfície de uma sensualidade apenas agradável".

Essa é uma opinião compartilhada por Norman del Mar:

 A música, apesar de algumas passagens lindas, reflete toda a habilidade de Strauss, mas muito pouco de seu gênio. Acima de tudo, ele não conseguiu dar vida a suas personagens porque não acreditava nelas[1]. Da mesma forma que a grandeza poética do texto foi obscurecida pela dialética e o simbolismo de Hofmannsthal, o efeito final da ópera é sobrecarregado pela contínua espessura da polifonia de Strauss em seus extremos mais wagnerianos. Da sua intenção inicial de escrever números fechados interligados por um recitativo leve, ou até mesmo por diálogo falado, nada sobrou.

De fato a ópera não apresenta um nível de inspiração muito homogêneo; e o episódio relatado por Zweig demonstra que Strauss era o primeiro a saber disso. Mas há momentos, como o do despertar de Helena rejuvenescida, ou o seu monólogo "Zweite Brautnacht" (Segunda noite de núpcias), ambos no ato II, que são soberbos exemplos da ampla cantilena straussiana. E as cenas de Helena com Aithra, no ato I, de certa forma antecipam a música que, na ópera seguinte, ele escreverá para as irmãs Zdenka e Arabella. Esta é, aliás, uma ópera de *belcanto*, visando aos grandes cantores com quem Strauss trabalhava, na época, em Viena.

Helena é uma mulher cheia de vida, sensual, imprevisível, com uma tessitura generosa que foi concebida tendo em vista os dotes vocais de Maria Jeritza ou de Elisabeth Schumann (embora, por questões contratuais, fosse Rethberg a criadora do papel). Aithra é um soprano coloratura na mesma linha de Zerbinetta, demonstrando, uma vez mais, a habilidade do compositor em combinar os diferentes registros agudos femininos. Menelau é um tenor heróico um tanto convencional, embora, em termos de personalidade, seja um pouquinho mais verdadeiro do que Baco. Os duetos que marido e mulher têm de cantar possuem texto demasiado retórico, mas são melodicamente inspirados. Já o trio de encerramento, de melodia continuamente modulante e ascensional, progride rumo a uma apoteose que é um tanto pomposo, e não repete aquela qualidade única da cena final da *Mulher sem Sombra*, que poderíamos definir como espontânea grandiosidade. Mas ao publicar seu estudo, em 1976 – três anos, portanto, antes do lançamento da primeira gravação comercial, regida por Antal Doráti, com Gwyneth Jones no papel-título – Michael Kennedy afirmava: "Ainda há futuro para essa ópera, se se puder contratar o diretor certo e os melhores cantores. A *Helena Egípcia* não é uma ópera de repertório; mas é, no século XX, o equivalente a

---

1. O que não aconteceria pela primeira vez, como tivemos a oportunidade de assinalar a respeito do Baco da Ariadne.

uma ópera de Bellini, estritamente reservada aos intérpretes mais competentes".

Um ponto de vista confirmado pela gravação pirata de 1956, com Leonie Rysanek e Bernd Aldenhoff regidos por Joseph Keilberth, lançada em CD pelo selo Melodram. E pelo desempenho de G. Jones, na versão Doráti, prejudicada porém pela mediocridade de Matti Kastu. Aliás, é também G. Jones quem interpreta Helena na versão pirata da SRO (1987), ao lado de Reppel, Nimsgern/Sawallisch. A partitura de Dresden, sem os cortes de Salzburgo, é a utilizada por Gerard Korsten na gravação ao vivo do selo Dynamic: Teatro Lírico de Cagliari, em janeiro de 2001, com Vitalija Blinstrubte (Helena), Stephen O'Mara (Menelau), Yelda Kodalli (Aithra), Johannes van Duisburg (Altair) e Ulfried Haselsteiner (Da-Ud).

É ainda Michael Kennedy quem diz que teria sido uma pena se a colaboração entre Strauss e Hofmannsthal terminasse com uma ópera apenas parcialmente bem-sucedida como esta. De fato, a parceria entre seres intelectualmente tão diferentes – que Edward Sackville-West chamou de "tentativa de convivência de um gato siamês com um cachorro Labrador" –, mas que produzira, até então, frutos tão ricos, merecia ter uma chave de ouro. E essa viria graças aos constantes pedidos de Strauss de que Hofmannsthal lhe escrevesse "um novo *Rosenkavalier*", um texto que lhe permitisse explorar a sua veia mais ligeira, desta vez, quem sabe, na mesma linha de seu amado Offenbach. Ou que lhe permitisse mostrar que era capaz de fazer coisa melhor do que o Franz Lehár da *Viúva Alegre*, cujas operetas sempre criticava impiedosamente – com uma pontinha de inveja, talvez, de seu enorme sucesso num campo de música ligeira em que ele próprio sempre quisera ingressar. Hofmannsthal acabaria finalmente se convencendo. E o libreto em que se proporia a reconstituir o ambiente sorridente e despreocupado da Viena dos tempos de Johann Strauss II – da mesma forma que o fizera com a de Mozart e Maria Teresa – resultaria numa das melhores óperas criadas pelos dois.

Arabella

Um argumento semelhante ao das operetas de Franz Lehár. Era o que Strauss tinha em mente, em maio de 1916, ao escrever a seu libretista, pedindo-lhe

um texto a meio caminho entre a *Liebelei* de Schnitzler e o *Verre d'Eau* de Scribe. Uma intriga amorosa e diplomática, no ambiente do Congresso de Viena, com um autêntico espião aristocrático como personagem principal; a bela mulher de um enviado extraordinário, que se tornou delatora por amor, sendo manipulada por um agente secreto, ou qualquer coisa semelhante, bem divertida. Finalmente, a famosa sessão do Congresso, durante a qual chega a notícia do desembarque de Napoleão. O senhor dirá, talvez: "Bobagem!". Mas, se fizer algo de semelhante, tenho a certeza de que não será nenhuma bobagem.

É fácil imaginar as reações do ultra-refinado Hofmannsthal a essas propostas de enredo: "São verdadeiramente horríveis", esbravejava. "Nem com a maior das boas vontades conseguiria realizá-las." Mas a pressão de Strauss não tendo diminuído, decidiu-se, em outubro de 1927, a esboçar o roteiro para uma "comédia lírica" baseada em uma de suas novelas de início de carreira: *Lucidor, Personagens para uma Comédia Não-escrita*. Nesse texto de 1902, a viúva von Muska tem duas filhas; mas os bens que lhe foram deixados pelo marido não lhe permitem constituir um dote para as duas. Por isso, educa a mais jovem como um rapazinho, dando-lhe o nome de Lucidor. Por mais inverossímil que esse ponto de partida pareça, já carrega em seu bojo os temas, comuns em Hofmannsthal, da metamorfose, do jogo entre ilusão e aparência, e das grandes decisões que transformam o destino dos indivíduos.

Na novela, a irmã mais velha ainda era uma personagem secundária. Mas, como já tinha acontecido antes com a Marechala, haveria de crescer, durante a elaboração do libreto, até alcançar o primeiro plano. Essa irmã, Arabella, tem um pretendente, Wladimir, que é amado também por Lucille/Lucidor. Esta se casa com o rapaz, depois de atraí-lo para seu quarto, fazendo-o crer que está a caminho de uma aventura galante com a primogênita. Nessa versão inicial, ainda não existe Mandryka, por quem na ópera Arabella se apaixona. O proprietário de terras de origem eslava vai desenvolver-se a partir de uma personagem secundária, um certo Herr Imfanger, descrito como "um tirolês elegante e simpático, meio camponês meio fidalgo" – ou seja, um parente menos grosseirão, mas igualmente simplório, do barão Ochs auf Lerchenau.

Várias vezes, antes de 1927, Hofmannsthal pensara em transformar essa novela numa peça de teatro ou num libreto de ópera. E em 1925, chegara a mencionar, em carta a Strauss, a possibilidade de escrever, a partir dela, "um vaudeville moderno de intenções satíricas". Os pretendentes de Arabella, nesse primeiro projeto, seriam um psicanalista, um quiromante, um astrólogo e um professor de educação física – profissões que nos remetem a uma Viena contemporânea, fascinada pelos modismos das teorias freudianas, das pesquisas sobre o paranormal e das campanhas de eugenia. A ação transcorreria em locais igualmente típicos: um café-dançante, um salão de beleza e o salão de chá de um centro espírita (resquício dessa atração pelo sobrenatural é a primeira cena da ópera, em que Adelaide, a mãe de Arabella, consulta uma cartomante, cujos vaticínios antecipam as peripécias da história).

Mas quando o poeta e o músico se encontraram, em Viena, em 16 de dezembro de 1927, escolheram situar a ópera na capital austríaca em 1860. Isso permitiria a Strauss – e dessa vez sem anacronismos – utilizar uma vez mais os ritmos da valsa vienense como o elemento estilístico básico da composição. A essa altura, Mandryka já tinha surgido como personagem. E Hofmannsthal se opusera à idéia de Strauss de convidar Richard Mayr para criá-lo, temendo que isso o vinculasse erroneamente à figura de Ochs.

Desta vez, o libretista readquiriu a fluência dos tempos do *Rosenkavalier*. O texto de *Arabella* é direto, despretensioso e dá ao músico as mais variadas oportunidades: grandes números cantábiles entremeados a um flexível recitativo em tom de conversação; e a chance de explorar seus dons inatos para a representação naturalista. Por outro lado, estar trabalhando com personagens reais, e com o ambiente burguês de estilo Biedermeyer tardio, da época do imperador Francisco José, deixou Strauss mais à vontade para interferir na estrutura do drama, exatamente como fizera no *Cavaleiro da Rosa*. Autores como William Mann, Norman del Mar e, principalmente, Willi Schuh – em *Über Opern von Richard Strauss* (Sobre as Óperas de Richard Strauss) – fizeram o extenso levantamento do processo de gênese de *Arabella*, e de todas as sugestões feitas pelo compositor. Eis as mais significativas:

- no ato I: a cena inicial, com a cartomante; o dueto "Aber der Richtige" (Mas o homem certo), entre as duas irmãs; e o monólogo de Arabella, "Mein Elemer" (Meu Elemer) – três de seus momentos mais marcantes;
- no ato II: a sugestão de que Mandryka ouça acidentalmente a combinação do encontro entre Matteo e a suposta Arabella e que, por isso, faça a corte à Fiaker Milli; e de que Adelaide, a mãe das duas, flerte um pouco com um dos pretendentes, pois isso faz com que o caráter de Arabella emerja ainda mais puro no final da história.

Arabella foi a parceria mais desanuviada, mais amigável entre poeta e músico, aquela na qual, finalmente, ambos estavam colaborando de igual para igual. Pena que justamente esse trabalho tenha ficado, de certa forma, inacabado. Com todos os pedidos e sugestões feitos por Strauss, e acolhidos de bom grado por von Hofmannsthal, a revisão da redação preliminar do libreto estendeu-se até julho de 1929. No dia 15 desse mês, Strauss mandou um telegrama ao libretista cumprimentando-o pelo texto do ato I que, em sua opinião, ficara excelente. Hugo nunca chegaria a ler esse telegrama. No dia 13, Franz, seu filho mais velho, tinha-se suicidado. Cerca de uma hora depois de terminado o enterro, o próprio poeta morreu, de um ataque cardíaco fulminante. Na carta de condolências que, em 16 de julho, enviou à viúva, Strauss dizia:

> Ninguém jamais o substituirá, para mim ou para o mundo da Arte. A posteridade lhe erguerá um monumento digno dele, e que já ergui em meu coração – o da indestrutível gratidão do amigo mais verdadeiro, o do sentimento de admiração por ele que guardarei até o fim de meus dias.

Richard ficou tão abalado com a morte de seu libretista que Pauline, temendo por sua saúde, decidiu agir à sua maneira: teve uma crise de nervos de proporções gigantescas e, com isso, conseguiu distraí-lo um pouco de sua dor. Em seguida, proibiu-o terminantemente de comparecer ao funeral. Ela própria foi a Viena, com Franz, representando-o, e deixou Alice em Garmisch, como um carinhosíssimo cão de guarda.

Strauss sabia que só o ato I ficara realmente pronto. Mas, por fidelidade à memória do amigo, decidiu musicar os dois outros exatamente como tinham sido deixados, em vez de fazê-los revisar por outra pessoa. A tristeza com a morte de Hugo, juntando-se à depressão com a consciência de que ele próprio estava envelhecendo, fizeram porém com que, durante 1930, fosse incapaz de trabalhar na partitura. Só em outubro de 1932 terminou a música para a história do conde Waldner, de pequena nobreza, arruinado por sua paixão pelo jogo, cuja penúria força-o a educar a filha mais nova, Zdenka, como um rapazinho. A filha mais velha, Arabella, tem vários pretendentes, mas não se interessa por nenhum deles. Zdenka, ao contrário, está apaixonada por um dos rapazes, o jovem oficial Matteo, sem poder sequer lhe revelar que é uma mulher. E a única forma que tem de aproximar-se dele é oferecer-se, como "irmão" de Arabella, para ajudá-lo a conquistá-la.

Nesse meio tempo, Waldner mandou o retrato da filha a um velho e rico amigo seu, ex-colega de regimento, na esperança de interessá-lo em um casamento que tire a família da miséria. Mas ele não sabe que o amigo já morreu. Quem aparece, no lugar dele, é seu sobrinho e herdeiro Mandryka, homem direto e decidido, que se apaixonou por Arabella assim que viu seu retrato. Ela corresponde a essa atração, pois algo lhe diz que esse é "o homem certo" pelo qual esperava. Mas à noite, no baile, a que comparecem, ela lhe pede que a deixe sozinha: quer despedir-se de sua vida de adolescente, antes de entregar-se inteiramente a ele. Mandryka concorda. Mas acredita ter sido ludibriado ao ouvir Zdenka – de quem, naturalmente, desconhece a verdadeira identidade – dizer a Matteo que Arabella o estará esperando, mais tarde, no quarto do hotel em que moram. Sem ter condições de entender que Zdenko(a) está preparando, para si própria, um encontro com o homem que ama, Mandryka flerta ostensivamente com a Fiaker Milli, uma espécie de mascote do baile. E arma um escândalo de vastas proporções para, no final, dar-se conta da inocência de sua noiva.

Certo de que, ofendendo-a daquele modo, perdeu para sempre a possibilidade de desposá-la, ainda intercede generosamente junto a Waldner, para que perdoe Matteo (depois de ter estado com Zdenka, o rapaz percebeu ser ela a mulher que lhe convém). Mandryka pede ao pai que abençoe a união dos dois. E, consternado, prepara-se para ir embora, pois acredita ter posto a perder as chances do casamento. Arabella pede-lhe, então, um último favor: que lhe traga um copo dágua. Quando o copo chega, ela lembra a Mandryka o costume de sua terra que ele lhe descrevera – o de os noivos irem juntos ao poço, e beberem água do mesmo copo, como o sinal da fidelidade que estão jurando um ao outro. Esse copo dágua, ela lhe diz, vai ser bebido pelos dois, para lhe demonstrar que ela ainda o ama e, mais do que nunca, está disposta a compartilhar o seu destino. A celebração apaixonada do casamento como a suprema união entre dois seres é, muito apropriadamente, o tema com que se encerra a colaboração de tantos anos entre Richard Strauss e Hugo von Hofmannsthal.

Strauss queria que *Arabella* fosse estreada em Dresden, regida por Fritz Busch e dirigida por Alfred Reucker, aos quais dedicara a partitura. Mas em março de 1933, o Nazismo chegara ao poder e esses dois artistas, contrários ao Partido Nacional Socialista, tinham caído em desgraça. O primeiro sinal de desfavor veio em 7 de março de 1933. Ao entrar no poço da orquestra para reger um *Trovatore*, Busch foi recebido por uma chuva de vaias dos militantes nazistas e não pôde dar início ao espetáculo. Logo depois, Reucker e ele foram demitidos e tiveram de sair do país. A mesma coisa estava acontecendo, em Berlim, com Otto Klemperer e Max Reinhardt; e muitos seguiriam depois.

Muito chocado, Strauss retirou a partitura e desistiu de estreá-la. Hans Knappertsbusch, com quem tinha relações muito amistosas, tentou convencê-lo a levá-la para Munique, onde já tinha regido encenações antológicas de suas óperas. Mas ofendeu-se quando o compositor considerou fraco o elenco que lhe propunha. Muitos anos haveriam de se passar, antes que eles voltassem inteiramente às boas. Nesse meio tempo, como Dresden o ameaçava com um processo por ruptura de contrato, Strauss concordou, com a condição de poder aprovar o pessoal envolvido – vindo quase todo de Viena.

O regente Clemens Krauss trouxera consigo as sopranos Viorica Ursuleac (que se tornaria sua segunda mulher) e Margit Bokor, o barítono Alfred Jerger; o cenógrafo Leonhard Fanto e o diretor de cena Josef Gielen, que já tinham participado da primeira montagem da *Helena Egípcia*. Este foi o primeiro trabalho de Richard com Krauss que, em seus últimos anos, haveria de se tornar seu mais íntimo amigo e colaborador. Um homem a quem admirava por sua cultura, versatilidade e instinto teatral, Clemens Krauss era uma das poucas pessoas a quem Strauss admitia que sugerisse alterações em suas obras. E as cartas que trocaram demonstram que a amizade era cimentada pelo interesse comum por assuntos extramusicais: filosofia, história, artes plásticas. Além disso, Krauss possuía qualidades que Strauss prezava acima de tudo: generosidade, um elegante senso de humor e a capacidade de magnetizar as pessoas com quem trabalhava no teatro, sem precisar impor-se ditatorialmente.

Nascido em Viena em 31 de março de 1893, Clemens recebera, por tortuosas razões familiares, o sobrenome da mãe, conhecida atriz de teatro. Seu pai, o oficial Hector Baltazzi, muito admirado na capital austríaca por suas proezas desportivas, era tio da baronesa Maria Vetsera, amante do príncipe herdeiro Rodolfo. A união desses dois fora condenada pela família imperial. Ao receber do pai a ordem de separar-se da mulher que amava, Rodolfo preferiu suicidar-se, juntamente com ela, no pavilhão de caça que possuía em Mayerling. O imperador Francisco José, que queria apagar todos os vestígios do escândalo, ordenou aos parentes da moça que se afastassem da cidade. Clemens nunca chegou a conhecer o pai: estava fora do país, em 1916, quando Baltazzi, exilado em Paris, recebeu autorização de retornar a Viena. E enquanto voltava à Áustria para encontrá-lo, Hector morreu subitamente, de um ataque cardíaco.

Após animada carreira em teatros provincianos, Krauss foi descoberto por Franz Schalk que, em 1922, levou-o como seu assistente para a Ópera de Viena, onde se tornou um dos maiores regentes de ópera de seu tempo. As gravações que deixou – as das estréias do *Amor de Danaé* e de *Capriccio*, a da *Salomé* com Christel Goltz e Julius Patzak, ou a integral do *Anel do Nibelungo* no Festival de Bayreuth de 1953 – dão a medida de seu talento. A atuação brilhante de Krauss nas Óperas de Berlim e Munique, que dirigiu entre 1933-1943, não o impediu de ser incomodado pelos nazistas, exigindo dele posicionamentos políticos que não estava disposto a assumir (em especial, Krauss sempre se recusou a marginalizar os artistas judeus).

Depois de 1947, o Comitê de Desnazificação permitiu-lhe voltar à atividade. Mas nenhum posto permanente lhe foi oferecido. Quando estava para ser nomeado diretor de sua bem-amada Ópera de Viena, em processo de reconstrução, manobras políticas o preteriram em favor de Karl Böhm. Krauss nunca se recuperou dessa humilhação. Morreu, de um enfarte fulminante, em 16 de maio de 1954, durante uma excursão à Cidade do México, com apenas 61 anos.

Arabella, cantada em Dresden em 1º de julho de 1933, foi a primeira ópera de Strauss a ser transmitida ao vivo pelo rádio, na noite da estréia, para toda a Alemanha e alguns países vizinhos. Mas o sucesso foi apenas razoável. A expectativa criada em torno de uma ópera que demorara tanto para ficar pronta, e da qual se esperava que fosse uma repetição do *Cavaleiro da Rosa*, gerou certa decepção. Na imprensa, não faltou quem, maldosamente, a chamasse de *Der Sklerosenkavalier*. Mas, com o tempo, *Arabella* começou a ganhar público por seus próprios méritos e, embora não tenha chegado a ombrear-se em popularidade com a *Salomé* ou o *Cavaleiro*, tornou-se uma das mais representadas; inclusive porque possui pelo menos três papéis – Arabella, Mandryka e Zdenka – que todo cantor deseja incorporar a seu repertório.

As personagens de *Arabella*, reais, burguesas, com problemas banais, são do tipo com que Strauss sabia lidar à perfeição. Waldner é cínico, egoísta, desiludido e não hesita em negociar a filha; a maior vontade desse Faninal sem dinheiro é resolver o mais rápido possível os dramas familiares, para poder voltar logo à mesa de jogo. Mas no fundo de sua natureza de perdedor nato, não deixa de ter contornos simpáticos. E ninguém melhor do que Strauss para compreender a psicologia de um fanático pelo baralho.

Dietrich Fischer-Dieskau é Mandryka nesta produção de *Arabella*, em 1959, no Festival de Munique (direção de Rudolf Hartmann, regência de Joseph Keilberth).

Lisa della Casa (Arabella) e Dietrich Fischer-Dieskau (Mandryka) na cena final de *Arabella*, no Festival de Salzburgo de 1958 (cenários de Stefan Hlawa e figurinos de Erni Kniepert; direção de Rudolf Hartman; regência de Joseph Keilberth).

Os suntuosos cenários de Helmut Jürgens para a produção de *Arabella*, no Festival de Munique, em 1959, dirigida por Rudolf Hartmann e regida por Joseph Keilberth. Os intérpretes foram Lisa della Casa e Dietrich Fischer-Dieskau.

A energia de Mandryka, sua retidão de caráter e generosidade, a forma impulsiva que tem de expressar afeto, e os laivos de ingenuidade que apresenta o tornam, ao lado de Barak, a personagem mais simpática de todo o teatro straussiano. É comovedora a simplicidade com que, no ato I, ao perceber que o pai de Arabella tem dificuldades financeiras, tira do bolso a carteira recheada e estende-a ao estupefato Waldner, oferecendo-lhe dinheiro com um direto "Teschek, bedien' dich!" (Por favor, sirva-se!). Sua intenção não é comprar o futuro sogro, e sim ajudá-lo, da forma mais espontânea e desinteressada. É extrema a nobreza com que, tendo-se dissipado o equívoco no último ato, toma a defesa de Matteo, obtendo de Waldner a permissão para que se case com Zdenka. E é surpreendente a doçura que esse homem truculento pode ter quando, com o coração nas mãos, confessa seu amor por Arabella. Mandryka é uma grande criação, do ponto de vista humano e teatral.

Zdenka, imprensada entre sua natureza profunda e a vida falsa que é obrigada a levar, entre a repressão a seus próprios impulsos e a mistura de veneração e inveja que sente pela irmã, é uma figura de grande complexidade. Em termos de tradição histórica, também, é um papel muito original: um *trouser-role* às avessas – uma mulher que canta o papel de um rapaz que, na realidade, é mulher mesmo; o que refina, de maneira nova, a brincadeira do *Rosenkavalier*, em que uma mulher cantava o papel de um rapaz que se disfarça de mulher.

Os pretendentes da filha mais velha – Elemer, Dominik, Lamoral e Matteo – são personagens secundárias observadas com extremo cuidado. Todas elas ilustram atitudes e tipos característicos da sociedade, a meio caminho entre a alta burguesia e a pequena aristocracia, o ambiente em que se move a ação da comédia.

Mas a cena é dominada por Arabella, uma das grandes personagens femininas criadas por Hofmannsthal e Strauss. Em seu processo de passagem da adolescência frívola para uma feminilidade madura e segura de si, há um pouco do fascínio de Crisótemis, de Sophie, da Imperatriz e de Helena. Desde o tema no oboé, sobre acordes pianíssimos das cordas, que acompanha a sua primeira entrada em cena, sabemos que, apesar das hesitações quanto a seus pretendentes, Arabella é uma moça serena, decidida, que saberá reconhecer de um relance, quando ele aparecer, o homem que lhe convém. Será capaz de distinguir entre seus defeitos acessórios e suas qualidades essenciais, sentindo-se suficientemente à vontade para dizer a Mandryka, no final da ópera: "Ich kann nicht anders werden; nimm mich, wie ich bin" (Não posso ser de outro modo; toma-me como sou).

Arabella, entretanto, é uma ópera irregular, e isso se prende à gênese acidentada que teve. Seu comentário orquestral, mais transparente do que o do *Rosenkavalier*, com a economia que vem da experiência, tem algumas das páginas mais eufônicas escritas por Strauss. E em seus grandes momentos de canto, há melodias de um altíssimo nível de inspiração. Mas isso convive com trechos nitidamente desiguais, a começar pelo visível desnível entre o primeiro e os dois últimos atos. Por ter sido extensivamente revisado, o ato I é o melhor construído, com muito equilíbrio entre recitativo em tom de conversação, e números que não chegam a ser fechados, pois inserem-se com muita naturalidade dentro do fluxo contínuo da música:

- a ária de Arabella "Aber der Richtige, wenns einen gibt für mich auf dieser Welt" (Mas o homem certo, se ele existir para mim neste mundo), sobre o tema de uma canção folclórica croata, e que se transforma num extenso dueto com Zdenka;
- a conversa com Elemer, a quem Arabella tenta fazer ver que não é sensível à sua corte;
- a cena deliciosa em que Mandryka se apresenta ao futuro sogro e conta como se apaixonou pelo retrato de Arabella; e que termina no momento em que oferece a carteira recheada ao futuro sogro;
- e o monólogo final, "Mein Elemer! das hat so einen sonderbaren Klang..." (Meu Elemer! que som estranho têm essas palavras...), de melodia enfeitiçante, lindamente realçada pelo solo de viola: nele, Arabella confessa a perturbação que sentiu ao ver, à porta do hotel, o estranho que veio procurar seu pai, e que – ela ainda não sabe – será seu futuro marido.

O mesmo já não acontece com os outros dois atos. No II, o dueto de amor, "Und du wirst mein Gebieter sein" (E Tu Serás Meu Senhor), é uma das páginas mais emocionantes compostas por Strauss. O resto não está à mesma altura. As valsas são bem escritas, mas não têm o mesmo brilho do *Rosenkavalier* ou do *Intermezzo*. A coloratura da Fiakermilli é de um tipo mecânico e sem imaginação, a léguas de distância de Zerbinetta ou Aithra. E o desenlace do ato é resolvido de forma um tanto brusca.

Hofmannsthal não pudera desenvolver como queria a figura da mascote do baile, extraída de uma peça que deixara inacabada, *Der Fiaker als Graf* (O Conde Cocheiro), sobre os bailes populares da Viena de 1860. Clemens Krauss não gostava da Fiakermilli, a quem chamava de *Trillertante* (Titia Trinados), num trocadilho com *Dilettante*. Para a encenação no Festival de Salzburgo de 1942, convenceu Strauss a eliminá-la. Mas a emenda saiu pior do que o soneto e, nas montagens atuais, o que se usa é a versão original, embora sejam usuais cortes liberais na segunda parte do ato, depois que Mandryka ouve a conversa de Zdenka com Matteo.

O ato III é precedido por um bem-sucedido Prelúdio que, como o do *Rosenkavalier*, descreve, com exaltada temperatura lírica, o que se passa no quarto entre Zdenka e Matteo. E é de uma beleza extraordinária a cena final. Por trás dela está mais um desses "costumes típicos" brilhantemente inventados por Hofmannsthal: o de os noivos irem juntos beber água no poço, como símbolo de sua união. A cena em que Arabella bebe, junto com Mandryka, o copo d'água trazido por Malko, seu criado, é uma das passagens mais bonitas do teatro straussiano. É o sinal de que ela quer perdoar, esquecer, continuar. Efetuando o rito de passagem entre a juventude e a idade adulta, Arabella oferece a Mandryka a água, símbolo de sua pureza e fidelidade. Mas também o símbolo da paixão sensual em que, imersos, eles permanecerão unidos. Nesse sentido, é muito feliz a solução encontrada para o final da encenação do Festival de Glyndebourne, disponível em vídeo: em vez de beber a água que Arabella lhe estende, Mandryka derrama-a sobre a cabeça, encharca-se literalmente de amor.

Mas os episódios que ligam esses dois belos extremos do ato III são de valor desigual. O diálogo não tem o mesmo grau de inspiração do ato I. E é muito pouco verossímil, por exemplo, que Matteo não perceba ter estado com a mulher trocada, ao ver Arabella chegar do baile, ainda toda vestida com sua roupa de festa. Mas a cena final faz-nos esquecer todas as imperfeições: é a chave de ouro à criação conjunta legada ao mundo por Strauss e Hofmannsthal.

Pouco importa, na verdade, que *Arabella* tenha esses deslizes estruturais. O que lhe garante a popularidade é seu apelo sentimental, o lirismo de uma música cheia de alegria e de emoção verdadeiras; a variedade das situações ambientadas numa cidade glamorosa durante um período muito romântico; e a diversificada galeria de personagens que, cada uma à sua maneira, cativam a simpatia do espectador – exatamente como acontecia, antes, com as complexas figuras humanas do *Rosenkavalier*. Prova disso são as gravações dessa ópera, que se continuam fazendo, atraindo grandes nomes do canto moderno. Existem em disco:

Koch Schwann, 1933 – Viorica Ursuleac, Margit Bokor, Alfred Jerger/Clemens Krauss (ao vivo em Viena, versão abreviada).

DG, 1947 – Maria Reining, Lisa della Casa, Hans Hotter/Karl Böhm (ao vivo em Salzburgo).

Decca/London, 1957 – Della Casa, Hilde Güden, George London/Georg Solti.

DG, 1963 – Della Casa, Anneliese Rothenberger, Dietrich Fischer-Dieskau/Joseph Keilberth.

Mondo Musica, 1966 – Melitta Muszély, Lieselotte Hammes, Hugh Beresford/ Meinhard von Zallinger (ao vivo no La Fenice de Veneza).

Orfeo, 1981 – Julia Varady, Helen Donath, Fischer-Dieskau/Wolfgang Sawallisch.

Decca/London, 1986 – Kiri Te Kanawa, Gabriele Fontana, Franz Grundheber/ Jeffey Tate.

Lovro von Matacíc gravou uma preciosa seleção de cenas com Elisabeth Schwarzkopf, Emmy Loose e Josef Metternich (EMI). O selo SRO tem trechos da versão Sawallisch, de 1985, com Popp e Brendel. Há vários vídeos disponíveis:

– um filme preto e branco registrando a montagem da Ópera de Munique, regida por J. Keilberth, mencionada na Discografia;
– o filme de 1980, feito a partir de um espetáculo da Ópera de Viena, com Gundula Janowitz, Bernd Weikl/Solti;
– Festival de Glyndebourne, 1984, com Ashley Putnam, John Brocheler/Bernard Haitink;
– excursão da Ópera da Baviera a Tóquio, em 1988, com Lucia Popp/Sawallisch;
– Teatro Liceo de Barcelona, com Popp/Christoph Perick;
– Metropolitan de Nova York, 1995, com Kiri Te Kanawa, Wolfgang Brendel/ Christian Thielemann.

A quem achava que a ópera dava sinais de esclerose, a melhor resposta é o comentário brincalhão do crítico inglês Neville Cardus, quando ela estreou em seu país, em 17 de maio de 1934, com o mesmo elenco da criação original: *"Arabella* é a prova de que Strauss ainda é o melhor compositor de óperas straussianas". Em 1935, Strauss resumiu, assim, o que a colaboração com Hofmannsthal significara para ele:

> Foi o único poeta que, além da força como escritor e dos dons dramáticos, tinha a capacidade de apresentar a um compositor material já numa forma pronta para ser musicada. Sabia escrever libretos que eram, ao mesmo tempo, apropriados para a encenação, satisfatórios do ponto de vista de seu alto padrão literário, e facilmente musicáveis. Cheguei a negociar com os maiores poetas alemães; até mesmo, na Itália, com Gabriele d'Annunzio; e repetidamente com Gerhardt Hauptmann; mas, em cinqüenta anos, a minha única descoberta foi o maravilhoso Hofmannsthal. Ele tinha não só o dom inventivo de descobrir assuntos para serem postos em música, como também – embora pessoalmente fosse muito pouco musical – um faro surpreendente para o tipo de material que, em determinadas circunstâncias, corresponderia às minhas necessidades.

Colocava-se, então, para Strauss, a partir da década de 1930, um delicado problema: encontrar outro libretista com o qual tivesse o mesmo grau de interação. A descoberta desse novo parceiro, porém, corresponderia a uma das fases mais atribuladas de sua vida e carreira, coincidindo com as profundas modificações políticas por que seu país estava passando – e que se refletiriam, sob a forma de um gigantesco *Götterdämmerung*, na História do mundo inteiro.

Strauss e o Nazismo: O Caso Zweig

Richard Strauss estava com 68 anos ao se realizarem as eleições de 31 de julho de 1932. Nelas, o Partido Comunista Alemão obteve seis milhões de votos. Mas o sistema parlamentar entrou em colapso, porque o líder comunista, Ernst Thaelman, recusava-se a colaborar com os socialistas, a menos que estes aceitassem integralmente os seus programa de governo. Diante disso, os políticos conservadores, encabeçados pelo então chanceler Franz von Papen, convenceram o relutante presidente Paul von Hindenburg a oferecer o posto de chanceler ao líder do pequeno Partido Nacional Socialista, fundado em 1919, representado minoritariamente no Reichstag desde 1924 – mas que em 1932 obtivera 37,3% do total de votos.

O programa do PNS, ferrenhamente anticomunista, contava com o apoio dos empresários e proprietários de terra, temerosos de uma escalada bolchevique. O PNS também recusava coalizões, a menos que o gabinete fosse encabeçado por seu chefe, Adolf Hitler. O impasse criado pela divisão da esquerda, as pressões do empresariado, e a intransigência de Hitler, que não aceitou o cargo de vice-chanceler, forçaram von Hindenburg, em 30 de janeiro de 1933, a entregar a chefia do governo a esse homem, que prometia denunciar o Tratado de Versalhes, restabelecer a economia alemã, criar empregos para toda a população, devolver aos alemães o seu orgulho nacional – e combater a proeminência profissional e comercial da comunidade judaica, que ele apontava como a responsável por todos os males da nação.

Em 27 de fevereiro, ocorreu o incêndio do Reichstag, atribuído pelo chanceler ao terrorismo de esquerda, interessado em desestabilizar o seu governo – mas, na verdade, cometido por um desequilibrado mental, num ato que não teve conotações políticas, como ficaria comprovado mais tarde. Tomando esse pretenso atentado terrorista como pretexto, o chanceler dissolveu o Parlamento e convocou novas eleições. O PNS obteve apenas 288 das 647 cadeiras, mas conseguiu a maioria entrando em coalizão com o Partido Nacionalista, de extrema-direita, que tinha 52. Na abertura do novo Parlamento, Hitler fez com que lhe concedessem poderes ilimitados. Estava assim criado o III Reich[1].

O Estado federativo foi abolido, extinguiu-se o Reichsrat (a Câmara Baixa), criou-se o monopartidarismo, estabeleceu-se estrito controle sobre os meios de comunicação e iniciou-se sistemática campanha de perseguição anti-semita e anticomunista. Os judeus foram proibidos de trabalhar no serviço público, a licença dos médicos e advogados judeus foi cassada, e os casamentos inter-raciais foram proibidos. Líderes sindicais foram presos, os

---

1. Para informações mais completas sobre a situação histórica neste período, ver o volume *A Ópera Alemã*, desta coleção; e a Cronologia no fim deste volume.

sindicatos independentes foram substituídos por frentes trabalhistas controladas pelo PNS, greves e *lockouts* foram proscritos. Eliminou-se o desemprego através de programas intensos de obras públicas, do estímulo à indústria bélica e da criação de campos de trabalho para jovens. Foi no portão de entrada desses locais que surgiu o *slogan* que, mais tarde, ornaria sinistramente o acesso aos campos de concentração: *Arbeit macht frei* (O trabalho liberta).

Em 10 de maio de 1933, houve a primeira grande queima pública de livros considerados subversivos, de autores como Thomas Mann, Arnold Zweig, Erich Maria Remarque, e de cientistas como Siegmund Freud e Albert Einstein. O bem-estar do Estado tornou-se o objetivo primordial da Justiça: a reforma judiciária de 3 de maio de 1934 criou a Corte Popular, para julgar, em sessões secretas e sem direito à apelação, os casos de alta traição. A partir desse momento, começaram a surgir os campos de concentração, para oposicionistas e para os judeus, que se converteriam num dos grandes pesadelos da História contemporânea.

O poder absoluto de Hitler consolidou-se, em 30 de junho de 1934, com a chamada Noite dos Longos Punhais, durante a qual, por sua ordem, foram assassinados 1076 opositores do regime. Entre eles, estavam 77 membros da "ala revolucionária" do PNS: o líder católico Erich Klauserer, os radicais Ernst Röhm e Gregor Strasser, o general Kurt von Schleicher, que criticavam o conservadorismo do governo, exigindo maior atenção para os problemas sociais, e outros. E em 2 de agosto de 1934, quando von Hindenburg morreu, Hitler suprimiu o cargo de presidente da República. Era agora o senhor absoluto da Alemanha, com o título de *Führer und Reichskanzler*, o Guia e Chanceler do Reich.

Sinais preocupantes de que a situação política alemã se radicalizava, e o país estava à beira de mudanças de conseqüências imprevisíveis, já estavam no ar havia muito tempo. Mas provavelmente Strauss pouco prestou atenção a eles. No ano anterior às eleições, totalmente desinteressado de política, absorto em seu trabalho e em sua vida familiar, sem perceber ainda de que forma ambos seriam em breve afetados pelo que se passava à sua volta, Strauss manteve-se à margem dos acontecimentos. Ocupado em terminar a *Arabella* e em editar, para a encenação vienense de 16 de abril de 1931, o *Idomeneo* de Mozart – para o qual, inclusive, compôs recitativos, um interlúdio e uma cena de conjunto final –, não se preocupou, a princípio, em procurar novo libretista. Foi no verão de 1931 que o editor Anton Kippenburg sugeriu-lhe que entrasse em contato com um dos autores cujos romances e biografias publicava: o judeu-austríaco Stefan Zweig.

O primeiro encontro de Strauss com Zweig foi em Munique, no Hotel Vier Jahreszeiten (As Quatro Estações), em 20 de novembro de 1931. Em *O Mundo de Ontem*, Zweig relata como o impressionou o que descreve como "o poder abstrato e infalivelmente objetivo de auto-análise" de Strauss, e "sua percepção imediata do tipo de situação que poderia usar melhor". Propôs-lhe, então, que escrevessem uma ópera baseada em *Epicoene or The Silent Woman* (1609), do dramaturgo elizabetano Ben Jonson, traduzida por Ludwig Tieck. Zweig achava-se, na época, muito envolvido com a obra de Jonson de quem, pouco antes, fizera uma bem-sucedida adaptação moderna do *Volpone*, até hoje freqüentemente representada. Strauss aceitou entusiasmado, pois a figura de Aminta, na comédia inglesa, correspondia ao que dissera, semanas antes, numa das primeiras cartas a Zweig: "Na galeria de mulheres que retratei em minhas óperas, falta um tipo que gostaria muito de representar musicalmente: o da mulher trapaceira, o da *grande dame* como espiã". Pediu ao romancista que começasse logo a trabalhar; mas como este tivesse ainda de terminar a biografia de Maria Antonieta que estava escrevendo, só em 17 de janeiro de 1933 entregou ao compositor o libreto de *Die Schweigsame Frau* (A Mulher Silenciosa).

Foram pouquíssimas as correções solicitadas por Strauss. Decerto entusiasmado por encontrar quem pudesse substituir Hofmannsthal, foi, desta vez, muito tolerante com o novo libretista. Em janeiro de 1933, ao começar a esboçar o ato I, estava tão satisfeito que mandou a Zweig uma carta em que, debaixo do pentagrama com o tema de sua canção *Ich trage meine Minne* (Levo o meu amor), citou os versos de Karl Henckell: "Ja, dass ich dich gefunden, du liebes Kind,/Das freut mich alle Tage, die mir beschieden sind." (Sim, ter-te encontrado, filho querido,/alegra cada dia que me foi concedido).

Zweig terminou a *Mulher Silenciosa* a exatos treze dias antes da nomeação de Adolf Hitler para o cargo de chanceler. Logo em seguida, começou a campanha anti-semita e ele foi um dos primeiros visados – e, o que é pior, de uma forma ridiculamente equivocada. Num artigo assinado pelo ministro da Propaganda, Joseph Goebbels, foi confundido com outro escritor judeu, o alemão Arnold Zweig, autor de romances de protesto que atacavam o militarismo, a burocracia estatal, a hipocrisia burguesa e o preconceito racial. Naquele ano, Arnold Zweig causara enorme escândalo com o romance *De Vriendt kehrt heim* (De Vriendt Volta para Casa), de temática homossexual. Stefan Zweig não teve dificuldade em se defender; mas imaginou que, com isso, Strauss poria fim à colaboração. Richard, entretanto, fez questão de continuar trabalhando com ele e, em maio de 1934, foi pessoalmente falar com Goebbels, de quem obteve a confirmação de que não havia nenhuma acusação contra seu novo libretista. Para não piorar o vexame criado pela publicação de seu grotesco artigo, Goebbels viu-se obrigado a isentar de suspeitas o Zweig austríaco. Mas o fez a contragosto, com um rancor que, mais tarde, só serviria para agravar as coisas. Nesse meio tempo, Strauss assumira uma série de atitudes que, no futuro, lhe valeriam a pecha de ter sido colaborador do Nazismo.

Em março de 1933, quando o judeu Bruno Walter foi proibido de reger um concerto com a Filarmônica de Berlim – sob a alegação de que a polícia não teria condições de garantir sua segurança, caso houvesse protestos –, Strauss concordou em substituí-lo. Mas o fez atendendo ao pedido da agente judia Luise Wolff e dos empresários Julius Kopsch e Hugo Rasch, também de origem judaica – estes últimos filiados ao PNS –, que queriam evitar uma confrontação com as autoridades. E doou o seu cachê de 500 marcos à orquestra.

Em 15 de novembro de 1933, Goebbels anunciou sua escolha para presidir o recém-criado *Reichsmusikkammer*, o departamento dentro do Ministério da Cultura encarregado das questões musicais. Biógrafos, como Walther Panofsky, afirmaram que Strauss não tinha sido consultado pelas autoridades, antes dessa nomeação. Mas em 1987, ao publicar *Richard Strauss 1933-35: Ästhetik und Musikpolitik zu Beginn der nationalsozialistischen Herrschaft* (Richard Strauss 1933-35: Estética e Política Musical no Início da Dominação Nacional-socialista), Gerhard Splitt revelou a existência de um telegrama em que o governo lhe perguntava se aceitaria, caso fosse convidado. Tudo indica, porém, que ele aceitou acreditando que o cargo oficial lhe daria poderes para levar em frente a sua antiga luta em defesa dos direitos dos músicos, na qual se empenhava desde 1898. E de fato introduziu, durante sua gestão, varias melhorias na legislação dos direitos do autor e do intérprete. Foi muito criticado, entretanto, por ter-se submetido ao exame – que era obrigatório para todos os funcionários públicos – de sua árvore genealógica, para provar que era ariano puro.

Em agosto de 1934, voltando ao Festival de Bayreuth após uma ausência de trinta anos, Strauss regeu o *Parsifal* em substituição a Arturo Toscanini, que se recusara a fazê-lo para protestar contra a exigência de que judeus não participassem dos espetáculos. Na mesma época, aderiu a um abaixo-assinado protestando contra o discurso que Thomas Mann fizera em Bruxelas, no cinqüentenário da morte de Wagner. Em ambos os casos, movia-o a veneração por um compositor que marcara profundamente a sua vida, e é provável que não se desse conta de que, agindo assim, dava a impressão de estar endossando a política oficial. Mas esses gestos suscitaram o famoso comentário de Toscanini: "Para Strauss, o compositor, tiro o meu chapéu. Mas para Strauss, o homem, eu o enterro de novo na cabeça". Por outro lado, é a ele que se deve a preservação do Festival de Salzburgo, pois ameaçou nunca mais voltar a Bayreuth se as autoridades levassem adiante o projeto de suspendê-lo.

Pode-se acusar Strauss de ter sido apolítico, alienado, egoísta, preocupado apenas com sua música, inconseqüente em relação ao que se passava em seu país (pelo menos na fase inicial pois, mais tarde, seria contrário à guerra, embora não o externasse sob a forma de protestos públicos). Era principalmente ingênuo por acreditar que o seu prestígio o colocava a salvo de perseguições. Deve-se lamentar que um homem internacionalmente famoso como ele não se tenha empenhado na condenação do totalitarismo nazista, como outros fizeram. Mas ele próprio dissera, uma vez, a Romain Rolland: "Não tenho o estofo do herói. É por isso que prefiro me retrair".

Não deixou, porém, de protestar, cada vez que discordava das decisões do novo governo. Não permitiu, por exemplo, que se proibisse a execução da *Carmen*, de Bizet. Não consigo encontrar outra explicação para esse interdito senão o fato de essa ópera ter sido usada por Nietzsche – em sua famosa polêmica com Wagner, que se tornara o ídolo de Hitler – como o modelo da música solar meridional, preferível às brumas germânicas. Em uma carta ao empresário Kopsch, Strauss declarou: "Nego-me a participar, como censor do espírito, de uma estupidez assim". Deu também a Furtwängler, em dezembro de 1933, a instrução expressa de que não levasse em conta a proibição, ditada por um funcionário do Ministério da Cultura em Frankfurt, de que ele executasse os *Noturnos* de Debussy, considerados *entartete Musik* (música decadente).

O que os nazistas, evidentemente, não percebiam é que a política que Strauss pretendia impor à música alemã era nacionalista no sentido mais legítimo e amplo da expressão. Em memorando de 12 de dezembro de 1934, a Otto Lambinger, presidente da Câmara dos Teatros do Reich, Strauss defendeu a idéia de que houvesse um controle mais rigoroso da programação dos teatros de ópera, na qual predominavam encenações de títulos estrangeiros de grande sucesso, para que estes se equilibrassem com as de obras alemãs, tradicionais e contemporâneas. Havia nessa atitude, sobretudo, a mesma ativa preocupação com a divulgação de autores novos que o fizera tocar Pfitzner e Korngold num lugar tão remoto quanto o Teatro Municipal do Rio de Janeiro. Essas manifestações de "indisciplina" eram, num primeiro momento, toleradas pelas autoridades, que necessitavam de seu prestígio internacional para projetar uma imagem positiva da política cultural nazista.

Diga-se, portanto, que ele se deixou ingenuamente usar. Isso é verdade. Mas não se o acuse de ter sido anti-semita. Sua nora adorada, Alice Grab-Strauss, era judia; o que tornava judeus os seus netos, Richard e Christian, que, por causa disso, sofreram mais de uma humilhação na escola, em Garmisch. Strauss temia, inclusive, que o acesso à educação lhes fosse barrado, e isso explica muitas das concessões que fez. Seu libretista Hofmannsthal tinha origem parcialmente judaica. E ele sempre tivera relações absolutamente despreconceituosas com músicos, cantores, escritores, editores e empresários judeus. Além disso, não há, em sua vida e obra, nada que possa colocá-lo sob suspeita de discriminação. Nada que se pareça com o lamentável panfleto *Das Judentum in der Musik* (O Judaísmo na Música), que Wagner escreveu em 1850, sob o sintomático pseudônimo de K. Freigedank (livre-pensamento), defendendo o ponto de vista de que compositores judeus, como Meyerbeer, tinham corrompido a música ocidental, contaminando-a com as tradições musicais do gueto.

Strauss indignou-se com a decisão governamental de tirar a estátua de Felix Mendelssohn da praça em frente ao prédio da Gewandhaus, em Leipzig, da qual ele fora por muitos anos o regente titular. E quando Hitler lhe pediu que compusesse nova música incidental para o *Sonho de uma Noite de Verão*, recusou-se, dizendo não ter a menor condição de superar, em qualidade, a clássica partitura do compositor judeu. Numa fase em que sua opinião ainda era respeitada, não permitiu que as obras de compositores de origem judaica fossem excluídas de um grande festival retrospectivo da música alemã que se organizou, em 1935, em Vichy, na França. Recusou-se também a assinar a carta que criava o Departamento dos Compositores, dentro do RMK, porque esse documento previa a exclusão dos músicos judeus. E só depois da guerra, as investigações do Comitê de Desnazificação apuraram os inúmeros casos em que usara seu cargo para prestar ajuda a refugiados políticos, ou dar condições a perseguidos judeus de sair da Alemanha.

Numa carta de 10 de julho de 1935, depois de sua queda em desgraça, diria às autoridades nazistas, referindo-se ao episódio do concerto que aceitara reger com a Filarmônica de Berlim:

> Isso levantou contra mim uma verdadeira tempestade no estrangeiro, e principalmente nos jornais judaicos de Viena, causando-me mais mal aos olhos das pessoas de bem do que todos os benefícios que o governo alemão pudesse me oferecer. Fui condenado como um anti-semita servil e interesseiro; mas, ao contrário, sempre afirmei, e freqüentemente com prejuízo para mim mesmo, que considero a paranóia antijudaica promovida por Goebbels e Joachim uma vergonha para a honra alemã, um sinal de fraqueza, a mais baixa arma que possa ser usada por pessoas sem talento, medíocres e preguiçosas, contra a inteligência e o talento superiores. Admito, aqui, abertamente, ter recebido tanto estímulo dos judeus, tanta amizade desinteressada, tanta ajuda magnânima e encorajamento espiritual, que seria um crime não reconhecê-lo publicamente, cheio de gratidão. É claro que tive opositores na imprensa judaica [...], mas meus piores e mais maldosos inimigos sempre foram arianos: só para citar uns poucos, Perfall e Oscar Merz, Theodor Göring, Felix Mottl, Franz Schalk, Weingartner e toda a recente imprensa partidária do *Völkischer Beobachter*.

Otto Perfall e Oscar Merz escreviam no *Münchner Neueste Nachrichten*; Göring era crítico em Viena; Mottl, Schalk e Weingartner eram regentes com os quais Strauss tivera muitos problemas, durante sua experiência como co-diretor da Ópera de Viena; o *Völkischer Beobachter* era o órgão oficial do Partido Nacional Socialista. Nessa mesma carta, ele chama Bruno Walter de "schmierigen Lauselumpen" (pilantra nojento e mesquinho); e nessa afirmação, autores como G. Splitt viram um indício de anti-semitismo latente. Não era segredo para ninguém que Strauss e Walter não se davam bem; mas pelas mesmas razões que o levavam a não se entender com músicos arianos.

Foi a fidelidade a um intelectual judeu, seu novo libretista, que o fez finalmente entrar em rota de colisão com as autoridades. Depois da conversa com Goebbels, o ministro o procurou de novo, em maio de 1934, durante as récitas do *Parsifal* em Bayreuth, para lhe dizer que a estréia da *Schweigsame Frau* poderia ser um embaraço para o governo. Strauss disse-lhe, então, que não se oporia a retirar a ópera da programação para aquele ano. Mas a estréia já estava sendo esperada por todo o mundo musical europeu, e sua supressão ofereceria à imprensa estrangeira a oportunidade de criticar uma vez mais a repressiva política cultural nazista. Goebbels optou por colocar o problema nas mãos do próprio Führer. Este examinou o texto, e concluiu não haver nele motivo algum para a proibição.

A ópera ficou pronta em 20 de outubro de 1934, e a abertura foi-lhe acrescentada em janeiro do ano seguinte. Os ensaios foram pesados, pois o verão em Dresden era particularmente severo aquele ano; mas a excelência do elenco, e a dedicação da disciplinadíssima Maria Cebotari, capaz de ensaiar de dez a quinze horas seguidas, animaram o compositor a enfrentar o calor na sala de ensaios ao piano. Richard não contava, porém, com um desagradável episódio ocorrido no dia 22 – e que o maestro Karl Böhm evoca em suas memórias:

> Richard Strauss estava jogando *skat* no Hotel Bellevue com Tino Pattiera – o famoso tenor de Dresden, um dálmata muito bonito, de bela voz, adorado pelas mulheres –, o intendente Friedrich von Schuch e o figurinista Leonhard Fanto. [...] De repente, Strauss disse a von Schuch que gostaria de ver as provas do cartaz para a *Mulher Silenciosa*. Com a consciência pesada, pois sabia o que o inesperado pedido de Strauss acarretaria, embora não tivesse culpa por isso, von Schuch tentou desconversar. Mas Strauss disse: "Vou parar de jogar até vocês me terem mostrado essas provas". Trouxeram-nas e, como Strauss imaginava, o nome de Stefan Zweig não constava do cartaz. Ele atirou as provas no chão e disse: "Se o nome de Zweig não for incluído, vou-me embora amanhã".

Strauss ameaçou cancelar a estréia se ao libretista não se desse o mesmo destaque conferido a von Hofmannsthal, na estréia do *Rosenkavalier*. Para evitar o escândalo, o governo teve de contemporizar. Regida por Karl Böhm, e tendo no elenco grandes nomes – Friedrich Plaschke (Morosus), Maria Cebotari (Aminta), Matthieu Ahlersmeyer (o Barbeiro), Martin Kremer (Henry) e Kurt Böhme (Vanuzzi) –, *A Mulher Silenciosa* foi um sucesso. Mas Hitler decidira não estar presente, ao contrário do prometido. E Goebbels e sua mulher, dando a desculpa de que o mau tempo impedira seu avião de decolar de Hamburgo, tampouco compareceram a Dresden. A única autoridade presente era um funcionário subalterno, um certo Hanfstängl que, no coquetel após o espetáculo, discursou elogiando a ópera e censurando as autoridades por não terem comparecido. Semanas depois, esse pronunciamento custaria a Hanfstängl o exílio na Suíça.

Após a quarta récita, a ópera foi retirada de cartaz. Tinha sido banida pela censura. Mas a explicação oficial que se deu foi a de que era a ópera mais fraca de Strauss e que, em seu próprio interesse, ficaria melhor guardada numa gaveta. Só Graz, Zurique, Milão e Praga a montaram, no exterior, antes do início da II Guerra. Desde então, a fortuna crítica da *Mulher Silenciosa* tem sido acidentada (ver a Discografia no capítulo sobre a ópera).

Strauss não sabia que a censura postal – encarregada por Martin Mutschmann, representante do Reich na Saxônia, de fiscalizar toda a sua correspondência – interceptara a carta em que ele respondia energicamente à nova tentativa de Zweig de pôr fim ao trabalho conjunto para protegê-lo. Pedindo-lhe que não persistisse em sua "obstinação judaica", negava qualquer fidelidade política ao Nazismo e dizia:

> Nenhum músico alemão jamais se preocupou em saber se estava compondo música ariana ou não. Desde Bach, temos composto conforme o nosso talento permitiu, e temos sido alemães ou arianos sem nem pensarmos nisso. O que não pode ser considerado traição à pátria, e sim serviço fiel a ela prestado, mesmo quando não-arianos escreveram o libreto, como aconteceu com Mozart e comigo [...].

(Referências a Lorenzo da Ponte, libretista de Mozart, judeu convertido ao catolicismo, a Hofmannsthal e a Zweig.)

> Você acha que Mozart compunha deliberadamente em estilo ariano? Para mim, há apenas duas categorias de seres humanos: os que têm talento e os que não têm. E para mim, o povo só existe a partir do momento em que se transforma em platéia. E dá na mesma que tenham vindo da China, da Alta Baviera, da Nova Zelândia ou de Berlim, desde que paguem o preço integral do ingresso. [...].
>
> Quem te disse que me envolvi profundamente com a política? Será porque regi um concerto no lugar de Bruno Walter? Eu o fiz como um favor à orquestra. Ou porque substituí aquele outro não-ariano, Toscanini? Fiz isso como um favor a Bayreuth. Nada tem a ver com a política. Nada tenho ver com a forma como a imprensa marrom apresenta as coisas, e você não deveria se preocupar com isso. Será porque exerço o cargo de *Reichsmusikkammerpräsident*? Mas aceitei para fazer o bem e impedir infortúnios maiores, simplesmente porque conheço o meu dever artístico. Teria assumido esse cansativo cargo honorário sob qualquer governo; mas nem o kaiser nem Herr Rathenau me pediram isso.

(O judeu Walther Rathenau tinha sido o ministro da Reconstrução, na República de Weimar, até ser assassinado por anti-semitas, em 1922.)

Foi a gota d'água. Strauss que, no ano anterior, ao completar setenta anos, fora literalmente soterrado sob uma avalanche de honrarias, como o maior músico vivo da Alemanha, caiu definitivamente em desgraça. Em 6 de julho de 1935, o ministro do Interior, Walter Funkl, mandou seu secretário, Otto von Keudel, a Garmisch com uma mensagem: o compositor deveria renunciar a seu cargo, alegando "problemas de saúde". Preocupado com o bem-estar da família, e em especial com o de sua nora e netos, Strauss fez diversas tentativas de acomodação. Escreveu a Hitler uma carta com um subserviente pedido de desculpas; mas não obteve resposta. E enviou, em 10 de junho de 1935, um memorando a diversos organismos governamentais, protestando que "o criador de oitenta grandes obras universalmente reconhecidas" não poderia "ser criticado por não ser um bom alemão". Na tentativa de reconciliar-se com o poder, fez diversas concessões:

- escreveu o hino para os Jogos Olímpicos de 1936, realizados em Berlim – "logo eu, que detesto esportes!";
- compôs o *Japanische Festmusik* em homenagem aos 2.600 anos da dinastia japonesa, na esperança de que o príncipe Konoye, embaixador de Tóquio, intercedesse junto a Hitler em sua defesa;
- a pedido das autoridades de ocupação vienenses, compôs o *Festmusik der Stadt Wien*, para o 5º aniversário do *Anschluß*;
- aceitou musicar textos do nacionalista Joseph Weinheber e participar de um filme sobre a Filarmônica de Berlim, em que o sucesso da orquestra era creditado aos nazistas.

Na verdade, a questão das concessões é complexa, pois Norman del Mar foi o primeiro a chamar a atenção para o fato de que, numa canção como *Das Bächlein* (O Riacho), dedicada a Goebbels na abertura da RMK, pode haver uma alusão indireta a Hitler, pois os últimos versos são: "der mich gerufen aus dem Stein,/der, denk ich, wird mein Führer sein." (ele, que me chamou para fora da pedra,/ele, acredito, há de ser o meu Guia).

Splitt leva ainda mais longe as especulações de Del Mar e, procedendo a uma questionável análise verso a verso do texto, chega à conclusão de que toda a canção foi escrita em louvor ao III Reich. O seu argumento de que em *Das Bächlein* existe uma declaração implícita de solidariedade com a estética e os objetivos culturais do Nazismo estriba-se, sobretudo, na dedicatória e na repetição ternária da expressão "mein Führer", na coda da canção. É bem provável que a escolha do texto não tenha sido coincidência. Mas em fevereiro de 1934, quando Strauss fez seu discurso inaugural como presidente do RMK, a situação era muito diferente.

Agora, o cerco estava se fechando em torno dele. Alice – que perderia 26 parentes em campos de concentração – era constantemente perseguida e humilhada por um certo Hausböck, chefe da comarca de Garmisch. E Martin Bormann pedira às autoridades de Munique que confiscassem sua casa, para transformá-la num centro de recuperação de soldados feridos. Isso só não aconteceu graças à amizade pessoal que Richard tinha com duas altas autoridades nazistas: Baldur von Schirach, o *Reichsjugendführer und Reichsstadtalter* (líder da juventude e governador da cidade) de Viena; e Hans Frank, ministro da Justiça da Baviera, mais tarde nomeado governador da Polônia ocupada.

Essas concessões, porém, não o impediram de ser punido. Foi proibido de reger em Salzburgo e mantido em posição semimarginalizada. Em 1944, só a custo convenceu-se Hitler a suspender o veto à realização de uma "semana Strauss", em Dresden e Viena, para comemorar seus oitenta anos. Num de seus últimos encontros com ele, Goebbels lhe disse: "O mundo, Herr Doktor Strauss, é muito diferente do que o senhor vê da janela de seu estúdio em Garmisch". Richard respondeu, com um sorriso tristonho: "Infelizmente é muito diferente. Infelizmente". E no entanto, apesar de todas as ofertas que lhe foram feitas, recusou-se a se exilar, e ficou na Alemanha até o fim da guerra. Em dado momento, pensara, ingenuamente, que poderia exercer uma boa influência sobre a música alemã se estivesse em bons termos com os nazistas, mais do que fazendo protestos que, em sua maneira de ver, seriam inúteis e perigosos.

Sua queda em desfavor começou em 1935, quatro anos antes da guerra, que ele desaprovou, horrorizado; tanto assim que, em 1936, quando a política externa do III Reich – com a denúncia do Tratado de Locarno, que impedia a Alemanha de se rearmar, e a assinatura do Pacto do Eixo, com a Itália fascista, ao qual o Japão aderiria depois – já assumia contornos muito agressivos, ele compôs o libelo antimilitarista que é *Friedenstag* (Dia de Paz). Mas Strauss, que sabia não ter o estofo de um herói, preferiu, como dissera a Romain Rolland, retrair-se em vez de se exilar e de, no exterior, converter-se em uma grande voz dissidente, como a de Thomas Mann. E era um homem demasiado consciente de seu papel como o máximo representante vivo de uma arte musical que remontava ao século anterior, para optar pelo silêncio, o "exílio interno", como o fizeram Hartmann ou von Einem. Para um músico que compunha desde os seis anos, era simplesmente impossível parar de escrever.

Talvez a explicação para a recusa de Strauss em sair da Alemanha deva ser analisada no mesmo contexto da discussão proposta pelo cineasta húngaro István Szabó, em seu filme *Mefisto*, de 1981. Da mesma forma que o ator de teatro interpretado por Klaus Maria Brandauer, nesse filme baseado em uma novela de Klaus Mann, Strauss perderia a sua identidade artística se desligado de suas raízes nacionais. Da mesma forma que a personagem mitológica dos Doze Trabalhos de Hércules, que perdia as forças se desligado de Gea, a Mãe Terra, que o gerara, o músico Richard Strauss só tinha sentido como um artista fundamentalmente alemão. Mas a atitude desse artista – a figura mais ilustre a ter colaborado, ainda que por pouco tempo, com o III Reich – continuou a desafiar os biógrafos e musicólogos. Enquanto membros do Partido eram incondicionalmente perdoados, depois da guerra, dúvidas e acusações persistiram sobre ele, que nunca se filiou ao PNS.

Strauss e seu filho Franz em companhia do Führer.

O documento oficial de nomeação de Richard Strauss como presidente da *Reichsmusikkammer*.

Strauss e Joseph Goebbels, que ele considerava "escorregadio como uma enguia e perigoso como uma cobra".

Em "Strauss and the National Socialists: the Debate and its Relevance"[2], Pamela Potter fez o detalhado levantamento das diversas posturas observáveis em autores para quem o músico "tornou-se o símbolo da reação de toda a comunidade musical alemã à política nazista". Essas posturas abrangem desde a decisão dos primeiros biógrafos – Kurt Pfister, Claude Rostand, Rolland Tennschert – de simplesmente não mencionar o III Reich, até esforços como o de Splitt de retratá-lo monocromicamente como um nazista e anti-semita convicto. Embora se mostre desapontado por ele nunca ter protestado abertamente, Otto Erhardt enfatiza seu apoliticismo – caminho escolhido também por Heinrich Kralik, para quem "o mundo não pode culpar Strauss por ter sido um homem artisticamente distanciado da realidade" (afirmação que, sob diversos pontos de vista, é inexata). No oportunismo reside outra tentativa de explicação. Enquanto Franz Trenner afirma que Strauss aceitou colaborar para garantir que suas obras continuassem a ser executadas – o que parece desnecessário no caso de um músico cujo prestígio estava já muito bem consolidado –, o marxista Ernst Krause o descreve como um camaleão, "típico *espécimen* da sociedade burguesa em declínio", capaz de se adaptar a qualquer tipo de regime em vigor.

Muito importante foi a publicação, em 1963, de *Musik im Dritten Reich*, de Joseph Wulf, trazendo à tona documentos que "mostravam um Strauss mais abertamente conciliatório com o regime do que se pensava mas, ao mesmo tempo, muito menos tolerado pelo regime do que se imaginava". Essa visão complexa de sua personalidade se prolonga em obras mais recentes, como *The Twisted Muse: Musicians and their Music in the Third Reich*, de Michael Kater, publicado em 1997, muito tempo depois do levantamento feito por Pamela Potter. O livro de Wulf desencadeou reações opostas: tanto as tentativas de Panofsky de absolvê-lo, com base na necessidade de proteger sua família, quanto as acusações do americano George Marek que, em *Richard Strauss: the Life of a Non-Hero*, admite que ele era "politicamente ingênuo", mas condena-o por ter "aquiescido a uma ditadura perversa":

> [Ele] poderia perfeitamente ter-se dado conta do que acontecia com o incêndio do Reichstag, o vandalismo das propriedades judaicas e a Noite dos Longos Punhais. Mas preferiu fechar os olhos a essas atrocidades quando substituiu Walter e Toscanini, quando elogiou Goebbels por seus ataques a Hindemith, e quando participou da condenação a conferências de Thomas Mann sobre Wagner. [...] Em suma, a atitude de Strauss e seu relacionamento com o Nacional-socialismo foram tão contraditórios quanto o seu caráter. Ele oscilava do pró para o contra de acordo com o que achava melhor para si mesmo, não para seu país, para o mundo – ou para a música. [...] Exonerá-lo, depois da guerra, foi fácil. Afinal de contas ele não era um artista, e dos maiores? Mas não é nada fácil desculpar um homem que, para proteger seus interesses criativos, podia agir de maneira tão dúbia.

Os ataques de Marek trouxeram, em defesa de Strauss, o musicólogo Peter Heyworth que, no artigo "The Rise and Fall of Richard Strauss", publicado em 1968 na revista *Encounter 31*, recriminou em Marek a "percepção bidimensional dos dilemas da vida", o "sabor desagradável de animosidade racial" que há em suas palavras (Marek é de origem judeu-polonesa), e a "inconsistência de um julgamento que omite deliberadamente parte dos argumentos políticos em favor de Strauss". Também Norman del Mar considerou "mal-intencionadas" as especulações de Marek sobre "o que Strauss sabia ou não do que estava acontecendo na época de sua colaboração". Outros autores foram ainda mais longe, descrevendo o compositor – que "não era um pensador profundo, nem talhado para o heroísmo" (Michael Kennedy) – como "um homem que sempre aceitava as honrarias de onde quer que elas viessem, fazia o que achava estar certo para o bem da arte, agia de modo a proteger sua família e, infelizmente, nem sempre via seus atos serem interpretados corretamente" (Alan Jefferson, 1975). Diante disso, tornou-se muito mais cauteloso o tom com que biógrafos como André Ross ou Dominique Jameux abordaram a questão.

O passo mais importante, desde o livro de Joseph Wulf, para a divulgação de documentos sobre as atividades musicais durante o III Reich – que os arquivos oficiais relutaram

---

2. Ensaio recolhido em *Richard Strauss: New Perspectives on the Composer and His Work*, organizado em 1992 por Bryan Gilliam.

durante muito tempo em liberar – foi *Musik im NS-Staat*, de Fred Prieberg. O estudo já estava pronto havia algum tempo mas, como envolvia pessoas vivas, cujo prestígio voltara a ser muito grande, só em 1983 a Fischer-Verlag se decidiu a publicá-lo, no cinqüentenário da tomada do poder por Hitler. Prieberg questiona a tese da ingenuidade política, e acusa Strauss de ter explorado seus contatos com altos funcionários para obter, durante o III Reich, "o coroamento de sua carreira". Não tardou para que viesse a resposta. Num número especial da *Neue Zeitschrift für Musik* (1986), dedicado à "Música durante o Nacional-socialismo", Stephan Kohler considerou ridículo falar de "ambições de carreira" no caso de um septuagenário que já era famoso no mundo inteiro. E criticou Prieberg por ter escamoteado o fato de Strauss ter insistido em continuar colaborando com Zweig.

Apesar de suas falhas, a pesquisa de Prieberg inspirou a tese de doutorado de Gerhard Splitt, depois ampliada para publicação. Trata-se do mais completo levantamento documentário dos anos em que Strauss ocupou a presidência da RMK, contendo grande quantidade de material até então inédito. Partindo da premissa de que não se pode separar o artista do homem, Splitt analisa a personagem do compositor, mostrando-o, naquela época, muito preocupado com a recepção de sua música. Por isso, aceitou ser transformado num *Aushängeschild* (cartaz de propaganda) da política cultural nazista. Mas o problema de Splitt, aponta Pamela Potter, é que,

> ao assestar o foco em apenas dois dos 85 anos de vida de Strauss, ele toma liberdades na interpretação dos fatos e, por isso, cai na mesma armadilha de seus predecessores, menos interessados em encontrar os fatos do que em pronunciar um veredicto. Como outros biógrafos de Strauss, Spitt continua a manipular a evidência existente, citando-a, interpretando-a de forma correta ou distorcida, até mesmo ignorando-a, preocupado antes de mais nada em responder à pergunta angustiante: ele foi ou não um colaboracionista?

Uma dessas especulações duvidosas é a de que um dos objetivos de Strauss, como presidente do RMK, era estimular a política oficial de supressão da música atonal, do jazz e da música popular. Que ele não tivesse simpatia pelo atonalismo, todo mundo sabe – e seu nacionalismo o inclinava a favorecer toda a produção germânica em detrimento da estrangeira. Mas que, pelo fato de não ter encontrado nenhuma defesa explícita dos direitos do jazz e da música moderna, Splitt deduza que "ele deve ter simpatizado com a ativa campanha nazista na imprensa contra esse tipo de música", esta sim é a legítima "forçação de barra". Como é pura fantasia, no extremo oposto, a teoria de Dominique Jameux de que a forma que Strauss encontrou de resistir ao Nazismo foi não ter produzido nenhuma grande obra durante essa fase, reservando-as, assim, para o fim da vida, no período que Norman del Mar chama de seu "Indian Summer". O que é pura tolice, pois Jameux está simplesmente ignorando grandes obras como *Daphne* ou *Capriccio*.

Igualmente equivocada é a leitura que André Ross dá à ópera pacifista *Friedenstag* (Dia de Paz), chamando-a de "sutil peça de propaganda", pois a personagem do Comandante "é o porta-voz do próprio tirano e possui todas as qualidades de fanático que os alemães glorificavam no macho alemão". A impressão que se tem é a de que Ross não conhece realmente a ópera, pois ignora o fato de que a personagem principal de *Dia de Paz* não é o belicoso Comandante, decidido a explodir sua fortaleza para não ter de entregá-la ao inimigo, e sim Maria, a sua mulher, que o reconcilia com o adversário.

Não há dúvida que, nos primeiros anos do regime, Strauss considerou úteis alguns aspectos das propostas nazistas. Mas daí a chegar à conclusão de que ele aprovava todo o programa do Reich, incluindo o anti-semitismo, é uma generalização ingênua ou de má-fé. Na verdade, o fato de as autoridades terem escolhido um músico, e não um burocrata, para a presidência da RMK, levou-o a acreditar que o governo tinha realmente a intenção de deixar a administração das questões musicais nas mãos de um profissional. Tudo indica que os nazistas fizeram um erro de cálculo ao escolher esse venerável ancião, que se mostrou menos dócil do que eles esperavam. Prova disso é que, depois da demissão de Strauss, foi nomeado para substituí-lo o compositor Paul Graener, de menor projeção artística e muito maior maleabilidade. A divulgação que o cargo dava à sua obra no rádio e na plataforma de concertos fez de Graener o pau-mandado que Goebbels esperava (ver *A Ópera Alemã*, desta coleção).

Além disso, a impressão que a média dos cidadãos alemães tinha do novo governo, durante os anos em que Strauss exerceu a presidência da RMK, era muito mais positiva do que em períodos posteriores, em que a perseguição a judeus e comunistas, o enrijecimento da censura, o *Anschluss* e a invasão da Polônia deixaram clara a natureza do regime. Fenômeno semelhante ocorreu, de resto, na Itália onde, num primeiro momento, muitos intelectuais viram na figura do Duce uma esperança para a renovação cultural do país. Peter Heyworth mostrou, além disso, com que freqüência a clareza de julgamento dos fatos dessa fase sofreu a interferência de um outro problema: a inveja dos contemporâneos, que acusavam Strauss de arrogância e oportunismo por ele ter sido, desde muito jovem, um homem famoso. Os mesmos críticos que não o perdoavam por ter sempre sabido – como Verdi, de resto – cuidar muito bem de seus negócios. Essa ciumeira obscurece os esforços reais que ele sempre fez para ajudar colegas de menor sucesso.

Em *Die Händler und die Kunst: Richard Strauss as Composer's Advocate* – incluído na coletânea de Bryan Gilliam – Barbara Petersen fez o levantamento dos longos anos de luta do compositor na defesa dos direitos autorais e da proteção de compositores e instrumentistas, trabalho a que deu enorme impulso nos seus anos de RMK. A frustração com a injustiça de sistemas anteriores, a degradação da Alemanha depois da I Guerra, o caos político-econômico da República de Weimar podem perfeitamente tê-lo feito acreditar na possibilidade da restauração da ordem, da mesma forma que muitos outros intelectuais que, antes de serem atingidos pela repressão, viram nas reformas uma esperança. Após a crise violenta do pós-guerra, não é de se espantar essa atitude da parte de um povo a quem o novo Führer prometia: "Ich bringe euch Brot und Arbeit" (Tragovos pão e trabalho). É Pamela Potter quem o diz:

> De 1945 para cá, cada vez mais nos damos conta de que a maioria dos alemães não era feita de membros da resistência, apesar do número extraordinário de alegações de pós-guerra que poderiam levar-nos a pensar de outra forma. Colocados na posição difícil de interpretar o III Reich com o conhecimento de Auschwitz, os historiadores precisam superar esse problema e considerar as vantagens materiais e a promessa de um futuro melhor que os nazistas ofereciam ao alemão médio naqueles primeiros anos. Em determinado momento, todo alemão que preferiu não emigrar teve de equacionar essas vantagens materiais com os extremos de uma ideologia desagradável. Para Strauss, isso foi especialmente verdade, pois ele teve contato direto com muitas questões prementes e experimentou o choque com o governo em muitos níveis: como funcionário público, celebridade, *persona non grata* e também como parente, amigo e colaborador de judeus. [...] É muito simplista ter a esperança de poder determinar se ele foi ou não nazista. Não se pode ter a esperança de chegar a um veredicto moral definitivo, nem a de compreender a música do período nazista com base na experiência de um único indivíduo. Mas podemos ter a esperança de utilizar o que aprendemos, com a história de Strauss, de modo que nos permita compreender melhor as preocupações e atitudes de um indivíduo em posição semelhante à dele, para que possamos traçar esse conhecimento ao complexo tecido das reações do povo alemão à ditadura fascista.

DIE SCHWEIGSAME FRAU

O capitão aposentado da Marinha, sir Morosus, não suporta barulho desde que, na explosão de seu navio, estourou os tímpanos. Deserda e expulsa de casa seu sobrinho, Henry, porque este trouxe consigo um ruidoso grupo de amigos, membros de uma companhia de ópera – gente a quem o velho despreza. Mas Morosus sente-se só e pede a seu barbeiro, Schneidebart, que lhe encontre uma esposa. Conspirando com Henry, o barbeiro apresenta ao velho uma mulher aparentemente calada e bem comportada, a que dá o nome de Tímida – mas que, na verdade, é Aminta, cantora da companhia, secretamente casada com o sobrinho de Morosus. Depois de um falso casamento, a mulher revela sua verdadeira natureza, e fala sem parar até deixar aturdido o rabugento capitão. Exasperado, Morosus pede o divórcio. Mas este lhe é negado ao cabo de uma falsa sessão de tribunal, encenada pelos mesmos comediantes que expulsara de sua casa. Finalmente, Henry e Aminta confessam-lhe a verdade: tudo não passou de uma brincadeira de mau-gosto. Depois de uma crise de raiva tonitruante, Morosus os perdoa, e celebra a tranqüilidade recuperada com uma filosófica conclusão:

> Wie schön ist doch die Musik,
> aber wie schön erst, wenn sie vorbei ist!
> Wie wunderbar ist doch eine junge, schweigsame Frau,
> aber wunderbar erst, wenn sie die Frau eines anderen bleibt
> Wie schön ist doch das Leben,
> aber wie schön erst, wenn Mann kein Narr ist
> und es zu leben weiss!

(Que bela é a música, mas como é bom quando ela acaba! Como é maravilhosa uma mulher jovem e silenciosa, mas como é maravilhoso quando ela é a mulher de um outro. Que bela é a vida; mas como é bom quando não se é tolo e se sabe viver!)

Zweig teve de modificar sensivelmente a peça de Ben Jonson, uma farsa no fim da qual descobre-se que Epicoene, a mulher com quem Morosus se casara, é na verdade um travesti (*epiceno*, do grego, significa "comum de dois" e, portanto, hermafrodita). O uso, comum nas companhias de teatro elizabetanas, de rapazinhos para desempenhar papéis femininos justificava, na peça inglesa, uma situação que Zweig considerou escabrosa para seus contemporâneos. Inspirou-se, então, em outros libretos de ópera livremente extraídos do texto de Jonson:

- *Angiolina ossia Il Matrimonio per Sussurro* (1800), de Antonio Salieri;
- *Lord Spleen* (1930), de Mark Lothar;
- e *Ser Marcantonio* (1810), de Stefano Pavesi, cujo libreto, escrito por Angelo Anelli, serviria de base para o do *Don Pasquale* (1843), de Gaetano Donizetti. Fez um trabalho muito interessante:

- simplificou situações que, na peça, eram obscuras;
- fundiu numa só personagem o capitão Morosus e seu amigo Otter, acidentado no mar, justificando assim a ojeriza a barulho que ele tem; e tornou-o mais simpático do que no texto de Jonson;
- aumentou a importância da participação do barbeiro Meister Schneidebart (Mestre Corta-barbas), inspirando-se no Dottore Malatesta donizettiano, mas dando-lhe também traços que lembram um seu colega de profissão, o Fígaro de Rossini;
- fez de Henry algo mais do que o convencional galã de intriga amorosa: ele participa intensamente da ação e, além disso, tem um dos mais intensos momentos líricos da ópera, o dueto "Du süßester Engel", no fim do ato II;
- criou o final feliz, e inventou a companhia de ópera – o que, para o compositor, abriu possibilidades muito interessantes.

A farsa de Jonson transformou-se, portanto, numa peça de costumes, cujas personagens deixaram de ser estereótipos de *Commedia dell'Arte*, para transformarem-se em seres humanos individualizados. Isso é particularmente verdade no que se refere ao relacionamento de Morosus com Aminta. De um lado, há o homem que começa a envelhecer e sente necessidade do consolo de uma companhia feminina. Do outro, a mulher jovem que o utiliza como o veículo mediante o qual há de obter uma herança que garanta, a ela e a seu marido, vida tranqüila. Mas, no fundo, desagrada-lhe o papel, que lhe foi imposto, de torturadora de um velho pelo qual chega até a ter certa simpatia. Esse traço resgata a sua personagem, de talhe mozartiano, e que tem também certo parentesco com a Zerbinetta da *Ariadne*.

Morosus, principalmente, é uma personagem bem mais complexa do que, por exemplo, o Don Pasquale donizettiano. Não é apenas um misantropo ranzinza que, por causa de um acidente, não suporta barulho. É também "um homem de alma sensível como cera e com um coração de ouro", como o descreve Schneidebart. Por outro lado, está cheio de preconceitos contra quem não pertence à sua classe. E como todo típico puritano inglês do século XVI (ou burguês alemão da década de 1930?), despreza e desconfia de todas as formas de arte, e em especial do teatro. Isso dá à *Schweigsame Frau* uma dimensão satírica que não havia nem na peça de Jonson nem nas outras óperas nela inspiradas. Além disso, Morosus não é uma personagem grotesca. Como o Ochs do *Rosenkavalier*, também tem senso de dignidade, e sabe perfeitamente quando é chegado o momento de retirar-se de cena, de perdoar e de compreender seus próprios limites. Nesse sentido, é humanamente muito mais rico do que o Morose inglês, além de integrar-se muito naturalmente ao universo dramatúrgico straussiano. Musicalmente, é difícil de cantar: exige uma tessitura que vai do ré bemol grave ao fá sustenido agudo. E esse cantor precisa ser também um bom ator, da cepa de um Theo Adam ou de um Kurt Moll.

O texto de Zweig pode não ter a elegância e a profundidade de sentimentos e significados dos libretos de Hofmannsthal. E não deixa de ter razão quem o acusa de ser um tanto prolixo (os cortes que Karl Böhm fez em suas montagens, depois de 1945, demonstram que a ópera não perde em ser um pouquinho enxugada; compare-se, para isso, sua versão gravada, da Melodram, com a integral de Marek Janowski). Mas é um texto vivo, cômico e abriu a Strauss ótimas possibilidades: de caracterizar personagens verossímeis e nuançadas; de trabalhar com os diversos níveis do discurso lírico, da frase falada à ária formal; de prosseguir com seus experimentos de contraposição da linha vocal a uma orquestra grande, de 95 músicos, mas que é usada com leveza e transparência, como no *Intermezzo*. E também de voltar a explorar sua costumeira temática do amor e do casamento em suas mais diversas manifestações. Muito provavelmente, Strauss, para quem o elemento subjetivo era sempre fundamental, gostou da história por ter, de certo modo, se identificado com sir Morosus que, como ele, é um homem velho, casado com uma mulher atraente, mas ruidosa e briguenta. Ou como diz Michael Kennedy: "Em toda a obra de Strauss, Pauline está sempre espiando dos bastidores".

Esse era – desde os qüiproquós do ato III do *Cavaleiro da Rosa* – o libreto de ópera bufa pelo qual há tanto tempo Strauss esperava; o que também explica o entusiasmo com que se lançou à composição. É só lembrar-se de como, segundo conta Zweig, seus olhos azuis brilhavam, com a satisfação um tanto perversa de saber que tinha escrito melodias que dariam pano para manga à cantora. Aliás, o fato de as personagens da *Mulher Silenciosa* serem cantores de ópera permitiu a Strauss, dono de extensos conhecimentos de História da Música, trabalhar com a modernização de formas de ária e concertato que remontam à Escola Napolitana, do Barroco Tardio. Muito mais do que na *Ariadne*, por exemplo, é nítido na *Mulher Silenciosa* o uso dos números fechados tradicionais. Mas, como já tinha acontecido antes, na *Helena Egípcia* e na *Arabella*, eles se fundem no fluxo contínuo de um arioso que permite ao compositor levar também adiante a experiência de recitativo melódico, que fizera no Prólogo da *Ariadne* ou em *Intermezzo*. Aqui, entretanto, observa-se um traço original: o recitativo seco é substituído por breves passagens de diálogo falado, que se alternam rapidamente com o arioso, dando grande mobilidade ao discurso. Há números individuais muito bem trabalhados:

- O trecho do ato I em que Morosus, conversando com o barbeiro, queixa-se dos "verfluchten, vermaledeiten Glocken" (os danados, amaldiçoados sinos), que o atormentam com seu barulho. O acompanhamento orquestral é ricamente imitativo. E o texto é uma habilidosa paródia do famoso poema *The Bells*, de Edgar Allan Poe, do qual Serguêi Rachmáninov extraiu uma cantata.
- A canção estrófica "Mädchen nur" (Só as garotas), com que o barbeiro louva as mulheres, tentando convencer o velho de que alguma delas há de querê-lo.
- As acrobacias vocais para o contralto – a cantora Carlotta disfarçada de camponesa –, de um tipo só igualado pelos papéis rossinianos para mezzo.
- O dilúvio de coloratura com que Aminta, depois do casamento, deixa Morosus atarantado.
- Ou o suave canto final do capitão, já mencionado, que Strauss considerava uma de suas melhores páginas.

O máximo destaque é para as cenas de conjunto, restituindo a essa fórmula a importância que tivera no Classicismo e no Romantismo:

- o septeto com coro, "Nicht an mich, Geliebter, denke", de confrontação entre os cantores e os vizinhos de Morosus;
- o concertato durante o qual o barbeiro enumera as riquezas do velho;
- o sexteto "Wunderbar, sie anzuschauen", do ato II;
- o noneto "Alles Frohe, alles Schöne", com que os cantores, Henry e o barbeiro se despedem de Morosus, entoando um cântico à Música, "sem a qual não brilha a alegria, sem a qual não reluz a felicidade"; e muitos outros trechos do diálogo que se organizam sob a forma de breves quartetos, quintetos, sextetos.

Mas o trecho de conjunto de escrita mais virtuosística é o da barafunda que se instala logo depois da cerimônia de casamento, transformando a plácida vida do velho num estrepitoso inferno. A trama contrapontística dessa página lembra a do quinteto dos judeus, na *Salomé*; e tem também um inegável parentesco, mais longínquo, com a cena da confusão noturna, no ato II dos *Mestres Cantores de Nüremberg*.

Outro aspecto importante, na *Mulher Silenciosa* – como não poderia deixar de ser numa ópera em que as personagens são cantores – é a chance que ela dá a Strauss de exercer sua velha paixão pelo entrelaçamento, em sua música, de citações de si mesmo e de outros compositores, mas sempre revestindo esses temas com a individual roupagem harmônica e instrumental de seu próprio estilo:

- as melodias da cena do casamento são extraídas do *Fitzwilliam Virginal Book* e de uma coletânea de árias de Martin Peerson, ambos da Renascença inglesa;
- o tema do juiz, na cena do divórcio – em que se faz um uso muito engraçado de citações em latim macarrônico – saiu do *First Booke of Ayres & Dialogues* (1620), de John Bull;

- na cena da lição de canto, do ato III, impera o espírito da comédia "all'italiana", combinado com o típico senso straussiano da exageração irônica: ele cita o dueto "Sento un certo non so che", da *Incoronazione di Poppea* (1642), de Claudio Monteverdi, acrescentando-lhe uma segunda estrofe muito ornamentada, de sua própria invenção. Segue-se o dueto "Dolce amor, bendato Dio", do *Eteocle e Polinice* (1675), de Giovanni Legrenzi.

Quando o barbeiro comenta "Quanto mais se tem dinheiro mais se bebe", o tema que se ouve é o do Ouro, no *Anel* wagneriano. E basta fazer-se menção a "Apoll Italiens" ou à expressão "primo tenore", para que a voz se alce a um inesperado lá bemol agudo, parodiando as praxes belcantísticas peninsulares. Henry vem apresentar a seu tio o diretor da companhia de ópera, e a frase "Cavaliere Vanuzzis Ruhm ist bis in unser Vaterland gedrungen" é temperada com citações de "La donna è mobile" e de "Bella figlia dell'amore", do *Rigoletto* – verdadeiro fetiche straussiano – e, logo em seguida, com o tema do "Mir anvertraut", o dueto de Barak e sua mulher, no ato III da *Mulher sem Sombra*.

- verdadeira orgia de citações é a que acompanha, no ato I, o monólogo de Morosus, "O Gott, wie ist dieses Eselsgeschlecht der Menschen erfindungsreichen im Spektakulieren" (Meu Deus, como essa raça de asnos dos homens é inventiva para fazer barulho). Nele, desfilam o tema da Caça do *Tannhäuser*; a melodia da ária "Behüt dich Gott", da popular comédia *Der Trompeter von Säckingen* (1884), de Viktor Nessler; a valsa do *Fausto*, de Gounod; a figura rítmica inicial dos *Mestres Cantores*, tocada pelas percussões; o motivo do "Ein Vogelfänger bin ich ja" (Sou um caçador de pássaros), a primeira ária de Papageno na *Flauta Mágica*; e o estereotipado acompanhamento em terças, como num noturno de John Field, característico de exercícios para pianistas amadores.

O grande regente e instrumentador que, ao escrever esta partitura, dizia "Não estou trabalhando e sim me divertindo", também encontra espaço para pitorescos achados orquestrais:

- a marcha humorística da entrada dos cantores, no ato I; o elegante minueto do início do ato II;
- o prelúdio fugato que, como no *Rosenkavalier*, introduz o ato III;
- e, principalmente, a vivacíssima abertura, que recebeu o nome de *potpourri*, pois passa em revista todos os temas importantes da ópera, com o ritmo vertiginoso das melhores aberturas de Rossini.

A Mulher Silenciosa, aliás, é a ópera de Strauss que melhor evidencia a estima e o respeito pela grande tradição cômica da ópera italiana. Toda a música da *Schweigsame Frau* é, portanto, escrita com muito cuidado, tentando recuperar, de modo alegre, esfuziante mesmo, o estilo das grandes obras anteriores. O final do dueto de Morosus com Schneidebart, no fim do ato I, por exemplo, lembra muito a melodia saltitante das máscaras na *Ariadne auf Naxos*. Mas é inevitável constatar que – em consequência talvez das circunstâncias tensas em que foi escrita – ela não tem aquela mesma graça espontânea. Com todos os seus momentos interessantes, não consegue oferecer o mesmo nível consistente de inspiração melódica do *Cavaleiro da Rosa*, nem os fascinantes achados individuais da *Arabella*.

Da *Mulher Silenciosa*, existe um registro ao vivo bastante cortado, do Festival de Salzburgo de 1959, regido por Karl Böhm, com um elenco excelente, em que se destacam Hans Hotter, Hermann Prey, Fritz Wunderlich e Hilde Güden, lançado em CD pela Melodram.

A primeira gravação comercial só foi feita em 1979: Theo Adam, Jeanette Scovotti, Eberhard Büchner, Wolfgang Schöne/ Marek Janowski.

O registro da Koch Schwann Classics, de 2000, é uma transmissão radiofônica de 1993, da Rádio Bávara: Kurt Moll, Cynthia Sieden, Deon van der Walt, Elke Wilm-Schulte/Pinchas Steinberg.

Esses registros demonstram que, no conjunto, a ópera é bastante satisfatória, mas sem nenhum daqueles pontos altos que, uma vez ouvidos, nunca mais se esquecem. Com todas

Maria Cebotari como Aminta (a cantora do meio), na estréia da *Mulher Silenciosa* (Dresden, 1935, direção de Josef Gielen, regência de Karl Böhm).

Die Schweigsame Frau na Staatsoper de Hamburgo, em 1974: cenários de Ekkerhardt Grübler, direção de Rudolf Steinböck, regência de Marek Janowski.

as suas *longueurs*, todavia, um elenco competente pode transformá-la num espetáculo gratificante, como o prova a distribuição de que Böhm dispunha em Salzburgo. Talvez o que falte à *Mulher Silenciosa* seja aquela leveza que seu modelo, o *Don Pasquale*, tem de sobra.

Além das gravações de Böhm, Janowski e Steinberg, existem também, em edição pirata do selo SRO, duas apresentações regidas por Wolfgang Sawallisch: a de 1977, com Mödl-Grist-Böhme-Grobe, e a de 1988, com Bence-Kauffmann-Moll-Araiza. Como o *Friedenstag*/Sawallisch foi comercializado pela EMI, pode-se esperar que uma dessas *Schweigsame Frau* tenha destino semelhante. Existe ainda um vídeo da Ópera da Baviera, da década de 1970, com regência de Sawallisch, tendo como intérpretes Kurt Moll, Donald Grobe, Reri Grist, Barry McDaniel e Martha Mödl.

Em novembro de 1946, quando *A Mulher Silenciosa* foi apresentada pela primeira vez depois da guerra, em Dresden, Richard Strauss enviou a Joseph Keilberth, que a regera, esta mensagem:

> Quer dizer que o estimado sir Morosus foi finalmente libertado do campo de concentração da Reichstheaterkammer e o trouxeram de volta à cidade onde ele nasceu, e onde tive de fazer tanto esforço, doze anos atrás, para devolver o nome de seu libretista ao cartaz. Agradeço-lhe muito sinceramente por tê-lo libertado.

FRIEDENSTAG

O bom entendimento com Zweig fez Strauss, apesar de todas as dificuldades políticas, querer levar adiante a colaboração. A princípio, pensaram em vários temas para óperas bufas: a lenda do flautista de Hamelin; a comédia *Calandria*, do dramaturgo renascentista Bernardo Dovizi da Bibbiena; e o *Anfitrião*, de Heinrich Kleist. Mas quando se encontraram em Salzburgo, para o festival de 1934, acabaram decidindo-se por um tema sério, uma história que se passava no final da Guerra dos Trinta Anos. As fontes para esse argumento eram uma peça pouco conhecida de Calderón de la Barca, *La Rendición de Breda*, e o quadro de Velásquez sobre o mesmo tema, que Strauss admirava muito, e a respeito do qual escrevia ao libretista: "Os dois comandantes adversários se encontram com atitude tão humana, que é impossível falar em vencedor ou vencido".

A sinopse que Zweig lhe mandou, em agosto de 1934, chamava-se *24 de Outubro de 1648*, a data do armistício. Depois, esse título seria trocado por *Friedensvertrag* (Tratado de Paz) e *Der westfällische Friede* (A Paz de Vestfália), antes de chegar ao nome atual: *Friedenstag* (Dia de Paz). Nessa sinopse, a ação já era praticamente a do libreto definitivo. Strauss apenas sugeriu que o papel de Maria, a mulher do Comandante, fosse ampliado, acrescentando, com isso, mais uma personagem forte à sua galeria de grandes figuras femininas. Queria que Zweig acrescentasse um tempero sentimental à ação, com "um caso de amor entre a mulher do Comandante, vinte anos mais nova do que ele, e um jovem tenente subordinado a seu marido".

Mas o libretista protestou:

> Acho que a junção do heróico com o amoroso é operístico, mas no pior sentido da palavra. [...] Sempre achei um tanto embaraçoso toda vez que homens retratados como heróis irrompem subitamente numa ária amorosa – mas se isso vem sendo feito há tanto tempo é porque, provavelmente, é a melhor mistura para a platéia. Mas há em mim um instinto que luta contra isso.

Strauss concordou, embora observasse, em sua resposta: "É claro, o que lhe propus é operístico – mas onde termina o *kitsch* e começa a ópera?". Esse intercâmbio de opiniões demonstra claramente a diferença entre o filósofo idealista e o homem de teatro pragmático, que conhece os ingredientes capazes de atrair as mais amplas audiências.

Mas Zweig sentia as paredes fechando-se à sua volta. Perto do início da II Guerra, teria de se exilar da Áustria. E viria em 1941 para o Brasil, onde se suicidou, juntamente com sua segunda mulher, em fevereiro do ano seguinte, em Petrópolis. Antes mesmo de a *Mulher Silenciosa* estar pronta, o escritor já sabia que sua parceria com Strauss não tinha futuro. E a todo momento propunha ao compositor nomes de intelectuais que pudessem substituí-lo: o professor Robert Faesi, da Universidade de Zurique; os poetas austríacos

Rudolf Binding e Alexander Lernet-Holenia (este último chegou a enviar o libreto de uma *Alkestis*, que Strauss recusou). Mas o músico resistiu o quanto pôde. Chegou a sugerir que continuassem escrevendo óperas juntos e as engavetassem, até a situação política ter mudado – o que Zweig, muito mais realista, sabia ser uma hipótese das mais remotas.

Finalmente, em junho de 1935, quando as autoridades nazistas lhe fizeram ver claramente que novo trabalho com Zweig estava totalmente fora de questão, Strauss teve de resignar-se à idéia de trocar de parceiro. Aceitou, então, a indicação de um amigo pessoal de Stefan: o historiador Joseph Gregor, responsável pelo Departamento de Teatro da Biblioteca Nacional Austríaca, de quem lera com entusiasmo, em 1934, a alentada *Weltgeschichte des Theaters* (História Universal do Teatro). Mas impôs uma condição: que Zweig supervisionasse secretamente o seu trabalho, orientando Gregor quanto àquilo que ambos pretendiam fazer – o que realmente aconteceu, dali em diante. Ao se encontrar pela primeira vez com Strauss, em Berchtesgaden, em 7 de julho de 1935, Gregor já tinha prontas as sinopses das três óperas que escreveriam juntos: *Friedenstag*, ampliando o projeto de Zweig; *Daphne* e *Die Liebe der Danae*.

Por que Strauss aceitou trabalhar com Gregor, se seus libretos são debilmente construídos e carecem do brilho verbal que acendia nele a centelha da inspiração? Provavelmente porque, àquela altura, já estava cansado de procurar outro colaborador, e tinha a esperança de que Gregor fosse apenas um dócil intermediário, tirando as castanhas do fogo para Zweig. Mas a franqueza de Strauss, difícil de aceitar até mesmo para um poeta de primeira água como Hofmannsthal, não tardaria a ofender o historiador que, desde os primeiros contatos, não escondera a excitação em escrever para o grande músico. Em suas cartas, Richard esbravejava:

> Ações e caráter! Nada de "pensamentos"! Nada de "poesia"! O público não entende nem um terço das palavras cantadas e, se não puder acompanhar a ação, vai se aborrecer. Deixe que eu acompanhe os seus primeiros passos na sala de aulas da ópera com a palmatória gentil do mestre-escola grisalho e experiente. Nada de ficar sopesando motivações, nada de autocomplacências poéticas. Manchetes!!

Mas a palmatória prometida nada tinha de gentil:

> Repassei a segunda metade do texto e não creio que possa encontrar música adequada para ele. Nem o Comandante nem sua mulher são personagens verdadeiras: parece que andam sobre coturnos. Não creio que, durante a Guerra dos Trinta Anos, um comandante tivesse tempo de discorrer sobre a "idéia gloriosa da guerra". [...] Do jeito que está, com essa má imitação do jargão homérico, se você conseguir atrair cem pessoas ao teatro já será muito.

Gregor se ressentia e protestava:

> Escrevi esse texto com entusiasmo autêntico e genuíno, e ele conta não só com o aplauso de nosso amigo comum, como com o de uma série de pessoas muito qualificadas, a cuja apreciação o submeti. Assim, tenho de lhe dizer que me magoa muito o seu julgamento de que está cheio de "frivolidades ideológicas" e "má imitação do jargão homérico".

Pobre Gregor, que não tinha culpa de não ser um dos maiores poetas da Áustria. Isso só servia para irritar ainda mais o impaciente compositor, a quem o brilho de seu predecessor deixara mal acostumado:

> Desconfio muito desse seu "entusiasmo genuíno e autêntico", já que ele não parece nascer de um real entendimento da arte teatral, nem promete despertar no espectador entusiasmo idêntico.

A essa altura, para amainar a tempestade, Zweig retocou alguns trechos, reescreveu a cena da confrontação entre os dois comandantes e deu por encerrada a sua participação. E Strauss, dando-se ou não por satisfeito, começou a trabalhar. Quanto a Gregor, preferiu continuar engolindo os insultos e prosseguir na colaboração, decerto por saber que ali estava o seu passaporte para a posteridade. Em 1939, ao publicar *Richard Strauss, der Meister der Oper* (Richard Strauss, o Mestre da Ópera), história de sua parceria com o compositor, sequer mencionou o nome de Zweig, sob o pretexto de que ele estava banido da Alemanha. Mas a afirmação que faz de que foi ele quem sugeriu a Strauss, em Berchtesgaden, o tema para as suas últimas óperas, não é inteiramente verdade. *Daphne* foi idéia sua, sim. As outras puseram em práticos projetos de Zweig e Hofmannsthal. A verdade se restabelece com a correspondência entre ambos, publicada em 1964 por iniciativa de Franz e Alice Strauss.

Friedenstag e *Daphne* começaram a ser musicadas simultaneamente, pois Strauss pretendia fazer com elas um programa duplo. Chamava-as, por isso, de "minhas *Cav/Pag*", numa alusão à dobradinha célebre de Mascagni-Leoncavallo. Mas em 24 de janeiro de 1936, ao terminar a partitura da primeira, a segunda ainda estava longe de ficar pronta. Decidiu, assim, que *Friedenstag* inauguraria o Festival de Verão de Munique, em 24 de julho de 1938, precedida da adaptação do balé *As Ruínas de Atenas*, de Beethoven, que fizera em 1924 com Hofmannsthal. Dedicada a Clemens Krauss, a ópera foi estreada por ele, à frente de um elenco de primeira ordem: Viorica Ursuleac, Hans Hotter, Ludwig Weber, Georg Hahn, Julius Patzak, Peter Anders. E foi muito bem recebida.

Apesar do conteúdo pacifista, Hitler compareceu à estréia vienense, realizada pouco depois, e ofereceu uma recepção ao elenco no final do espetáculo. Pela forma como tratou Strauss, comenta Hans Hotter num artigo que escreveu sobre essa ocasião, ninguém seria capaz de dizer que tivesse havido qualquer atrito entre os dois. Hotter diz também ter ficado surpreso com o interesse por ópera demonstrado pelo Führer. Em dado momento Hitler, lembrando-se de tê-lo visto, dez anos antes, cantando Scarpia na *Tosca*, perguntou-lhe como conseguia, sendo um baixo-barítono, fazer papel tão agudo: "E aquele sol sustenido do ato II?", perguntou.

Friedenstag foi cantada junto com *Daphne*, pela primeira vez, em 15 de outubro de 1938; e assim foram encenadas em Viena, durante 1939. Mas o próprio Strauss concluiu que tinham naturezas muito diferentes e ficariam melhor separadas. Isso, de certa forma, preservou *Daphne* pois, com a aproximação da guerra, *Friedenstag*, apaixonado apelo à tolerância e à solidariedade entre os homens, foi retirada de cartaz. O governo nazista não podia tolerar esse libelo contra a concepção que, na época, fundamentava a política externa alemã, de que a guerra é a *ultima ratio* para decidir o destino das nações. Depois disso, *Dia de Paz* foi ouvida muito raramente: uma dessas vezes foi a audição radiofônica em Paris, em 1949, para comemorar os 85 anos do compositor. A primeira gravação comercial, do selo Koch International Classics, só foi lançada em 1992. Depois disso, em compensação, duas outras apareceram (ver a Discografia no final do capítulo).

A ação passa-se numa cidade assediada pelas tropas luteranas do Holstein, no fim de 1648. A população, exausta, quer se render; mas o Imperador ordenou que as tropas continuassem resistindo, e o Comandante, para não desobedecer, opta por fazer explodir a cidadela. Sua mulher, Maria, decide que ficará com ele até o fim. Quando as cargas explosivas já estão prontas, ouvem-se três tiros de canhão: a paz foi assinada e a guerra, que se arrastava por trinta anos, acabou. Suspeitando de uma armadilha, o Comandante recebe o chefe do Exército inimigo de armas na mão. Mas Maria interpõe-se entre eles, suplicando ao marido que aceite a paz. Os dois comandantes se reconciliam, e a ópera termina com um grande coro em louvor da paz e da fraternidade.

Friedenstag ocupa um lugar único na obra de Strauss. Tem preocupações políticas claras, e uma força emocional monolítica que é um testemunho de sua sinceridade. É sua ópera mais austera, no colorido escuro da música, na ausência deliberada de episódios "bonitos", na predominância das vozes masculinas, no arioso muito severo, e no papel preponderante do coro como personagem coletiva (em especial na cena impressionante em que o povo, faminto, vem pedir pão). É a ópera de Strauss que mais se aproxima da *Elektra*, por seus contornos ásperos e enérgicos, seu uso freqüente de alterações rítmicas, modulações bruscas, falsas relações harmônicas – em suma, de um cromatismo que cria a atmosfera de constante tensão.

Nesse sentido, confirma-se uma vez mais a idéia, formulada no início deste ensaio, de que, em Strauss, o idioma musical *não é um fim em si, mas amolda-se sempre à natureza do tema tratado*. Tanto assim que, na *Daphne*, composta simultaneamente, ele adota, como se verá adiante, uma linguagem diametralmente oposta. Desde o início da ópera, a tendência à harmonia dissonante surge na enunciação de um tema que será repetido, ao longo da partitura, como uma espécie de emblema musical. Baseado em três intervalos de trítono, esse tema representa a crueldade da guerra. Sonoridades reminiscentes da *Elektra* acompanham o monólogo em que Maria se lamenta:

> *Wie leer und schaurig! Wie umfängt es mich mit kalten Armen, wie Todengruft! Du Totenuhr da unten, Kündest du in düstrem Schlagen uns die letzte Stunde? Hohl wie der Tod der Männer Schreckensblicke.*
>
> (Que horrendo vazio! Circunda-nos com seus braços frios, como uma tumba! E tu, relógio macabro que ouço de longe, acaso anuncias, com teus lúgubres sons, a nossa última hora? Estão vazios como a morte os olhares aterrorizados dos homens.)

O dueto do Comandante com a sua mulher – "Verbieten mußte ich um diese Stunde dir die Zitadelle" (Nesta hora eu deveria ter te proibido de vir à cidadela) – explorando, num nível inteiramente novo, o tema da interação de almas baseada no amor conjugal, tem um tom emocionado, mas incisivo, sem muitas concessões à cantilena lírica, pois a situação não a comporta. Habilmente, Strauss consegue conciliar o estilo lírico, que normalmente reserva às suas heroínas da fase final, com as fanfarras e os acordes em blocos sólidos que acompanham as palavras de seu marido. Observe-se que, nisso, já existe uma antecipação da forma como ele vai combinar, na *Daphne*, a música heróica de Apolo com o lirismo pastoral da personagem-título. Até mesmo no momento em que mais claramente se expressa o carinho entre os cônjuges, e em que o texto de Gregor tem assonâncias wagnerianas que poderiam suscitar a expansão lírica, é deliberadamente contida a forma como eles se expressam:

> COMANDANTE: *Maria, Geliebte, sahst du die Sonne? Zum letzten Mal erhellt sie die Nacht! Der Turm versinkt in nichts. Hinab zur Stadt! Der Arm, der dich hält, umfaßt dich im Grab!*
> MARIA: *Dank sir, Sonne, sein Auge leuchtet. Dank dir, Morgen, du trogst mich nicht. Sieh, du erschienest mir, gütige Spendrin, höchstes Sinnbild der Liebe! Jetzt erleuchte das Herz der Geliebten, Kraft verleihe dem mächtigen Arm, mich zu fassen, vereint zur Liebe, mich zu halten bis in den Tod. Sonnes, seliges Ende, nie mehr getrenn – willkomener Tod!*
>
> (Maria, minha amada, viste o sol? Ele iluminou a noite pela última vez! A torre há de mergulhar no esquecimento. Desce para a cidade! O braço que ora te enlaça só voltará a te abraçar no túmulo! //Eu te agradeço, ó sol: teus olhos brilham. Eu te agradeço, ó manhã, não me traíste. Vê, apareceste para mim, bondosa benfeitora, mais alto símbolo do amor! Agora, ilumina o coração do meu amado, dá forças a seu braço poderoso, para que ele me abrace unidos no amor, para que ele me estreite até a morte. Sol, fim abençoado, nunca mais separados – morte bem-vinda!)

Um instante de distensão, entretanto, é promovido pela canção entoada por um jovem piemontês, que veio à fortaleza trazer uma mensagem para o Comandante. Foi Gregor quem sugeriu a Strauss a inclusão do texto de uma canção folclórica, que ele ouvira no sul do Tirol, quando era soldado, durante a I Guerra Mundial. A canção do jovem estrangeiro meio adormecido, sobre a rosa que desabrocha e murcha como a juventude, desperta nos soldados à sua volta sentimentos insuportavelmente nostálgicos:

> O JOVEM PIEMONTÊS: *La rosa, la rosa che un bel fiore come la gioventù, nasce, more, e non ritorna più.*
> O OFICIAL DA MUNIÇÃO: *Wer singt da?*
> O ATIRADOR: *Der junge Bursch, der Italiener, der heute Nacht sich einschlich mit des Kaisers Brief. – Hat seinem Weg gemacht durch fünfzigtausend Mann! Durch Stürmbock, Pulverkörb und Schwere Stücke! Durch des Holsteiners ganze Belarungsarmee.*
> O PIEMONTÊS: *E non ritorna più!*
> O OFICIAL DA MUNIÇÃO: *Wächst, blüht und kehrt nicht wieder? Diese Nacht träumte mir, ich wär in einem Garten.*
> O MOSQUETEIRO: *Ich hab vom Wein geträumt.*
> O ATIRADOR: *Der Piemonteser hat euch behext. Hat nie was vom Krieg gesehn.*
> O PIEMONTÊS: *La piccola Pedretta cantava dolce assai... Poi se n'andò soletta e non tornò più mai!*
> O MOSQUETEIRO: *Was singst du, fremder Bursch?*
> O PIEMONTÊS: *Così dolce fanciulla cantando se ne stà.*
> O OFICIAL DA MUNIÇÃO: *Vom Mädel in der Heimat. Kein Lied für uns. Wie lang ist's her, daß wir nicht Frauen sahn? [...]*
>
> (A rosa, a rosa, flor bonita como a juventude, nasce, morre, e não volta mais.//Quem está cantando?//É o rapaz, o italiano que, na noite passada, se esgueirou entre cinqüenta mil homens! No meio do tiroteio, das munições, da artilharia pesada! Através de todo o exército do Holstein que nos assedia.//E não volta mais!//Nasce, floresce e não volta mais? A noite passada, sonhei que estava em um jardim.//Eu sonhei com vinho.//O rapaz do Piemonte enfeitiçou todos vocês. Ele não sabe o que é a guerra.//A pequena Pedretta cantava tão docemente... Depois foi embora sozinha – e nunca mais voltou!//Que

A cena final de *Friedenstag* no Festival de Munique em 1961: cenários de Helmut Jürgens, direção de Rudolf Hartmann, regência de Joseph Keilberth.

estás cantando, rapaz estrangeiro?//Garota tão doce ali está cantando.//É sobre uma namorada que ele tem em casa. Não é uma canção para nós. Há quanto tempo não vemos uma mulher? [...].)

Esta inserção de um trecho cantado em outra língua surge, em *Friedenstag*, como uma retomada da cena famosa do Tenor Italiano, no *Cavaleiro da Rosa*. Aqui também uma canção em italiano é interrompida; mas desta vez pelos militares, que não querem ouvir falar de namoradas, beijos ao luar e "la gioventù che non ritorna più". O gosto straussiano do pastiche está presente: a canção do piemontês é uma nítida paródia do estilo verista italiano, lembrando muito, por exemplo, a música de Umberto Giordano.

Destaca-se também, em meio à declamação severa que predomina, o tom de balada em que o Comandante se dirige a seu Sargento da Guarda:

Zu Magdeburg in der Reiterschlacht, da glomm es von Schwertern und Helmen, da hat der Tod in Aug gelacht so Herren wie armen Schelmen. [...] Da hat es ein alter Dragoner vollbracht, den Herrn auf den Rücken zu tragen! Nun schreitet heute der Tag heran, die alte Schuld zu begleichen: und hast du drunten das Werk getan, dann magst du schnell entweichen.

(Na batalha da cavalaria em Magdeburgo, o campo brilhava com espadas e elmos, lá a morte ria na cara dos senhores e dos pobres plebeus. [...] Lá, um velho dragão conseguiu salvar seu chefe carregando-o nas costas! Agora está chegando a hora de pagar a velha dívida: depois que você tiver terminado o seu trabalho lá em baixo, fuja e salve a sua vida.)

Conhecendo seus subordinados como os conhece, o Comandante fala assim ao homem que salvou sua vida, para excitar sua coragem e obter dele a resposta heróica: "Se comecei bem, fazendo a coisa certa, deixe-me terminar igualmente bem, ficando a seu lado". E com isso, garante que nenhum outro homem ouse pedir para sair da fortaleza.

Muito sarcástico é o uso que Strauss faz do tema do coral luterano "Ein' feste Burg ist unser Gott" (Nosso Deus é uma sólida fortaleza), na marcha de entrada dos inimigos na cidadela, perto do final da ópera. O tratamento grosseiro e banal dado a essa melodia sugere uma condenação implícita não só do militarismo como também dos crimes cometidos em nome do fanatismo, seja ele religioso ou ideológico. Volta à tona o Strauss ateu dos anos de juventude, que via na religião uma forma de sujeição do espírito.

Do conjunto dissonante dessa música, destaca-se o episódio final. Como as últimas páginas da *Mulher sem Sombra*, trata-se de uma longa cena estática, em diversas seções, tratada em tom de oratório. Ao entrar respeitosamente na fortaleza, procurando pelo "maior herói desta guerra [...] o guerreiro que defendeu seu território como um leão, contra um inimigo dez vezes mais numeroso", o general do Holstein foi recebido com hostilidade pelo Comandante. Ele não confia nas promessas de paz de quem "devastou as terras, destruiu as igrejas, queimou as fazendas". Desses "inimigos de ontem, traidores de hoje", ele só espera "mentiras e embustes". As velhas querelas religiosas envenenam sua troca de palavras, e eles já estão a ponto de puxar a espada um para o outro, quando Maria se interpõe:

Geliebter, nicht das Schwert! Nicht mehr das Wort von Unfrieden, Feindschaft! Was ist ein Wort? Was ist ein Bote? Sieh hinter ihm die glanzvolle Strasse, sieh hinter ihm den grossen Herrn, den leuschtenden Herrscher, der ihn beschattet, der ihn gesendet, mehr als der Kaiser, mehr als wie alle! Mann, est ist Friede! Sieh mich doch an, sieh mir ins Auge, verhärte dich nicht und glaube auch ihm!

(Meu amado, não a espada! Não mais a discórdia, a hostilidade! O que é uma palavra? O que é um mensageiro? Olhe, atrás dele, a refulgente estrada, veja, por trás dele, a grande Senhora, cuja sombra o recobre, que o mandou aqui, e que é maior do que o Imperador, maior do que todos nós juntos! É a paz, meu marido! Olha para mim, olha dentro de meus olhos, não te endureças e acredita no que ele está dizendo!)

Com isso, ela consegue que os dois joguem longe a espada, se abracem e reconciliem. O hino à paz se inicia com a invocação de Maria, "Glocken! Glocken, leuchtende Wunder" (Sinos! Sinos, radiante milagre), ao ouvir os sons que anunciam a assinatura do tratado de paz. E prossegue com elaborados episódios corais, a que se entremeiam intervenções das personagens – o Prelado, o Prefeito, os dois Comandantes –, culminando em nova invocação da mulher, agora erigida em símbolo, na imagem regeneradora do Eterno Feminino, que dá ao homem a vida e o salva da solidão:

Sonne, Sonne, ewige Sonne! Was du begannst, vollende das Wunder! Öffne die Arme, verbrenne die Mauern, schliesse uns ein! Daß wir uns finden, untrennbar, unendlich, nimm uns zu dir!

(Sol, eterno sol! Completa o milagre que começaste! Queima as muralhas, abre teus braços, abraça-nos com a tua luz! Leva-nos contigo para que fiquemos para sempre unidos!)

E a cena converge para o portentoso *tutti* "Wagt es zu denken, wagt zu vertrauen" (Ouse pensar, ouse imaginar), em que todos se propõem a, no futuro, não mais temer a ponte que, até então, não tinham ousado atravessar: a que leva ao "gewalt'gem Liebesumfassem" – o abraço do amor que a todos abarca. É um hino à paz, um apelo à crença nos valores maiores, que acabarão vencendo a tirania, tristemente significativo por ter sido entoado às vésperas de uma carnificina que faria da Guerra dos Trinta Anos uma brincadeira de amadores.

Após as torturadas harmonias de toda a ópera, este é um trecho rigorosamente diatônico, de melodia imponentemente serena, como se o compositor quisesse dizer – sem a menor preocupação com os narizes torcidos de uma certa vanguarda – que a eufonia corresponde ao equilíbrio, à resolução dos conflitos, enquanto a dissonância serve para traduzir os sentimentos de ódio, tensão, desequilíbrio. Ou seja, Strauss continua fiel à sua "ideologia" do uso da linguagem musical. Não há dúvida de que, ao compor *Friedenstag*, o modelo que ele tinha em mente era o *Fidelio*, de Beethoven. Em sua ópera há também uma esposa leal e apaixonada, disposta a tudo para salvar o marido; um Comandante nobre e resoluto; o povo trancado dentro da cidadela, como os prisioneiros ansiosos por ver de novo a luz do sol; e um final jubiloso, de estrutura sinfônica, celebrando a fraternidade. Strauss pode não atingir o nível sublime do final do *Fidelio*; mas os valores humanos defendidos em ambas as obras são substancialmente os mesmos.

De *Friedenstag* existem as seguintes gravações:

Koch Schwann, 1992 – Roger Roloff, Alessandra Marc/Robert Bass (ao vivo no Carnegie Hall de Nova York em 19 de novembro de 1989).

Koch Schwann, 1995 – Hans Hotter, Viorica Ursuleac/Clemens Krauss (remasterização da histórica apresentação na Ópera de Viena em 1939).

EMI, 1999 – Bernd Weikl, Sabine Hass/Wolfgang Sawallisch (ao vivo na Staatsoper de Munique em 22 de julho de 1988).

DG, 2001 – Albert Dohmen, Deborah Voigt/Giuseppe Sinopoli.

A gravação de Robert Bass é de um nível honesto. Alessandra Marc cria com bastante persuasão o papel de Maria; Roger Roloff é um Comandante razoável; e dois veteranos, os tenores George Shirley e Richard Cassily, já em pleno declínio vocal, fazem figurações veneráveis como o Atirador e o Prefeito. São de muito melhor qualidade os solistas de Sawallisch – cujo registro antes circulava pelo selo SRO –, e a versão de estúdio de Sinopoli, o último trabalho desse excelente regente straussiano, morto pouco depois de terminá-la, em 20 de abril de 2001. Na versão Sawallisch, destaque-se Kurt Moll como o comandante inimigo. No volume 15 da "Vienna State Opera Séries", da Koch Schwann, há trechos de outubro de 1941, com Ursuleac-Hotter-Dermota/Cl. Krauss.

Friedenstag sempre teve seus ferrenhos defensores; William Mann, por exemplo:

> Da mesma forma que *Die Frau ohne Schatten*, a ópera de Strauss que, depois da *Elektra*, mais se eleva, em termos morais, acima do mero entretenimento, é *Friedenstag*. A propósito dela, relembro a frase que Händel disse ao Lorde-Tenente da Irlanda, após a estréia do *Messias*: "Não o escrevi para distrair o público, e sim para torná-lo melhor". Comparada a essas duas óperas, *Arabella* é uma encantadora perda de tempo.

A mensagem de *Friedenstag*, expressando a esperança na reconciliação dos povos, contra o pano de fundo de um conflito mundial, dá um sentido todo especial às palavras de Zweig que, em sua autobiografia, referindo-se à época de sua colaboração com Strauss, afirmou:

> Tive de ser a testemunha indefesa e impotente da queda inimaginável da humanidade num tipo de barbárie que há muito tempo pensávamos ter sido esquecida, com sua doutrina consciente e programática de desuma-

nidade. Mas, paradoxalmente, vi, ao mesmo tempo em que o mundo retrocedia mil anos em termos morais, essa mesma humanidade erguer-se a um patamar intelectual e tecnológico nunca antes sonhado. [...] Nunca, até nossa época, a humanidade tinha-se comportado de forma mais maléfica, e nunca realizara proezas tão divinas.

DAPHNE

No encontro de Berchtesgaden, Gregor já apresentara a Strauss, como dissemos, uma sinopse que lhe fora sugerida por uma gravura de Théodore Chassériau, intitulada *Apollon et Daphné*. Strauss gostou da idéia, porque a lenda de Dafne inspirara uma das obras de arte que ele mais amava: a estátua de Lorenzo Bernini, que mostra o momento exato da metamorfose da moça em árvore. Richard ia visitá-la na Galleria Borghese, sempre que estava em Roma. Além disso, foi esse o tema da primeira ópera, apresentada em Florença no Carnaval de 1597. Jacopo Peri e Ottavio Rinuccini evocaram, neste primeiro *dramma per música*, o episódio narrado por Ovídio da ninfa amada pelo pastor Leucipo, que se disfarça de mulher para poder aproximar-se dela; e de como, após a morte do pastor, ela é transformada por Zeus em loureiro, para escapar da perseguição de Apolo, que deseja possuí-la. O episódio mitológico inspirou vários autores, ao longo da História da Ópera:

- a *Dafne* (1608) de Marco da Gagliano sobre o poema de Rinuccini, e a primeira ópera alemã, de Heinrich Schütz (1627), hoje perdida, com o texto italiano traduzido por Martin Opitz;
- *Gli Amori di Apollo e Dafne* (1640) de Francesco Cavalli; a *Dafne* (1671) de Giovanni Bontempi, que trabalhava em Dresden com Schütz; a *Florindo e Dafne* (1706), da juventude de Haendel, cuja partitura se perdeu, e a sua cantata dramática *Apollo e Dafne*, de 1708;
- a *Daphne* de Johann Joseph Fux (1714), mestre de capela em Viena, e a de Johann Georg Reutter (1734), o primeiro professor de Haydn.

Mas a preparação do libreto, uma vez mais, não foi fácil. Mesmo com a participação oculta de Zweig, o texto – que ficou pronto em 3 de setembro de 1935 – foi rejeitado por Strauss. Ele o achou "frouxo do ponto de vista da construção e da dicção, mal amarrado, carente de contrastes" – em suma, "com mais literatura do que teatro". As queixas lembram muito as que, numa carta de 4 de março de 1936, fazia a Gregor a respeito da ópera anterior:

> O senhor ainda se deixa levar por seus versos, dos quais, se a platéia entender um quinto, já será ótimo. Ela vai aborrecer-se mortalmente se tiver de prestar atenção em "pensamentos" submersos em música, quando prefeririam estar ouvindo bonitas cantilenas apoiadas no mínimo de texto necessário para fazer a ação avançar.

A segunda versão, de janeiro de 1936, tampouco lhe agradou. Strauss pôs Gregor, então, em contato com Clemens Krauss e com o diretor de teatro Lothar Wallenstein, para que estes tentassem aperfeiçoar o texto do ponto de vista dramático. A terceira versão foi terminada em Garmisch, em abril de 1936, em condições espartanas. Karl Böhm, regente da estréia, a quem a partitura foi dedicada, contou que Gregor ficava em um escritório no andar de cima, retocando o texto em companhia de Krauss e Wallenstein; e mandava página por página a Strauss que, em seu estúdio do térreo, ia compondo a música. O libretista pretendia encerrar o drama com um coro de pastores que assistiam à transformação de Dafne em loureiro. Mas por sugestão de Krauss, esse coro foi trocado por um comentário orquestral que haveria de converter-se numa das páginas mais mágicas do teatro straussiano. O compositor, entretanto, gostara desse texto e não quis renunciar a ele. Em 1943, harmonizou-o para nove vozes a *cappella*, sob o título de *An den Baum Daphne* (À Árvore Dafne); e deu-o de presente ao coro da Ópera de Viena, que o estreou em 5 de janeiro de 1947, sob a regência de Felix Prohaska.

A partitura da *Daphne* foi terminada em Taormina, durante as férias de Natal de 1937. Na estréia em Dresden, em 15 de novembro de 1938, os papéis principais foram cantados por Marguerite Teschemacher e Thorsten Ralf. Quando Strauss optou por separá-la de *Friedenstag*, sugeriu que o programa fosse completado com um balé baseado na *Suite Sobre Temas de Couperin*, composto em 1922, de um estilo neoclássico mais condizente com a ópera.

A ação de *Dafne* passa-se durante a preparação para a festa de Dionísio. Perdida na contemplação da Natureza, a filha de Gaia (a Terra) e do rio Peneio pede ao sol poente que interrompa o seu curso, para que ela possa continuar admirando as flores e as árvores. A jovem vem recusando o amor do pastor Leucipo, no que é recriminada por sua mãe. Apolo, ouvindo sua oração, apaixona-se por ela, pára o carro do sol como ela pedira, e apresenta-se em sua casa sob forma humana. Dafne, encarregada pela família de recepcionar esse nobre estrangeiro, fica a princípio impressionada com sua beleza e aproxima-se dele confiante; mas foge assustada quando ele a beija. No momento em que os pastores se reúnem para a festa, Leucipo vem, disfarçado de mulher, para lhe oferecer uma libação e dançar com ela. Enciumado, Apolo mostra-se então em sua divindade. Leucipo o amaldiçoa e o deus, enfurecido, o atravessa com uma de suas flechas. Diante do desespero de Dafne, que se sente responsável pela morte do rapaz, Apolo confessa ter usurpado os direitos de Dionísio e pede a Zeus que transforme a ninfa em um loureiro. A lenda acrescenta que, colhendo as folhas dessa árvore, o deus fez com elas uma coroa com a qual se cingiu e que, daí em diante, passou a ser o símbolo dos poetas, de que ele era o padroeiro.

Nunca é demais insistir nessa idéia: o fato de Strauss ter escrito, entre 1934 e 1937, três óperas tão diferentes quanto *A Mulher Silenciosa*, *Dia de Paz* e *Dafne*, com vocabulários melódicos e harmônicos contrastantes, responde àqueles que o descrevem como um músico que, depois de certo tempo, limitou-se a fazer uma paródia de si mesmo. Na verdade, sua linguagem estava se renovando constantemente. E isso se sente desde o Prelúdio da *Daphne* que, com seu jorro de células melódicas para os sopros, enunciadas pelo oboé e retomadas, logo em seguida, pelo basset horn, a clarineta, a flauta e o corne inglês, abre uma fase nova em sua carreira: a do tranqüilo e refinado estilo instrumental dos últimos anos.

No momento em que toda a cultura germânica está prestes a desmoronar na insensatez da guerra, é com uma música de serenidade de absolutamente clássica que Strauss escolhe responder ao caos. Por isso, é claro, não faltou quem o acusasse de alienação e escapismo. Mas não nos esqueçamos de que ele é o autor da mais dolorida elegia à Alemanha devastada. As *Metamorfoses* em dó menor são um estudo para 23 instrumentos de cordas solistas com variações enigmáticas, ou seja, sobre um tema que só se revela no final: o da Marcha Fúnebre da *Eroica* de Beethoven. Ele as escreveu em 1945, para a orquestra de câmara do maestro suíço Paul Sacher, sob o impacto do bombardeio de Dresden, onde a maioria de suas óperas tinha sido estreada, e da destruição dos teatros de Munique e Viena.

Na verdade, à desagregação do mundo em que vivera e criara, o septuagenário Strauss parece ter querido contrapor a reafirmação do que a cultura alemã tinha de mais duradouro: Mozart e Goethe, Beethoven e Schiller, a

Para Strauss, apaixonado por artes plásticas, o *Apollo e Dafne* de Bernini, que está na Galeria Borghese, em Roma, foi uma das fontes de inspiração da *Daphne*.

Figurinos de Rudolf Heinrich para Leucipo, Dafne e Apolo, na montagem que Rudolf Hartmann dirigiu, em 1965, na Staatsoper de Viena, regida por Karl Böhm, tendo Hilde Güden no papel-título.

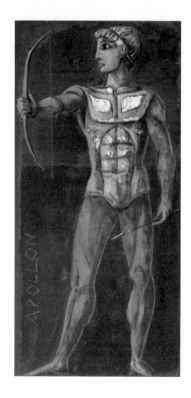

Helmut Jürgens desenhou os cenários da *Daphne* montada por Heinz Arnold, em 1964, na Ópera da Baviera, sob a regência de Joseph Keilberth.

grande música, a grande filosofia, a grande poesia – o auge do pensamento e da sensibilidade por oposição à barbárie nazista. Donde o equilíbrio apolíneo, a leveza clássica da música que escreve nos anos mais sombrios da guerra. E é com *Daphne* que se inaugura essa derradeira maneira straussiana, de tal forma que é possível dizer que as obras da fase final, o *Concerto para Oboé*, o *Dueto-Concertino*, as *Quatro Últimas Canções*, são folhas que brotam dos ramos desse loureiro.

Dafne é a parte para soprano mais gratificante que Strauss escreveu desde a Marechala. Nela reúnem-se o brilho de Zerbinetta, a inocência de Sophie, o charme radioso de Arabella e o virtuosismo de Aminta. E a tudo isso se acrescente um toque insólito todo especial, ligado à natureza não inteiramente humana da personagem, pois ela sente mais afinidade com as árvores e as flores do que com as pessoas. O sangue em suas veias está mais próximo da seiva das árvores, da água dos rios, da terra e das pedras. Ela é a encarnação de uma Natureza pura, selvagem, incorrompida. Desde "O bleib, geliebter Tag" (Fica, dia bem-amado), a invocação do início da ópera, define-se esse aspecto telúrico de sua personalidade:

> *Sonne, gesegneter Schein,*
> *Du läßt mich leben*
> *mit meinem Brüdern, den Bäumen.*
> *In dir prangen in Blüte*
> *Strauch und Gezweige,*
> *jegliche Blume*
> *die Schwester mir!*
> *In dir erkenne ich*
> *due tanzenden Quelle,*
> *mein Zwillingsbild,*
> *in dir folgt mir lachend*
> *der Falter Pracht,*
> *in dir nur spielen*
> *der Wiese zarteste*
> *Blütenhalme mit mir!*

(Sol, com tua luz maravilhosa, deixa-me viver entre minhas irmãs, as árvores. Dás esplendor aos arbustos e ramos que florescem, e às flores, todos eles meus irmãos! Em ti reconheço a fonte dançarina, minha imagem gêmea; em ti dança e ri para mim a borboleta; em ti brincam comigo os mais tenros brotos desse brilhante prado!)

Mas Dafne não é a única personagem cuidadosamente caracterizada, que dê ao cantor a possibilidade de uma rica interpretação.

Gaia exige um contralto capaz de atingir o mi bemol grave, e seu canto é sempre acompanhado por instrumentos de timbre escuro, para sugerir sua natureza ligada às profundezas do globo (Strauss tinha em mente um óbvio paralelo wagneriano: Erda, a Terra, no *Anel*). Peneios também requer um baixo de voz ampla e sonora, na linha de Ochs.

Embora Gregor achasse que Apolo deveria ser um barítono, para efeito de contraste com Leucipo, o infalível senso teatral do compositor o fez optar por dois tenores, um heróico e o outro lírico, para que ficasse claro que eles são as duas faces – uma juvenil, a outra adulta; uma terrestre, a outra divina – do mesmo princípio masculino. Diga-se de passagem que, aqui, finalmente, Strauss parece ter dominado a dificuldade que sempre teve em trabalhar com a voz de tenor. Leucipo e Apolo – como mais tarde o Midas da *Danae* e o Flammand de *Capriccio* – têm a riqueza de caracterização que faltava às personagens heróicas (Baco, o Imperador, Menelau) das óperas anteriores.

Como *Salomé* e *Elektra*, também *Daphne* tem uma estrutura contínua de poema sinfônico no qual inserem-se os episódios vocais. Mas, como nessas óperas, há algumas cenas que acabam se destacando por sua força dramática especial:

- o monólogo de Dafne a que já nos referimos;
- os dois duetos da protagonista, o primeiro, "Als Kinder spielten wir unter den Herden" (Quando crianças, brincávamos entre os rebanhos), com Leucipo, em que o pastor descreve um amor que data dos tempos de criança; o segundo, "Sei mir denn Schwester in dieser Stunde!" (Seja então a minha irmã, nesta hora!), em que Apolo conta como, dos altos dos céus, descortinou a beleza da ninfa:

> *Immer umkreist*
> *des Lichtes Wagen*
> *leuchtend das Haus,*
> *als Weltenweite*
> *sieht er herab!*
> *Heute – von oben,*
> *vom Gipfel der Reise,*
> *heute gewahrt'er*
> *die herrliche Daphne!*

*Da knirschten mächtig
die goldnen Räder
heute – hielt er!...
Und jegliche Weite
ist ausgelöscht!*

(Voa sem cessar a carruagem da luz, circundando a casa, do espaço infinito olhando para a terra! Hoje, lá de cima, do mais alto céu, descobri a radiante Dafne! Com um rangido poderoso, as rodas de ouro hoje pararam!... e a imensa distância deixou de existir!)

- ou o belíssimo lamento da ninfa, depois que o pastor é vítima da flecha do irado deus do sol, em que se reafirma a íntima relação da personagem com a Natureza:

*Unheivolle Daphne!
Weil ein Gott dich geliebt,
mußte er sterben!
O mein Leukippos!
Geliebter Gespiele!
Wieder erklingt mir
die trauernde Flöte.
Doch jetzt erlausche ich
nicht des Windes Spiele.
Jetzt weiß ich endlich,
was du gelitten,
jetzt sagt mir die Flöte
dein ganzes Herz!
[...]
So höre, mein Leukippos:
alles was ich liebte,
will ich dir opfern.
Alles: mein kindliches Glück!
In meiner Hand
bring ich die Quelle,
die Stirn dir zu netzen,
die arme, bleiche!
Die gaukelnden Falter
bring ich herbei
um dich zu schmücken
mit ganzer Pracht!*

(Infeliz Dafne! Porque um deus te ama, tu o deixaste morrer! Ó meu Leucipo! Companheiro bem-amado! Uma vez mais soa para mim o lamento de tua flauta. Ela já não relembra mais a brincadeira do vento. Agora, finalmente, eu sei o que sofreste. Agora a flauta me revela todo o teu coração! [...] Ouve, portanto, meu Leucipo: quero oferecer-te tudo o que me é caro. Tudo: alegria da minha infância! Em minha mão eu te trago a fonte da refrescar a tua fronte tão pálida e silenciosa! Trarei para ti a borboleta multicolorida, em todo o seu esplendor, para te cobrir!)

Mas o momento culminante é a "Cena da Transformação", iluminada pelo achado que é a repetição, no momento em que Dafne está se convertendo no loureiro, do sensual tema em fá sustenido maior com que ela tinha saudado o final do dia, no início da ópera. Fechando o ciclo dramático, esse tema dá pleno sentido às palavras que ela está dizendo:

*Grünende Brüder,
süss durchströmt mich
der Erde Saft!
Dir entgegen
in Blättern und Zweigen,
keuschestes Licht.*

(Verdejantes irmãos, a seiva da terra me atravessa docemente! Deixa-me saudar-te com minhas folhas e ramos, luz que dá a vida.)

Ao lado do monólogo final da *Salomé*, a "Cena do reconhecimento" de Orestes na *Elektra*, o trio do ato III do *Cavaleiro da Rosa*, o dueto do ato III da *Mulher sem Sombra* ou o dueto de Mandryka e Arabella, este é um dos pináculos da inspiração operística straussiana. Richard sabia disso. Mas, com sua típica recusa em demonstrar seus sentimentos, reagiu ao entusiasmo do libretista, depois de tocar esta página para Gregor, dizendo secamente: "Deixa disso! Não passa da *Música do Fogo Mágico* com as notas trocadas".

O feiticeiro da orquestração também chegou aqui ao máximo domínio de suas artes mágicas, e sabe como trançar uma tapeçaria sonora de líquida transparência, com uma orquestra em que, além de um imponente naipe de cordas, há três flautas, dois oboés, três clarinetes, corne-inglês, basset horn, clarineta baixa, três fagotes, contrafagote, quatro trompas, três pistons, três trombones, tubas, duas harpas, órgão, alphorn e percussão. As duas ótimas integrais desta ópera –

- a de Karl Böhm com Hilde Güden ladeada por Fritz Wunderlich e James King;
- e a de Bernard Haitink com a interpretação maravilhosa de Lucia Popp;
- a gravação pirata de Wolfgang Sawallisch (SRO, 1977, Sukis-Schreier-Lindroos);
- e o DVD lançado em 2006 pelo selo Dynamic: June Anderson, Roberto Saccà, Scott MacAllister/Stefan Anton Reck;

dão razão a Michael Kennedy quando ele diz:

[Em *Daphne*] há ternura, erotismo, grandeza e mistério. Já não há mais aquele herói bombástico de outros tempos, com suas oito trompas. Foi-se embora o *playboy* da orquestra, que gostava de exibir o seu arrogante virtuosismo. Tudo agora é música pura, banhada no calor apolíneo da luz do sol, de que Strauss tanto precisava para dar o melhor de si mesmo. Em *Daphne*, ele finalmente combinou, de forma muito bem-sucedida, o intimismo camerístico da *Ariadne* com a eloqüência poética da *Mulher sem Sombra*. E usou uma grande orquestra com a mesma segurança estilística de que dera provas no *Don Quixote*. Clemens Krauss achava que a ópera era curta demais e queria que Strauss a expandisse para que ocupasse, sozinha, toda uma noite. Isso teria sido desastroso. Dentre todas as obras de Strauss, *Daphne* compartilha com *Till Eulenspiegel* a rara distinção de ser perfeitamente proporcionada. Por essa razão, além de todas as suas belezas intrínsecas, ocupa um lugar especial e exclusivo no coração da maioria dos admiradores de Strauss.

DIE LIEBE DER DANAE

O que atraiu Strauss quando Gregor, em Berchtesgaden, lhe falou numa ópera baseada na lenda de Danaé, foi a coincidência de esse tema já ter sido discutido, em 1919, com Hofmannsthal. Naquela época, Hugo tivera a idéia de unir o mito de Midas, que transformava em ouro tudo o que tocava, ao da princesa visitada por Zeus sob a forma de uma chuva dourada. Em 1936, Willi Schuh, amigo e biógrafo de Strauss, lhe mandara um exemplar da revista literária *Corona*, na qual acabara de ser publicado um documento encontrado entre os papéis de Hofmannsthal, depois de sua morte: a sinopse de uma ópera cômica, inspirada nas operetas de Offenbach, que deveria intitular-se *Danae oder die Vernunftsheirat* (Danaé ou o Casamento de Conveniência). Quando Gregor lhe trouxe o seu próprio roteiro, Strauss achou-o sério demais e pediu-lhe que, juntamente com Zweig, o revisasse à luz da sinopse montada por Hofmannsthal.

Para não desmentir o hábito, a redação do libreto foi extremamente penosa, pois o pobre Gregor, que não gostava da forma que seu antecessor quisera dar ao texto, não conseguia, por nada deste mundo, fazer algo que contentasse o compositor. Quatro libretos diferentes foram escritos, entre junho de 1936 e janeiro de 1939, antes que este se desse por satisfeito. E assim mesmo, ao redigir a versão definitiva com o apoio de Zweig, Gregor teve de suportar as interferências de Krauss, de Wallerstein, do próprio Strauss, até mesmo de Viorica Ursuleac – dela partiu a escolha do título definitivo. O número de mãos que se revezaram retocando esse drama explica algumas de suas inconsistências teatrais e um certo aspecto de colcha de retalhos com que ficou – da qual o primeiro a ter consciência era o compositor.

Strauss tinha começado a compor o ato I em Taormina, em janeiro de 1938, logo após terminar a *Daphne*; e a partitura ficou pronta em 28 de junho de 1940. Nesse meio tempo, em março, o *Anschluss* (anexação) transformara a Áustria numa província alemã. A promessa de paz feita em Munique ao chanceler britânico, sir Neville Chamberlain, não passara de uma balela. Os Sudetos tinham sido "liberados" da Tchecoslováquia, a Polônia invadida e, em represália, no dia 3 de setembro de 1939, os aliados tinham declarado guerra à Alemanha. Os tempos eram difíceis pois, durante a estada na Itália, Strauss soubera que Alice tinha sido colocada em prisão domiciliar em Garmisch, seu passaporte e carteira de motorista tinham sido confiscados, e discutia-se a possibilidade de impedir Richard e Christian, os seus netos, de freqüentar a escola. Os pedidos feitos a Heinz Tietjen – o intendente de Berlim, a quem *Daphne* fora dedicada – de interceder por sua família junto ao Führer não foram de grande valia.

Nesses dias sombrios, compor uma obra luminosa como *Danae* podia ser um consolo; e isso explica a velocidade com que Richard trabalhou, apesar dos muitos momentos de desânimo e depressão de que fala em seu *Diário*. Mas o ruído dos comícios, das bandas e das botas militares sepultava de vez a esperança de um "dia de paz". Como já acontecera antes com a *Mulher sem Sombra*, Richard sabia que seria muito difícil encenar obra tão complexa antes do fim do conflito. Apesar dos pedidos de Karl Böhm, que queria levá-la em Dresden, estava convencido de que ela seria o seu opus póstumo. E recusou todas as propostas de montagem até outubro de 1942, época da estréia de *Capriccio*. A essa altura, Clemens Krauss que, no ano anterior, fora nomeado diretor artístico do Festival de Salzburgo, conseguiu arrancar dele a promessa de que *Die Liebe der Danae* (O Amor de Danaé) inauguraria o festival, em 5 de agosto de 1944, em homenagem a seus oitenta anos.

Mas as relações de Strauss com o governo, que já não eram boas, tornaram-se ainda piores no início de 1944, em conseqüência de condenações da guerra e da política nazista que formulara; e que assumiram contornos particularmente desagradáveis para as autoridades, nessa fase em que a sorte, nos campos de batalha, começava a pender para o lado aliado. Em janeiro de 1944, Hitler proibiu que o aniversário do compositor fosse comemorado, e que membros do PNS tivessem qualquer tipo de contato com ele. Mas Strauss era uma personalidade demasiado estimada pelo público para que, naqueles tempos de hecatombe, se tomassem contra ele medidas violentas, sem correr o risco de acirrar ainda mais a indignação interna. Foi o que tentaram fazer ver, numa visita ao Führer, o regente Wilhelm Furtwängler e o *Gauleiter* (comandante) de Viena, Baldur von Schirach, que mantinha relações muito amistosas com a família Strauss. O *Gauleiter* von Schirach foi a personagem de uma gafe famosa de Pauline que, ao conhecê-lo, em um jantar oficial, disse-lhe, na frente de todo mundo: "O senhor é tão simpático que aposto que, no fundo, não é nazista!".

Hitler, então, concordou em que "se homenageasse o músico, mas não o homem". Goebbels mandou-lhe de presente um busto de Gluck – que a família só aceitou depois de ter-se certificado que não fora surrupiado de algum museu. Viena organizou um minifestival de suas obras, culminando com a apresentação, já mencionada, da *Ariadne auf Naxos* regida por Karl Böhm, que existe documentada em disco. E foi autorizada a encenação de *Die Liebe der Danae* em Salzburgo, onde as obras de Strauss estavam proibidas de ser apresentadas. Essa autorização foi mantida até mesmo depois de todos os teatros da Alemanha terem sido fechados, como parte das represálias adotadas após o atentado frustrado de 20 de julho de 1944. Esse atentado fora organizado por generais moderados que queriam a negociação do armistício e o fim da guerra. E contara, inclusive, com o apoio de um dos maiores nomes das Forças Armadas alemãs, o marechal Erwin von Rommel, a "raposa do deserto". Hitler escapara por um triz, pois a bomba, colocada dentro de uma pasta sob a mesa, num *bunker* onde haveria uma reunião da cúpula militar, explodira minutos antes de sua chegada.

Com o estado caótico em que a campanha aliada da Segunda Frente deixara o sistema de transportes alemão, logo ficou claro, entretanto, que o espetáculo seria impossível, pois os cenários e adereços não poderiam ser removidos de Viena e Praga, onde estavam sendo confeccionados. Apesar disso, a preparação continuou. Em *Richard Strauss, the Staging of his Operas and Ballets*, Rudolf Hartmann, que seria o diretor de cena, conta que, na véspera do ensaio geral, Strauss levantou-se de onde estava e foi para a beira do poço da orquestra, no momento em que a Filarmônica de Viena se preparava para atacar o interlúdio antes da cena final. Com os olhos úmidos, ouviu seus bem-amados músicos tocarem todo o fim da ópera. E quando se calaram, disse-lhes: "Talvez a gente torne a se ver um dia, amigos, num mundo melhor".

Strauss nunca viu *Die Liebe der Danae* em cena. Mas pôde ouvi-la, com um elenco de primeira ordem, na *Generalprobe*, o ensaio geral, sem cenários nem figurinos, realizado para um grupo de convidados em 16 de agosto de 1944. Clemens Krauss conta que, depois de ter sido chamado várias vezes para agradecer os aplausos, Richard foi encontrado no camarim, com os olhos cheios de lágrimas, tendo nas mãos a partitura. "Dentro em breve estarei indo embora", disse a seus amigos. "E espero que, lá em cima, me perdoem se for isso que eu levar comigo."

Quando a guerra terminou, vários teatros se ofereceram para montar *Danae*. Mas Strauss impunha como condição que fosse regida por Krauss, e este não podia apresentar-se em público, pois ainda não fora liberado pelo Comitê de Desnazificação. Isso só aconteceria após a morte do compositor. Por sinal, o primeiro concerto que Krauss pôde reger foi em sua memória, na Ópera de Viena, em 18 de setembro de 1949, dez dias depois do desaparecimento de Richard. *Die Liebe der Danae* só subiu à cena em 14 de agosto de 1952, no Festival de Salzburgo, com Krauss regendo, e tendo como intérpretes Annelies Kupper, Paul Schöffler e Josef Gostic. A remasterização em CD, pela Melodram, do registro pirata da estréia, melhorou consideravelmente as condições de audição de uma gravação de grande valor documentário que, em Lp, era muito precária.

Pollux, rei de Eos, que está cheio de dívidas, pretende casar sua filha Danaé com Midas, o rei da Lídia. Para esse fim, manda em embaixada, junto a ele, seus quatro sobrinhos. Eles são casados com Sêmele, Europa, Alcmena e Leda, todas elas mulheres de grande beleza, e ex-amantes de Júpiter que, para possuí-las, assumiu vários disfarces diferentes. Enquanto isso, o senhor dos deuses, que também se apaixonou por Danaé, visita-a em sua alcova sob a forma de uma chuva de ouro – e ela jura só pertencer àquele que souber dar-lhe não só o ouro mas também os prazeres do amor.

Pouco depois, Midas, disfarçado como o mensageiro Crisóforo (o "portador de ouro"), vem anunciar a Danaé a chegada de seu pretendente. E acompanha-a até o porto, para que assistam ao desembarque, com a intenção de ali dar-se a conhecer. Mas é Júpiter quem desce do navio em vez de Midas e, ao reconhecê-lo, ofuscada, Danaé desmaia. Ao descobrir que Midas ama a moça, Júpiter castiga-o fazendo com que transforme em ouro tudo o que toque. Quando o rapaz, apaixonado, abraça Danaé, ela se converte numa estátua de ouro.

Ao reencontrar Júpiter, Midas lhe propõe que desencante Danaé e deixe-a escolher entre o deus dos deuses e o homem pobre em que vai se transformar ao perder o dom da transmutação. Danaé recupera a condição humana e, encantada com a sinceridade do amor que Midas nutre por ela – principalmente depois de saber do pacto que ele fez com Júpiter – é ao homem que escolhe, e não ao deus. Mas Júpiter, que ainda não desistiu de conquistá-la, vai a seu encontro envergando os andrajos de um mendigo. Danaé, porém, não se deixa enganar. O deus compreende, finalmente, que perdeu a parada. Quando Midas volta para casa, encontra Danaé, que se atira apaixonadamente em seus braços.

Strauss reconhecia que *Die Liebe der Danae* era muito irregular. Em carta a Willi Schuh, depois do ensaio geral, fez uma rigorosa autocrítica, admitindo não ter sabido dar vida ao texto muito seco do dueto Midas-Danaé, no ato I, "trotz Zwangvoller Müh und Plage" (apesar do trabalho forçado e do tormento) – a frase é uma citação das primeiras palavras ditas por Mime, na cena inicial do *Siegfried*, de Wagner. E afirmou que o final do ato I corria o risco de parecer muito frouxo, a menos que se dispusesse de cantores excepcionais, como eram Viorica Ursuleac e Hans Hotter, na *Generalprobe*. Disse ainda que a cena entre Júpiter e as três rainhas, suas ex-amantes, era divertida e importante para caraterizar as personagens; mas ficara longa demais. Por outro lado, afirmava que, na ópera, havia coisas tão boas quanto o que de melhor já escrevera em sua vida.

Há de fato algo de forçado em mais de uma passagem dessa partitura. E Strauss não estava sendo de todo injusto ao dizer que aos defeitos do texto deveria ser atribuída a sua falta de inspiração. O curioso, porém, é que, mesmo sabendo disso, nunca pensou, em seus anos finais, em revisar uma ópera que ainda não dera a conhecer ao público. Provavelmente porque, apesar de tudo, gostava dela do jeito que era – da mesma forma que Danaé prefere Midas, com suas qualidades e defeitos, à perfeição divina de Júpiter. O episódio do ensaio geral, aliás, demonstra o carinho todo especial que Richard tinha por essa comédia, cuja tese é a de que o amor é mais importante do que a riqueza – o que fecha o ciclo de todas as suas obras dedicadas à celebração do amor conjugal. Mas não é só isso: com todos os seus problemas, *Danae* tem aquela mesma beleza outonal da *Daphne*, especialmente nos trechos orquestrais, em que Strauss demonstra não ter perdido, com a idade, a mão segura para a escrita instrumental esplendorosa.

O primeiro interlúdio, que descreve a chuva de ouro, usa uma delicada combinação de harpa, piano, flautas e cordas em surdina, para bordar uma trama sonora tão multicolorida quanto a do quadro de Gustav Klimt sobre o mesmo tema. É uma página comparável, em sutileza de escrita, à da Apresentação da Rosa no *Rosenkavalier*. E o dueto "O Gold! O süsses Gold!", entre Danaé e sua serva Xanthe, com uma escrita que lembra muito a das três ninfas da *Ariadne*, é de enorme frescor de inspiração. A marcha em 5/4, anunciando a chegada dos sobrinhos que voltam da Lídia, é saborosamente caricatural. A saída de Júpiter, no final do ato II, é de grande efeito. E o interlúdio antes da cena final, – conhecido como a "Renúncia de Júpiter" –, equipara-se ao da *Mulher sem Sombra* sobre o tema de Barak.

Sabendo da afeição que Strauss tinha por esse trecho, Krauss arranjou-o, depois da estréia de 1952, num *Fragmento Sinfônico* que é uma derradeira homenagem ao amigo. E como na *Daphne*, é à orquestra que cabe encerrar a *Danaé*, com um poslúdio de concentrada emoção. Mas trata-se também de uma ópera para cantores, com dois excelentes papéis pelo menos: o da protagonista e o do deus dos deuses. Na realidade, Júpiter é a personagem principal, e dá maravilhosas oportunidades a um cantor que tenha, como Hotter, a majestade de um Wotan e a variedade de expressão de um barítono verdiano. O intérprete tem de enfrentar tanto cenas de escrita pesada – a da ira no ato I – quanto seqüências mais ágeis: as conversas com Midas ou com as três rainhas, por exemplo. Em complemento ao último CD do álbum da Melodram, há trechos de uma montagem de Munique, em 1953, regida por Rudolf Kempe, com Leonie Rysanek. Tanto o Ferdinand Frantz desses excertos quanto o Paul Schöffler da estréia demonstram o rendimento que o papel pode ter em mãos competentes.

William Mann justifica a felicidade com que a personagem é construída lembrando o quanto, uma vez mais, Strauss deveria identificar-se com esse homem que, como o capitão Morosus, está envelhecendo, mas sente-se ainda cheio de paixão. Um homem inteligente o bastante para reconhecer ter chegado a hora de renunciar e de assumir o papel paternal de quem abençoa os amantes mais jovens. Nesse traço, de resto, reconhece-se a mão de Hugo von Hofmannsthal no projeto primitivo de libreto, pois se trata de uma combinação do *fair play* de Ochs e da atitude madura e nobre da Marechala, no fim do *Rosenkavalier*. O Júpiter muito humano, *vieux beau* que, passada a meia-idade, continua se apaixonando por menininhas, mas tem a capacidade de virar o jogo, contém traços de personalidade dessas duas grandes figuras de Hofmannsthal.

Danaé foi concebida tendo em vista a voz muito flexível de Viorica Ursuleac. A tessitura explora a capacidade que esse grande soprano tinha de sustentar melodias muito amplas e poderosas e, ao mesmo tempo, cantar com agilidade e leveza. São interessantes seus duetos com a ama Xanthe, no ato I, e com Midas, no II, apesar do que dele dizia Strauss. Este último dueto, "Kennst du, Danae" (Sabes, Danaé), é de um tom muito aparentado ao de Menelau com sua esposa na *Helena Egípcia*. Mas o melhor momento é a grande ária "Wie umgibst du mich mit Frieden" (Como me cercas de paz), no início da última cena do ato III, cuja inclusão foi pedida por Krauss, como uma chance especial para a sua mulher. Todo o diálogo final com Júpiter tem também a marca do operista que sabia escrever com extrema naturalidade para a voz humana, oscilando com espontaneidade entre o recitativo e apaixonadas expansões de cantilena.

Como um Midas que transforma em ouro tudo o que toca, Strauss ainda é capaz de derramar, de sua cornucópia melódica, muita música de alto nível:

- o coro homófono dos credores de Pollux, com que a ópera se abre, e que, na carta de 25 de setembro de 1944 a Schuch, ele

Com cenários de Helmut Jürgens, a produção de *Die Liebe der Danaé*, no Festival de Munique de 1959, foi dirigida por Rudolf Hartmann e regida por Rudolf Kempe

A "Cena da Transformação", no ato I do *Amor de Danaé*: a montagem é a de Margarita Wallmann no Scala de Milão, em 1953, regida por Clemens Krauss.

No final do ato I do *Amor de Danaé*, Midas (Waldemar Kmentt) é impedido por Júpiter (Hans-Günter Nöcker) de aproximar-se de Danaé (Maria van Dongen): os cenários e figurinos são de Jean-Pierre Ponnelle, a direção é de Rudolf Hartmann e Joseph Keilberth regeu o espetáculo.

dizia ter "um colorido entre o cinza e o castanho";
- a canção a quatro vozes das ex-amantes de Júpiter;
- a cena do encantamento, em que o deus castiga seu rival;
- e toda a música do último ato, o mais equilibrado dos três – "algo de que um velho de 75 anos pode se orgulhar", escreveu Richard a Schuch –, tão desenvoltamente inspirada porque é nesse ato que se reafirma a sua crença de que o amor entre o homem e a mulher é que realmente transforma em ouro tudo o que toca.

Danae não tem a uniformidade de inspiração nem o equilíbrio de proporções da *Daphne*. Mas talvez seja, das quatro óperas que Strauss escreveu com Zweig e Gregor, a que, em seus melhores momentos, tem mais alta inventividade melódica e maior precisão no desenho de motivos marcantes, daqueles que memorizamos desde a primeira audição. Faça a experiência, por exemplo, com a seção "Du hörst mich nicht" (Não me ouves), no dueto final entre Júpiter e Danaé, e verá ali a varinha de condão do mágico Strauss, de plena posse da sua alquimia sonora. A variedade e brilho do comentário orquestral têm a incandescência lírica da *Mulher sem Sombra*, no auge da fase hofmannsthaliana. O principal problema do *Amor de Danaé* – e que talvez tenha dificultado sua fixação no repertório – é que, para ser bem-sucedida, ela precisa de uma encenação muito dispendiosa e de um elenco estelar. Mas ouvir a gravação da estréia é convencer-se de que nada há que a impeça, mesmo com seus eventuais deslizes, de ser, da mesma forma que *Ariadne*, *Arabella* ou *Daphne*, um sucesso no palco. E espantar-se que, até hoje, ela continue a ser a mais negligenciada das óperas de Strauss.

Houve raras remontagens do *Amor de Danaé* em Munique (1953, 1967 e, principalmente 1990: no selo SRO há o registro pirata desse espetáculo com Hass-Bröcheler-Frey-Ahnsjö/Sawallisch). O caminho para a revelação da ópera fora da Alemanha pareceu abrir-se no último ano do século XX. Em janeiro de 2000, Leo Botstein regeu, no Avery Fisher Hall de Nova York, uma versão de concerto dessa ópera, com Lauren Flanigan, Peter Coleman-Wright e Hugh Smith. O registro ao vivo desse concerto foi lançado no ano seguinte pelo selo Telarc. Na época da apresentação no Lincoln Center, o crítico Anthony Tommasini, do *New York Times*, assim avaliou a partitura:

> A inspiração é desigual. No entanto, mesmo quando parece se arrastar, a música é intrigante, e há momentos encantadores. A cena de abertura, em que os credores cercam Pollux aos gritos, é uma extástica mixórdia de música harmonicamente direta, ritmicamente instigante, orquestrada de forma surpreendente. O ato II inicia-se com o mais exuberante e incansável contraponto, como se a fuga tivesse se embebedado. A chuva de ouro tal como evocada por Strauss é uma cascata refulgente de sons criados pelas harpas e a celesta. Quando o longo solo de Danaé no ato III começa, você espera por uma dessas felizes rapsódias líricas que só Strauss podia produzir. O trecho não chega a desapontar: não está no mesmo nível do solilóquio da Marechala, ou da cena final da Condessa em *Capriccio*, mas o arco melódico apóia-se nas mais doces e pungentes harmonias.

CAPRICCIO

Em janeiro de 1934, quando estava para terminar o libreto da *Mulher Silenciosa*, Stefan Zweig escreveu a Strauss para lhe propor que, da próxima vez, compusessem uma ópera cômica "no estilo dos libretos de Casti para Pergolesi". Havia aí um sério cochilo do escritor pois, quando Pergolesi morreu, em 1736, o poeta Giovanni Battista Casti, nascido em 1724, tinha apenas doze anos. Zweig confundira o autor da *Serva Padrona* com Antonio Salieri, contemporâneo e rival de Mozart, para quem Casti escrevera, em 1786, o delicioso texto de *Prima la Musica Poi le Parole*, satirizando as relações entre o compositor e o libretista. O Poeta, ali, é uma caricatura de Lorenzo da Ponte, principal rival de Casti em Viena naquela época. E a partitura é uma das melhores de Salieri, cheia de pastiches dos estilos operísticos de seu tempo. Foi dessa comédia que, em agosto de 1934, Zweig propôs a Strauss fazerem uma adaptação moderna.

Em junho de 1935, ao se encontrar com Gregor em Zurique, Zweig discutiu com ele o roteiro de uma ópera que se passaria na Idade Média, na qual um poeta e um músico seriam rivais pelo amor de uma castelã. Ocorreu-lhes também a idéia de fazer um grupo de atores ambulantes participar da ação. Com isso, poderiam homenagear Max Reinhardt e sua companhia teatral. Esse roteiro foi mandado a Strauss em 17 de junho de 1935. Mas os acontecimentos políticos decorrentes da *Mulher Silenciosa* fizeram com que o projeto ficasse temporariamente esquecido.

Ao voltar a discutir a proposta com Gregor, em 23 de março de 1939, Strauss sugeriu que o título fosse *Erst die Worte dann die Musik* (Primeiro as Palavras, Depois a Música). A inversão dos termos em relação ao libreto de Casti é bem significativa da preocupação que o compositor sempre teve com a inteligibilidade e a boa qualidade do texto. Strauss sugeriu também que a ação fosse transferida da Idade Média para os primeiros anos do século XIX, logo depois da estréia do *Freischütz*, de Weber, o que lhe permitiria trabalhar com um sistema facilmente reconhecível de referências à História da Música. Como de hábito, não ficou muito satisfeito com a sinopse que o operoso mas desajeitado Gregor lhe entregou, em setembro de 1939. E Krauss, a quem voltou a recorrer, tampouco gostou, comparando-a maldosamente às adocicadas *Volksopern* (óperas populares) de Julius Bittner: "É tudo muito poético e lírico, mas sem aquela sátira ácida do teatro mais intelectualizado".

Krauss reuniu-se, em 12 de outubro, com Strauss e Rudolf Hartmann, para discutir de que forma melhorar o trabalho de Gregor. E sugeriu que o próprio compositor redigisse seu texto, como acontecera, com bons resultados, em *Intermezzo*. A idéia não desagradou a Strauss; apenas pediu que a empreitada fosse feita a quatro mãos, com Krauss. E este decidiu encarregar o jovem regente Hans Swarowski – na época seu assistente em Munique, onde supervisionava as traduções das óperas estrangeiras – de ajudá-los na pesquisa histórica que o projeto exigiria. A primeira missão de Swarowski foi escolher o poema que, na ópera, o Poeta oferece à Condessa, por quem está apaixonado – e que é musicado pelo Compositor, que também a ama.

Swarowski selecionou um soneto de Pierre de Ronsard, do século XVI, "Je ne sçaurois aimer autre que vous", que traduziu como "Kein' Andres, das mir so im Herzen loht" (Nenhuma outra inflama assim meu coração). Este foi o primeiro trecho a ser musicado por Strauss, em 23 de novembro de 1939. Mais tarde, porém, concluindo que a tonalidade original, em lá maior, era alta demais para os cantores que pretendia usar, ele o reescreveu em fá sustenido maior.

A história da gênese desse libreto é extremamente curiosa. Entre janeiro de 1939 e janeiro de 1941, idéias novas foram surgindo e novos detalhes foram sendo ajustados:

- Depois de uma pesquisa sobre a fase de maior popularidade de Ch. W. Gluck em Paris, resolveu-se fixar a ação em maio de 1779, no auge da polêmica entre os "gluckistas", adeptos de suas propostas de reforma da ópera, e os "piccinistas", partidários da fórmula italiana tradicional, representada por Niccolò Piccini (1728/1800). O ano escolhido, 1779, é justamente o da estréia simultânea da *Iphigénie en Tauride* dos dois compositores, que estabeleceu em definitivo a superioridade de Gluck sobre seu rival (ver o volume *A Ópera na França*, desta coleção).
- Utilizou-se uma personagem real, a atriz Mlle Clairon, da Comédie-Française. Seu nome verdadeiro era Claire Joséphine Hippolyte Leyris de la Tude (1723/1803) e, em 1790, ela publicou *Mémoires d'Hippolyte Clairon et Ses Réflexions sur la Déclamation Théâtrale*. Foi provavelmente esse lado teórico de seu trabalho que levou Swarowski e Krauss a escolhê-la.
- Foram incluídas novas personagens: o Mestre de Balé; um casal de cantores que parece um cruzamento do Tenor Italiano do *Rosenkavalier* com Annina e Valzacchi; e o ponto, cujo nome, M. Taupe (do francês "toupeira"), é uma alusão irônica a ele estar sempre escondido em sua toca, na boca de cena. Krauss o descrevia como "uma personagem satírica à maneira de George Bernard Shaw".
- E escolheu-se "Addio mia vita", poema de Metastasio – pseudônimo de Pietro Trapassi, o mais famoso libretista do período barroco – para o dueto a ser cantado pelos artistas italianos.

A princípio, Strauss achava que a ópera em que o Poeta e o Compositor acabariam colaborando era a sua *Daphne* – o que explica que, na partitura, tenham permanecido citações da cena final. Mas em 18 de junho de 1939, ocorreu-lhe uma idéia brilhante: dar à comédia uma estrutura "em abismo" – ou seja, fazer com que, no final, Poeta e Compositor sejam convidados a unir esforços na criação de uma ópera, cujo assunto seja a própria história que acabaram de viver. E deixar em aberto a solução de uma trama – a quem a Condessa vai preferir? – que, por sua própria natureza, não admitia desenlace convencional. A essa altura, todas as personagens já tinham seus nomes definidos. E uma nova figura histórica, o empresário parisiense La Roche, fizera sua aparição, como parte da intenção original de homenagear Max Reinhardt.

Em julho de 1940, Strauss já começara a musicar as primeiras cenas do libreto, cujo texto estava quase pronto. Mas ainda faltava o título definitivo. Pensou-se em *Wort oder Ton* (Palavra ou Música) e em *Der Sonett* (O Soneto) mas, em 16 de dezembro de 1940, ocorreu a Krauss batizá-la como *Capriccio*, o que agradou imensamente a Strauss. O libreto foi terminado em 18 de janeiro de 1941 e sua autoria foi creditada apenas a Krauss. Mas é difícil dizer o que lhe pertence: a Strauss, às sugestões de Swarowski e Hartmann, aos esboços preliminares de Gregor ou às idéias originais de Zweig. No entanto, aqui, ao contrário do *Amor de Danaé*, o acúmulo de colaboradores resultou, miraculosamente, num texto limpo, direto, coeso e dramaticamente muito eficiente. Isso, sim, pode ser atribuído ao seguro senso teatral de Krauss, que unificou e amarrou todo o material disperso levantado pelos outros. Dar-lhe a autoria foi, portanto, uma mínima questão de justiça. Quanto a Gregor, a quem o texto final foi enviado, sua única resposta, transbordando de despeito, foi não se considerar em condições de julgar o resultado.

Strauss estava ocupado com a composição do balé *Verklungene Feste* (Festas de Outrora), baseado em peças de Couperin, unindo seis novos trechos aos oito movimentos de uma *Suite* composta em 1923. Mas trabalhou muito rapidamente, colocando o ponto final na partitura de *Capriccio* em 3 de agosto de 1941. Nesse dia, quando Krauss lhe perguntou como seria a próxima ópera que comporiam juntos, respondeu: "Você acha que, depois de *Capriccio*, conseguiríamos fazer algo melhor, ou pelo menos tão bom? O ré bemol maior do final não é a melhor conclusão possível para a minha carreira teatral? Afinal de contas, a gente só pode escrever um testamento".

Richard preferia que a estréia fosse em Salzburgo, onde o palco menor lhe parecia mais adequado à ação de caráter intimista. Mas Krauss insistiu em levá-la para seu teatro de Munique, onde a primeira récita, em 28 de outubro de 1942, colheu magnífico sucesso, não só graças à qualidade da música, mas também ao elenco – Viorica Ursuleac, Horst Taubmann, Hans Hotter, Walther Höfermayer, Hildegarde Renczak, Georg Hann, Irma Beilke, Franz Klarwein –, à direção de Hartmann, aos belíssimos cenários e figurinos de Rochus Gliese. Existe, no selo Myto, um disco de trechos dessa primeira noite, que atesta o alto nível do desempenho vocal. São excelentes as gravações comerciais existentes:

EMI, 1957 – Elisabeth Schwarzkopf, Nicolai Gedda, Dietrich Fischer-Dieskau/Wolfgang Sawallisch.
DG, 1971 – Gundula Janowitz, Peter Schreier, Hermann Prey/Karl Böhm.
London, 1993 – Kiri Te Kanawa, Uwe Heilman, Olaf Bär/Ulf Schirmer.

A elas acrescentemos uma versão pirata, a da SRO (Salzburgo, 1987), com Lucia Popp, Wolfgang Schöne, Eberhard Büchner e Franz Grundheber. Dois discos de trechos merecem ser mencionados: a Cena Final com Schwarzkopf/Otto Ackerman (EMI) e a seleção gravadas por M. Honeck para o selo Capriccio. Em vídeo, há duas fitas piratas: a de Londres (Andrew Davis/Elisabeth Söderström), e a da apresentação em Salzburgo (Horst Stein/Anna Tomowa-Sintow).

Em DVD foi lançado comercialmente o espetáculo da Ópera de São Francisco com Donald Runnicles/Kiri Te Kanawa – tendo, no papel de Mlle Clairon, Tatiana Troyanos em uma de suas últimas aparições, pois ela morreu de câncer pouco depois.

A versão TDK, com a montagem da Ópera de Paris, de julho de 2004, tem ótimo elenco: Renée Fleming, Dietrich Henschel, Rainer Trost, Gerald Finley, Franz Hawlatta, Anne Sophie von Otter, e regência de Ulf Schirmer. Pena o encenador, Robert Carsen, ter a idéia estapafúrdia de ambientar a ação durante a Ocupação nazista da França, o que faz todas as citações musicais perderem o sentido. Mas todo o elenco – à exceção de von Otter, que está muito amaneirada – faz interpretações muito refinadas. Deliciosa é a *cameo appearance* do veteraníssimo Robert Tear como M. Taupe.

Strauss achava que *Capriccio* seria "uma peça para um público de oitocentas pessoas por noite" e nunca passaria de "uma iguaria para *connaisseurs* muito cultos". Mas a ópera conquistou imediatamente o seu lugar no repertório, e é constantemente representada, até hoje, seja na versão original em um ato, seja na adaptação em dois, feita por Hartmann e Joseph Keilberth para a estréia em Hamburgo, em janeiro de 1957.

No palácio da condessa Madeleine, nos arredores de Paris, ouve-se o sexteto que o compositor Flammand compôs para comemorar o aniversário dela. O músico discute com o poeta Olivier – que, como ele, também ama Madeleine – sobre a importância relativa da música e do libreto na ópera, cada um puxando a brasa para a sua sardinha. O empresário La Roche, que estivera dormindo durante a execução do sexteto, defende o grande espetáculo com cenários suntuosos, canto virtuosístico e belas mulheres. Para a festa de aniversário, eles preparam, além da música de câmara de Flammand, uma peça de teatro de Olivier – que será representada pelo Conde, irmão de Madeleine, e a atriz Mlle. Clairon, que está vindo especialmente de Paris –, e uma *azione teatrale* com a companhia lírica de La Roche.

O Conde, muito interessado em Clairon, nota que sua irmã está indecisa entre o Poeta e o Compositor, e se pergunta com qual dos dois ela acabará ficando. A atriz chega e ensaia com o Conde a sua cena, que culmina na leitura do Soneto, escrito por Olivier como uma declaração de amor a Madeleine:

> *Kein andres, das mir so im Herzen loht,*
> *nein, Schöne, nichts auf diese ganzen Erde,*
> *kein andres, das ich so wie dich begehrte,*
> *und käm' von Venus mir ein Angebot.*
>
> *Dein Auge beut mir himmlische-süße Not,*
> *und wenn ein Aufschlag alle Qual vermehrte,*
> *ein andrer Wonne mir und Lust gewährte –,*
> *zwei Schläge sind dann Leben und Tod.*
>
> *Und trüg' ich's fünfmalhunderttausend Jahre,*
> *erhielte außer dir, du Wunderbare,*
> *kein andres Wesen über mich Gewalt.*
>
> *Durch neue Adern müßt' mein Blut ich giessen,*
> *in meinem, voll von dir zum Überfliessen,*
> *fänd neue Liebe weder Raum noch Halt.*

(Nenhuma outra inflama assim meu coração,/Não, ó Bela, não há em toda a terra/nenhuma outra pela qual eu suspire, como por ti, ainda que a própria Vênus descesse à Terra para conceder meus desejos.//Teus olhos falam de um desejo docemente celestial/e se um olhar intensificasse toda a minha dor, outra felicidade e volúpia me seriam concedidas –/dois olhares significariam então amor ou morte.//E ainda que eu vivesse quinhentos mil anos,/à exceção de ti, Maravilhosa, nenhuma outra teria poder sobre mim.//Por novas veias eu teria de deixar fluir meu sangue,/pois as minhas se encontram tão cheias de ti,/que um novo amor nelas não encontraria lugar nem pausa.)

Sozinhos com a condessa, Olivier e Flammand discutem a maneira como o Conde disse o poema; e o compositor retira-se com o texto, voltando, logo depois, com a música que escreveu para ele. Olivier que, enquanto estivera sozinho com Madeleine, aproveitara para declarar-se a ela, se junta aos outros dois num trio sobre o poema, agora convertido em canção. E quando os dois rivais começam a discutir a quem, agora, ele pertence, Madeleine os interrompe: de agora em diante, o soneto é dela.

La Roche vem chamar Olivier para o ensaio, e é a vez de Flammand se declarar, pedindo a Madeleine que escolha entre os dois. Ela lhe promete uma resposta para as onze horas do dia seguinte. Após o ensaio do Mestre de Balé, nova discussão irrompe entre o Conde e Flammand, desta vez sobre a relação entre a música e a dança. E leva a um concertato fugado sobre o tema "Palavras ou Música". La Roche, um piccinista apaixonado pelo *bel canto* de estilo mediterrâneo, apresenta um casal de cantores italianos, que vem interpretar um dueto com texto de Metastasio. As reações do grupo à descrição, feita por La Roche, da primeira parte da *azione teatrale* que montará em homenagem à Condessa – uma alegoria intitulada *O Nascimento de Pallas Atena* –, forma o início de um octeto, o "Concertato dos Risos", em que cada um, à sua maneira, zomba da pomposa concepção do espetáculo. Quando a Condessa, tentando ajeitar as coisas, pergunta como será a segunda parte, e La Roche anuncia *A Queda de Cartago*, Flammand e Olivier lançam-se à segunda seção do octeto, "A Discussão", debatendo seus ideais antagônicos. O empresário proclama a grandeza do teatro, espelho do ser humano em todos os lugares e épocas. Madeleine propõe, finalmente, aquilo em que vem pensando há muito tempo: Olivier e Flammand devem juntar esforços na realização de uma nova ópera. Antes de sair para acompanhar Clairon de volta a Paris, o Conde propõe que essa ópera retrate os acontecimentos vividos por eles durante aquele dia.

Depois que todos se retiram, assiste-se a um episódio cômico: o ponto, M. Taupe, adormeceu entediado durante a discussão, foi esquecido pelos outros e, agora, não sabe como fazer para voltar a Paris. É ajudado pelo Mordomo, que reconhece a importância de seu humilde papel para que, no teatro, tudo funcione a contento. Finalmente, sozinha, banhada pela luz do luar que entra pela porta do terraço, Madeleine reflete sobre sua incapacidade de escolher entre os dois homens. Essa escolha é impossível, porque na Ópera – de que ela é o símbolo, igualmente amada pelos dois artistas – a Poesia e a Música têm de estar inseparavelmente unidas.

Ficamos sabendo que ela combinou com Flammand e Olivier, para as onze horas da

A Condessa Madeleine (Jeanne Laurens, chamada de Mme Segala) entre Olivier (Michel Roux) e Flammand (Raoul Jobin), na criação francesa de *Capriccio*: Opéra-Comique, 1950, direção de Rudolf Hartmann, regência de Georges Prêtre.

Capriccio na Ópera de Hamburgo, em 1957: da esquerda para a direita, Horst Günther (o Conde), Cara Ebers (a Condessa), Gisela Litz (Clairon), Hermann Prey (Olivier), Toni Blankenheim (La Roche) e Walter Geisler (Flammand); direção de Rudolf Hartmann, regência de Joseph Keilberth.

manhã seguinte, na biblioteca de seu palácio, um encontro a que não pretende comparecer. Em vez disso, lhes deixará uma mensagem, em que manifesta a esperança de que, ao se encontrarem, poeta e músico decidam unir-se para a criação de uma nova obra de arte... que também se intitulará *Capriccio*. Nela haverá, como na ópera a que acabamos de assistir – e como sempre na História da Ópera –, um poeta e um músico lutando pelo amor da mesma mulher, a arte lírica. O Mordomo vem anunciar a Madeleine que sua ceia está servida, ela se ergue, sai de cena e a ópera se interrompe sobre a pergunta não respondida, para a qual os artistas procuram a quatro séculos a solução.

Depois do *Cavaleiro da Rosa*, este foi o melhor libreto original que Strauss teve para musicar. *Capriccio* corresponde à sua vontade de trabalhar com gente de verdade, e não abstrações mitológicas – e que tinha dado resultados tão verdadeiros no *Rosenkavalier*, no *Intermezzo*, na *Arabella*, na *Schweigsame Frau*. Porque esta é uma característica curiosa de *Capriccio*: embora suas personagens possuam um significado simbólico, não são meros arquétipos. São também gente de carne e osso, com existência individual e personalidade complexa.

Além disso, o libreto dava a Strauss a possibilidade de discorrer sobre um dos assuntos que melhor conhecia: ele mesmo. Sim, porque o verdadeiro tema de *Capriccio* é a forma como Richard Strauss compõe óperas. O mestre reconhecido do efeito operístico passa agora a investigar, em público, os meios com os quais obtém esses efeitos. E diante de nossos olhos, faz desfilar seu arsenal de truques: os pastiches, as citações, os anacronismos, um certo jeito muito pessoal de usar a orquestra, a escrita vocal inconfundível, a infusão nas personagens de características de pessoas reais (um pouco de Max Reinhardt e dele mesmo em La Roche; um pouco de Hofmannsthal em Olivier...). E, principalmente, a criação de uma personagem, a condessa Madeleine, que é a síntese de todas as figuras inesquecíveis de sua galeria feminina.

A originalidade já começa com a abertura, escrita para um sexteto de cordas, em que se passam em revista os temas principais a serem usados durante a ópera. Mas a novidade não se restringe à inusitada formação instrumental: em vez de ser apenas uma peça criadora de ambiente, ou até mesmo um resumo temático da ação, mas desligado do espetáculo e executado diante do pano fechado, essa abertura já é parte integrante do enredo, pois a cortina se ergue assim que ela começa, e vemos que o sexteto está sendo executado no palácio de Madeleine, como presente de aniversário para ela. A introdução funde-se à trama de uma forma como nem as aberturas de Wagner o tinham conseguido. Antes dela, é bem verdade, o Prelúdio do *Rosenkavalier* já tinha também esse sentido; mas, por motivos óbvios, é preferível que o pano fique baixado enquanto é executado!

Capriccio tem a estrutura – que Strauss dominava perfeitamente, a essa altura – do fluxo constante de arioso e recitativo com acompanhamento instrumental, no qual se inserem "números" que, por serem relativamente fechados, nem por isso interrompem a continuidade:

- o trio em que Flammand entoa a canção a partir do soneto, a Condessa se encanta com o resultado, e Olivier lamenta que "as rimas foram destruídas, as frases partidas, quebradas, fragmentadas em sílabas separadas, em ruídos musicais ora curtos ora longos";
- as danças – *Passepied, Giga* e *Gavota* – que relembram o estilo de Couperin, a quem Strauss homenageara, orquestrando suas peças para cravo;
- o dueto metastasiano "Addio, o mia vita", revisitando o tipo de elegante paródia feita, no *Rosenkavalier*, com a ária "Di rigori armato";
- o octeto em duas partes – as "Risadas" e "A Discussão" – que tem a efervescência cômica dos melhores momentos da *Ariadne* ou da *Mulher Silenciosa*;
- e principalmente o monólogo de Madeleine, à luz do luar, no final da ópera, a última das grandes cenas straussianas de encerramento.

Quanto ao Soneto, a sua forma de *lied* fechado se justifica, pelo próprio modo como surge na ação: a princípio é um texto declamado pelo Conde, durante o ensaio, e repetido por Olivier para Madeleine; depois, uma canção entoada por Flammand e retomada pela Condessa durante seu monólogo. O fato de ser assim repetido, ao longo da ópera, só tem um precedente, de que Strauss não poderia deixar de lembrar-se: a "Canção do Prêmio", que também se ouve mais de uma vez nos *Mestres Cantores*, de Wagner.

A época em que se passa a história, a de uma daquelas querelas em que foi fértil a História da Ópera, dá a Strauss a chance para as citações com que sempre se compraz. Desfilam pela partitura temas da *Iphigénie en Aulide*, de Gluck; das *Indes Galantes*, de Rameau; do *Tristão e Isolda*, de Wagner; da *Italiana in Algeri*, de Rossini; do *Don Pasquale*, de Donizetti. E como não poderia deixar de ser, das próprias obras de Strauss: *Daphne*, *Danae*, *Ariadne* e *Don Quixote*. O exemplo mais interessante de reutilização de sua própria música é o do tema com o qual ele constrói o encantador interlúdio antes da cena final, a que se deu o nome de "Música do Luar". Mas para entendê-lo, é preciso retroceder 24 anos.

Desde que, em 1905, Pauline retirou-se da plataforma de concertos, perdendo o incentivo de compor para ela, Strauss desinteressou-se um pouco de escrever canções. Mas no contrato de venda da *Sinfonia Doméstica*, que assinara em 1903 com a editora Bote & Bock, havia uma cláusula em que se comprometia a fornecer-lhes mais um ciclo de *lieder*. A princípio, os editores não o pressionaram muito. Mas em 1918, num momento em que sua campanha em favor da revisão das leis de direitos autorais, para beneficiar compositores e intérpretes, o indispunha com todos os editores do país, a Bote & Bock decidiu, em represália, processá-lo pela cláusula não-cumprida. Para não ter de pagar a multa contratual, Strauss contemporizou. Mas o fez à sua maneira. Encomendou a Alfred Kerr, o mais brilhante e ferino crítico teatral berlinense, uma coleção de pequenos poemas muito irreverentes, satirizando as principais editoras de música da Alemanha.

Não era culpa dele se, para mal dos pecados, muitas delas tinham nomes que se prestavam às mil maravilhas às zombarias de Kerr: Bote (mensageiro), Bock (bode), Hase (lebre), Breitkopf (cabeção), Drei Masken (três máscaras)... Sob o título geral de *Krämerspiegel* (O Espelho do Comerciante), esses poemas foram musicados num estilo deliberadamente dissonante, áspero, feio. Seu destinatário, obviamente, as recusou; e elas só foram publicadas em 1920, pelo editor independente Paul Cassirer, amigo do compositor, que se deu conta de sua extrema originalidade. No álbum da EMI em que gravou, com o pianista Gerald Moore, praticamente todas as canções de Strauss, o barítono Dietrich Fischer-Dieskau faz uma excepcional interpretação dessa série muito original de canções. Há também, no selo Adès, o registro de Jean-Paul Fouchécourt e Christian Ivaldi.

Pois bem, no centro desse ciclo pouco convencional, e contrastando fortemente com suas melodias angulosas e desagradáveis, surge um interlúdio para piano de tom luminosamente schumanniano, com um tema de extraordinária delicadeza. É como se Strauss dissesse a seus desafetos: "Olhem como ainda sei escrever belas melodias. Se não o faço para vocês, é porque não o merecem". Pois é justamente esse tema que, inesperadamente, volta no fim de *Capriccio*. É citado, pela primeira vez, no momento em que, usando frases extraídas do Prefácio de Voltaire para a sua tragédia *Oedipe*, de 1718, o Conde faz sérias críticas ao teatro cantado, comentadas por seus companheiros:

CONDE: *Eine Oper is ein absurdes Ding. Befehle werden singend erteilt, über Politik in Duett verhandelt. Man tanzt um ein Grab, und Dolchstiche werden melodisch verabreicht.*
CLAIRON: *Ich könnte mich damit befreunden, daß man in der Oper mit einer Arie stirbt. Warum aber sind die Verse immer schlechter als die Musik? Diese verdanken sie doch erst die Kraft ihres Ausdrucks.*
CONDESSA: *Bei Gluck ist es anders. Er führt die Dichter, er kennt die Leidenschaft unserer Herzen, und er erweckt in jenen verborgene Kräfte.*
OLIVIER: *Auch bei ihm ist das Wort nur ein Stiefkind des Taktstocks.*
FLAMAND: *Nur bei ihm ist die Musik nicht mehr Dienerin! – Dem Worte ebenbürtig, singt sie mit ihm.*

(A ópera é uma coisa absurda. Dá-se ordens cantando, fala-se de política num dueto. Dança-se ao lado de um túmulo e apunhala-se os outros melodiosamente.//Eu não me importaria que eles morressem cantando uma ária, como se faz em ópera. Mas por que é que os versos que eles cantam são sempre tão fracos? E devem seu poder de expressão apenas à música.//Com Gluck é diferente. Ele guia os poetas, conhece as paixões de nosso coração e despertas as suas forças ocultas.//Mas mesmo com ele as palavras são um filho adotivo da batuta.//Só com ele a música não é mais a serva! – É tão importante quanto o texto – ambos cantam juntos.)

Se Strauss escolhe usar tema tão lírico para acompanhar esse destampatório, que espelha as opiniões comuns de quem não gosta de ópera, é porque quer deixar claro o carinho que sente por esse gênero musical, apesar de seus reconhecidos disparates. E no fim, o tema vindo do *Krämerspiegel* expande-se em ampla cantilena, precedendo o monólogo em que Madeleine, após reler o soneto de Olivier, reflete sobre os acontecimentos do dia e a impossibilidade de resolver seu dilema pessoal. Depois de falar do encontro que marcou com os dois, no dia seguinte, ela relê os dois primeiros quartetos do soneto e:

> *Vergebliches Müh'n, die beiden zu trennen. In eins verschmolzen sind Worte und Töne – zu einen Neuen verbunden. Geheimnis der Stunde – eine Kunst durch die andere erlöst!* (Relê os dois tercetos) *Ihre Liebe schlägt mir entgegen, zart gewoben aus Versen und Klängen. Soll ich dieses Gewebe zerreißen? Bin ich nicht selbst in ihm schon verschlungen? Entscheiden für einen? Für Flammand, die große Seele mit den schönen Augen. Für Olivier, den starken Geist, den leidenschaftlichen Mann? – Nun, liebe Madeleine, was sagt dein Herz? Du wirst geliebt und kannst dich nicht schenken. Du fandest es süß, schwch zu sein, – du wolltest mit der Liebe paktieren, nun stehst du selbst in Flammen und kannst dich nicht retten! Wählst du den einen – verlierst du den andern! Verliert man nicht immer, wenn man gewinnt?* (Falando para o espelho) *Ein wenig ironisch blickst du zurück? Ich will eine Antwort und nicht deinen prüfenden Blick! Du schweigst? – O, Madeleine, Madeleine! Willst du zwischen zwei Feuern verbrennen?* (Aproxima-se do espelho) *Du Spiegelbild der verliebten Madeleine, kannst du mir raten, kannst du mir helfen den Schluß zu finden, den Schluß für ihrer Oper? Gibt es einen, der nicht trivial ist?* (O mordomo vem avisar que a ceia está servida).

(Seria inútil tentar separá-los. Pois palavras e música se fundem uma à outra – para formar uma criação única. Experiência misteriosa – uma arte é redimida pela outra! O amor deles ergue-se para vir a meu encontro, ternamente envolto em versos e sons. Como poderia eu rasgar esse tecido delicado? Eu própria não sou parte dessa textura? Escolher um deles? Decidir-me por Flammand, a grande alma com belos olhos – por Olivier, o espírito forte, o homem sempre apaixonado? Bem, Madeleine querida, o que diz teu coração? Ah, és amada, mas a quem amas agora? Ah, como era doce não sabê-lo, – tentaste fazer um pacto com o amor e, agora, estás em chamas e não consegues achar refúgio! Decidir por um deles – e perder o outro! A gente não perde sempre quando ganha? Há um pouquinho de ironia em teu olhar? Quero uma resposta e não esse teu olhar inquisidor. Calas? – Ó Madeleine, Madeleine! Queres ser consumida entre dois fogos? Tu, espelho, que mostras uma Madeleine dilacerada pelo amor, por favor, aconselha-me. Podes ajudar-me a encontrar a chave para a nossa ópera? Uma que não seja trivial?)

Mas não há resposta para o dilema de Madeleine, que é o da própria Ópera, dividida, ao longo de sua história, entre a prioridade que se quis dar ora ao texto ora à música. E que, na verdade, como o demonstraram suas maiores produções em todos os tempos – Busenello/Monteverdi, Metastasio/Hasse, Da Ponte/Mozart, Boito/Verdi e, *last but not the least*, von Hofmannsthal/Strauss – só é realmente grande quando concilia perfeitamente os dois opostos – uma verdade que, em companhia de Clemens Krauss, Strauss voltava a afirmar em *Capriccio*.

A beleza da "Música do Luar" fez com que – como as valsas do *Cavaleiro da Rosa* ou o interlúdio da "Renúncia de Júpiter" – ela se tornasse uma peça independente de concerto. Foi a última obra que Strauss regeu, em 13 de junho de 1949, no estúdio da Rádio de Munique, para o documentário *Uma Vida para a Música*, realizado doze semanas antes de sua morte. Em seu estudo, diz William Mann:

> *Capriccio* parece ter crescido de dentro para fora, em ambas as direções. Os dois longos octetos, incluindo o monólogo de La Roche, formam o nó central da discussão, flanqueado de um lado pelo balé, de outro pelo coro dos empregados. A curiosa cena de M. Taupe com o Mordomo tem seu paralelo na da leitura da peça de Olivier. O sexteto da abertura reflete-se no interlúdio final, também puramente instrumental. E os dois duetos de amor se espelham no monólogo da Condessa, que os discute, com a presença, de um lado como do outro, do texto do soneto, escrito por Olivier e transformado por Flammand em canção. Tudo em *Capriccio* anda aos pares, como as palavras e a música, o Conde e a Condessa, Flammand e Olivier, Clairon e La Roche, os dois cantores italianos. O *divertissement* do Mestre de Balé é a exceção; mas ele também encontra seu par no monólogo de La Roche, se olharmos a construção pelo outro lado do prisma.

Além dessa rigorosa simetria estrutural, *Capriccio* tem, como o *Rosenkavalier*, uma veracidade na caracterização das personagens que abrange até mesmo figuras episódicas como o Mordomo e M. Taupe. Desde o primeiro diálogo de Flammand e Olivier, no

Maria Cebotari como Madeleine na montagem de 1944 na Ópera de Viena, dirigida por Rudolf Hartmann e regida por Karl Böhm.

início da ópera, a música retrata, de forma vividamente diferenciada, as personalidades do músico, impulsivo e desembaraçado, e do poeta, tímido, recatado, mas com a sensibilidade à flor da pele (estaria Richard se lembrando, uma última vez, da extrema diferença de temperamentos entre Hugo e ele?). E os temas com que os identifica, assim como a La Roche e Clairon, ao Conde ou aos cantores italianos, têm aquela força e qualidade de imediata memorização das mais áureas fases de sua carreira.

No número "metastasiano", em especial, o compositor se compraz em explorar as reservas que sempre fez a determinados aspectos da ópera italiana: a atenção excessiva dada aos cantores em detrimento da obra como um todo; um certo descuido com a precisa relação música-texto, e a relativa pobreza da polifonia orquestral. Nas cartas a Krauss, encontramos referências à sua intenção de "encontrar uma melodia que não se encaixe de forma nenhuma às palavras". Em outra passagem, chama o dueto dos italianos de "um Addio com a música errada", o que dá razão ao comentário de Madeleine no final da primeira parte: "Ein sehr heiteres 'Addio'! Finden Sie nicht auch Flammand? Der Text scheint nicht sehr zur Musik zu passen" (Um 'addio' muito alegre! Você também não acha, Flammand? O texto não tem nada a ver com a música.).

Ela justifica, assim, as palavras de seu irmão: "Bravo! Bravo! Bei einer schöne Kantilene werden einem die Worte völlich gleichgültig!" (Bravo! Bravo! Com uma cantilena tão bonita, ninguém há de se importar se as palavras fazem ou não sentido!).

Strauss refere-se à indefinição de tom, comum na época barroca, e perceptível ainda em compositores do fim do Classicismo, como Rossini, que utilizava os mesmos procedimentos, galopes, crescendos, para passagens de tom sério ou não. A respeito do tratamento dado a esse dueto, vejam o comentário de Reinhold Schlötterer:

> [Strauss] cria essa "falta de sincronia" [...] compondo uma passagem que se baseia exclusivamente no desenvolvimento de um motivo. Dessa forma, as notas agudas do tenor não servem para articular nenhuma palavra relevante; pelo contrário, elas dão destaque a sílabas arbitrárias. Uma olhada na parte da orquestra revela

uma ironia rica em detalhes, ainda mais complexa e sofisticada. Dois deles chamam especialmente a atenção. O primeiro é confusão deliberada que Strauss faz com a tônica métrica. O exame do início do dueto revela que ele articula simultaneamente, em várias partes, ritmos de 6/8 e 3/4, comuns nas peças de *bel canto*. O segundo detalhe refere-se ao acompanhamento orquestral, que não segue a norma *bel cantística*, em que os instrumentos desempenham um papel discreto de mero apoio, fazendo o tipo de acompanhamento "um-pa-pá" a que costumamos dar o nome de "realejo". Esse elemento é confiado ao fagote e, praticamente todas as vezes, fica restrito à segunda metade do compasso 6/8 – uma hábil alusão distorcida a uma tradição conhecida de todos. Mais adiante, na Segunda parte do dueto, Strauss "muda" para o uso normal dessa tradição nas cordas, mas com uma diferença sutil: o tempo forte secundário cala-se nos violoncelos e contrabaixos, para que o fagote continue com seu "um-pa-pá" caricatural.

Ao comentário do Conde acima mencionado poderíamos, aliás, acrescentar uma outra passagem. Durante a cena do ensaio, quando, na orquestra, faz-se ouvir uma melodia de sabor tipicamente rossiniano, ouve-se a seguinte troca de palavras:

LA ROCHE: *Nichts übertrifft die italienische Oper.*
OLIVIER: *Ihren schlechten Text?*
LA ROCHE: *Ihre gute Musik! Man lauscht voll R:uhrungh dem Zauber der Arie, bewundert voll Staunen die Kunst der Sänger. [...] Maestro Piccini versteht seine Kunst – sie wird von arm und reich verstanden, sie unterhält und ergötzt auch den einfachen Mann.*

(Nada supera a ópera italiana.//Os seus libretos ruins?//A sua boa música! A gente ouve, encantado, a mágica da ária, e admira, espantado, a arte do cantor. [...] O maestro Piccini conhece a sua arte – tanto o pobre quanto o rico o compreendem e ele entretém e delicia até mesmo o homem da rua.)

Ora, justamente neste trecho, a melodia vocal, cheia de suspensões afetadas e intensificada com sextas paralelas, não tem o apoio orquestral elaborado comum nas óperas straussianas: aqui, o músico faz questão de usar os instrumentos "como um realejo".

E Madeleine? Poderia Richard Strauss encerrar a sua vida de operista sem brindarnos com mais uma de suas marcantes figuras femininas? A Condessa tem tudo para despertar nele, que sempre amou as suas heroínas, a última paixão: é jovem, bonita, culta, inteligente. E ao ver-se confrontada com uma escolha difícil, age com aquela liberdade interior que faz com que Strauss sinta-se atraído por ela, da mesma forma que gostava mais de Zerbinetta do que de Ariadne. Madeleine é, como dissemos, a síntese final das figuras femininas straussianas; ela tem:

- a coragem de seus próprios atos da Marechala, ao constatar que chegou a hora de abrir mão de Octavian;
- a simplicidade com que a mulher de Barak admite que é ao marido que ama, mais do que à tentação da riqueza;
- o modo direto, decidido, com que Helena sabe reconquistar Melenau, após dez anos de abandono, dúvidas e ressentimento;
- a malícia de Christine Storch, que gosta de brincar com o fogo e, se de um lado flerta com o barão von Lummer, do outro exige de seu casamento uma prova de solidez;
- a compreensão de Arabella, que sabe perdoar os rompantes de Mandryka, porque percebe a pureza da fonte de onde jorra o amor de ambos;
- e o senso de realidade de Danaé, que opta por Midas, depois de ter conhecido o dilúvio dourado do deus dos deuses.

A Condessa é a típica mulher straussiana: atraente, nobre, imprevisível, dona de seu próprio destino – certamente um reflexo real do que Pauline foi para Richard. E talvez, ao mesmo tempo, um eco ideal do que ele teria desejado que ela fosse. E porque Madeleine é seu último amor, porque é com ela que Strauss vai despedir-se do palco, diz William Mann,

para homenageá-la, o compositor reúne à volta dela todos os elementos favoritos de suas óperas: os sons camerísticos de Mozart e a nostálgica recriação do rococó, as grandes cenas de conjunto com sentimentos conflituosos, as citações de seus autores preferidos, a dança, o *bel canto* italiano, os criados do *Don Pasquale*, o concertato das risadas do *Baile de Máscaras*, os comentários orquestrais de herança wagneriana. [...] Se *Capriccio* é a ópera em que Strauss faz os pastiches mais felizes, é porque, desta vez, eles estão inteiramente à vontade, como se estivessem em casa; vêm de dentro para fora, são naturalmente solicitados pela ação. Mas se continuam a deleitar o público da ópera é porque, no centro da trama, ergue-se a Condessa, encarnação ideal da Galatéia straussiana, recriada com vida resplandecente.

Finis Coronat Opus

Depois de *Capriccio*, os anos finais foram marcados pelas atribulações do pós-guerra. A casa de Strauss, em Garmisch-Partenkirchen, não foi requisitada pelas tropas de ocupação, como já dissemos. Mas um dos soldados americanos do destacamento do major Kramer – John Lancie, oboísta na Sinfônica de Pittsburgh e, mais tarde, diretor do Instituto Curtis de Filadélfia – voltou muitas vezes para visitar a família, e testemunhou as condições difíceis em que ela vivia, com escassez de alimentos e totalmente privada de sabão, açúcar e cigarros. Foi por sugestão de Lancie que, naquele outono, Strauss escreveu seu encantador *Concerto para Oboé*, no qual não há a mais leve sombra dos agudos sofrimentos por que estava passando.

Impedido de voltar a trabalhar enquanto seu nome não fosse exonerado pelo Comitê de Desnazificação, encarregado da caça às bruxas colaboracionistas; cercado de burocracia, suspeita e indiferença; sentindo que sua saúde e a de Pauline começavam a declinar, Strauss percebeu que não poderia mais permanecer na Alemanha. A família não obteve autorização para sair, mas ele e a mulher, com a ajuda de amigos americanos e suíços, conseguiram, em outubro de 1945, ir para Baden, perto de Zurique, onde se hospedaram no Hotel Verenahof. A única coisa de valor que Richard trazia eram seus manuscritos, alguns originais, outros em cópias autógrafas: *Vida de Herói*, a *Doméstica*, o *Don Quixote*, o *Zaratustra*. Toda uma vida dedicada à música – da adolescente *Sonatina para Sopros* ao *Concerto para Oboé*, que acabara de compor; da *Suite de Valsas do Rosenkavalier* ao *Concerto n. 2 para Trompa*. Tudo isso foi colocado nas mãos de Xaver Markwalder, o dono do hotel, como garantia do pagamento das diárias. A primeira coisa que o hoteleiro fez foi chamar o compositor suíço Heinrich Sutermeister para avaliar os manuscritos, o que deixou Strauss muito ofendido.

Mas depois da dureza do pós-guerra em Garmisch, a vida no Verenahof era o "paraíso terrestre", como escreveu em seu *Diário*, "com uma excelente cozinha francesa e seus dois lindos quartos, escrupulosamente limpos, com vista para o sudoeste". Ernest Roth, o representante da editora londrina Boosey & Hawkes – que, em 1942, sem consultá-lo, comprara de Otto Fürstner os direitos sobre todas as suas obras –, foi a Baden, em dezembro de 1945, prestar-lhes assistência. Amigos vinham visitá-los, traziam presentes, tentavam ajudar a família em Garmisch, ou mesmo Gregor em Viena. Mandavam-lhes pacotes de alimentos, através de tortuosas rotas não-oficiais. Mas a vida, para eles, nesse exílio dourado, não era fácil. Pauline, convencida a duras penas a se agasalhar e a dormir com as janelas fechadas, melhorara de suas gripes crônicas. Mas a saúde de Richard declinava.

Quando fizera 75 anos, a mulher e o médico o tinham convencido a parar de fumar os cigarros que mandava fazer especialmente, com seu nome gravado, na tabacaria de Dora Weid, na Maximilianstrasse, de Munique, e que consumia acendendo um no outro. Já quase não bebia mais, tinha de sujeitar-se a dietas rigorosas, e agravava-se um problema de bexiga que, em dezembro de 1948, o obrigaria a submeter-se a delicada operação, em Lausanne. Além disso, preocupava-se com Pauline, a quem estar longe de casa não fazia nada bem. Um dia em que Markwalder pediu a Roth que intercedesse junto à hóspede, para que parasse de infernizar a vida de seus empregados, ela comentou tristemente: "Onde quer que o meu marido tenha uma mesa e uma folha de papel de música, sente-se em casa. Mas e eu, sem minha família, minha casa, minhas coisas? Aqui, nada me pertence e nada tenho a fazer o dia inteiro. Só me resta brigar com os outros".

Voltar ainda não era possível, pois o Comitê de Desnazificação, sem saber o que fazer com um músico da importância de Richard Strauss, que tinha em sua defesa muitos testemunhos, mas exercera um cargo oficial durante o III Reich, protelava indefinidamente o julgamento de seu caso. Só com muita dificuldade, Alice conseguira salvar e levar para Garmisch a parte dos arquivos que tinha ficado na casa da Jacquingasse, em Viena, primeiro ocupada por soldados russos, que transformaram a garagem num matadouro, depois entregue a oficiais britânicos. Mas os direitos autorais que vinham do estrangeiro eram poucos, insuficientes para mantê-los. Em vista disso, para ajudá-los, Roth e o regente Thomas Beecham organizaram, em outubro de 1947, um Festival Strauss em Londres.

O compositor foi à Inglaterra, viajando de avião pela primeira vez na vida. Causou surpresa a muita gente saber que Richard Strauss ainda estava vivo. Muitos poderiam jurar que o compositor do *Cavaleiro da Rosa* há muito tempo já tinha ido desta para melhor. Alvin Steinkopf, o correspondente londrino do *New York Herald Tribune*, noticiou sua chegada à cidade de forma irônica e desrespeitosa:

Aos 83 anos, Richard Strauss, o compositor que acha que música é tudo o que importa, veio a Londres para ganhar dinheiro, pois precisa dele para pagar seu aluguel. Se o mundo tivesse mantido um curso estável, talvez agora ele estivesse descansando ao pé da lareira. Mas do jeito que as coisas aconteceram, não há lugar tranqüilo para ele e, em seus anos de velhice, a vida transformou-se numa sucessão de quartos de hotel – a maior parte deles na Suíça. O homem que deu ao mundo a música do *Cavaleiro da Rosa* [...] tem hoje problemas com seu locatário.

O velho amante das artes deliciou-se em percorrer as galerias e os museus londrinos. A Willi Schuch, que o acompanhava nessas peregrinações, confidenciou ter planejado, por volta dos cinqüenta anos, uma sinfonia baseada nos quadros que mais amava. O *adagio* se inspiraria na *Helena de Tróia* de Veronese, tela que contou ter sempre em mente quando compunha a ópera sobre essa personagem. Mas, ao falar com a imprensa, foi lacônico e desinteressado. A um jornalista que lhe perguntou quais eram os seus planos para o futuro, respondeu: "Bem... morrer".

A frase não é apenas uma *boutade*. Ao cabo de 85 anos de vida cheia de sentido, agora Richard está pronto a, sem medo nenhum, olhar para a luz cálida do poente e perguntar: "Wie sind wir wandermüde – ist es etwa der Tod?" (Como estamos cansados de peregrinar – é isso então a Morte?).

Assim termina a última peça que ele escreveu, em 6 de maio de 1948, em Montreux: a canção *Im Abendrot* (No Crepúsculo), sobre um poema de Joseph von Eichendorff. Depois de sua morte, a esse poema foram juntados três outros, de Hermann Hesse, que ele musicara na mesma época: *Frühling* (Primavera), *Beim Schlafengehen* (Na Hora de Ir Dormir) e *September* (Setembro). Formaram assim o ciclo hoje conhecido como as *Vier letzte Lieder* (Quatro Últimas Canções), o mais belo de toda a sua volumosa produção de canções poéticas. É o derradeiro milagre, perfeito no frescor de sua espontaneidade melódica; no uso magistral da orquestra, com supremo domínio de seus recursos; na esplendorosa linha vocal do soprano, para o qual Strauss sempre soubera escrever tão bem. Essa calma reflexão de um homem em paz consigo mesmo, que fala da velhice e da morte em termos panteístas, com imagens da natureza em seu eterno ciclo de extinção e recomeço, é seu deslumbrante testamento artístico e, ao mesmo tempo sua despedida da vida e da música.

As *Vier Letzte Lieder* foram estreadas postumamente, em Londres, em 1950, por Kirsten Flagstad e Wilhelm Furtwängler. Existe desse concerto uma gravação pirata. Mas infelizmente, a fita, mal calculada, acabou antes do término da última canção e não captou os acordes da clarineta que sugerem o canto longínquo do cuco, em meio às brumas que caem sobre a floresta enfim pacificada.

Em junho de 1948, o Comitê de Desnazificação enfim o liberou. E em 10 de maio de 1949, mal recuperado da operação em Lausanne, Richard Strauss pôde voltar à sua bemamada Garmisch-Partenkirchen. Continuava trabalhando em seu último projeto para a cena, que não viria a terminar: um *singspiel* intitulado *Des Esels Schatten*. Começara a escrevê-lo em 1947, no exílio, a partir de uma sugestão feita, antes que partisse para a Suíça, pelo padre Stephan Schaller, diretor do Ginásio Beneditino de Kloster Ettal, vilarejo vizinho a Garmisch, onde seu filho Franz e seus netos, Richard e Christian, tinham estudado. O interesse pelo papel que a música deveria desempenhar no processo de educação da juventude, na Alemanha do pós-guerra, o levara a entusiasmar-se pela idéia. Quando morreu, a peça estava inacabada, mas dezoito dos números tinham sido cuidadosamente esboçados.

O libreto baseia-se num clássico da literatura alemã que os meninos do ginásio provavelmente estudavam em seu currículo: "Der Prozess um des Esels Schatten" (O Processo sobre a Sombra do Burro), a quarta parte da novela pseudo-histórica *Geschichte der Abderiten* (História dos Abderitas), publicada por Christoph Martin Wieland em 1774. Usando o procedimento tradicional de situar a ação na Grécia antiga, Wieland satiriza as querelas jurídicas de seu tempo e o comportamento de seus contemporâneos. Para Strauss, às voltas na época com um tribunal que devassava sua vida e carreira, passando-as a pente fino para julgar seu envolvimento com o Nazismo, tinha um significado todo especial a fábula sobre Struthion e Antrax, que recorrem à justiça por causa da sombra de um burro.

Struthion contratou Antrax para levá-lo, no lombo de seu burro, até uma cidade vizinha. No meio do caminho, em terreno descampado, eles param para descansar, e Struthion adormece à sombra projetada pelo corpo do animal, enquanto o dono do burro fica exposto ao sol. Antrax considera que a sombra não estava incluída no aluguel pago por seu passageiro, e quer que, por ela, Struthion pague um suplemento. Struthion se recusa, os dois discutem e o caso vai parar no tribunal. O insólito da causa intriga os cidadãos de Abdera – onde se passam as novelas do livro –, e a população se divide em dois acalorados grupos rivais. A polêmica é tão grande que o julgamento se arrasta, e o pobre do burro, a quem nesse meio tempo ninguém se lembrou de dar água ou comida, acaba morrendo de inanição. Tendo desaparecido a causa da querela, Antrax e Struthion são obrigados a se reconciliar.

Na penúltima cena da *Sombra do Burro*, Strauss pretendia utilizar situações tiradas de "Die Frosche der Latona" (As Rãs de Latona), a quinta e última história do livro de Wieland – o que teria certamente resultado numa construção dramática bastante satisfatória. Mas, como de hábito, esbarrou em dificuldades com Joseph Gregor, a quem pedira que lhe preparasse o libreto, e acabou pedindo a Hans Adler que revisasse o texto. Embora tivesse trabalhado na música durante os anos anteriores, só em abril de 1949, poucos meses antes de morrer, teve nas mãos o libreto definitivo. A essa altura, Strauss sabia que corria contra o relógio pois, em carta de 1º de maio de 1949 a Adler, dizia: "Duvido que consiga terminar eu mesmo este pequeno trabalho. Talvez tenha de deixá-lo para um sucessor ou um arranjador mais dotado".

Por decisão da família, os manuscritos do *Esels Schatten* foram entregues ao padre Schaller, que reorganizou o libreto em seis cenas e encarregou Karl Haussner, diretor musical do ginásio, de terminar o *singspiel*. A estréia só ocorreu em 1964, em Kloster Ettal. A primeira gravação da *Sombra do Burro*, lançada pela Koch Schwann em 1998, reproduz o texto em que Haussner diz ter-se limitado a arranjar o material existente. Mas a compara-

Para ir a Londres, Strauss fez a sua primeira viagem de avião.

ção dos manuscritos de Strauss com a edição final, publicada pela Boosey and Hawkes em 1967, faz crer que ele optou por soluções que diferiam sensivelmente, no detalhe, do caminho apontado pelo compositor em seus esboços. Além disso, o que possuímos hoje do *Burro* é apenas a sua sombra, pois as idéias musicais não passaram pelo tipo de revisão a que o compositor as submetia, quando as transferia do estágio de *particella* para o de versão orquestrada.

Norman del Mar, no terceiro volume de seu estudo, analisa extensamente a gênese da obra e a edição de Haussner, desqualificando-a severamente. Mas, se levarmos em conta o estado fragmentário dos documentos que Haussner recebeu, diga-se em sua defesa que – sem ter talento maior do que o de um esforçado professor de música num ginásio de província – ele conseguiu montar uma partitura que se sustenta no palco. Trechos como o dueto de Antrax e Struthion (n. 2) ou o trio de Struthion com dois abderitas, Physignatus e Kenteterion (n. 6) têm o reconhecível "som" straussiano. Em alguns dos números, as proporções camerísticas da orquestração mostram que Haussner está conscienciosamente tentando imitar o estilo das cenas de *Commedia dell'arte* na *Ariadne auf Naxos*. É claro que a consistência e o refinado acabamento típicos de Strauss estão ausentes, e a própria estrutura do *singspiel*, com diálogos falados entre os números musicais, prejudica a habitual continuidade presente na obra do compositor.

A gravação existente na série *Unknown Richard Strauss*, da Koch Schwann, documenta uma transmissão da Rádio de Berlim, regida por Karl Anton Rickenbacher. Os números musicais, cantados em alemão, são interligados por uma bem-humorada narração em inglês, feita por sir Peter Ustinov. É pena que o álbum contenha apenas a tradução inglesa do libreto, e não o texto original.

Em junho de 1949, Strauss ainda encontrou forças para ir a Munique assistir a um ensaio do *Cavaleiro da Rosa* e à montagem do *Bürger als Edelmann* com sua música incidental, o espetáculo que escolhera quando quiseram homenageá-lo. Regeu também pela última vez, gravando a "Música do Luar", de *Capriccio*, para o documentário sobre sua vida. Em *Conversations with Karajan*, a série de entrevistas que concedeu, em 1990, ao crítico inglês Richard Osborne, o regente Herbert von Karajan, referindo-se a esse filme, fala da técnica de Strauss como maestro:

> Ele tinha um senso de ritmo impecável, não no sentido metronômico, militar da palavra, e sim em sua sensibilidade para o verdadeiro ritmo interior da música que estava regendo. Como se sabe, quando isso falta na execução, tudo fica muito monótono; e com Strauss, qualquer pessoa sentia que a música estava se movimentando para frente.

E ao comentário de Osborne de que, no filme, "o rosto está impassível como uma máscara", von Karajan responde:

> [Strauss] era um regente pouco efusivo. Com ele, o mínimo gesto produzia resultados concretos. E não mostrava nenhuma emoção quando estava regendo. No clímax de um encerramento, muitos maestros costumam fazer um grande gesto para cima e depois deixar cair o braço de modo pavoroso. Com ele, não havia nada disso. A emoção vinha através da música. Ele sabia exatamente onde estava cada clímax verdadeiro da peça e evitava completamente o tipo de pressa ou vagar que estraga tantas execuções.

A impassividade de Strauss ao pódio sempre espantou – e até mesmo incomodou – os comentaristas. O vídeo *Great Conductor of the Past* mostra-o regendo um trecho de *Till Eulenspiegel*. E é incrível que, das mãos de um maestro aparentemente tão distanciado, jorre música tão incendiária. Mas quando nos lembramos de seu conselho aos estudantes de regência, de que "quem deve suar é o público, não o maestro", compreendemos que nele estivesse um modelo introspectivo de diretor de orquestra – oposto à extroversão de seu amigo Mahler – do qual saíram grandes mestres da batuta, como o seu discípulo Karl Böhm, famoso também pela discrição no pódio.

Durante o mês de agosto, em que teve sérias complicações vasculares, além de trabalhar com muita dificuldade na *Sombra do Burro*, Strauss ainda se mantinha ocupado, fazendo planos para a reconstrução do Teatro Nacional de Ópera de Munique, cuja destruição lamentara nas *Metamorfoses*. O último a visitá-lo foi Rudolf Hartmann, que o ouviu, num fio de voz, falar de tudo o que ainda havia a fazer pela recuperação do teatro, na Europa, após a guerra, e de sua esperança de que "algumas coisas que eu quis e iniciei tenham caído em terreno fértil". Hartmann conta:

> Daí a pouco, num tom diferente de voz, diz baixinho: *"Grüss mir die Welt!"* (Saúde o mundo por mim!). "De onde é isso?". Eu lhe respondo que acho que é uma frase da *Valquíria*. Mas ele balança a cabeça e me diz que é de outro lugar. Fica em silêncio um longo tempo, e percebo, por sua expressão de cansaço, que está na hora de ir embora. Levanto-me para sair, mas ele segura a minha mão nas suas e me diz: "Talvez ainda nos vejamos de novo... Se não, você sabe de tudo". Um último aperto, depois sua mão me solta e saio rapidamente do quarto. No caminho, ouço Richard Strauss sufocar um soluço e, depois, chamar em voz bem alta o seu filho.

Grüss mir die Welt: essas são as palavras com que Isolda se despede de Brangäne, no ato I do *Tristão*. Essa foi também a despedida de Richard Strauss: ele morreu dormindo, na tarde de 8 de setembro de 1949. Tinha pedido que, em seu funeral, fossem tocados a Marcha Fúnebre da *Eroica* e o trio do *Cavaleiro da Rosa*. E foi atendido. Em suas memórias, publicadas em 1997, sir Georg Solti – o jovem maestro escolhido para reger a orquestra – conta que Marianne Schech, Maud Cunitz e Gerda Sommerschuh tiveram dificuldade em conter as lágrimas ao executar essa música belíssima.

No leito de morte, Richard estava em grande forma. Na véspera de partir, segredou a Alice, com um brilho brincalhão nos olhos muito azuis: "Morrer é exatamente como o descrevi em *Morte e Transfiguração*".

Richard Strauss: A Vida, a Obra, o Tempo

O número entre parêntesis que acompanha o ano, nesta Cronologia, indica a idade que Richard Strauss tinha à altura de cada série de acontecimentos. Segue-se um quadro dos principais fatos históricos ocorridos durante a sua vida, e a indicação, como balizas para as fases da História da Música, dos compositores que nasceram ou desapareceram a cada ano.

1862
- Otto von Bismarck torna-se o chanceler da Prússia; seu objetivo é unificar a Alemanha.

1863
- O trompista Franz Joseph Strauss (1822/1905) casa-se, em segundas núpcias, com Josephine Pschorr (1837/1910), de uma rica família de cervejeiros de Munique.
- Nos EUA, está em curso a Guerra da Secessão, que terminará em 1865, com a vitória dos nortistas, seguida do assassinato de Abraham Lincoln. É fundado, em Frankfurt (junho), o primeiro sindicato alemão, a Associação Geral dos Trabalhadores.

1864
- Nasce Richard Georg Strauss (11/6); em 1867, os Strauss terão também uma filha, Johanna, morta em 1966.
- Napoleão III da França invade o México e coloca no trono Maximiliano da Áustria, que será deposto por Benito Juárez em 1867 e fuzilado. Karl Marx organiza, em Londres, a I Internacional (28/9). O Tratado de Viena (30/10) põe fim à guerra austro-prussiana-dinamarquesa, pela posse do Schleswig-Holstein, na qual Bismarck conseguira reunir os príncipes alemães em torno de Guilherme I da Prússia. Inicia-se, em 11/11, a guerra do Brasil contra o Paraguai (1864/1870).
- Nasce Guy Ropartz. Morre Jacques Meyerbeer.

1870 (6)
- Tendo tido lições de piano primeiro com a mãe, depois com August Tombo, músico na mesma orquestra que seu pai, Strauss compõe a *Schneiderpolka* e um *Weihnachtslied*; começa a escrever canções que publicará, em 1883, sob o título de *Jugendlieder*, abrangendo 23 peças.
- A Guerra Franco-prussiana (19/7 a 28/1/1871), provocada pelas divergências sobre a sucessão espanhola, leva à unificação da Alemanha, tendo Guilherme I como kaiser. Com a anexação de Roma, termina o processo de unificação da Itália; mas tem início o período de "encarceramento voluntário" dos papas, que só terminará em 1929, com a assinatura do Tratado de Latrão.

1874 (10)
- Enquanto estuda violino com seu primo

Benno Walter, Richard freqüenta o Ludwigsgymnasium, onde ficará até 1882.
- Em 1871, Napoleão III foi deposto (17/2), criou-se a III República francesa e a revolução da Comuna foi violentamente sufocada (18/3); o mundo está passando por uma severa crise econômica.
- Nascem Hugo von Hofmannsthal, Charles Ives e Arnold Schönberg.

1875 (11)
- Faz estudos de teoria musical com Friedrich Wilhelm Meyer.
- O nacionalista Charles Parnell inicia a campanha pela independência da Irlanda. A Grã-Bretanha compra do kediva Ismaíl Pachá, do Egito (25/11), as suas ações do canal de Suez e assume o controle sobre ele.
- Nasce Maurice Ravel. Morre Georges Bizet.

1876 (12)
- Compõe uma *Festmarsch* e várias canções.
- Porfirio Díaz toma o poder no México, governando ditatorialmente até a Revolução Mexicana. Leopoldo II da Bélgica começa a exploração do Congo como se o território fosse sua propriedade privada. O Império Otomano entra em guerra com a Sérvia e o Montenegro (julho). No ano seguinte, a rainha Victoria será coroada imperatriz das Índias (1/1/1877) e começará a Guerra Russo-turca (18/11/1877).
- Nascem Manuel de Falla, Ermanno Wolf-Ferrari e Bruno Walter.

1880 (16)
- Compõe o *Quarteto em Lá Maior*, a *Sinfonia n. 1 em ré menor* e um coro para a *Electra*, de Eurípedes, que é executado pelos alunos do Ludwigsgymnasium.
- É fundada a Companhia do Canal do Panamá, que ficará pronto em 1914. A Inglaterra transforma o Sudão num condomínio anglo-egípcio. A França assume o controle da Tunísia e disputa com a China a posse do Anã. O tsar Alexandre II da Rússia é assassinado (13/3).
- Nascem Ernst Bloch, Nikolái Medtner e Ildebrando Pizzetti. Morre Jacques Offenbach.

1881 (17)
- A *Sinfonia n. 1* é executada em Munique por Hermann Levi (30/3). Compõe *Cinco Peças para Piano*; a *Sonata em Si Menor* para piano; o *Concerto para Violino* e a *Serenata em Mi Bemol*, para treze instrumentos de sopro.
- Nascem Bela Bartók e George Enesco. Morre Módest Mússorgski.

1882 (18)
- Ingressa na Universidade de Munique. Faz, em agosto, a primeira viagem a Bayreuth. O *Concerto para Violino* é executado em Viena (5/12).
- A China e o Japão ocupam a Coréia. A Eritréia torna-se colônia italiana. Primeiro grande *pogrom* (perseguição de judeus) na Rússia. A Alemanha, a Itália e o Império Austro-húngaro assinam a Tríplice Aliança (20/5). A Grã-Bretanha reprime a revolta de Alexandria (1/7) e ocupa o Cairo (15/9). O barão de Rotschild patrocina a instalação da primeira colônia judaica em Jaffa, na Palestina.
- Nascem Zoltán Kodály, Gian Francesco Malipiero, Igor Stravínski, Joaquín Turina e Karol Szymanowski.

1884 (20)
- Rege sua *Suite em Si Bemol Maior* para sopros, em Munique, com a Orquestra de Meiningen (18/11). Compõe *Wandrers Sturmlied* (A Tempestuosa Canção do Peregrino), o *Quarteto para Piano*, e a *Sinfonia n. 2 em Fá Maior*, estreada em Nova York (13/12). Termina *Stimmungsbilder* e os *Improvisos e Fuga em Lá Maior sobre um Tema Original*, ambos para piano.
- A Alemanha apossa-se do Sudeste Africano (Tanganica, Togo e Camarões). A Espanha domina o Río de Oro, atual Saara Ocidental. A França estabelece os protetorados de Anã e Tonquim, no atual Vietnã. Realiza-se em Berlim (15/11) a primeira conferência internacional sobre a questão colonial.
- Morre Bedrich Smetana.

1885 (21)
- Torna-se assistente de Hans von Bülow em Meiningen (1/10) e sucede-o como titular (1/11). Conhece Alexander Ritter, que lhe

revela a obra de Wagner. Ganha um prêmio, em Berlim, pelo *Quarteto para Piano*. Gustav Leinhos e von Bülow estréiam o *Concerto n. 1 para Trompa* em Meiningen (4/3). Compõe *Swäbische Erbschaft*, com texto de Loewe, para coro masculino, e os *NoveLieder op. 10*, que incluem *Zueignung*, com texto de von Gilm, sua primeira canção a tornar-se famosa. Começa a *Burleske* para piano e orquestra.
- A Grã-Bretanha anexa a Birmânia, atual Mianmá. Madagascar torna-se protetorado francês. A Alemanha apossa-se da atual Ruanda. A Ata de Berlim (26/2) entrega o governo do Congo a Leopoldo II da Bélgica. O Acordo de Tientsin divide a Coréia entre a China e o Japão.
- Nascem Alban Berg, George Butterworth, Edgar Varèse e Egon Wellesz.

1886 (22)
- Deixa Meiningen (1/4), visita a Itália e começa o poema sinfônico *Aus Italien*. Assiste ao *Tristão e Isolda* em Bayreuth. Nomeado assistente da Ópera da Corte em Munique, rege a sua primeira ópera: *Jean de Paris*, de Boïeldieu. Publica os *Fünf Lieder op. 15* (Cinco Cantos), que incluem *Madrigal* (Michelangelo) e *Heimkehr* (Regresso à Casa) (Schack).
- É descoberto ouro em Witwatersrande, no sul do Transvaal, África do Sul, provocando uma corrida de mineiros. O bloqueio ocidental da Grécia (abril-junho) força-a a devolver Creta à Grã- Bretanha.

1887 (23)
- Rege *Aus Italien* em Munique (2/3). Conhece Pauline de Ahna em Feldafing (agosto) e Gustav Mahler em Leipzig (outubro). Compõe a Sonata para Violino e começa *Macbeth*. Termina os *Sechs Lieder op. 17* (Seis Cantos), que incluem *Ständchen* (Serenata) (Schack).
- Quatro integrantes dos "oito de Chicago" – os sindicalistas Parsons, Spies, Fischer e Engel – são enforcados, desencadeando um movimento operário que forçará a regulamentação da jornada de trabalho de oito horas (11/11). A França controla a União Indochinesa: Camboja, Cochinchina, Anã e Tonquim.

- Nascem Heitor Villa-Lobos e Enrique Granados. Morre Aleksandr Borodín.

1888 (24)
- Volta à Itália. Termina os *Seis Lieder op. 19*, que incluem *Breit über mein Haupt* (Panorâmica sobre Minha Cabeça) (Schack). Compõe o ciclo de canções *Schlichte Weisen op. 21*(Simples Melodia) (Goethe). A *Sonata para Violino* é executada em Elberfeld (3/10). Começa o *Don Juan*.
- EUA e Alemanha dividem as Ilhas Samoas; o setor alemão, atual Samoa Ocidental, será ocupado pela Nova Zelândia em 19/4. Bornéu do Norte, Sarauak e Brunei tornam-se protetorados britânicos. O Ocidente declara a neutralidade do Canal de Suez. Fridtjof Nansen explora a Groenlândia. Guilherme II sobe ao trono alemão (junho). A Lei Áurea extingue a escravidão no Brasil (13/5).
- Nasce Lotte Lehmann. Morre Alkan (Charles-Valentin Morhange).

1889 (25)
- Assistente de Hermann Levi em Bayreuth; conhece Cosima Wagner, com quem faz amizade. Assistente na Ópera da Corte de Weimar, onde *Don Juan* estréia (11/11). Compõe *Tod und Verklärung* (Morte e Transfiguração).
- O I Congresso Socialista de Paris cria a II Internacional. O imperador Mutsuhito Meiji dá uma Constituição ao Japão e convoca para o ano seguinte eleições parlamentares. Menelik II assina o Tratado de Ucciali, que transforma a Etiópia num protetorado italiano. A Grã-Bretanha coloniza a Bechuanalândia (Botusana) e a Rodésia (Zimbábue), administradas pelo explorador Cecil Rhodes. É proclamada a república no Brasil (15/11).

1890 (26)
- Eugen d'Albert estréia a *Burleske* em Eisenach (21/6), juntamente com *Morte e Transfiguração*. Estréia de *Macbeth* em Weimar (13/10). Pauline de Ahna, a convite de Strauss, integra-se ao elenco estável da Ópera de Weimar (setembro). Edita a *Iphigénie en Tauride*, de Gluck, para a qual escreve um trio adicional no finale (estréia em Weimar, 1900).

- O Siquim torna-se protetorado britânico. Começa, na Guiné Bissau, uma rebelião contra Portugal que só será sufocada em 1915. Realiza-se, em Berlim, a I Conferência Internacional sobre a Proteção ao Trabalho (15 a 28/3). Pelo acordo colonial anglo-germânico, o Heligoland é devolvido à Alemanha. Menelik II, da Etiópia, denuncia o Tratado de Ucciali.
- Nascem Bohuslav Martinů, Jacques Ibert e Frank Martin. Morrem Niels Gade e César Franck.

1891 (27)
- Após forte ataque de pneumonia, convalesce na Wahnfried, a casa dos Wagner em Bayreuth; Cosima tenta, sem sucesso, convencê-lo a casar-se com sua filha Eva.
- É fundado, em Berna, o Bureau Internacional para a Paz. A Niassalândia, atual Malavi, torna-se protetorado britânico. Inicia-se a construção da Estrada de Ferro Trans-siberiana.
- Nascem Serguêi Prokófiev e Arthur Bliss. Morre Léo Delibes.

1892 (28)
- Rege o *Tristão e Isolda* em Weimar, sem cortes. Compõe *Festmusik Lebende Bilder* (Música Festiva para Quadros Vivos), para um espetáculo em homenagem às bodas de ouro do grão-duque de Weimar. Sofre de pleurisia e bronquite (junho) e vai convalescer na Grécia e Egito (novembro-dezembro). Começa *Guntram*.
- É fundado o Partido Socialista Italiano. A Grã-Bretanha anexa a península do Omã. É assinada a convenção militar franco-russa (17/8).
- Nascem Darius Milhaud e Arthur Honegger. Morre Édouard Lalo.

1893 (29)
- Passeia pelo Egito, Sicília e Corfu até junho. Termina *Guntram* em Marquartstein. Rege a estréia de *Hänsel e Gretel*, de Engelbert Humperdinck, na qual o papel de Hänsel é criado por Pauline.
- As Ilhas Salomão e Buganda tornam-se protetorado da Grã-Bretanha; e o Senegal, o Daomé (Benin) e a Costa do Marfim, da França. A Nova Zelândia é o primeiro país a conceder à mulher o direito de voto. O Havaí torna-se protetorado dos EUA. O Sião (Tailândia) cede à França os direitos sobre o território do Laos.
- Nasce Clemens Krauss. Morrem Charles Gounod, Piotr Tchaikóvski e Alfredo Catalani.

1894 (30)
- Fica noivo de Pauline de Ahna (12/5) e casa-se (10/9) em Marquartstein. Estréia de *Guntram* em Weimar (10/5). Rege pela primeira vez em Bayreuth, o *Tannhäuser*, tendo Pauline como Elizabeth. Compõe para a mulher o ciclo de canções op. 27 (*Ruhe meine Seele* [Acalma-te, Minha Alma], *Cäcilie, Heimliche Aufforderung* [Convite Íntimo] e *Morgen* [Manhã]) e começa *Till Eulenspiegels Lustige Streicher* (As Alegres Travessuras de Till Eulenspiegel). Assistente de Hermann Levi em Munique. Regente da Filarmônica de Berlim na temporada 1894/1895.
- Sobe ao trono Nicolau II, o último tsar da Rússia. Intervenção japonesa na Coréia e guerra contra a China, que perde Taiuan (Formosa) e as Ilhas Pescadores. A Itália invade a Etiópia (17/7).
- Morrem Anton Rubinstéin, Emanuel Chabrier e Hans von Bülow.

1895 (31)
- Estréia de *Till Eulenspiegel* em Colônia (5/11). Fracasso de *Guntram* em Munique (16/11). Compõe os *Drei lieder op. 29* (Três Cantos), que incluem *Traum durch die Dämmerung* (Sonho ao Entardecer), esboçada, segundo o próprio Strauss, em dez minutos, enquanto esperava Pauline aprontar-se para sair.
- Theodor Herzl prega a necessidade da criação de um Estado judeu. O atual Quênia torna-se o protetorado da África Ocidental Britânica. É fundada, na França, a Confederação Geral do Trabalho (CGT). Nicolau II suprime a autonomia finlandesa. O sultão otomano Abdul Hamid II ordena o massacre dos armênios de Istambul (30/9), dentro da campanha de eliminação dos não-muçulmanos residentes na Turquia.
- Nascem Paul Hindemith, Carl Orff e Mario Castelnuovo-Tedesco.

1896 (32)

- Estréia de *Also sprach Zarathustra* (Assim Falava Zaratustra), em Frankfurt (27/11). Torna-se o titular da Ópera de Viena. Excursiona pela Rússia. Termina os *lieder* op. 31, 32 e 33.
- O partido Jovens Turcos lidera a revolta contra o sultão otomano. A França domina o Império Mossi e cria o protetorado do Alto Volta (atual Burkina Fasso). Serra Leoa torna-se protetorado britânico. Os italianos são derrotados pelos etíopes na batalha de Ádua (1/3) e assinam um tratado de paz com Menelik.
- Nascem Howard Hanson, Virgil Thomson, Jaromír Weinberger e Roberto Gerhard. Morrem Ambroise Thomas e Anton Bruckner.

1897 (33)

- Nasce o filho Franz (12/4). Primeira visita a Paris, Bruxelas, Amsterdã e Londres. Estréia em Munique o melodrama *Enoch Arden*, com texto de lord Tennyson (24/3). Termina *Don Quixote* (29/12). Compõe *Der Abend* (A Noite) (Schiller) e *Hymne* (Hino) (Rückert), para coro a dezesseis vozes.
- O I Congresso Israelita Internacional funda, em Basiléia, o Movimento Sionista, que luta pela criação de um Estado judeu na Palestina. A Guerra Greco-turca, pela posse de Creta, termina com o armistício de 3/6; a ilha permanece como parte da Grécia.
- Nasce Erich Wolfgang Korngold. Morre Johannes Brahms.

1898 (34)

- Estréia do *Don Quixote* em Colônia (8/3). Funda uma sociedade de proteção dos direitos autorais do compositor alemão. Torna-se *Hofkappelmeister* na Ópera da Corte em Berlim (1/11). Termina *Ein Heldenleben* (Vida de Herói) em 27/12. Compõe os *Sechs lieder op. 37* (que incluem o *Hochzeitlich Lied* [Canção Nupcial], com texto de Anton Lindner que, mais tarde, lhe proporá o libreto não-utilizado para a *Salome*), e os ciclos de *lieder* op. 36 e 39.
- A França consolida a ocupação da Guiné e do Mali. A rebelião dos Boxers, provocada pelo ressentimento contra a interferência ocidental na China, é sufocada com a ajuda de tropas européias, americanas e japonesas. O Tratado de Paris (10/12) põe fim à Guerra Hispano-americana, dando aos EUA as Filipinas, Guam e Porto Rico, além do protetorado sobre Cuba. Elisabeth da Áustria é assassinada em Milão por um terrorista (maio). Tratado anglo-francês de delimitação das fronteiras coloniais (14/6).
- Nascem Hanns Eisler e George Gershwin.

1899 (35)

- Estréia de *Vida de Herói* em Frankfurt (3/3). Compõe os ciclos de *lieder* op. 41, 43, 44 e 46, e o melodrama *Das Schloss am Meer* (O Castelo à Beira-mar), com texto de Uhland, para declamador e piano.
- O Burundi é integrado à África Oriental Alemã. A campanha de "russificação" da Finlândia desencadeia violenta reação nacionalista. A Guerra dos Bôeres (12/10), na África do Sul, só terminará com a Paz de Vereeniging, em 31/5/1902.
- Nascem Francis Poulenc e Carlos Chávez. Morrem Ernest Chausson e Johann Strauss II.

1900 (36)

- Encontra-se com Hugo von Hofmannsthal em Paris, mas rejeita o projeto do balé *O Triunfo do Tempo*. Começa *Feuersnot*. Compõe os *lieder* op. 47, 48 e 49.
- Fundação da Associação Internacional para a Proteção dos Trabalhadores. O V Congresso Socialista, em Paris, instala uma sede permanente para a Internacional. Sun Yatsen funda o Partido Socialista Revolucionário da China. A França impõe seu domínio ao Chade. Humberto I, da Itália, é assassinado (25/7); sobe ao trono Vitório Emanuel III.
- Nascem Aron Copland, Georges Antheil, Ernst Krenek e Kurt Weill.

1901 (37)

- Rege, em Viena, o primeiro concerto exclusivamente dedicado a obras suas, entre as quais *Vida de Herói*. Estréia de *Feuersnot* em Dresden (21/11).
- O presidente William McKinley, dos EUA, é assassinado na Feira Pan-americana de Buffalo, pelo terrorista Leon Czolgosz (6/9); assume o seu vice, Theodor Roose-

velt, que vai implantar a política externa intervencionista chamada de "Big Stick" (o grande porrete).
- Nascem Gerald Finzi, Edmund Rubbra e Werner Egk. Morre Giuseppe Verdi.

1902 (38)
- Gustav Mahler rege *Feuersnot* em Viena (29/1). Extensas turnês como regente durante todo o ano.
- Assinatura da Convenção Russo-japonesa sobre a Mandchúria (8/4). Proclamação da república em Cuba (20/5); apesar disso, os EUA continuarão intervindo em sua política por muitos anos.
- Nascem Maurice Duruflé, Joaquín Rodrigo e William Walton.

1903 (39)
- Festival de suas obras em Londres (junho) Durante as férias na Ilha de Wight (junho-julho), começa a *Sinfonia Doméstica*. Doutorado honorário em Filosofia pela Universidade de Heidelberg (26/10). Compõe *Taillefer*, cantata sobre texto de Uhland.
- A Mauritânia torna-se protetorado francês. Sob a presidência de José Battle y Ordóñez (1903/1907 e 1911/1915), o Uruguai tem a legislação social mais avançada do mundo. Com o auxílio dos EUA, o Panamá proclama sua independência da Colômbia (3/11). Cisão, no Congresso Social-Democrata Russo, em Londres, entre os mencheviques (minoria) e os bolcheviques (maioria); destes últimos vai originar-se o Partido Comunista.
- Nascem Boris Blacher, Lennox Berkeley e Aram Khatchaturián. Morre Hugo Wolf.

1904 (40)
- Primeira visita aos EUA (fevereiro-abril): dá concertos com obras suas e recitais de canções com Pauline. Estréia a *Sinfonia Doméstica* em Nova York (21/3). Começa a trabalhar na *Salomé*. Escreve dois *lieder* com texto de Calderón de la Barca, para voz e violão.
- O Daomé (Benin) torna-se colônia francesa. Começo da Guerra Russo-japonesa (8/2) que terminará, em 5/9/1905, com a derrota russa. A Grã-Bretanha e a França assinam a *Entente Cordiale* (8/4) que, com a adesão russa, vai transformar-se na *Tríplice Entente*. Sun Yatsen funda o Kuomintang (Partido Nacionalista Chinês).
- Nascem Luigi Dallapiccola, Níkos Skalkóttas e Dmitri Kabaliévski. Morre Anton Dvorák.

1905 (41)
- Franz Strauss morre aos 83 anos (31/5). Estréia da *Salomé* em Dresden (9/12).
- Nicolau II esmaga uma revolta popular provocada pela derrota na guerra com o Japão e, para aplacar os liberais, cria a *Duma* (Parlamento), que funciona de maio a julho. A Noruega separa-se da Suécia e torna-se independente; o príncipe Carlos da Dinamarca sobe ao trono com o nome de Haakon VII. Intervenção dos EUA na República Dominicana (1905/1940).
- Nascem William Alwyn, Constant Lambert, Alan Rawsthorne, Mátyás Seiber e Michael Tippett.

1906 (42)
- Rege várias apresentações da *Salomé* em toda a Europa. Rege a *Sinfonia n. 9* de Bruckner no Festival de Salzburgo (17/8). Pede a Hofmannsthal a autorização para transformar *Elektra* numa ópera. Por encomenda do kaiser, compõe várias marchas militares. Termina os *Sechs lieder op. 56*, que incluem *Die heiligen drei Könige* (Os Três Reis Magos).
- A Conferência de Algeciras (16/1 a 7/4) estabelece a partilha do Marrocos entre a França, a Espanha e a Alemanha.
- Nascem Elisabeth Lutyens e Dmitri Shostakóvitch. Morre Anton Arênski.

1907 (43)
- Excursão a Paris para negociar a execução da *Salomé*, na versão que adaptou, com a ajuda de Romain Rolland, para ser cantada com o texto original francês de Oscar Wilde. É regente convidado da Filarmônica de Viena.
- Na África do Sul, o indiano Mohandas Gandhi organiza a sua primeira campanha de desobediência civil. O acordo anglo-russo concede a independência ao Afeganistão, mas ele permanece como protetorado britânico. A II Conferência de Paz de Haia marca a primeira participação do Brasil numa

reunião internacional; a delegação brasileira é chefiada por Ruy Barbosa.
* Nasce Wolfgang Fortner. Morre Edvard Grieg.

1908 (44)
* Sucede Felix Weingartner como regente da Orquestra da Corte em Berlim (maio). Muda-se para a casa que mandou construir em Garmisch-Partenkirchen (setembro) e, ali, termina a *Elektra* (22/9).
* A Áustria anexa o Congo Belga, apesar dos protestos de Leopoldo II da Bélgica. Os EUA ocupam Cuba, onde suas tropas permanecerão até o ano seguinte. Alexandre de Battenberg proclama a independência da Bulgária e coroa-se tsar.
* Morrem Nikolái Rímski-Kórsakov, Pablo Sarasate e Edward MacDowell.

1909 (45)
* Estréia de *Elektra* em Dresden (25/1), seguida de apresentações em várias cidades européias e em Nova York. Em maio, começa a compor *Der Rosenkavalier*.
* O almirante Robert Peary atinge o Pólo Norte.
* Morre Isaac Albéniz.

1910 (46)
* Josephine Pschorr-Strauss morre aos 73 anos (16/5). Strauss rege pela primeira vez na Ópera de Viena, incluindo *Elektra*, em junho Termina *Der Rosenkavalier*, em Garmisch (26/9).
* O Gabão é anexado à África Ocidental Francesa. O Japão anexa a Coréia (24/8). Golpe militar derruba a monarquia em Portugal (4/10). Começa a Revolução Mexicana, que se estenderá até 1920. É formada a União Sul-africana sob mandato britânico (31/5).
* Nascem Samuel Barber e William Schumann. Morre Mily Balákirev.

1911 (47)
* Estréia do *Rosenkavalier* em Dresden (26/1), seguida de vitoriosas apresentações em várias cidades européias. Começa a compor *Ariadne auf Naxos* e *Eine Alpensinfonie* (Uma Sinfonia Alpina).
* Os EUA assumem o controle da Nicarágua.

Começa a Revolução Chinesa (outubro). A Mongólia liberta-se da Mandchúria e coroa rei Bogdo Gegen, o Buda Vivo de Urgá. Começa a Guerra Ítalo-turca (28/9): os italianos ocupam a Líbia.
* Nasce Gian Carlo Menotti. Morre Gustav Mahler.

1912 (48)
* Completa em Garmisch (2/4) a primeira versão da *Ariadne auf Naxos* e a música incidental para *Der Bürger als Edelmann* (O Burguês Fidalgo), cuja estréia, dirigida por Max Reinhardt, rege em Stuttgart (25/10); o espetáculo é um fracasso.
* Nova ocupação militar americana da Nicarágua; só terminará em 1925. O capitão Robert Scott atinge o Pólo Sul (17/1). Guerra dos Balcãs: Sérvia, Montenegro, Bulgária e Grécia contra a dominação otomana (8/10 a 13/12). Terminada a partilha da África: apenas a Etiópia e a Libéria ficam independentes. Intervenção militar dos EUA no Panamá.
* Nasce John Cage. Morre Jules Massenet.

1913 (49)
* Excursão a São Petersburgo para apresentar *Elektra* (fevereiro). Encontro com Hofmannsthal na Itália, para discutir o libreto de *Die Frau ohne Schatten*. Compõe o *Festliches Präludium* (Prelúdio Festivo) para a inauguração do Konzerthaus de Viena (19/10), e o *Deutsche Mottete*, com texto de Rückert, para solistas e coro a *capella* a dezesseis vozes. Começa a compor *Josephslegende* (A Lenda de José) para os Ballets Russes de Serguêi Diáguilev. Estréia de *Der Rosenkavalier* em Londres (29/1) e Nova York (9/12).
* O presidente Francisco Madero, do México, é assassinado; o general Victoriano Huerta toma o poder. Conflito entre a Bulgária e a Sérvia pela posse da Macedônia (maio); nova Guerra dos Balcãs entre a Bulgária, Grécia, Sérvia e Áustria.
* Nascem Benjamin Britten e Witold Lutoslawski.

1914 (50)
* Estréia de *Josephslegende* em Paris (14/5). Em homenagem a seus cinqüenta anos

(11/6), recebe o título de Doutor em Música pela Universidade de Oxford (12/6). Compõe a cantata *Tüchtigen stellt das schnelle Glück* (Trabalhador Tem Rápida Alegria), com texto de Hofmannsthal. Começa a compor *Die Frau ohne Schatten* (4/8). Com o começo da I Guerra Mundial, seu dinheiro, que depositara em bancos londrinos, é congelado e ele fica em situação financeira muito precária.
- O assassinato do arquiduque austríaco Francisco Ferdinando, em Sarajevo, na Bósnia Herzegóvina, é o estopim para a I Guerra Mundial (28/6). O Império Austro-húngaro declara guerra à Sérvia (28/7); o sistema de múltiplas alianças faz com que, até outubro, a Alemanha, França, Grã-Bretanha, Rússia e o Império Otomano tenham entrado no conflito. Abertura do Canal do Panamá (15/8). O Egito torna-se protetorado britânico. O protetorado alemão da Togolândia é ocupado pela França e a Grã-Bretanha. O Haiti é militarmente ocupado pelos EUA até 1934.
- Morrem Anatól Liádov e Giovanni Sgambatti.

1915 (51)
- Termina os atos I e II da *Frau ohne Schatten* e começa o III. Termina a *Sinfonia Alpina* (8/2) e a faz estrear em Berlim (28/10).
- A Itália adere aos aliados (maio); mas o ano termina com vantagens para as potências centrais, às quais aderiu a Bulgária. Começa, em Constantinopla (24/4), o grande genocídio da comunidade turca que, em todo o país, será reduzida, em poucos anos, de dois milhões para 65 mil pessoas.
- Nasce Humphrey Searle. Morrem Karl Goldmárk e Aleksandr Skriábin.

1916 (52)
- Revisa *Ariadne auf Naxos*, terminando o novo Prólogo a 20/6. Visita Hermann Bahr em Salzburgo, para discutir o texto de uma nova comédia dramática. Estréia *Ariadne II* em Viena (4/10); Lotte Lehmann faz seu primeiro papel no palco como o Compositor.
- A Alemanha lança a ofensiva contra Verdun (fevereiro), mas não consegue desalojar os franceses. A falta de matérias-primas e alimentos faz as potências centrais começarem a perder terreno. Intervenção dos EUA na República Dominicana (1916/1924). A Revolta da Páscoa, na Irlanda, contra a dominação britânica, só será totalmente sufocada em 1920. O Catar torna-se protetorado britânico. Sob o presidente Hipólito Yrigoyen (1916/1930), a Argentina vive a sua fase de maior prosperidade. É assassinado Grigóri Rasputin (16/12), místico e visionário, cuja influência sobre a tsarina Aleksandra garantira-lhe, dentro da corte russa, um enorme poder que constituía mais uma fonte de desmoralização da família real.
- Nasce Milton Babbitt. Morrem George Butterworth, Enrique Granados, Max Reger e Hans Richter.

1917 (53)
- Torna-se o co-fundador da Associação do Festival de Salzburgo, que passa a ser anual. Rege, em Dresden, a centésima récita do *Rosenkavalier*. Transforma a música incidental do *Bürguer als Edelmann* numa suite de concerto. É hospitalizado, em Munique (julho), com nova crise de pneumonia, e escreve o libreto de *Intermezzo*, atendendo a uma sugestão de Bahr.
- Os ataques alemães ao tráfego comercial inglês e francês atingem navios americanos e fazem os EUA entrarem na guerra. O Brasil participa do conflito após suas embarcações serem torpedeadas, em 26/10. Aleksandr Kerênski toma o poder na Rússia (fevereiro) e proclama a república (14/9); mas é derrubado pelos bolcheviques (24/10). A Declaração Balfour (2/11) garante ao povo judeu o direito de ter um Estado na Palestina, que está sob mandato britânico. A Finlândia torna-se independente (6/12).
- Morre César Cui.

1918 (54)
- Termina o ato III da *Frau ohne Schatten* (fevereiro). A suite do *Bürger als Edelmann* é estreada em Berlim (9/4). Trabalha na partitura de *Intermezzo*. A disputa com a editora Bote & Bock, que ameaça processá-lo por rompimento de contrato, leva-o à composição do ciclo satírico de canções *Krämerspiegel* (O Espelho do Comerciante), em março. Produz ainda os ciclos op. 67, 68 e

69, que contêm algumas de suas mais belas canções.
- O novo regime russo assina com a Alemanha a Paz de Brest- Litóvsk (3/3). Ferdinand Foch vence a segunda Batalha do Marne (julho). Rendem-se o Império Otomano (outubro), o Áustro-húngaro (3/11) e a Alemanha (11/11). Nicolau II e a família real russa são executados (17/7). É proclamada a república na Hungria, separada da Áustria, em que cai a monarquia. A Grã-Bretanha e a França ocupam o Líbano, após o colapso do Império Otomano. Pedro I da Sérvia unifica, sob seu trono, sérvios, croatas, eslovenos, montenegrinos e macedônios.
- Nascem Leonard Bernstein e George Rochberg. Morrem Claude-Achille Debussy, Serguêi Tanéiev e Arrigo Boito.

1919 (55)
- Estréia da *Frau ohne Schatten* em Viena (10/10). Strauss torna-se o co-diretor da Ópera de Viena, juntamente com Franz Schalk, e muda-se para a capital austríaca.
- O Tratado de Versalhes (28/6) impõe à Alemanha condições muito duras de rendição. É fundada a III Internacional (*Komintern*). Emiliano Zapata, o principal líder camponês mexicano, é assassinado (10/4) por ordem do governo. Estabelece-se, na Alemanha, a República de Weimar (19/9). Depois do massacre de Amritsar, no Pundjab, em que são mortos 379 nacionalistas hindus, Mohandas Gandhi, o Mahatma, organiza a sua primeira campanha de desobediência civil na Índia, que prosseguirá durante todo o ano seguinte. Começam em Roterdã, na Holanda, as primeiras transmissões regulares de uma estação de rádio.
- Morre Ruggiero Leoncavallo.

1920 (56)
- Entre agosto-novembro, excursiona com a Filarmônica de Viena pela América do Sul, visitando inclusive o Brasil.
- É criada, em Genebra, a Liga das Nações (10/1). Com Álvaro Obregón (1/2), inicia-se a fase de pacificação da Revolução Mexicana. As ex-colônias alemãs na África passam para mandato britânico. Os tratados de Sèvres, San Remo, Trianon e Riga desmembram o Império Otomano e redesenham as fronteiras da Hungria, Polônia e Rússia.
- Nasce Bruno Maderna. Morrem Charles Griffes e Max Bruch.

1921 (57)
- Começa a compor o balé *Schlagobers* (Creme Batido), cujo término é retardado por extensas turnês de concerto e ópera em toda a Europa.
- É realizada, em Washington, a I Conferência de Limitação de Armamentos (12/11 a 6/2/1922), de que participam os EUA, a Grã-Bretanha, a França, a Itália e o Japão. Abdula, rei da Transjordânia, funda a dinastia hachemita, reconhecida pela Grã-Bretanha. Mao Tsetung funda o Partido Comunista Chinês, que se alia ao *Kuomintang*, chefiado por Chiang Kaishek. Assinatura do acordo de partilha da Irlanda, que mantém o Ulster (Irlanda do Norte) sob tutela britânica.
- Morrem Engelbert Humperdinck, Camille Saint-Saëns e Enrico Caruso.

1922 (58)
- Termina *Schlagobers* em Garmisch (16/10). Visita os EUA, onde faz recitais de *lieder* com Elisabeth Schumann.
- Benito Mussolini, fundador do Fascismo, torna-se o primeiro-ministro da Itália (31/10). Mustafá Kemal Atatürk derruba o sultão Mohamed VI (1/11) e dá início a uma extensa campanha compulsória de modernização e europeização da Turquia; no ano seguinte, proclamará a república. A Rússia transforma-se na União das Repúblicas Socialistas Soviéticas (30/12), que existirá até 30/12/1991. Termina a luta contra os tuaregues, iniciada em 1901, e o Níger torna-se colônia francesa.
- Nascem Lukas Foss, Yannis Xenakis e Ian Hamilton. Morre Arthur Nikisch.

1923 (59)
- Estréia em Viena a *Suite de Danças* baseada em peças de Couperin (17/2). Excursiona pela América do Sul (julho-setembro), visitando pela segunda vez o Brasil. Em Buenos Aires, termina *Intermezzo* (21/8), e recebe a notícia de que Franz vai casar-se com Alice, filha de seu amigo e parceiro de

jogo, o empresário judeu Emmanuel Grab. Começa a compor *Die Aegyptische Helena*, com libreto de Hofmannsthal.
- A França e a Bélgica ocupam o vale do Ruhr para forçar o pagamento das reparações de guerra (11/1); os mineiros de carvão entram em greve; para sustentá-los em seu protesto, o governo de Weimar começa a emitir papel-moeda, desencadeando a hiperinflação. Lênin abandona o poder, na URSS (março); Iósif Stálin assume a secretaria-geral do PCUS. Fracassa, em Munique, o Putsch da Cervejaria (8 e 9/11), com que Adolf Hitler e seus partidários tentam assumir o poder; na prisão, ele escreve o *Mein Kampf* (Minha Luta).
- Nascem György Ligeti e Peter Mennin.

1924 (60)
- Franz casa-se com Alice (15/1) e, durante a lua-de-mel no Egito, cai seriamente doente. Estréia de *Schlagobers* (9/5) e da versão revista das *Ruínas de Atenas* (20/9), de Beethoven, feita em colaboração com Hofmannsthal (ambas são apresentadas em Viena). Desentendimentos com Schalk, pressões da imprensa e de desafetos como Weingartner, levam-no a demitir-se da co-direção da Ópera de Viena. Estréia de *Intermezzo* em Dresden (4/11).
- Morte de Lênin (21/1); Stálin assume o poder absoluto na URSS. É assinado, entre os aliados e a Alemanha, um Acordo de Reparações de Guerra (16/8) muito desvantajoso para os vencidos. Ramsey MacDonald torna-se o primeiro líder trabalhista a governar a Grã-Bretanha. É proclamada na Grécia uma república que durará até 1935.
- Nasce Luigi Nono. Morrem Ferruccio Busoni, Gabriel Fauré, Giacomo Puccini e Charles Villiers Stanford.

1925 (61)
- Aliviado com a recuperação de Franz, compõe em agradecimento o *Parergon à Sinfonia Doméstica*, para a mão esquerda do piano e orquestra, e dedica-o ao pianista Paul Wittgenstein que, durante a guerra, perdera a mão direita e o estréia em Dresden (16/10). É publicada a primeira seleção de sua correspondência com Hofmannsthal.
- O Partido Fascista torna-se o partido único na Itália (3/1). Liev Trótski é afastado de suas funções de comissário do povo (3/1). Pelo Tratado de Locarno, a Alemanha garante suas fronteiras com a França e a Bélgica. O general Reza Khan derruba o último sultão da Dinastia Kajar e proclama-se xá da Pérsia. Gerardo Machado toma o poder em Cuba, que governará ditatorialmente, com apoio americano, até 1933. Começa a guerra civil na Nicarágua, que terminará, em 1927, com a intervenção dos EUA em favor dos conservadores.
- Nascem Pierre Boulez e Luciano Berio. Morre Erik Satie.

1926 (62)
- Rege, em Dresden (10/1) e em Londres (12/4), as estréias do filme que Robert Wiene tirou do *Rosenkavalier* e para o qual adaptou a trilha sonora; o filme é um fracasso. Visita a Grécia (junho). Clemens Krauss rege *Ariadne* no Festival de Dresden (agosto) e ambos têm seu primeiro contato. Reconcilia-se com a direção da Ópera de Viena e rege ali *Elektra* (dezembro).
- Chiang Kaishek expulsa os comunistas de Xangái: começa a luta entre o *Kuomintang* e o PCC. É aprovada, na África do Sul, a legislação do *apartheid*, ao qual ainda se opõem os liberais. Governos de inspiração fascista são implantados na Polônia, pelo marechal Józef Pilsudski (14/5), em Portugal, pelo general Gomes da Costa (28/5), e na Lituânia, por Augustinas Voldemaras (17/12).
- Nasce Hans Werner Henze.

1927 (63)
- Estréia de *Intermezzo* em Viena (15/1) e do *Rosenkavalier* em Paris (8/2). Rege a *Nona Sinfonia* em Dresden (27/3), no centenário da morte de Beethoven. Compõe a *Panathenäenzug* (Procissão da Panatenéia), para mão esquerda e orquestra, também dedicada a P. Wittgenstein. Termina a *Aegyptische Helena* (8/10). Nasce Richard (1/11), o seu primeiro neto.
- Augusto Cesar Sandino forma, na Nicarágua, um movimento de resistência à ocupação americana e à dominação política conservadora. Mao Tsetung lidera, em Hunan, a revolta contra o *Kuomintang*. Charles Lind-

bergh realiza, com o *Spirit of Saint Louis*, o primeiro vôo intercontinental sem escalas, de Nova York a Paris (20 a 21/5).

1928 (64)
* Estréia da *Panathenäenzug* em Viena (11/3) e da *Aegyptische Helena* em Dresden (6/6); essa é a ópera que ele rege em Viena no dia em que faz 64 anos (11/6). Hofmannsthal manda-lhe o texto do ato I de *Arabella*. Compõe *Die Tageszeiten* (As Horas do Dia), para coro masculino e orquestra, com texto de Eichendorff; e as *Gesänge des Orients*, sobre poemas chineses traduzidos por Hans Bethge.
* Chiang Kaishek torna-se o presidente da China (4/10). Com o I Plano Qüinqüenal, Stálin dá início à coletivização forçada das terras; os proprietários reagirão destruindo as suas colheitas, o que provocará enorme epidemia de fome.
* Nascem Jean Barraqué, Tadeusz Baird, Thea Musgrave e Karlheinz Stockhausen. Morre Leoš Janáček.

1929 (65)
* Doente durante todo o início do ano, vai convalescer na Itália (abril-maio). Sugere revisões ao ato I da *Arabella*; quando estas ficam prontas, Hofmannsthal morre de um colapso, no dia do enterro de seu filho mais velho, que se suicidara na véspera (15/7); muito abalado, Strauss não consegue começar a composição de *Arabella*. Trabalha na revisão do *Idomeneo* de Mozart e escreve as duas *Gesänge von Rückert* (Canções de Rückert).
* Pelo Acordo de Latrão (11/2), o governo da Itália reconhece a soberania do papa sobre a Cidade do Vaticano. A desvalorização maciça e repentina de suas ações provoca a quebra da Bolsa de Nova York (20/10): começa a Grande Depressão.
* Nasce George Crumb. Morre Serguêi Diáguiliev.

1930 (66)
* A depressão com a morte de Hofmannsthal e com a consciência da chegada de sua própria velhice fazem com que Strauss trabalhe muito lentamente na *Arabella*; recusa-se também a fazer revisar por outra pessoa os atos II e III do libreto, deixados por Hofmannsthal em versão não-retocada.
* Alfonso XIII é forçado a renunciar ao trono espanhol. Rafael Leónidas Trujillo toma o poder na República Dominicana, que governará ditatorialmente até 1961. Ho Chi Minh funda o Partido Comunista da Indochina (3/2). Termina a ocupação aliada da Alemanha (30/6). Eclode, no Brasil, a revolução que levará Getúlio Vargas ao poder (3/10).

1931 (67)
* Rege, em Viena, a versão revista do *Idomeneo* (16/4). Prossegue a composição de *Arabella*. Tenta encontrar um novo libretista.
* Hailê Selassiê sobe ao trono da Etiópia e dá ao país a sua primeira Constituição. 1931–1944: ditaduras do general Maximiliano Hernández Martínez, em El Salvador, e do general Jorge Ubico, na Guatemala, ambos com apoio dos EUA. Golpes de direita instalam governos de tendência fascista no Equador, Peru e Guatemala.
* Morrem Vincent d'Indy e Carl Nielsen.

1932 (68)
* Nasce Christian, o seu segundo neto. Completa *Arabella* em Garmisch (12/10). Primeiro encontro com Stefan Zweig em Munique (20/11).
* O Japão empossa Pu Yi, que tinha sido destronado como o último imperador da China, na qualidade de imperador fantoche da Mandchúria ocupada (2/1). Golpe militar (24/6) extingue, na Tailândia, o poder absoluto do rei Ananda Mahidol e impõe a monarquia constitucional. Antônio de Oliveira Salazar toma o poder em Portugal, que governará ditatorialmente até 1968. Litígios territoriais provocam a Guerra do Chaco (Bolívia-Paraguai) e a da Colômbia contra o Peru. Tiburcio Carias Andino toma o poder em Honduras, que governará ditatorialmente até 1948. Nas eleições alemãs, o PC tem votação expressiva; mas não consegue pôr-se de acordo com os socialistas para a formação de governo, o que abre espaço para o Partido Nacional-Socialista, de Adolf Hitler, apoiado pelos pequenos partidos de extrema-direita, e pela classe alta, que teme a expansão da esquerda. Eclode, no Brasil,

a Revolução Constitucionalista de São Paulo (9/7 a 27/9).

1933 (69)

- Substitui Bruno Walter num concerto com a Filarmônica de Berlim (16/3) e Arturo Toscanini no *Parsifal* em Bayreuth, atitudes que lhe valerão muitas críticas. A Rádio Berlim transmite *Guntram* (junho). Clemens Krauss rege a estréia de *Arabella* em Dresden (18/7) e a versão revista da *Helena* em Salzburgo (14/8). Sem consultá-lo, o governo o nomeia *Reichsmusikkammerpräsident* (presidente da Câmara de Música do Reich), em 15/11. Durante todo o ano, trabalha no libreto de Zweig para *Die Schweigsame Frau*.
- Adolf Hitler é nomeado chanceler (30/1), convoca novas eleições que dão maioria aos nazistas e, com isso, faz aprovar no Reichstag (Parlamento) um decreto que lhe concede plenos poderes. Franklin Delano Roosevelt implanta, nos EUA, a política do *New Deal*, que visa à recuperação da crise econômica. Os EUA retiram-se da Nicarágua, deixando no poder o comandante da Guarda Nacional, Anastasio Somoza García, que imporá ao país a dinastia ditatorial que ficará no poder até a Revolução Sandinista. O Japão e a Alemanha retiram-se da Liga das Nações.
- Nasce Krzysztof Penderecki. Morre Henri Duparc.

1934 (70)

- Grandes comemorações de seus setenta anos (11/6); mas o início da campanha contra Zweig faz com que seja proibido de reger em Salzburgo; termina *Die Schweigsame Frau* (20/10) e, numa tentativa de apaziguar as autoridades, compõe o *Hino para as Olimpíadas de 1936*; em dezembro é feito violento ataque à "decadência moral" da música de Paul Hindemith.
- Hitler faz o primeiro contato com Mussolini em Veneza (14 e 15/6) e, na Noite dos Longos Punhais (3/6), consolida seu poder eliminando os oposicionistas do PNS. O chanceler Engelbert Dolfuss, da Áustria, é assassinado pelos nazistas (25/7). Com a morte do presidente Paul von Hindenburg (2/8), Hitler adota o título de *Führer*. Augusto César Sandino é assassinado em Manágua (21/2) e seus seguidores são massacrados.
- Nascem Peter Maxwell Davies e Harrison Birtwhistle. Morrem Frederick Delius, Edward Elgar, Gustav Holst e Franz Schreker.

1935 (71)

- Ao ver proibidos novos trabalhos com Strauss, Zweig concorda em supervisionar sua colaboração com Joseph Gregor, com quem o compositor encontra-se pela primeira vez em abril. Incidente da estréia da *Schweigsame Frau* em Dresden (24/6); a ópera é banida após a quarta récita e Strauss, após a interceptação pela censura de uma carta a seu libretista, é obrigado a demitir-se do cargo de *Reichsmusikkammerpräsident* (13/7). Começa a trabalhar em *Friedenstag* (Dia de Paz).
- Hitler desafia o Tratado de Versalhes e restabelece o treinamento militar na Alemanha (16/3); o Tribunal de Nuremberg cassa a cidadania alemã dos judeus, proibindo-os de exercer profissões liberais e de casarem-se com arianos (15/9). É montada, na Torre Eiffel, em Paris, a primeira estação regular de TV do mundo. Os Estados Unidos promulgam o *Neutrality Act* (31/8). A Itália invade a Etiópia (9/10) e o imperador Hailê Selassiê foge para a Europa. No Líbano, é estabelecido o Pacto Nacional, que instala o princípio da participação proporcional de cada etnia no poder – e que será principal causa da guerra civil na década de 1970. Começa, na China, a Grande Marcha, liderada por Mao Tsetung, Chu Enlai e Lin Piao. 1934-1940: o governo nacionalista de Lázaro Cárdenas faz a reforma agrária no México e desapropria as companhias estrangeiras. Eclode, no Brasil, a Intentona Comunista (23/11), sufocada em 28/11.
- Nasce Nicholas Maw. Morrem Alban Berg, Paul Dukas, Mikhaíl Ippolítov-Ivánov, Charles Loeffler e Josef Suk.

1936 (72)

- Excursões pela Itália, Bélgica e França. Termina *Friedenstag* em Garmisch (16/6). Rege o *Hino Olímpico* em Berlim, na abertura dos Jogos (1/8). Começa *Daphne*. Re-

cebe a Medalha de Ouro da Filarmônica Real, em Londres (5/11).
- A Alemanha viola o Tratado de Locarno e ocupa militarmente o vale do Reno (7/3). O general Somoza García assume poderes ditatoriais na Nicarágua. 1936-1941: ditadura do general Iannis Metaxás na Grécia. Golpes na Bolívia e Paraguai. A Itália anexa a Etiópia (9/5). Começa a Guerra Civil Espanhola (17/7). É formado o Eixo Berlim-Roma (27/10), ao qual o Japão aderirá em 27/9/1940.
- Nascem Rodney Bennett e Gilbert Amy. Morrem Aleksandr Glazunóv e Ottorino Respighi.

1937 (73)
- Clemens Krauss dá início, com *Salomé* (18/5), à fase áurea de sua direcão da Ópera de Munique. Tendo cancelado, por motivo de doença, uma turnê em Paris, Strauss vai descansar em Taormina, onde acaba *Daphne* (24/12).
- A Luftwaffe bombardeia e destrói inteiramente a cidade basca de Guernica (26/4). O Japão invade a China (8/8). A Itália rompe com a Liga das Nações (11/12). Realizam-se, na URSS, as primeiras eleições gerais, com candidatos apenas do PCUS (12/12). O golpe do Estado Novo, no Brasil (10/11), impõe uma Constituição de modelo fascista e proíbe o funcionamento dos partidos políticos.
- Nascem David Bedford e Bo Nilsson. Morrem Charles-Marie Widor, George Gershwin, Gabriel Pierné, Maurice Ravel, Albert Roussel e Karol Szymanowski.

1938 (74)
- Permanece na Itália até abril; começa a escrever *Die Liebe der Danae* (O Amor de Danaé), em junho. Estréia de *Friedenstag* em Munique (24/7) e de *Daphne* em Dresden (15/10). Volta à Itália (novembro) e dedica à sua cidade natal a valsa para orquestra *München* (dezembro).
- Hitler efetua o *Anschluss* (12 e 13/3), a anexação da Áustria pela Alemanha. Pelo Acordo de Munique (30/9), a Grã-Bretanha, a França e a Itália concordam em que a região tcheca dos Sudetos passe para o controle da Alemanha, que a ocupa entre 1 e 10/10. Campanha sistemática de depredação de sinagogas e lojas pertencentes a judeus. Morre Kemal Atatürk, o fundador da República Turca (10/11). Fracassa, no Brasil, a Revolta Integralista, de extrema-direita (11/5).

1939 (75)
- Em comemoração ao aniversário de Strauss (11/6), Krauss rege, em Munique (16/7), a versão revista da *Arabella*. Strauss está em Baden-bei-Zürich, na Suíça, recuperando-se de um ataque de reumatismo, quando a II Guerra Mundial começa (19/9).
- Com a queda de Barcelona (26/1) e de Madri (28/3) em mãos dos franquistas, termina a Guerra Civil Espanhola. A Alemanha invade a Tchecoslováquia (l5/3) e proclama a Boêmia e a Morávia protetorados (16/3). A Itália invade a Albânia (7/4). Hitler firma o Pacto do Aço com Mussolini (22/5) e o Pacto de Não-agressão com a URSS (23/8), e ordena a invasão da Polônia (17/9). A França e a Grã-Bretanha declaram guerra à Alemanha (19/9): começa a II Guerra Mundial. Fracassa um atentado contra Hitler no *Bürgerbräukeller* de Munique (8/11). A URSS invade a Polônia (17/9) e a Finlândia (30/11), sendo por isso excluída da Liga das Nações (14/12).
- Nasce Heinz Holliger.

1940 (76)
- Compõe a *Japanische Festmusik* (abril), estreada em Tóquio (11/12). Termina *Die Liebe der Danae* (28/6) e começa *Capriccio*, em julho. Apresenta, em Weimar, a versão revista de *Guntram* (29/10), que continua a não fazer sucesso.
- A Alemanha derrota a Holanda (15/5), Bélgica (17/5), França (14/6) e promove a instalação, em Vichy, do governo colaboracionista do marechal Pétain (1/7). A Itália entra na guerra (10/6) e invade a Somália (4/8), o Egito (14/9) e a Grécia (28/10). Começam os bombardeios sistemáticos à Inglaterra (10/7). A URSS anexa os países bálticos (3 a 6/8). Liev Trótski é assassinado na Cidade do México (21/8). Fulgencio Batista chega ao poder em Cuba (14/7).

1941 (77)
- Estréia, em Munique, do balé *Verklungene Fest*, baseado em peças de Couperin (5/4).

Termina *Capriccio* (3/8). Apresenta, em Viena, a versão revista do *Idomeneo* (dezembro).
* Hitler ordena a "solução final", a política de genocídio que exterminará de 4,5 a 6 milhões de judeus até 1945. A Alemanha invade a Iugoslávia e a Grécia (abril), desencadeia, na Líbia, a campanha do *Afrikakorps*, comandada pelo marechal Erwin von Rommel, e ataca a URSS (junho); mas é derrotada diante de Moscou (novembro). O ataque japonês à base americana de Pearl Harbour, no Havaí (7/12), leva os Estados Unidos a entrarem na guerra, que se generaliza no Extremo Oriente, englobando o conflito sino-japonês, em curso desde 1937. O Japão, a essa altura, dominou todo o Sudeste Asiático, a Birmânia e as Filipinas e, além disso, toma Hong Kong e Sumatra.
* Morrem Frank Bridge e Ignacy Paderewski.

1942 (78)
* Stefan Zweig, exilado no Brasil, suicida-se em Petrópolis (22/2), juntamente com sua mulher. Strauss faz seu concerto de despedida regendo, em Munique, uma récita da *Daphne* (20/10). Estréia de *Capriccio* em Munique (28/10). Termina o *Concerto n. 2 para Trompa* (novembro). Recebe, em Viena, o Prêmio Beethoven (dezembro). Para os oitenta anos do dramaturgo Gerhardt Hauptmann (15/11), escreve *Xenion*, com texto de Goethe.
* Com as batalhas de Midway (4 a 7/6), Alamein (23/10 a 4/11) e Guadalcanal (11 a 15/11), a sorte começa a pender para os aliados. A URSS desfecha a ofensiva da frente oriental, derrota os alemães em Stáraia Rossía (24/2 a 6/3) e cerca-os em Stalingrado (15/12). O Brasil entra na guerra (22/8) após o afundamento, em 15/8, pela marinha alemã, de cinco navios mercantes brasileiros; o primeiro combate da FEB será na Itália, em 15/9/1944. É realizada, no laboratório da Universidade de Chicago, pelos físicos Enrico Fermi e Arthur Compton, a primeira reação nuclear em cadeia.
* Morre Alexander von Zemlinsky.

1943 (79)
* Compõe a *Sonatina n. 1* para 16 instrumentos de sopro, *Da Oficina de um Inválido*, e estréia o *Concerto n. 2 para Trompa* no Festival de Salzburgo (11/8). O Teatro Nacional de Munique é bombardeado (2/10). Compõe *An der Baum Daphne* com o texto não utilizado do final original da *Daphne* (novembro).
* Os alemães capitulam em Stalingrado (31/1). Começam os bombardeios dos aliados a Berlim (1/3). Levante do gueto de Varsóvia (16/4). Os Estados Unidos invadem a Sicília (10/7); Mussolini, deposto e substituído pelo marechal Badoglio, proclama uma república em Salò (23/9). A Itália declara guerra à Alemanha (13/10). Churchill, Roosevelt e Stálin encontram-se em Teerã (28/11 a 1/12).
* Morrem Serguêi Rachmáninov e Max von Schillings.

1944 (80)
* Hitler aceita, a contragosto, que se realize uma "Semana Strauss", em Dresden e Viena, para comemorar seus oitenta anos; é gravada a *Ariadne auf Naxos*, regida por Karl Böhm na Ópera de Viena. Estréia da *Sonatina para Sopros* em Dresden (18/6). Ensaio geral de *Die Liebe der Danae* em Salzburgo (16/8); mas a situação criada pela guerra que, inclusive, obrigou ao fechamento de todos os teatros do país, impede que ela seja encenada. Richard e Pauline celebram bodas de ouro (10/9).
* Libertação de Leningrado (14/2) e Sebastópol (9/5). Dia D: do desembarque aliado na Normandia (7/6). Fracassa um atentado a bomba contra Hitler (20/7), organizado por militares que desejam a negociação do armistício; é desencadeada violenta repressão entre os pacifistas. Libertação da França (25/8), da Grécia (4/10) e dos países do Leste europeu. Governos ditatoriais caem na Argentina, El Salvador, Guatemala e Equador. A aviação americana bombardeia Tóquio intensamente (24 e 25/11).
* Nasce John Tavener. Morrem Cécile Chaminade e Ethel Smyth.

1945 (81)
* Os teatros de Dresden e Viena são destruídos em fevereiro. Strauss faz a revisão de *München* (24/2) e compõe as *Metamorphosen* (12/4) como uma elegia à morte da Alemanha. Em carta a Karl Böhm (abril),

faz o seu testamento artístico. Compõe a *Sonatina n. 2* para 16 instrumentos de sopro, *A Oficina Feliz*. Forçado pela penúria de pós-guerra a mudar-se para a Suíça (outubro), instala-se em Baden, perto de Zurique, onde termina o *Concerto para Oboé* e compõe o *Daphne-Etude* para violino solo.
* Libertação do campo de concentração de Auschwitz (27/1). Conferência de Ialta entre Roosevelt, Churchill e Stálin (4 a 11/2). Destruição total de Dresden num bombardeio aliado (13 e 14/2). Desembarque dos americanos em Iwo Jima (19/2). Início da invasão da Alemanha pelos americanos (7/3). Morre Roosevelt (12/4), sucedido por Harry Truman. Libertação da Áustria (13/4) pela URSS. Mussolini e sua amante Clara Petacci são mortos por guerrilheiros da resistência italiana (28/4), quando tentavam fugir para a Suíça. Hitler suicida-se juntamente com sua amante Eva Braun (30/4); e o almirante Karl Dönitz, tendo assumido o poder, assina a rendição da Alemanha (8/5). Na Conferência de São Francisco (25/4 a 26/6), é criada a ONU, que passa a funcionar a partir de 24/10. Explode a primeira bomba atômica em Alamogordo, no deserto do Novo México (16/7). A Conferência de Potsdam (17/7 a 2/8) determina a reorganização da Alemanha. Bombas atômicas são lançadas sobre Hiroxima (6/8) e Nagasaqui (9/8), e o Japão se rende (14/8). A II Guerra Mundial termina oficialmente em 25/8. Ho Chi Minh proclama a independência do Vietnã (2/9) e começa a Guerra da Indochina (1945/1954), que porá fim à dominação francesa no Sudeste Asiático. O golpe do general Eduardo Avalós coloca Juan Domingo Perón no poder na Argentina (12/10). Torna-se efetiva a independência do Líbano, concedida em 1941 (22/11). No Brasil, Getúlio Vargas é deposto por um movimento militar que pede a reconstitucionalização do país (29/10).
* Morrem Pietro Mascagni, Béla Bartók e Anton Webern.

1946 (82)
* Estréia, em Zurique, das *Metamorphosen* (25/1) e do *Concerto para Oboé* (26/2). Estréia, em Winterthur, da *Sonatina n. 2* (25/3). Faz os arranjos sinfónicos da *Frau ohne Schatten* e de *Josephslegende*. Atendendo a um pedido de Stephen Schaller, reitor do Ginásio Beneditino de Ettal – onde seu filho Franz e o neto Christian tinham estudado –, começa a compor números para a peça infanto-juvenil *Das Esels Schatten* (A Sombra do Asno), com texto de Joseph Gregor, baseada num conto de Christopher Wieland; mas deixa-a inacabada; a representação póstuma desses fragmentos será feita de 7 a 14/6/1964, no centenário de seu nascimento, num arranjo de Karl Haussner, professor de música no Ginásio.
* O Tribunal de Nurembergue condena 22 líderes nazistas por crimes de guerra, onze dos quais à forca (1/10); Hermann Goering suicida-se na prisão duas horas antes de ser enforcado. Independência da Jordânia (março), Síria (17/4), Filipinas (12/6); proclamação da república na Albânia (11/1), Itália (9/6) e Bulgária (7/11). Derrubada a ditadura de Gualberto Villaroel na Bolívia (17/8). Fim formal da Liga das Nações (18/4).
* Morre Manuel de Falla.

1947 (83)
* Faz sua primeira viagem de avião, numa excursão a Londres (4 a 31/10), para uma série de concertos de sua obra organizados por Thomas Beecham e Ernest Roth. De volta à Suíça, compõe o *Dueto-Concertino* para clarineta, fagote e orquestra de cordas com harpa (16/12).
* Plano Marshall: proposto pelo secretário de Estado americano, George Marshall (5/6), para a reconstrução da Europa Ocidental, no valor de US$ 12 bilhões, durante três anos e meio. Independência da Índia, do Paquistão (15/8) e da Nova Zelândia (26/12). O Japão adota nova Constituição (26/7), nos termos da qual o imperador Hirohito é forçado a negar publicamente a sua divindade. Golpe militar, no Equador, depõe o presidente José María Velasco Ibarra (23/8). A ONU aprova o plano de partilha da Palestina (29/11).
* Morre Alfredo Casella.

1948 (84)
* O *Dueto-Concertino* estréia em Lugano (4/4). Compõe *Im Abendrot* (No Crepúscu-

lo) (6/5), a primeira das *Vier Letzte Lieder* (Quatro Últimas Canções). É exonerado pelo Comitê de Desnazificação. Escreve o *Allegretto em Mi Maior* para violino e piano. Compõe as canções *Frühling* (Primavera) (18/7), *Beim Schlafengehen* (Na Hora de Dormir) (4/8) e *September* (20/9); mas o ciclo completo só será estreado postumamente, em Londres (1950), por Kirsten Flagstad e Wilhelm Furtwängler. Submete-se a uma delicada operação de bexiga em Lausanne.
- Grã-Bretanha impede a anexação do Lesoto, Botsuana e Suazilândia pela África do Sul, onde a vitória eleitoral do Partido Nacionalista (27/5) consolida a implantação do *apartheid*. Independência da Birmânia (4/1) e do Ceilão (4/2), atual Sri Lanka. Assassinato de Mohandas Gandhi, o Mahatma (30/1). José Figueres implanta um regime civil democrático na Costa Rica e abole o Exército (março-abril). O Tratado de Bruxelas (17/3) propõe a cooperação da Grã-Bretanha e França com o Benelux (Bélgica, Holanda e Luxemburgo). O assassinato do liberal José Gaitán provoca, na Colômbia, o início do período conhecido como *La Violencia*. Fundação do Estado de Israel (7/5), que entra imediatamente em guerra com seus vizinhos árabes. Bloqueio soviético de Berlim Oriental (9/9 a 12/5/1949). Golpes no Peru (29/10), Venezuela (23/11), El Salvador (14/12) e Paraguai (30/12). Ruptura da Iugoslávia com a URSS (4/7). Guerra da Índia com o Paquistão pela posse das regiões da Cachemira e do Jammu (novembro). Harry Truman é eleito presidente dos Estados Unidos (2/11).
- Morrem Umberto Giordano, Franz Lehár e Ermanno Wolf-Ferrari.

1949 (85)
- Volta com Pauline para Garmisch (10/5). Em seu aniversário, não pode aceitar o convite para ir a Paris, onde *Friedenstag* é transmitida pelo rádio; mas vai a Munique assistir ao ensaio geral do *Rosenkavalier* (10/6) e rege os finais dos atos II e III. Recebe o título de Doutor em Filosofia pela Universidade de Munique, e de cidadão honorário de Garmisch e de Bayreuth (11/6). Assiste a uma produção do *Bürger als Edelmann*, montado em sua homenagem (13/6). Volta a Munique, onde rege a "Música do Luar", do final de *Capriccio*, para o documentário *Uma Vida pela Música*. Tem um ataque cardíaco em agosto. Morre dormindo, em Garmisch, às 2h10 da tarde do dia 8/9, e é cremado em 11/9. Clemens Krauss e Joseph Keilberth regem concertos em sua memória em Viena (18/9) e Bayreuth (9/10). Pauline sobreviverá a ele apenas 247 dias: morrerá em 13/5/1950.
- É criada a República Federal da Alemanha (15/9), tendo Konrad Adenauer como chanceler; no lado soviético, é proclamada a República Democrática Alemã (7/10). A França reconhece a independência do Vietnã (8/3). É criada a Organização do Tratado do Atlântico Norte (4/4). Explode a primeira bomba atômica soviética. Mao Tsetung proclama a República Popular da China (1/10); o general Chiang Kaishek, líder do Kuomintang, foge para Taiuan (Formosa) e funda a China Nacionalista (8/12). Fim da Guerra Civil grega (1946/1949) com a derrota dos comunistas.
- Morrem Joaquín Turina, Hans Pfitzner e Nikos Skalkóttas.

O *Kapellmeister* imperial Dr. Strauss com Pauline, sua mulher, e Franz, o seu filho, no apartamento da Knesebeckstrasse, em Berlim.

Fotos da época de Weimar, em que o jovem Strauss anotou ter regido, "com entusiasmo febril", *Robert le Diable*, de Meyerbeer.

O autor da *Sinfonia Doméstica* em companhia do filho, Franz, na época com três anos de idade.

Dando uma lição de piano a Richard, seu neto mais novo, filho de Franz e Alice.

Posando para o escultor Franz Miko-rey, que fez o seu busto.

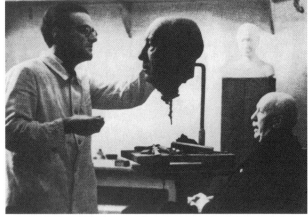

"Era assim que ele ficava quando ouvia pronunciarem o nome de Hitler", disse Franz Strauss, a respeito dessa foto do fim da vida de seu pai.

Bibliografia

ABERT, Anna Amalie (1972). *Gewalt der Steigerungen*. No folheto da gravação Seiji Ozawa da *Salomé*, selo Philips 422 574-2.

AUZOLLE, Cécile (1991). *La "Salomé" de Strauss*. No folheto da gravação Giuseppe Sinopoli, selo DG 431 810-2.

BERGER, Karol & NEWCOMB, Anthony (org.). (2005). *Musdic and the Aesthetics of Modernity*. Cambridge: Isham Library Papers.

BOTSTEIN, Leo (2001). *"Die Liebe der Danaé" in Context*. No folheto de sua gravação, selo Telarc CD-80570.

BANOUN, Bernard (2001). *Jour de Paix, un Opéra au Message Ambigu*. No folheto da gravação Giuseppe Sinopoli, selo DG 463 494-2.

BIRKIN, Kenneth (1989). *Richard Strauss: Arabella*. Coleção Cambridge Opera Handbooks. Cambridge University Press.

BÖHM, Karl (1970). *Ich erinnere mich ganz genau* (Lembro-me Exatamente). Memórias narradas a Hans Weigel. Viena: Fritz Molden Verlag. E também a edição inglesa, *A Life Remembered: Memoirs*. Trad. John Kehoe. Londres: Maryon Boyars.

_____. (1964). *Wie es zur Widmung der "Daphne" kam* (Como Veio a Dedicatória de *Daphne*). No folheto de sua gravação da ópera, selo DG 423 579.

CASOY, Sergio (2003). *O Beijo de Salomé*. No programa da apresentação da ópera no Teatro Municipal de São Paulo, entre 24.10 e 1.11.2003, sob a regência de Ira Levin, com Morenike Fadayomi no papel-título.

CLAUSSE, Jean (1978). *Richard Strauss*. Coleção Classiques de la Musique. Paris: Hachette.

DALLAPICCOLA, Luigi (1987). *Dallapiccola on Opera*. Trad. Robert Shackelford. Londres: Cassel.

DEL MAR, Norman (1967). *Richard Strauss: a Critical Commentary on his Life and Work*. Londres: Barrie & Rockliff, v. I e II.

_____. (1978). id. ibid. Londres: Barrie & Jenkins, v. III.

ERHARDT, Otto (1957). *Richard Strauss: la Vita e l'Opera*. Trad. Ottavio Tiby. Milão: Ricordi.

FORSTER, Leonard (1969). *The Penguin Book of German Verse* (seção dedicada a Hugo von Hofmannsthal). Londres: Penguin Books.

FRISCH, Walther (2005). *German Modernism: Music and the Arts*. Berkeley: The University of California Press.

GASSNER, John e Quinn, Edward (1970). *The Reader's Encyclopedia of World Drama*. Londres: Methuen & Co.

GAY, Peter (1978). *A Cultura de Weimar*. Trad. Laura Lúcia da Costa Braga. Rio de Janeiro: Paz e Terra.

GILDER, Eric & PORT, June (1978). *The Dictionary of Composers and their Music*. Nova York: Paddington Press Ltd.

GILLIAM, Bryan, (org.) (1991). *Richard Strauss and his Work*. Princeton University Press.

_____. (1992). *Richard Strauss: New Perspectives on the Composer and his Work*. Durham: Duke University Press.

_____. (1992). *Strauss's Intermezzo: Innovation and Tradition*. No volume citado acima.

_____. (2001). *Notes: "Die Liebe der Danae op. 83"*. No folheto da gravação Leo Botstein, selo Telarc CD-80570.

GLASOW, E. Thomas (org.) (1999). *The Opera Quarterly: Strauss Commemorative Issue*.

Cary, Carolina do Norte: Oxford Universit Press, v. 15 n. 3.

GROUT, Donald Jay (1965). *A Short History of Opera*. Nova York: Columbia University Press.

HAMMELMANN, Hanns & OSERS, Ewald (1974). *A Working Friendship: the Correspondence between Richard Strauss and Hugo von Hofmannsthal*. Nova York: Vienna House.

HART, Beth (1999). *"Strauss and Hofmannsthal's Accidental Heroine: the Psycho-historical Meaning of the Marschallin"*. Cf. GLASOW, E. Thomas.

HARTMANN, Rudolf (1982). *Richard Strauss, the Staging of his Operas and Ballets*. Londres: Oxford University Press.

HAUSNER, Karl (1964). *A Note on the Editing of "Des Esels Schatten"*. No folheto da gravação Karl Anton Rickenbacker, selo Koch Schwann 3-6548-2 HI.

HOFMANNSTHAL, Hugo von (1991). *A Mulher Silenciosa*. Trad. Nicolino Simone Neto. São Paulo: Iluminuras.

HOFMANNSTHAL-STRAUSS (1993). *Epistolario*. Trad. Franco Serpa, reprodução da edição Atlantis-Musikbuch Verlag, Zurique, 1952, organizada por Willi Schuh. Milão, Adelphi Edizioni.

JAMEUX, Dominique (1971). *Richard Strauss*. Paris: Éditions du Seuil, col. Solfèges.

JEFFERSON, Alan (1975). *Richard Strauss*. Londres: Macmillan.

_____. (1985). *Richard Strauss: Der Rosenkavalier*. Cambridge University Press, col. Cambridge Opera Handbooks.

KENNEDY, Michael (1983). *Strauss*. Londres: J. M. Dent, col. Master Musicians.

_____. (1985). *A Scherzo with a Fatal Conclusion: Richard Strauss's "Salome"*. No folheto da gravação Seiji Ozawa, selo Philips 432 153-2.

_____. (1999). *"Friedenstag", Zweig's Second Opera for Strauss*. No folheto da gravação Wolfgang Sawallisch, selo EMI Classics, 7243 5 56850.

KERMAN, Joseph (1956). *Opera as Drama*. New York: A. Knopf.

_____. (1988). *Opéra et Drame*. Trad. Jacques Michon; Béatrice Berthier Lemoine. Paris: Aubier.

KOHLER, Stephan (1991). *Os Mistérios do Amor e da Morte: Richard Strauss e seu Drama Musical em Um Ato "Salomé"*. No folheto da gravação Zubin Mehta, selo Sony 752 140-1.

_____. (2000). *"C'est du Mozart moderne?": Formen Ästhetischer Mozart-Rezeption im Rosenkavalier*. Ver MILLER, Norbert (2000).

KRAUSE, Ernst (1991). *Lust und Grauen: zur "Salome" von Richard Strauss*. Cf. AUZOLLE, Cécile.

KUHNS, Richard (1999). *The Rebirth of Satyr Tragedy in Ariadne auf Naxos: Hofmannsthal and Nietzsche*. Cf. GLASOW, E. Thomas.

LEHMANN, Lotte (1964). *Singing with Richard Strauss*. Londres: Thames and Hudson.

LEIBOWITZ, René (1957). *Histoire de l'Opéra*. Paris: Éditions Buchet-Chastel.

LIEBSCHER, Julia (2001). *Friedenstag: Krieg und Pazifismus im faschistichen Deutschland*. No folheto da gravação Giuseppe Sinopoli, selo DG 463 494-2.

LIÈVRE, Geneviève (1991). *La "Salomé" Française*. No folheto da gravação Kent Nagano, selo Virgin Classics VCD 7 91477-2.

LOCKWOOD, Lewis (1992). *The Element of Time in Der Rosenkavalier*. Em GILLIAM, Bryan (1992).

MAHLER, Alma (1979). *Gustav Mahler: Memories and Letters*. Trad. K. Martner. Londres: Thames and Hudson.

MALISCH, Kurt (2000). *Spätkunst zweier Wissender: Richard Strauss und Stefan Zweigs Gemeinschaftswerk "Die schweigsame Frau"* (Obra de Arte Tardia de Dois Mestres: a Colaboração de Richard Strauss e Stefan Zweig na *Mulher Silenciosa*). No folheto da gravação Pinchas Steinberg dessa ópera, selo Koch Schwann 3-6581-2.

MANN, William (1964). *Richard Strauss: a Critical Study of his Operas*. Londres: Cassell.

_____. (1964). *"Daphne, an introduction"*. No folheto da gravação Karl Böhm, selo DG 423579-2.

_____. (1988). *Avant-garde Approach to Classical Tragedy: Richard Strauss's "Elektra"*. Cf. ABERT, Anna Amalie.

MAREK, George (1967). *Richard Strauss: the Life of a Non-Hero*. Nova York: Simon & Schuster.

_____. (1969). *Salomé*. No folheto da gravação Erich Leinsdorf, selo RCA LSC7053.

MAYER, Mathias (2000). Der Rosenkavalier: *ein grosses wiener Welttheater*. Ver MILLER, Norbert (2000).

MILLER, Norbert (2000). *"...die kleine heitere Oper füe R. Strauss": zur erste Konzeption der Komödie für Musik* Der Rosenkavalier. No programa da apresentação do *Cavaleiro da Rosa* na Staatsoper de Berlim em agosto de 2000.

MORRISON, Julie Dorn (1999). *"Mahler, Strauss and Feuersnot: Emblems of Modernity at the Vienna Court Opera"*. Cf. GLASOW, E. Thomas.

NICE, David (1993). *Richard Strauss*. Londres: Omnibus Press, col. "The Illustrated Lives of the Great Composers".

OSBORNE, Charles (1988). *The Complete Operas of Richard Strauss*. Nova York: A Da Capo Paperback.

OSBORNE, Richard (1992). *Conversando com Karajan*. Trad. J. E. Smith Caldas. São Paulo: Siciliano.

PANOFSKY, Walther (1988). *Richard Strauss*. Trad. Ambrosio Benasáin Villanueva. Madri: Alianza Editorial.

PREFUMO, Danilo (2001). *Elena Egizia e il Mito Classico Rivisitato*. No folheto da gravação Gerard Korsten da *Helena Egípcia*, selo Dynamic CDS 374/1-2.

POTTER, Pamela (1992). *Strauss and the National Socialists: the Debate and its Relevance*. Em GILLIAM, Bryan (1992).

ROSENTHAL, Harold & WARRACK, John (1979). *The Concise Oxford Dictionary of Opera*. Londres: Oxford University Press.

RÖSLER, Walther (2000). *"Die Zeit die ist ein sonderbar Ding": die Marschallin und ihr Monolog*. Ver MILLER, Norbert (2000).

ROSS, André (1976). *Richard Strauss: His Life and Work*. Toronto: Rococo Records.

SERPA, Franco (1991). *"Salome", un Sucesso di Scandalo*. Cf. AUZOLLE, Cécile.

_____. (1993). *"Sulla strada che insieme dobbiamo percorrere..."*. Posfácio ao *Epistolario*. Milão: Adelphi Edizioni.

SCHLÖTTERER, Reinhold (1992). *Ironic Allusions to Italian Opera in the Musical Comedies of Richard Strauss*. Em GILLIAM, Bryan (1992).

SCHUH, Willy (1947). *Über Opern Richard Strauss*. Zurique: Atlantis.

_____. (1964). *Richard Strauss: "Daphne"*. No folheto da gravação Karl Böhm, selo DG 423579-2.

SCHUMANN, Karl (1984). *"Feuersnot": Music Drama, Satire and Autobiography*. No folheto da gravação Heinz Fricke, selo Acanta 45 530.

SLONIMSKY, Nicholas (1988). *The Concise Baker's Biographical Dictionary of Musicians*. Nova York: Schirmer Books.

SOKOL, Martin (1985). *Richard Strauss' "Guntram"*. No folheto da gravação Eve Queller, selo CBS M2K 39737.

SOLTI, sir Georg (1997). *Memoirs*. Nova York: Alfred A. Knopf.

SMITH, Patrick (1981). *La Decima Musa: Storia del Libretto d'Opera*. Trad. Lorenzo Maggini. Florença: Sansoni Editore.

STEINBERG, Michael (2000). *"Liebe der Danae": a Rare Hearing for a Strauss Opera that Nearly Vanished*. Nova York: *New York Times* de 16-1-2000.

STRAUSS, Richard (1949). *Betrachtungen und Erinnerungen* (Reflexão e Memória). Zurique: Atlantis Verlag; e também a trad. L. J. Lawrence (1953). Londres: Thames and Hudson.

SUITS, Paul (1991). *The Genesis of "Friedenstag"*. No folheto da gravação Robert Bass, selo Koch International Classics LC6694.

TOMMASINI, Anthony (2000). *Attention is Paid at Last to "Danae"*. Nova York: *New York Times* de 18-1-2000.

TRENNER, Franz (1964). *Der Daphne-Mythos als Opernstoff* (O Mito de Dafne Como Tema para uma Ópera), no folheto da gravação Karl Böhm selo DG 423579-2.

TUBEUF, André (1980). *Richard Strauss: "Intermezzo"*. No folheto da gravação Wolfgang Sawallisch, selo EMI SLS5204.

ÜKERMANN, Gerd (1986). *"Time is a Strange Thing...": Past and Present in "Der Rosenkavalier"*. No folheto da gravação Georg Solti, Selo Decca, 417.493-2.

UNGER, Annette (1999). *Richard Strauss: "Friedenstag"*. No folheto da gravação Wolfgang Sawallisch, selo EMI Classics, 7243 5 56850.

WILHELM, Kurt (1989). *Richard Strauss: an Intimate Portrait*. Trad. Mary Whittal. Londres: Thames and Hudson.

WILLIAMSON, John (1990). *Strauss, Wilde and "Salome"*. Cf. AUZOLLE, Cécile.

_____. (2001). *Friedenstag: a Noble, Humanitarian Idea*. No folheto da gravação Giuseppe Sinopoli, selo DG 463 494-2.

ZYCHOWICZ, James L. (1999). *Des Esels Schatten*. Cf. GLASOW. E. Thomas.

ZWEIG, Stefan (1979). *Il Mondo di Ieri*. Trad. Lavinia Mazzuchetti. Milão: Arnoldo Mondadori (a edição em português, da Ed. O Globo, de Porto Alegre, intitulava-se *O Mundo em que Eu Vivi*).

AVANT-SCÈNE OPÉRA (coleção) (1984). *Le Chevalier à la Rose*. Paris: Éditions Avant-Scène, v. 69/70, dezembro.

_____. (1985). *Ariane à Naxos*. Paris: Éditions Avant-Scène, vol. 77 julho.

Nas fontes utilizadas, são ainda extensamente citadas outras obras, que estão mencionadas no corpo deste livro:

BEECHAM, Thomas (1944). *A Mingled Chime*. Londres.

BLOOMFIELD, Theodore (s/d). *"Richard Strauss's Intermezzo"*, na revista *Music and Musicians* n. 262, Londres: Hanson Books.

BUSCH, Fritz (1949). *Aus dem Leben eines Musikers*, Zurique.

GREGOR, Joseph (1939). *Richard Strauss, der Meis-*

ter der Oper. Munique (e também sua correspondência com Strauss, publicada por iniciativa de Franz e Alice Strauss).

HARTMANN, Rudolf (s/d). *"Letzte Besuch bei Richard Strauss"*. Zurique: na revista *Schweizerische Musikleitung*, vol. 8/9.

LAURO MACHADO COELHO, nascido em Belo Horizonte, é jornalista, professor de história da música e crítico de música do Caderno 2 de *O Estado de S. Paulo*. Foi também, neste jornal, redator de Política Internacional de 1976 a 1993, e fez críticas de cinema e música para o *Jornal da Tarde*. Entre 1994 e 1995 dirigiu o Teatro Municipal de São Paulo. É autor de *Anna Akhmátova: Poesia 1912-1964* (seleção, tradução e apresentação, L&PM, 1991) e de *Poesia Soviética* (seleção tradução e apresentação, Algol, 2007). A editora Perspectiva publicou, em 2006, o seu livro sobre *Shostakóvitch: Vida, Música, Tempo* (2006), além de dar continuidade à coleção História da Ópera, da qual constam *A Ópera na França, A Ópera Barroca Italiana, A Ópera Alemã, A Ópera na Rússia, A Ópera Romântica Italiana, A Ópera Italiana Após 1870, A Ópera Clássica Italiana, A Ópera Tcheca, A Ópera nos Estados Unidos, A Ópera Inglesa* e o presente volume dedicado a Richard Strauss.

Título:	As Óperas de Richard Strauss
Autor:	Lauro Machado Coelho
Ilustração da Capa:	Maria Jeritza como Octavian, na apresentação de
	Der Rosenkavalier, no Metropolitan Opera
	de Nova York, em 1913
Formato:	18,0 x 25,5 cm
Tipologia:	Times 10/12
Papel:	Cartão Royal 250 g/m2 (capa)
	Champion 90 g/m2 (miolo)
Número de Páginas:	232
Impressão:	Gráfica Palas Athena